경비지도사 2차 [일반경비]

경호학

핵심 기출지문 총정리

구성과 특징

※ 최근 20개년 기출지문을 통해 핵심내용을 총정리할 수 있는 핵심요약 · OX문제집입니다.

제2차 시험 경호학 출제범위 총망라
경호학을 각각 6개 CHAPTER로 분류하여 한권에 모두 담았습니다.

CHAPTER

01 경호학과 경호

기본서와 동일한 목차 구성
SD에듀 기본서 시리즈와 동일하게 세부목차 단계를 구성하였습니다. 편리하게 교차학습이 가능합니다.

01 경호의 정의

1 경호의 개념

☐ 경호를 본질적 · 이론적인 입장에서 이해한 것은 실질적 의미의 경호개념이다. 기출 21 · 17 · 15

실질적 의미의 경호개념은 경호를 본질적 · 이론적인 입장에서 이해하고, 학문적 측면에서 고찰된 개념이다. 답 ○

☐ 실질적 의미의 경호개념은 경호작용 전체 중에서 가지는 공통적인 특성을 추상화한 개념이다. 기출 08

실질적 의미의 경호개념은 경호를 본질적 · 이론적인 입장에서 이해하고, 학문적 측면에서 고찰된 개념으로서 수많은 경호작용들이 가지는 공통적인 특성을 추상화 · 유형화한 것이다. 답 ○

20개년 핵심 기출지문 OX
목차 · 유사 주제별로 최근 20년간 출제된 기출문제의 보기 지문과 적중예상지문을 OX문제로 수록하였습니다.

☐ ...서 접근하여 학문적 측면에서 고찰된 개념은 실질적 의미의 경호... ...1 · 08

...관한 설명이다. 답 ○

☐ 경호대상자의 (절대적) 신변안전을 위하여 사용 가능한 모든 수단과 방법을 동원하는 것은 실질적 의미의 경호개념에 해당한다. 기출 21 · 13

실질적 의미의 경호개념은 경호대상자의 절대적 신변안전을 보호하기 위하여 사용 가능한 모든 수단과 방법을 동원한다. 답 ○

상세해설 및 정답
오지문은 물론 정지문에도 상세한 해설을 수록하였으며, 정답을 O, X로 표기하였습니다.

중요지문 & 오답지문 CHECK

☐ 근접경호 업무의 특성으로 인적 방벽 효과와 방탄복 및 기동수단에 의한 외부공격으로부터 방벽성이 요구된다. 기출 07 · 06

근접경호의 특성 중 방벽성에 관한 설명이다. 답 ○

☐ 근접경호 업무의 특성으로 기동수단 및 도보대형에 의한 시각적 노출과 각종 매스컴에 의해 행사 내용이 알려지는 노출성이 있다. 기출 07 · 06

기출연도 표기

근접경호의 특성 중 노출성에 관한 설명이다.

☐ 근접경호는 행사 성격이나 주변상황에 유연하게 대처할 수 있어야 한다. 기출 23

근접경호는 행사 성격이나 주변 여건, 장비의 특성에 따라 능동적(유동적)으로 대처해야 하는 특성을 갖고 있다. 답 ○

☐ 근접경호 업무의 특성으로 행사의 성격이 위해요소를 최소화하기 위해 정적상태가 요구된다는 고정성을 들 수 있다. 기출 07

고정성은 근접경호의 특성이 아니다. 답 ×

☐ 근접경호 업무의 특성으로 행사의 성격과 주변 환경, 공격의 유형에 따른 피해를 최소화하기 위해 고정성이 요구된다. 기출 06

고정성은 근접경호 업무의 특성이 아니다. 답 ×

핵심만 콕 **근접경호의 특성**

노출성	다양한 기동수단과 도보대형에 따라 경호대상자의 행차가 시각적으로 외부에 노출될 뿐만 아니라, 각종 매스컴에 의하여 행사 일정과 장소 및 시간이 대외적으로 알려진 상태에서 업무를 수행해야 하는 특성을 의미
방벽성	근접도보대형 시 근무자의 체위에 의한 인적 자연방벽 효과와 방탄복 및 각종 방호장비를 이용하여 외부의 공격으로부터 방벽을 구축해야 하는 특성을 의미
기동 및 유동성	근접경호는 주로 도보 또는 차량에 의해 기동 간에 이루어지며 행사 성격이나 주변 여건, 장비의 특성에 따라 능동적(유동적)으로 대처해야 하는 특성을 의미
기만성	변칙적인 경호기법으로 차량대형 기만, 기동시간 기만, 기동로 및 기동수단 기만, 승 · 하차 지점 기만 등으로 위해기도자로 하여금 행사 상황을 오판하도록 실제 상황을 은폐하고 허위 상황을 제공하여 경호의 효율성을 높이려는 특성을 의미
	…하는 것보다 반사적이고 신속 · 과감한 행동…해야 한다는 특성을 의미

핵심만 콕 & 법령

보다 입체적인 학습이 가능하도록 심화학습이 필요한 부분이나 관계조문을 지문 하단부에 함께 수록하였습니다.

경비지도사 소개 및 시험안내

경비지도사란?

경비원을 지도 · 감독 및 교육하는 자를 말하며, 일반경비지도사와 기계경비지도사로 구분한다.

주요업무

경비업자가 대통령령이 정하는 바에 따라 선임한 경비지도사의 직무는 다음과 같다(경비업법 제12조 제2항, 동법 시행령 제17조 제1항).

1. 경비원의 지도 · 감독 · 교육에 관한 계획의 수립 · 실시 및 그 기록의 유지
2. 경비현장에 배치된 경비원에 대한 순회점검 및 감독
3. 경찰기관 및 소방기관과의 연락방법에 대한 지도
4. 집단민원현장에 배치된 경비원에 대한 지도 · 감독
5. 그 밖에 대통령령이 정하는 직무
   [1] 기계경비업무를 위한 기계장치의 운용 · 감독(기계경비지도사의 경우에 한한다)
   [2] 오경보방지 등을 위한 기기관리의 감독(기계경비지도사의 경우에 한한다)

응시자격 및 결격사유

응시자격	제한 없음
결격사유	경비업법 제10조 제1항 각호의 1에 해당하는 자

※ 결격사유에 해당하는 자는 시험 합격 여부와 관계없이 시험을 무효처리한다.

2024년 일반 · 기계경비지도사 시험 일정(사전공고 기준)

회 차	응시원서 접수기간	제1차 · 제2차 시험 동시 실시	합격자 발표일
26	9.23.~9.27./10.31.~11.1.(추가)	11.9.(토)	12.26.(목)

합격기준

구 분	합격기준
제1차 시험	매 과목 100점을 만점으로 하여 매 과목 40점 이상, 전 과목 평균 60점 이상 득점한 자
제2차 시험	• 선발예정인원의 범위 안에서 전 과목 평균 60점 이상을 득점한 자 중에서 고득점순으로 결정 • 동점자로 인하여 선발예정인원이 초과되는 때에는 동점자 모두를 합격자로 결정

※ 제1차 시험 불합격자는 제2차 시험을 무효로 한다.

경비지도사 자격시험

<table>
<tr><th>구 분</th><th>과목구분</th><th>일반경비지도사</th><th>기계경비지도사</th><th>문항수</th><th>시험시간</th><th>시험방법</th></tr>
<tr><td>제1차 시험</td><td>필 수</td><td colspan="2">1. 법학개론
2. 민간경비론</td><td>과목당 40문항
(총 80문항)</td><td>80분
(09:30~10:50)</td><td>객관식
4지택일형</td></tr>
<tr><td rowspan="2">제2차 시험</td><td>필 수</td><td colspan="2">1. 경비업법(청원경찰법 포함)</td><td rowspan="2">과목당 40문항
(총 80문항)</td><td rowspan="2">80분
(11:30~12:50)</td><td rowspan="2">객관식
4지택일형</td></tr>
<tr><td>선택(택1)</td><td>1. 소방학
2. 범죄학
3. 경호학</td><td>1. 기계경비개론
2. 기계경비기획
및 설계</td></tr>
</table>

일반경비지도사 제2차 시험 검정현황

❖ 제2차 시험 응시인원 및 합격률

구 분	대상자	응시자	합격자	합격률
2019년(제21회)	12,956	7,626	640	8.39%
2020년(제22회)	12,578	7,700	791	10.27%
2021년(제23회)	12,418	7,677	659	8.58%
2022년(제24회)	11,919	7,325	573	7.82%
2023년(제25회)	10,325	6,462	574	8.88%

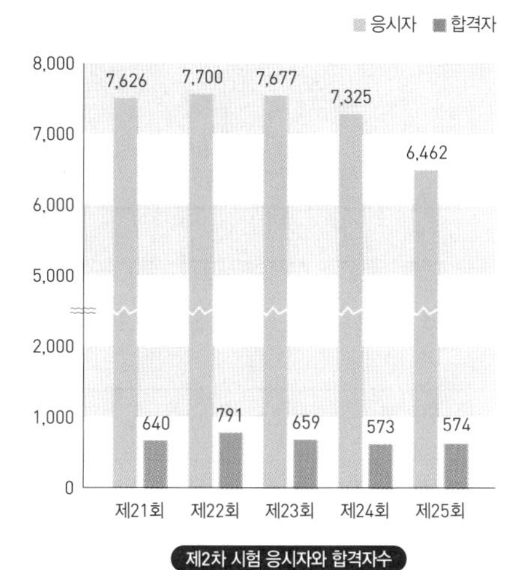

제2차 시험 응시자와 합격자수

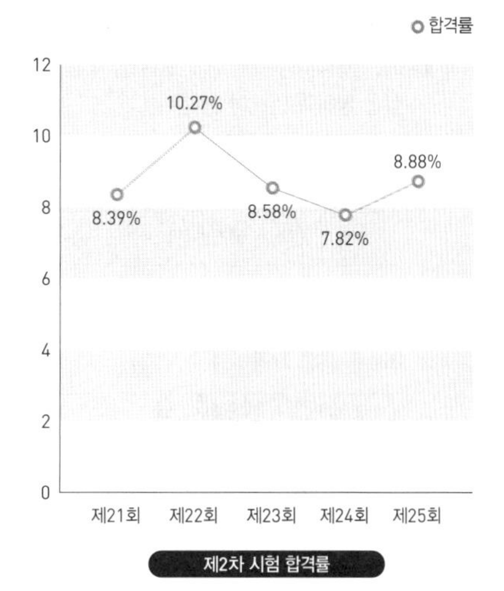

제2차 시험 합격률

최근 5년간 출제경향 분석

제2과목 경호학

❖ 경호학 회당 평균 출제횟수 : 경호업무 수행방법(18.8문제), 경호학과 경호(6.2문제), 경호의 조직(4.8문제) 순이다.

비율	출제영역		2019 (제21회)	2020 (제22회)	2021 (제23회)	2022 (제24회)	2023 (제25회)	총 계 (문항수)	회별출제 (평균)
15.5%	제1장	경호학과 경호	7	6	7	6	5	31	6.2
12%	제2장	경호의 조직	6	5	5	3	5	24	4.8
47.0%	제3장	경호업무 수행방법	17	20	17	19	21	94	18.8
8.0%	제4장	경호복장과 장비	5	2	4	3	2	16	3.2
7.5%	제5장	경호의전과 구급법	3	3	3	4	2	15	3
10.0%	제6장	경호의 환경	2	4	4	5	5	20	4
	합계(문항수)		40	40	40	40	40	200	40

⋯› 2023년도 경호학 총평 : 전체적으로는 무난하게 출제되었으며, 합격의 당락을 결정한 문제는 49번, 57번, 63번, 68번이라고 생각된다. 이 중 57번, 63번, 68번 문제에 대해 수험생들의 이의제기가 있었으나, 한국산업인력공단은 이를 수용하지 않았다. 다만 68번 문제의 경우 출제 오류라고 판단되므로, 추후 행정심판 등이 진행될 것 같다.

개정법령 관련 대처법

❶ 최신 개정사항은 당해 연도 시험에 출제될 확률이 높으므로, 시험 시행일 전까지 최신 개정법령 및 개정사항을 필히 확인해야 한다.

❷ 최신 개정법령은 아래 법제처의 국가법령정보센터 홈페이지 등을 통해 확인이 가능하다.

법제처 국가법령정보센터	www.law.go.kr

❸ 도서 출간 이후의 최신 개정법령 및 개정사항에 대한 도서 업데이트(추록)는 아래의 SD에듀 홈페이지 및 서비스를 통해 제공받을 수 있다.

SD에듀 홈페이지	www.sdedu.co.kr www.edusd.co.kr
SD에듀 경비지도사 독자지원카페	cafe.naver.com/sdsi
시대북 통합서비스 앱	구글 플레이 또는 앱스토어에서 SD에듀로 검색

최신 개정법령 소개

경비지도사 제2차 시험 관련 법령

본 도서에 반영된 주요 최신 개정법령은 아래와 같다(적색 : 2023년 이후 개정법령).

구 분	법 령	시행일
경비업법	경비업법	24.08.14
	경비업법 시행령	23.05.16
	경비업법 시행규칙	24.01.01
청원경찰법	청원경찰법	22.11.15
	청원경찰법 시행령	24.04.23
	청원경찰법 시행규칙	22.11.10
경호학 관계법령	대통령 등의 경호에 관한 법률	17.07.26
	대통령 등의 경호에 관한 법률 시행령	23.06.05
	대통령경호처와 그 소속기관 직제	23.12.29
	전직대통령 예우에 관한 법률	17.09.22
	전직대통령 예우에 관한 법률 시행령	21.01.05
	대통령경호안전대책위원회규정	22.11.01
	국민보호와 공공안전을 위한 테러방지법	24.02.09
	국민보호와 공공안전을 위한 테러방지법 시행령	22.11.01
	국민보호와 공공안전을 위한 테러방지법 시행규칙	16.06.04
	국가테러대책위원회 및 테러대책실무위원회 운영규정	17.08.23
	다자간 정상회의의 경호 및 안전관리 업무에 관한 규정	14.07.04
	보안업무규정	21.01.01
	보안업무규정 시행규칙	22.11.28

※ 경비지도사 자격시험에서 법률 등을 적용하여 정답을 구하여야 하는 문제는 시험 시행일 현재 시행 중인 법률 등을 적용하여 정답을 구하여야 한다.

목차

2차 경호학 핵심 기출지문 총정리

CHAPTER 01 경호학과 경호

CHAPTER 02 경호의 조직

CHAPTER 03 경호업무 수행방법

CHAPTER 04 경호복장과 장비

CHAPTER 05 경호의전과 구급법

CHAPTER 06 경호의 환경

경비지도사 2차 경호학 핵심 기출지문 총정리

경호학

CHAPTER

01 경호학과 경호

01 경호의 정의

1 경호의 개념

☐ 경호를 본질적 · 이론적인 입장에서 이해한 것은 실질적 의미의 경호개념이다. 기출 21 · 17 · 15

실질적 의미의 경호개념은 경호를 본질적 · 이론적인 입장에서 이해하고, 학문적 측면에서 고찰된 개념이다. 답 ○

☐ 실질적 의미의 경호개념은 경호작용 전체 중에서 가지는 공통적인 특성을 추상화한 개념이다. 기출 08

실질적 의미의 경호개념은 경호를 본질적 · 이론적인 입장에서 이해하고, 학문적 측면에서 고찰된 개념으로서 수많은 경호작용들이 가지는 공통적인 특성을 추상화 · 유형화한 것이다. 답 ○

☐ 본질적 · 이론적 입장에서 접근하여 학문적 측면에서 고찰된 개념은 실질적 의미의 경호이다. 기출 16 · 15 · 13 · 11 · 08

실질적 의미의 경호개념에 관한 설명이다. 답 ○

☐ 경호대상자의 (절대적) 신변안전을 위하여 사용 가능한 모든 수단과 방법을 동원하는 것은 실질적 의미의 경호개념에 해당한다. 기출 21 · 13

실질적 의미의 경호개념은 경호대상자의 절대적 신변안전을 보호하기 위하여 사용 가능한 모든 수단과 방법을 동원한다. 답 ○

☐ 본질적인 입장에서 모든 위해요소로부터 경호대상자를 안전하게 보호하기 위한 제반활동은 실질적 의미의 경호개념이다. 기출 18 · 14

실질적 의미의 경호개념은 경호대상자를 모든 위험과 곤경(인위적 · 자연적 위해)으로부터 안전하게 보호하기 위한 제반활동이다. 답 ○

☐ 실질적 의미의 경호는 경호대상자를 여러 가지 위해로부터 보호하는 모든 활동이다. 기출 16

실질적 의미의 경호는 경호대상자를 모든 위해요소로부터 안전하게 보호하는 제반활동이다. 답 ○

☐ 실질적 의미의 경호개념은 인위적 위해 및 자연적 위해요인을 사전에 방지 및 제거하기 위한 제반활동이다. 기출 13

실질적 의미의 경호는 경호대상자를 모든 인위적 · 자연적 위해요소로부터 안전하게 보호하기 위한 제반활동이다. 답 ○

☐ 실질적 의미의 경호는 경호주체가 국가, 민간에 관계없이 경호대상자를 보호하는 모든 활동을 말한다. 기출 15 · 11

실질적 의미의 경호는 경호주체(국가기관, 민간기관, 개인, 단체 불문)가 경호대상자를 모든 위해요소(인위적 · 자연적 위해요소)로부터 보호하는 제반활동이다. 답 ○

☐ 실질적 의미의 경호개념은 실정법상 경호기관의 권한에 속하는 일체의 경호작용을 의미한다. 기출 13

실정법상 일반 경호기관의 권한에 속하는 일체의 경호작용을 의미하는 것은 형식적 의미의 경호개념이다. 답 ×

☐ 형식적 의미의 경호개념은 대통령 등의 경호에 관한 법률에 의한 대통령경호처가 담당하는 모든 작용이다. 기출 18

대통령 등의 경호에 관한 법률에 의한 대통령경호처가 담당하는 일체의 경호작용은 형식적 의미의 경호개념에 해당한다. 답 ○

☐ 대통령 등의 경호에 관한 법률에서 정의한 경호의 개념은 실질적 의미의 경호개념이다. 기출 14

실정법상 일반 경호기관의 권한에 속하는 일체의 경호작용은 형식적 의미의 경호개념이므로 대통령 등의 경호에 관한 법률에서 정의한 경호의 개념은 형식적 의미의 경호개념이다. 답 ×

☐ 형식적 의미의 경호는 실정법상 경호기관이 수행하는 일체의 경호작용이다. 기출 16

형식적 의미의 경호는 대통령 등의 경호에 관한 법률 등 실정법상 경호기관이 수행하는 일체의 경호작용을 의미한다. 답 ○

☐ 대통령 등의 경호에 관한 법률에서의 경호는 호위와 경비를 구분하여 새로운 경호개념으로 정의하고 있다. 기출 17

2005.3.10. 이전의 종전 「대통령경호실법」에서는 그 대상에 따른 적용범위 제한의 필요에 의해 경호를 '호위'와 '경비'로 구분하여 별도 항으로 규정하였으나, 현재의 「대통령 등의 경호에 관한 법률」에서는 두 요소 간의 구분을 두지 않고 '경호'라는 정의에 함께 규정하였다. 또한 이러한 경호의 개념은 새로운 것이라기보다 현실적인 경호기관을 기준으로 하여 정립된 개념으로서, 형식적 의미의 경호개념에 속한다고 볼 수 있다. 답 ×

☐ 대통령 등의 경호에 관한 법률에서의 경호는 호위와 경비 중 호위만을 포함하고 있다. 기출 16

"경호"란 경호대상자의 생명과 재산을 보호하기 위하여 신체에 가해지는 위해를 방지하거나 제거하고(호위), 특정 지역을 경계·순찰 및 방비(경비)하는 등의 모든 안전활동을 말한다(대통령 등의 경호에 관한 법률 제2조 제1호). 즉, 대통령 등의 경호에 관한 법률상 경호는 호위와 경비가 포함된 개념이다. 답 ×

☐ 다음은 대통령 등의 경호에 관한 법률상 '경호'에 관한 정의이다. ( )에 들어갈 내용은 순서대로 ㄱ : 신체, ㄴ : 위해, ㄷ : 특정 지역이다. 기출 22

> 경호대상자의 생명과 재산을 보호하기 위하여 (ㄱ)에 가하여지는 (ㄴ)를 방지하거나 제거하고, (ㄷ)을 경계·순찰 및 방비하는 등의 모든 안전활동을 말한다.

대통령 등의 경호에 관한 법률 제2조 제1호 답 ○

2 각 기관별 경호개념

☐ 다음은 대통령 등의 경호에 관한 법률에 명시된 '경호'에 관한 정의이다. (　　)에 들어갈 내용은 순서대로 ㄱ : 방지, ㄴ : 제거, ㄷ : 안전이다. 기출 23

> 경호대상자의 생명과 재산을 보호하기 위하여 신체에 가하여지는 위해를 (ㄱ)하거나 (ㄴ)하고, 특정지역을 경계·순찰 및 방비하는 등의 모든 (ㄷ)활동을 말한다.

제시문의 (　　)에 들어갈 용어는 순서대로 ㄱ : 방지, ㄴ : 제거, ㄷ : 안전이다(대통령 등의 경호에 관한 법률 제2조 제1호).

답 ○

☐ 대통령 등의 경호에 관한 법률상 (　　)에 들어갈 용어는 순서대로 ㄱ : 경호대상자, ㄴ : 위해, ㄷ : 특정 지역, ㄹ : 안전이다. 기출 20

> "경호"란 (ㄱ)의 생명과 재산을 보호하기 위하여 신체에 가하여지는 (ㄴ)를 방지하거나 제거하고, (ㄷ)을 경계·순찰 및 방비하는 등의 모든 (ㄹ)활동을 말한다.

제시문의 (　　)에 들어갈 용어는 순서대로 ㄱ : 경호대상자, ㄴ : 위해, ㄷ : 특정 지역, ㄹ : 안전이다(대통령 등의 경호에 관한 법률 제2조 제1호).

답 ○

정의(대통령 등의 경호에 관한 법률 제2조)

이 법에서 사용하는 용어의 뜻은 다음과 같다.

1. "경호"란 경호대상자의 생명과 재산을 보호하기 위하여 신체에 가하여지는 위해(危害)를 방지하거나 제거하고, 특정 지역을 경계·순찰 및 방비하는 등의 모든 안전활동을 말한다.

☐ 경호란 경호대상자의 생명과 재산을 보호하기 위하여 신체에 가하여지는 위해를 방지하거나 제거하고, 특정 지역을 경계·순찰 및 방비하는 등의 모든 안전활동을 말한다.

기출 19·17

대통령 등의 경호에 관한 법률 제2조 제1호의 경호에 관한 정의이다.

답 ○

☐ 현실적인 경호기관을 기준으로 하여 정립한 개념은 형식적 의미의 경호개념이다.

기출 21·17·15·11·08

형식적 의미의 경호개념은 경호관계법규에 규정된 현실적인 경호기관을 기준으로 정립된 개념이다.

답 ○

☐ 형식적 의미의 경호개념은 경호의 개념을 본질적, 이론적인 입장에서 이해한 것이다. 기출 11

경호의 개념을 본질적, 이론적인 입장에서 이해한 것은 실질적 의미의 경호개념이다. 답 ×

☐ 다음 중 형식적 의미의 경호개념은 'ㄷ'이다. 기출 05

ㄱ. 이론적 입장에서 이해되는 개념이다.
ㄴ. 경호대상자에 대한 모든 인위적, 자연적 위해로부터 지키는 개념이다.
ㄷ. 실정법상 일반 경호기관의 권한에 속하는 일체의 경호작용을 말한다.
ㄹ. 경호의 주체에 대한 제약이 없다.

ㄱ, ㄴ, ㄹ은 실질적 의미의 경호개념이다. 답 ○

핵심만 콕 **경호의 개념**

구분	내용
형식적 의미의 경호	• 경호관계법규에 규정된 현실적인 경호기관을 기준으로 하여 정립된 개념이다. • 실정법상 경호기관의 권한에 속하는 일체의 경호작용을 의미한다. • 실정법 · 제도 · 기관 중심적 관점에서 이해한 것이다. • 「대통령 등의 경호에 관한 법률」에서의 경호는 형식적 의미의 경호개념이다.
실질적 의미의 경호	• 경호활동의 본질 · 성질 · 이론적인 입장에서 이해한 것으로, 학문적인 측면에서 고찰된 개념이다. • 수많은 경호작용 중에서 공통적인 특성을 추상화한 개념이다. • 경호대상자의 절대적 신변안전을 보호하기 위하여 모든 사용 가능한 수단과 방법을 동원한다. • 경호대상자(피경호자)에 대한 신변 위해요인을 사전에 방지 또는 제거하기 위한 제반활동이다. • 경호주체(국가기관, 민간기관, 개인, 단체 불문)가 경호대상자를 보호하는 모든 활동을 말한다. • 모든 위험과 곤경(인위적 · 자연적 위해)으로부터 경호대상자를 안전하게 보호하기 위한 제반활동이다.

☐ 경호는 경호대상자와 위해행위자 사이의 완충벽이라 볼 수 있다. 기출 19

경호를 경호대상자와 위해행위자 사이의 완충벽이라 평가할 수 있다. 답 ○

☐ 한국 대통령경호처의 경호의 정의는 경호대상자의 생명과 재산을 보호하기 위하여 신체에 가해지는 위해를 방지 또는 제거하는 안전활동에 국한한다. 기출수정 08

한국 대통령경호처의 경호의 정의는 경호대상자의 생명과 재산을 보호하기 위하여 신체에 가하여지는 위해를 방지하거나 제거하고(호위), 특정 지역을 경계·순찰 및 방비(경비)하는 등의 모든 안전활동을 말한다(대통령 등의 경호에 관한 법률 제2조 제1호). 즉, 대통령경호처의 경호의 정의는 '호위'와 '경비'가 포함된 개념이다. 답 ×

☐ 한국 대통령경호처의 경호의 정의는 경호대상자의 생명과 재산을 보호하기 위하여 신체에 가하여지는 위해를 방지하거나 제거하고, 특정 지역을 경계·순찰 및 방비하는 등의 모든 안전활동을 말한다. 기출수정 07

대통령 등의 경호에 관한 법률 제2조 제1호 답 ○

☐ 한국 경찰기관에서의 경호란 정부요인·국내외 주요 인사 등 경호대상자의 신변에 대하여 직·간접으로 가해지려는 위해를 방지하기 위하여 위험요소를 사전에 제거하고 경호대상자의 안전을 도모하는 경찰작용을 말한다. 기출수정 08·07

한국 경찰기관에서의 경호에 관한 설명이다. 답 ○

☐ 미국 비밀경호대(SS)는 경호를 '실질적이고 주도면밀한 범행의 성공기회를 최소화하는 것'이라고 정의한다. 기출 14·08

미국 비밀경호대(SS)는 경호를 '암살, 납치, 혼란 및 신체적 상해로부터 경호대상자를 보호하고 실제적이고 주도면밀한 범행의 성공기회를 최소화하는 것'이라고 정의한다. 답 ○

☐ 미국 비밀경호국의 경호 정의는 '실제적이고 주도면밀한 범행의 성공기회를 완전 무력화하는 것'이다. 기출 07

미국 비밀경호국(SS)은 경호를 '암살, 납치, 혼란 및 신체적 상해로부터 경호대상자를 보호하고 실제적이고 주도면밀한 범행의 성공기회를 최소화하는 것'이라고 정의한다. 답 ×

☐ 일본의 요인경호대(SP)는 경호를 '신변에 위해가 있을 경우 국가와 공공의 안녕 및 질서에 영향을 줄 우려가 있는 자에 대하여 그 신변의 안전을 확보하기 위한 경찰활동'이라고 정의한다. 기출 14·08·07

일본의 요인경호대(SP)는 경호를 '신변에 위해가 있을 경우 국가공공안녕질서에 영향을 줄 우려가 있는 자에 대하여 그 신변의 안전을 확보하기 위한 경찰활동'이라고 정의한다. 답 ○

3 경호학의 의의

☐ 경호학은 법학, 행정학, 경찰학, 사회학 등의 학문과 밀접한 관련성을 지니고 있다. 기출 04

경호학은 종합적 성격의 학문이다. 답 ○

☐ 경호학은 경호규범에 연구의 초점을 두고 있기 때문에 복잡 다양한 경호현상은 연구대상에서 제외된다. 기출 04

경호학은 경호규범과 경호현상을 그 연구대상으로 한다. 답 ×

☐ 경호학은 경호법해석학적 연구방법을 기본으로 한다. 기출 04

경호학은 종합적 성격의 학문이며, 경호법해석학적 연구방법을 기본으로 한다. 답 ○

☐ 경호학은 경호규범의 구현을 위하여 경호대상, 경호기관 및 제도가 연구대상이 된다. 기출 04

경호학은 경호규범과 경호현상을 그 연구대상으로 하는데, 경호규범의 구현을 위하여 경호대상, 경호기관 및 제도가 연구대상이 된다. 답 ○

02 경호 및 경비의 분류

1 경호의 분류

☐ 경호의 대상에 따라 갑(A)호, 을(B)호, 병(C)호 등으로 구분할 수 있다. 기출 20

경호의 대상에 따라 경호를 구분하면, 갑(A)호 경호, 을(B)호 경호, 병(C)호 경호 등으로 구분할 수 있다. 답 ○

☐ 수상, 국회의장, 대법원장, 헌법재판소장, 이와 대등한 지위에 있는 외국인사 등에 대한 경호방법은 을호 경호이다. 기출 05

대상에 따른 경호의 분류 중 을(B)호 경호에 관한 설명이다. 답 ○

☐ 미국 대통령이 방한 행사 중 사전에 계획된 국립현충원 행사를 마치고 예정에 없던 한강 고수부지에서 산책을 하였을 때의 경호분류는 갑호 경호, 공식경호, 비공식경호에 해당한다. 기출 09

미국 대통령은 외국원수이기에 갑호 경호에 해당되고, 또한 사전에 계획된 국립현충원 행사에 참석한 것은 공식경호, 직접경호, 행사장 경호와 관련되고, 예정이 없던 한강 고수부지에서 산책을 하였기에 비공식경호가 이루어진 것이다. 답 ○

☐ 국무총리가 연말연시를 맞아 사전 계획되었던 군부대 위문방문을 마치고 차량으로 귀경 도중 갑자기 예정되지 않았던 인근 고아원을 방문하기로 결정하였을 때의 경호의 분류는 순서대로 을(乙)호 경호, 공식경호(1호 · A호), 직접경호, 차량경호, 비공식경호(2호 · B호)에 해당한다. 기출수정 07

국무총리는 을(乙)호 경호대상이며, 사전 계획되었던 군부대 위문방문은 공식경호(1호 · A호), 직접경호와 관련되고, 차량으로 귀경하였으므로 차량경호와도 관련된다. 또한 갑자기 예정되지 않았던 인근 고아원을 방문한 경우는 비공식경호(2호 · B호)에 해당한다. 답 ○

☐ 대통령이 국경일 행사에 참석한 후 귀경길에 갑자기 사전 예정되지 않았던 수해지역 방문을 지시하여 차량대형을 변경하여 수해지역을 방문하고 귀경하였다면 경호의 분류는 갑(甲)호 경호, 1(A)급 경호, 공식경호(1호 · A호), 직접경호, 행사장경호, 차량경호, 비공식경호(2호 · B호) 순이다. 기출수정 06

대통령은 갑(甲)호 경호대상이며, 대통령이 참석하는 국경일 행사는 1(A)급 경호, 공식경호(1호 · A호), 직접경호, 행사장경호와 관련되고, 차량대형을 변경하여 수해지역을 방문하고 귀경하였으므로 차량경호와도 관련된다. 또한 사전 예정되지 않았던 수해지역 방문은 비공식경호(2호 · B호)에 해당한다. 답 ○

☐ 경호의 성격에 의한 분류 중 경호관계자의 사전 통보에 의해 계획 · 준비되는 경호활동은 공식경호이다. 기출 16 · 06

공식경호는 경호의 성격에 의한 분류 중 하나로서, 경호관계자의 사전 통보에 의해 계획 · 준비되는 공식행사 때의 경호활동이다. 답 ○

☐ 경호수준에 따른 분류에 해당하는 비공식경호는 출 · 퇴근 시 일상적으로 실시하는 경호이다. 기출 20

비공식경호는 경호의 성격에 의한 분류에 해당하며, 사전 통보나 협의 없이 이루어지는 경호를 의미한다. 출 · 퇴근 시 일상적으로 실시하는 경호는 성격에 의한 분류 중 약식경호에 해당한다. 답 ×

☐ 공식경호 행사를 마치고 귀가 중 환차코스를 변경하여 예정에 없던 행사장에 방문할 때의 경호는 비공식경호이다. 기출 12

경호관계자 간의 사전 통보나 협의절차 없이 이루어지는 행사 때의 경호는 경호의 성격에 의한 분류 중 비공식경호에 해당한다.

답 ○

☐ 경호관계자 간의 사전 통보나 협의절차 없이 이루어지는 행사 때의 경호는 비공식경호이다. 기출 05

경호의 성격에 의한 분류 중 비공식경호에 관한 설명이다.

답 ○

☐ 공식적인 행사 시 사전 통보에 의해 실시하는 경호는 공식경호이다. 기출 04

공식경호는 경호관계자의 사전 통보에 의해 계획·준비되는 공식행사 때의 경호활동이다.

답 ○

☐ 경호의 분류 중 공식경호(1호, A호), 비공식경호(2호, B호), 약식경호(3호, C호) 등으로 구분한 것은 성격에 의한 분류에 해당한다. 기출 09·05·04

경호를 공식경호(1호, A호), 비공식경호(2호, B호), 약식경호(3호, C호) 등으로 구분하는 것은 경호의 성격에 의한 분류에 해당한다.

답 ○

☐ 약식경호는 의전절차 없이 불시에 행사가 진행되고, 사전 경호조치도 없는 상태에서 최대한의 근접경호만으로 실시하는 경호활동을 말한다. 기출 21

약식경호는 의전절차 없이 불시에 행사가 진행되고, 사전 경호조치도 없는 상태에서 최소한의 근접경호만으로 실시하는 경호활동을 말한다.

〈출처〉 이두석, 경호학개론, 진영사, 2018, P. 87 / 최선우, 경호학, 박영사, 2021, P. 36

답 ×

☐ 약식경호는 의전절차 없이 불시에 행사가 진행되고, 사전 경호조치도 없는 상태에서 최소한의 근접경호만으로 실시하는 경호활동을 말한다. 기출 17

경호의 성격에 의한 분류 중 약식경호에 관한 내용이다.

답 ○

☐ 약식경호는 일정한 방식에 의하지 않고 출·퇴근과 같이 일상적인 경호업무를 말한다. 기출 18·10

경호의 성격에 의한 분류에 해당하는 약식경호는 일정한 방식에 의하지 않고 실시하는 경호(출·퇴근 시 일상적으로 실시하는 경호)이다.

답 ○

☐ 행사장경호는 성격에 의한 분류이고, 차량경호는 이동수단에 의한 분류이다. 기출 06

행사장경호는 장소에 의한 경호의 분류에 해당한다.

답 ×

☐ 경호의 성격에 따른 분류에 따라 1급, 2급, 3급으로 구분할 수 있다. 기출 23

1급, 2급, 3급은 경호의 수준에 따른 분류이며, <u>경호의 성격에 따른 분류는 공식경호, 비공식경호, 약식경호</u>이다.

답 ×

☐ 1(A)급 경호는 사전에 노출되어 경호위해가 증대된 상황하의 각종 행사와 대통령 등 국가원수급의 1등급 경호대상으로 결정된 국빈행사의 경호이다. 기출 21

경호수준에 의한 분류 중 1(A)급 경호는 행차보안이 사전에 노출되어 경호위해가 증대된 상황하의 각종 행사와 국왕 및 대통령 등 국가원수급의 1등급 경호대상으로 결정된 국빈행사의 경호이다.

답 ○

☐ 국왕 및 대통령 등 국가원수급의 경호는 1(A)급 경호에 해당된다. 기출 18

경호수준에 의한 분류에 따라 국왕 및 대통령 등 국가원수급의 경호는 1(A)급 경호에 해당된다.

답 ○

☐ 현충일, 광복절 행사 등 국경일 행사에 참석하는 대통령에 대한 경호수준은 1(A)급 경호에 해당한다. 기출 12

현충일, 광복절 행사 등 국경일 행사에 참석하는 대통령에 대한 경호는 경호수준에 의한 분류 중 1(A)급 경호에 해당한다.

답 ○

☐ 1(A)급 경호는 행사보안이 사전에 노출되어 경호위해가 증대된 상황하의 각종 행사와 국왕 및 대통령 등 국가원수급의 경호이다. 기출 10·06

경호수준에 의한 분류 중 1(A)급 경호에 관한 내용이다.

답 ○

☐ 2(B)급 경호는 행사 준비 등의 시간적 여유 없이 갑자기 결정된 상황에서의 각종 행사와 수상급의 경호대상으로 결정된 국빈행사의 경호이다. 기출 17

경호수준에 의한 경호의 분류 중 2(B)급 경호에 관한 내용이다. 답 ○

☐ 경호수준에 의한 분류 중 행사 준비 등의 시간적 여유 없이 갑자기 결정된 상황하의 경호수준은 2(B)급 경호라고 할 수 있다. 기출 12·11

2(B)급 경호에 관한 내용이다. 답 ○

☐ 경호수준에 의한 분류 중 사전 경호조치가 전무한 상황하의 각종 행사 시의 경호는 3(C)급 경호이다. 기출 15

경호수준에 의한 분류 중 3(C)급 경호에 해당한다. 답 ○

☐ 경호의 유형 중 공식경호, 비공식경호, 약식경호는 수준에 따른 구분이다. 기출 07

공식경호, 비공식경호, 약식경호는 경호의 성격에 의한 분류에 해당한다. 답 ×

☐ 경호관계자의 사전 통보에 의해 계획·준비되는 경호활동은 경호의 성격에 의한 분류 중에서 공식경호에 해당한다. 기출 21

경호의 성격에 의한 분류 중 공식경호는 경호관계자의 사전 통보에 의해 계획·준비되는 공식행사 때에 실시하는 경호이다. 답 ○

☐ 경호의 성격에 의한 분류로서 "2호 경호"는 경호관계자 간의 사전 통보나 협의 절차 없이 이루어지는 비공식행사 때의 경호이다. 기출 06·04

성격에 의한 경호는 공식경호, 비공식경호, 약식경호로 구분되는데, "2호 경호"는 비공식행사 시 사전에 통보나 협의 없이 이루어지는 경호로서 B호 경호라고도 한다. 답 ○

☐ 경호행사를 형식적 기준에 의해 1호(A호), 2호(B호), 3호(C호)로 구분하는 경호의 분류는 성격에 의한 분류이다. 기출 13

경호를 성격에 의하여 분류할 경우 경호행사는 1호(A호), 2호(B호), 3호(C호)로 구분된다. 답 ○

☐ 연도경호는 경호행사의 장소에 의한 분류에 따라 구분할 수 있다. 기출 23

경호를 장소에 따라 분류하면 행사장경호, 숙소경호, 연도경호로 구분할 수 있다. 답 ○

☐ 장소에 따른 경호는 행사장경호, 숙소경호 등으로 분류되며 연도경호도 이에 해당한다. 기출 21

장소에 따른 경호는 행사장경호, 숙소경호, 연도경호(노상경호)로 분류된다. 답 ○

☐ 경호행사의 장소에 의한 분류에 따라 행사장경호, 숙소경호, 연도경호 등으로 구분할 수 있다. 기출 20

경호를 행사장소에 따라 분류하면 행사장경호, 숙소경호, 연도경호 등으로 구분할 수 있다. 답 ○

☐ 숙소경호, 연도경호, 행사장경호, 차량경호 중 장소에 의한 경호의 분류가 아닌 것은 차량경호이다. 기출 13

숙소경호, 연도경호, 행사장경호는 '장소에 의한 경호의 분류'에 해당하나, 차량경호는 '이동수단에 의한 경호의 분류'에 해당한다. 답 ○

☐ 항공기경호는 이동수단에 의한 경호이고, 노상경호는 장소에 의한 분류이다. 기출 06

항공기경호는 보행경호, 차량경호, 열차경호, 선박경호 등과 더불어 이동수단에 의한 경호의 분류에 해당하고, 노상경호(연도경호)는 행사장경호, 숙소경호 등과 더불어 장소에 의한 경호의 분류에 해당한다. 답 ○

☐ 선박경호는 장소에 의한 분류이고, 보행경호는 이동수단에 의한 분류이다. 기출 06

선박경호도 이동수단에 의한 경호의 분류에 해당한다. 답 ×

☐ 보행경호는 이동수단에 의한 분류이고, 공식경호는 대상에 의한 분류이다. 기출 06

공식경호는 성격에 의한 경호의 분류에 해당한다. 답 ×

☐ 행사장경호, 숙소경호, 연도경호, 선박경호 중 장소에 의한 경호의 분류에 해당하지 않는 것은 선박경호이다. 기출 08

행사장경호, 숙소경호, 연도경호는 '장소에 의한 경호의 분류'에 해당하나, 선박경호는 '이동수단에 의한 경호의 분류'에 해당한다.

답 ○

☐ 열차경호는 경호대상자가 열차를 이용하는 경우 열차 내에서 이루어지는 경호를 말하며, 통상 열차 내에서의 경호책임은 출발지 역으로부터 도착지 역까지로 도착지 역 관할 시·도 경찰청에서 담당한다. 기출수정 08

열차경호는 경호대상자가 열차를 이용 시 열차 내외에서 이루어지는 경호를 말하며, 통상 열차 내에서의 경호책임은 출발지 역으로부터 도착지 역까지로 출발지 역 관할 시·도 경찰청 및 지부에서 담당한다.

답 ×

☐ 경호원은 선박경호 시 선박을 선택할 때에는 기후와 파도에 견딜 수 있는 형태와 크기를 갖춘 것이어야 하며, 선박 안에 인명구조 및 비상시설이 충분한지에 대한 확인과 여행 중 불편이 없도록 제반시설을 점검하여야 한다. 기출 08

선박 선택 시 경호원이 유의할 점과 선박 안의 제반시설 점검사항에 대한 내용이다.

답 ○

☐ 동승차량경호는 경호대상자의 자동차 등에 경호원이 동승하여 차내 및 행선지에서의 보호임무를 수행하며, 경호대상자가 승·하차 시 경호원으로 하여금 방벽을 구축하여 근접경호를 수행하는 경호이다. 기출 08

동승차량경호는 경호원이 경호대상자의 자동차 등에 동승하여 차내 및 행선지에서의 보호임무를 수행하며 유사시 경호대상자를 안전지역으로 대피시키는 일을 기본 임무로 하는 경호로서, 경호대상자가 승·하차 시 경호원으로 하여금 방벽을 구축해서 근접경호를 수행하는 경호이다.

답 ○

☐ 다음 상황에 해당하는 경호의 분류를 순서대로 표현하면, ㉠ 갑(A)호 경호, ㉡ 숙소경호, ㉢ 공식경호이다. 기출수정 14

㉠ 영국 (여)왕의 방한 → ㉡ A호텔에서 투숙 → ㉢ 사전에 계획된 국제행사에 참여

영국 (여)왕에 대한 경호는 경호의 대상별 분류에서 갑(A)호 경호에 해당하고(㉠), A호텔에서 투숙하므로 장소로 분류할 때 숙소경호에 해당하며(㉡), 사전에 계획된 국제행사이므로 경호의 성격상 분류에서 공식경호에 해당된다(㉢).

답 ○

☐ 경호를 장소에 따라 분류하면 연도경호, 숙소경호, 선발경호, 행사장경호 등으로 구분할 수 있다. 기출 15

경호를 행사장소에 따라 분류하면 행사장경호, 숙소경호, 연도경호 등으로 구분할 수 있으나, 선발경호는 이에 해당하지 않는다. 답 ×

☐ 행사장경호는 경호대상자가 참석하거나 주관하는 행사에서의 경호업무를 말한다. 기출 18

행사장경호는 장소에 의한 경호의 분류 중 하나로 경호대상자가 참석하거나 주관하는 행사에서의 경호업무이며, 행사장은 일반 군중들과 경호대상자의 거리가 가까우므로 완벽한 경호가 필요하다. 구체적인 활동으로는 출입자 통제, 교통상황 및 주차장 관리, 내곽경비, 외곽경비 등이 있다.

답 ○

☐ 다음의 내용을 경호로 분류할 때 A급 경호, 비공식경호, 약식경호에 해당한다. 기출 19

> 대한민국을 방문한 K국 대통령의 시장 방문 시 경호 관계기관에서는 주변에 알리지 않고 경호를 하였다. 이때 시장에서 쇼핑 중 위해자에 의한 피습사건이 발생하여 B경호원은 몸을 날려 위해행위를 차단하였고, 동료 경호관들이 대통령을 안전한 곳으로 대피시켰다.

K국 대통령은 A급 경호대상이며, 시장 방문 시 경호 관계기관에서 주변에 알리지 않고 경호를 한 것은 비공식경호에 해당한다. 또한 시장에서 쇼핑 중 위해자에 의한 피습사건이 발생하여 B경호원이 몸을 날려 위해행위를 차단한 것은 직접경호에 해당한다. 약식경호는 일정한 방식에 의하지 않고 실시하는 경호(출·퇴근 시 일상적으로 실시)로서, 제시문의 경우에는 해당하지 않는다. 답 ×

☐ 직접경호는 평상시에 이루어지는 치안 및 대공활동, 국제정세를 포함한 안전대책작용이다. 기출 18

직접경호는 행사장 주변에 인원과 장비를 배치하여 인적·물적·자연적 위해요소를 배제하기 위한 경호작용이며, 간접경호는 평상시의 치안 및 대공활동, 국제정세를 포함한 안전대책작용 등의 경호작용이다. 답 ×

☐ 경호의 분류 중 행사장 주변에 경호장비 등을 배치하여 인적·물적·자연적 위해요소를 통제하는 활동은 간접경호에 해당된다. 기출 12

행사장 주변에 경호장비 등을 배치하여 인적·물적·자연적 위해요소를 통제하는 활동은 직접경호에 해당된다. 간접경호는 평상시의 치안 및 대공활동, 국제정세를 포함한 안전대책작용 등의 경호작용이다. 답 ×

☐ 간접경호는 행사장에 인원과 장비를 배치하여 인적·물적·지리적 위험요소를 예방하기 위한 경호이다. 기출 10

직접경호에 관한 내용이다. 답 ×

☐ 경호의 분류와 소속을 옳게 연결하면 ㄱ : 을호, ㄴ : 을호, ㄷ : 비공식, ㄹ : 경찰청이다. 기출 18

(ㄱ) 국회의장과 (ㄴ) 헌법재판소장이 공식행사에 참석차 이동 중 (ㄷ) 예정에 없던 고궁에 들러 (ㄹ) 경호원을 대동하여 시민들과 대화를 하였다.

국회의장과 헌법재판소장은 경호대상에 의한 분류에 의하면 을(B)호 경호대상이며, 예정에 없던 고궁에 들른 경우의 경호는 비공식경호이다. 그리고 국회의장과 헌법재판소장의 경호는 경찰청에서 담당한다. 답 ○

핵심만 콕 **경호의 분류**

대상	甲(A)호 경호	국왕 및 대통령과 그 가족, 외국의 원수 등
	乙(B)호 경호	수상, 국회의장, 대법원장, 헌법재판소장, 이와 대등한 지위에 있는 외국인사 등
	丙(C)호 경호	경찰청장 또는 경호기관의 장이 필요하다고 인정하는 주요 인사
장소	행사장경호	행사장은 일반군중과 가까우므로 완벽한 경호가 필요
	숙소경호	체류기간이 길고, 야간경호를 해야 함
	연도경호 (노상경호)	연도경호는 세부적으로 교통수단에 의해 분류됨(육로경호·철도경호)
성격	공식경호 (1호·A호)	경호관계자의 사전 통보에 의해 계획·준비되는 공식행사 때에 실시하는 경호
	비공식경호 (2호·B호)	경호관계자 간의 사전 통보나 협의절차 없이 이루어지는 비공식행사 때의 경호
	약식경호 (3호·C호)	일정한 방식에 의하지 않고 실시하는 경호(출·퇴근 시 일상적으로 실시하는 경우)

경호 수준	1(A)급 경호	행차보안이 사전에 노출되어 경호위해가 증대된 상황하의 각종 행사와 국왕 및 대통령 등 국가원수급의 1등급 경호대상으로 결정된 국빈행사의 경호
	2(B)급 경호	행사 준비 등의 시간적 여유 없이 갑자기 결정된 상황하의 각종 행사와 수상급의 경호대상으로 결정된 국빈행사의 경호
	3(C)급 경호	사전에 행사 준비 등 경호조치가 거의 전무한 상황하에서 이루어지는 것으로서 장관급의 경호대상으로 결정된 국빈행사의 경호
직접 · 간접	직접경호	행사장에 인원과 장비를 배치하여 물적·인적·자연적 위해요소를 배제하기 위한 경호
	간접경호	평상시의 치안 및 대공활동, 국제정세를 포함한 안전대책작용 등의 경호

〈출처〉 김두현, 「경호학개론」, 엑스퍼트, 2020, P. 57~60

2 경비의 분류

☐ 준(準)비상경계는 비상사태 발생의 징후는 희박하나 불안전한 사태가 계속되는 경우에 집중적인 경계가 요구될 때 실시하는 경계이다. 기출 10

경계개념에 의한 분류 중 준(準)비상경계에 관한 내용이다. 답 ○

핵심만 콕 **경계개념에 의한 분류**

- **정(正)비상경계** : 국가적 중요행사를 전후한 일정기간 또는 비상사태 발생의 징후가 예견되거나 고도의 경계가 필요한 때 실시하는 경계
- **준(準)비상경계** : 비상사태 발생의 징후는 희박하나 불안전한 사태가 계속되며 비상사태가 발생할 우려가 있는 경우에 집중적인 경계가 요구될 때 실시하는 경계

☐

- 경계대상에 의한 경비의 분류 중 특수경비는 총포류, 도검류, 폭발물에 의한 중요범죄 등의 사태로부터 발생할 위해를 예방하거나 경계하고 진압함으로써, 국민의 생명과 재산을 보호하고 공공의 안녕과 질서를 유지하는 경비활동이다. 기출 17
- 경계대상에 의한 경비의 분류 중 총기, 폭발물 등에 의한 인질, 살상 등 사회적 이목을 끄는 중요범죄 등의 사태로부터 발생할 위해를 예방, 경계, 진압하는 경비는 특수경비이다. 기출 11·10
- 경비의 분류 중 총포·도검·폭발물 등에 의한 인질, 납치, 난동, 살상 등 사회이목을 집중시키는 중요사건을 예방·경계·진압하는 경비활동은 특수경비이다. 기출 09

제시문은 모두 경계대상에 의한 경비의 분류 중 특수경비에 관한 설명이다. 답 ○

☐ 치안경비는 공공의 안녕과 질서를 문란하게 하는 경비사태에 대한 예방·경계·진압하는 작용이다. 기출 20

경계대상에 의한 경비의 분류 중 치안경비는 공공의 안녕과 질서를 문란케 하는 경비사태에 대하여 경비부대활동으로서 예방·경계·진압하는 경비작용을 의미한다. 답 ○

☐ 경계대상에 의한 경비의 분류 중 치안경비는 시설의 재산, 문서에 대한 비인가자의 접근을 방지하고 간첩, 태업, 절도 기타 침해행위를 예방, 경계, 진압하는 작용을 말한다. 기출 10

경계대상에 의한 경비의 분류 중 중요시설경비에 관한 설명이다. 답 ×

☐ 경계대상에 의한 경비의 분류 중 중요시설경비는 시설의 재산, 문서에 대한 비인가자의 접근을 방지하고 간첩, 태업, 절도 기타 침해행위를 예방, 경계, 진압하는 경비이다. 기출 06

중요시설경비에 관한 설명이다. 답 ○

☐ 경계대상에 의한 경비의 분류 중 중요시설경비는 경기대회, 기념행사 등의 미조직 군중의 혼란 또는 혼란에 의하여 발생하는 예측불능한 사태를 예방, 경계, 진압하는 작용을 말한다. 기출 10

혼잡경비에 관한 설명이다. 답 ×

☐ 경계대상에 의한 경비의 분류 중 재해경비는 공공의 안녕과 질서를 문란케 하는 사태에 대하여 실시하는 활동으로서 예방, 경계, 진압하는 작용을 말한다. 기출 10

치안경비에 관한 설명이다. 답 ×

☐ 다음 중 경계대상에 의한 경비분류로 옳게 연결된 것은 'ㄴ'이다. 기출 05

ㄱ. 치안경비 – 총기류에 의한 인질, 살상 등 중요범죄의 위해방지
ㄴ. 혼잡경비 – 경기대회, 기념행사 등의 미조직 군중의 예측 불가능한 사태를 방지
ㄷ. 특수경비 – 천재, 홍수, 태풍, 지진 등에 의한 돌발사태를 방지
ㄹ. 중요시설경비 – 공공의 안녕과 질서를 문란하게 하는 사태에 대한 경비

ㄱ은 특수경비, ㄷ은 재해경비, ㄹ은 치안경비에 관한 설명이다. 답 ○

핵심만 콕 **경계대상에 의한 경비의 분류**

- **특수경비** : 총포・도검・폭발물 기타 총기류에 의한 인질, 살상 등 사회이목을 집중시키는 중요범죄 등의 사태로부터 발생할 위해를 예방・경계・진압하는 경비작용을 의미한다.
- **중요시설경비** : 시설의 재산, 비인가자의 문서에 대한 접근을 방지하고 간첩, 태업, 절도, 기타 침해행위에 대한 예방・경계・진압하는 경비작용을 의미한다.
- **치안경비** : 공공의 안녕과 질서를 문란케 하는 경비사태에 대하여 경비부대활동으로서 예방・경계・진압하는 경비작용을 의미한다.
- **혼잡경비** : 대규모 국가행사, 경기대회 등에서 비조직적인 군중의 혼란에 의하여 발생하는 예측불가능한 사태를 예방・경계・진압하는 경비작용을 의미한다.
- **재해경비** : 천재・지변, 홍수, 화재, 태풍, 지진 등 재해에 의한 예측불허의 돌발사태로부터 발생할 위해를 예방・경계・진압하는 경비작용을 의미한다.

☐ 「경비업법」에 의한 경비의 분류에 드론경비업무가 추가되었다. 기출 23

드론경비업무는 현행 경비업법상 경비업무로 규정되어 있지 않다. 답 ×

☐ 「경비업법」에 의한 경비의 분류에서 특수경비업무는 공경비로 구분된다. 기출 23

경비업법령은 공경비가 아닌 사경비의 법원에 해당하므로, 경비업법령상 특수경비업무는 사경비에 해당한다. 답 ×

☐ 경비의 분류 중 경비기관에 대한 분류에 해당하는 것은 공경비, 특수경비, 중요시설경비이다. 기출 08

경비기관에 의한 경비의 분류는 공경비와 사경비(민간경비)로 구분된다. 특수경비, 중요시설경비는 경계대상(경비목적)에 의한 분류에 해당한다. 답 ×

☐ 다음 중 시설경비원의 기본적인 업무가 아닌 것은 'ㄹ'이다. 기출 07

ㄱ. 사고 발생 시 경찰 및 소방기관에 신고
ㄴ. 방범취약지역의 순회 및 점검
ㄷ. 시설물을 출입하는 사람 및 차량의 안내 및 통제
ㄹ. 시설물 내 침입자의 체포 및 수사활동

수사활동은 공경비(경찰)의 주요 임무이다. 답 ○

☐ 경찰력의 공백을 민간경비가 보완할 수밖에 없는 논리와 관계 있는 이론은 공동화 이론이다. 기출 07

공동화 이론은 경찰이 수행하고 있는 경찰 본연의 기능이나 역할을 민간경비가 보완・대체한다는 이론이다. 답 ○

3 경비경찰

☐ 경비수단의 원칙 중 '한정된 경비력을 가지고 최대의 효과를 발휘할 수 있도록 상황과 대상에 따라서 유효・적절하게 인력을 배치, 실력 행사를 한다.'에 해당되는 것은 균형의 원칙이다. 기출 05

경비수단의 원칙 중 균형의 원칙에 관한 설명이다. 답 ○

핵심만 콕 **경비수단의 주요 원칙**

- **균형의 원칙** : 한정된 경비력을 가지고 최대의 효과를 발휘할 수 있도록 상황과 대상에 따라서 유효적절하게 인력을 배치하여 실력행사를 하는 원칙
- **위치의 원칙** : 경비사태 발생 시 상대방보다 유리한 지점과 위치를 신속하게 확보・유지하는 원칙
- **적시성의 원칙** : 상대방의 힘이 가장 약한 시점을 포착하여 집중적으로 강력한 실력행사를 감행하는 원칙
- **안전의 원칙** : 경비사태 발생 시 경비병력이나 군중들을 사고 없이 안전하게 진압해야 한다는 원칙

〈참고〉 김두현, 「경호학개론」, 엑스퍼트, 2020, P. 334

03 경호의 법원

1 헌 법

2 법 률

☐ 「대통령 등의 경호에 관한 법률」은 대통령 등에 대한 경호를 효율적으로 수행하기 위하여 경호의 조직・직무범위와 그 밖에 필요한 사항을 규정함을 목적으로 한다. 기출 21・20・08

대통령 등의 경호에 관한 법률 제1조 답 ○

☐ 대통령 등의 경호에 관한 법률은 현 대통령과 대통령 당선이 확정된 자 및 그의 가족과 퇴임 후 10년 이내 전직대통령과 그 배우자, 경호처장이 필요하다고 인정하는 국내외 요인 등 경호처의 경호대상을 규정하고 있다. 기출수정 08

대통령 등의 경호에 관한 법률 제4조 제1항 참고 답 ○

☐ 다음 중 대통령 등의 경호에 관한 법령상 전직대통령과 그 배우자에 대한 경호의 조치로 옳은 것은 'ㄴ'이다. 기출 23

> ㄱ. 요청이 있는 경우 헬리콥터를 제외한 대통령전용기 및 차량 등 기동수단의 지원
> ㄴ. 현거주지 및 별도주거지에 경호를 위한 인원의 배치
> ㄷ. 요청이 있는 경우 대통령전용기를 제외한 헬리콥터 및 차량 등 기동수단의 지원
> ㄹ. 대통령경호처장이 관계기관에 통보하여 정한 사항 수행

ㄱ. (×) 요청이 있는 경우 헬리콥터를 포함한 대통령전용기 및 차량 등 기동수단을 지원한다(대통령 등의 경호에 관한 법률 시행령 제3조 제3호).
ㄷ. (×) 요청이 있는 경우 대통령전용기를 포함한 헬리콥터 및 차량 등 기동수단을 지원한다(대통령 등의 경호에 관한 법률 시행령 제3조 제3호).
ㄹ. (×) 대통령경호처장이 관계기관과 협의하여 정한 사항의 조치를 포함한다(대통령 등의 경호에 관한 법률 시행령 제3조 제4호).

답 ○

전직대통령 등의 경호(대통령 등의 경호에 관한 법률 시행령 제3조)

법 제4조 제1항 제3호에 따라 전직대통령과 그 배우자의 경호에는 다음 각호의 조치를 포함한다.

1. 경호안전상 별도주거지 제공(별도주거지는 본인이 마련할 수 있다)
2. 현거주지 및 별도주거지에 경호를 위한 인원의 배치, 필요한 경호의 담당
3. 요청이 있는 경우 대통령전용기, 헬리콥터 및 차량 등 기동수단의 지원
4. 그 밖에 대통령경호처장(이하 "처장"이라 한다)이 관계기관과 협의하여 정한 사항

☐ 대통령 등의 경호에 관한 법률상 다음 (   )에 들어갈 내용은 경호구역이다. 기출 19

> 소속 공무원과 관계기관의 공무원으로서 경호업무를 지원하는 사람은 경호 목적상 불가피하다고 인정되는 상당한 이유가 있는 경우에만 (   )에서 질서유지, 교통관리, 검문·검색, 출입통제, 위험물 탐지 및 안전조치 등 위해 방지에 필요한 안전활동을 할 수 있다.

대통령 등의 경호에 관한 법률 제5조 제3항

답 ○

경호구역의 지정 등(대통령 등의 경호에 관한 법률 제5조)

③ 소속 공무원과 관계기관의 공무원으로서 경호업무를 지원하는 사람은 경호 목적상 불가피하다고 인정되는 상당한 이유가 있는 경우에만 경호구역에서 질서유지, 교통관리, 검문·검색, 출입통제, 위험물 탐지 및 안전조치 등 위해 방지에 필요한 안전 활동을 할 수 있다.

☐ 대통령 등의 경호에 관한 법령상 국가안보실장, 외교부장관, 국가정보원장, 경찰청장 중 국가안보실장은 로마 가톨릭 교황 방한 시 대통령경호처장이 경호등급을 결정할 경우, 사전협의해야 하는 자에 해당하지 않는다. 기출 17

국가안보실장은 경호처장이 국제적 관계를 고려하여 경호등급을 결정할 경우 사전협의해야 하는 대상자에 해당하지 않는다(대통령 등의 경호에 관한 법률 시행령 제3조의2 제2항 참조). 답 ○

☐ 대통령 등의 경호에 관한 법령상 경호처장은 경호등급을 구분하여 운영하는 경우에는 국가정보원장, 국방부장관 및 경찰청장과 미리 협의하여야 한다. 기출 09

경호처장은 경호등급을 구분하여 운영하는 경우에는 외교부장관, 국가정보원장 및 경찰청장과 미리 협의하여야 한다(대통령 등의 경호에 관한 법률 시행령 제3조의2 제2항). 답 ×

☐ 대통령 등의 경호에 관한 법령상 경호등급과 관련하여 필요한 사항은 대통령실장과 협의하여 경호처장이 따로 정한다. 기출수정 09

경호등급과 관련하여 필요한 사항은 처장이 따로 정한다(대통령 등의 경호에 관한 법률 시행령 제3조의2 제3항). 답 ×

경호등급(대통령 등의 경호에 관한 법률 시행령 제3조의2)

① 처장은 법 제4조 제1항 제5호 및 제6호에 따른 경호대상자의 경호임무를 수행하기 위하여 해당 경호대상자의 지위와 경호위해요소, 해당 국가의 정치상황, 국제적 상징성, 상호주의 측면, 적대국가 유무 등 국제적 관계를 고려하여 경호등급을 구분하여 운영할 수 있다.

② 제1항에 따라 경호등급을 구분하여 운영하는 경우에는 외교부장관, 국가정보원장 및 경찰청장과 미리 협의하여야 한다.

③ 제1항의 경호등급과 관련하여 필요한 사항은 처장이 따로 정한다.

☐ 대통령 등의 경호에 관한 법률은 2008년 개칭되었으며, 대통령권한대행과 그 배우자에 대한 경호는 하지 않는다. 기출 13

「대통령경호실법」은 2008년 2월 29일 「대통령 등의 경호에 관한 법률」로 개칭되었다. 동법 제4조 제1항 제4호에 따르면 대통령권한대행과 그 배우자도 경호대상자에 해당한다. 답 ×

☐ 대통령과 그 가족, 대통령으로 당선된 자와 그 가족에 대한 경호는 "경호규칙"에 근거한다. 기출 07

대통령과 그 가족, 대통령으로 당선된 자와 그 가족에 대한 경호는 "대통령 등의 경호에 관한 법률"에 근거한다(대통령 등의 경호에 관한 법률 제4조 제1항 제1호 · 제2호). 답 ×

☐ 대간첩작전수행, 요인경호 등의 규정으로 포괄적 임무를 근거한 것은 대통령 등의 경호에 관한 법률 시행령이다. 기출수정 07

대간첩작전수행, 요인경호 등의 규정으로 포괄적 임무를 근거한 것은 경찰관직무집행법이다(경찰관직무집행법 제2조). 답 ×

☐ 대통령 등의 경호에 관한 법률상 대통령경호처장은 경호업무의 수행에 필요하다고 판단되는 경우 경호구역을 지정할 수 있다. 기출 17

대통령 등의 경호에 관한 법률 제5조 제1항 답 ○

☐ 대통령 등의 경호에 관한 법률상 경호업무의 수행에 필요하다고 판단되는 경우 경호처장은 대통령의 승인을 받아 경호구역을 지정할 수 있다. 기출 09

경호처장은 <u>대통령의 승인을 받을 필요 없이 단독으로</u> 경호업무의 수행에 필요하다고 판단되는 경우 경호구역을 지정할 수 있다(대통령 등의 경호에 관한 법률 제5조 제1항). 답 ×

☐ 대통령 등의 경호에 관한 법률상 대통령경호처장이 경호구역을 지정할 경우 경호 목적 달성을 위한 최대한의 범위로 설정되어야 한다. 기출 17 · 14

경호구역의 지정은 경호 목적 달성을 위한 최소한의 범위로 한정되어야 한다(대통령 등의 경호에 관한 법률 제5조 제2항). 답 ×

☐ 대통령 등의 경호에 관한 법률상 위해요소의 원천적 봉쇄를 위해 경호구역은 가능한 한 넓게 지정하도록 한다. 기출 09

경호구역의 지정은 경호 목적 달성을 위한 <u>최소한의 범위</u>로 한정되어야 한다(대통령 등의 경호에 관한 법률 제5조 제2항). 답 ×

☐ 대통령경호처장은 경호업무의 수행에 필요하다고 판단되는 경우, 경호 목적 달성을 위한 최소한의 범위로 한정하여 경호구역을 지정할 수 있다. 기출 16

대통령 등의 경호에 관한 법률 제5조 제2항

답 ○

☐ 대통령 등의 경호에 관한 법령상 소속 공무원과 관계기관의 공무원으로서 경호업무를 지원하는 사람이 경호활동을 할 수 있는 구역으로, 대통령경호처장이 경호업무의 수행에 필요하다고 판단되는 경우 지정할 수 있는 구역은 '경비구역'이다. 기출 15

경호구역에 관한 설명이다(대통령 등의 경호에 관한 법률 제5조 제1항 · 제3항).

답 ×

경호구역의 지정 등(대통령 등의 경호에 관한 법률 제5조)

① 처장은 경호업무의 수행에 필요하다고 판단되는 경우 경호구역을 지정할 수 있다.
② 제1항에 따른 경호구역의 지정은 경호 목적 달성을 위한 최소한의 범위로 한정되어야 한다.
③ 소속 공무원과 관계기관의 공무원으로서 경호업무를 지원하는 사람은 경호 목적상 불가피하다고 인정되는 상당한 이유가 있는 경우에만 경호구역에서 질서유지, 교통관리, 검문·검색, 출입통제, 위험물 탐지 및 안전조치 등 위해 방지에 필요한 안전활동을 할 수 있다.

☐ 대통령 등의 경호에 관한 법률상 경호처에 특정직 국가공무원인 1급부터 9급까지의 경호공무원과 일반직 국가공무원을 둔다. 다만, 필요하다고 인정할 때에는 경호공무원의 정원 중 일부를 일반직 국가공무원 또는 별정직 국가공무원으로 보할 수 있다. 기출 14

대통령 등의 경호에 관한 법률 제6조 제1항

답 ○

☐ 대한민국의 국적을 가지지 아니한 사람은 경호처 직원으로 임용될 수 없다. 기출 14

대통령 등의 경호에 관한 법률 제8조 제2항 제1호

답 ○

☐ 대통령 경호업무에 동원된 종로경찰서 소속 경찰관은 대통령 등의 경호에 관한 법률상 비밀엄수 규정의 적용을 받지 않는다. 기출 11

대통령 등의 경호에 관한 법률상 비밀엄수 규정의 적용을 받는 사람은 소속 공무원, 퇴직한 사람, 원(原) 소속 기관에 복귀한 사람이다(대통령 등의 경호에 관한 법률 제9조 제1항). 여기서 소속 공무원은 경호처 직원과 경호처에 파견된 사람을 말한다(대통령 등의 경호에 관한 법률 제2조 제3호).

답 ○

비밀의 엄수(대통령 등의 경호에 관한 법률 제9조)

① 소속 공무원[퇴직한 사람과 원(原) 소속 기관에 복귀한 사람을 포함한다. 이하 이 조에서 같다]은 직무상 알게 된 비밀을 누설하여서는 아니 된다.

② 소속 공무원은 경호처의 직무와 관련된 사항을 발간하거나 그 밖의 방법으로 공표하려면 미리 처장의 허가를 받아야 한다.

□ 대통령경호처의 경호대상에 대한 경호업무를 수행할 때에는 관계기관의 책임을 명확하게 하고, 협조를 원활하게 하기 위하여 비서실에 대통령경호안전대책위원회를 둔다. 기출 15

비서실이 아닌 경호처에 대통령경호안전대책위원회를 둔다(대통령 등의 경호에 관한 법률 제16조 제1항).

답 ×

□ 대통령 등 경호대상에 대한 경호업무를 수행함에 있어 관계부처의 책임을 명확하게 하고, 협조를 원활하게 하기 위하여 경호처에 대통령경호안전대책위원회를 둔다. 기출 09

대통령 등의 경호에 관한 법률 제16조 제1항

답 ○

□ 대통령경호안전대책위원회는 위원장과 부위원장 각 1명을 포함한 20명 이내의 위원으로 구성한다. 기출 15 · 09

대통령 등의 경호에 관한 법률 제16조 제2항

답 ○

□ 대통령경호안전대책위원회 위원장은 처장이 되고, 부위원장은 차장이 되며, 위원은 대통령령으로 정하는 관계기관의 공무원이 된다. 기출 15

대통령 등의 경호에 관한 법률 제16조 제3항

답 ○

□ 대통령경호안전대책위원회 위원장은 대통령실장, 위원은 대통령령이 정하는 관계부처의 공무원이 된다. 기출 09

대통령경호안전대책위원회 위원장은 처장이 되고, 부위원장은 차장이 되며, 위원은 대통령령으로 정하는 관계기관의 공무원이 된다(대통령 등의 경호에 관한 법률 제16조 제3항).

답 ×

□ 대통령경호안전대책위원회는 대통령 경호와 관련된 첩보 · 정보의 교환 및 분석업무를 관장한다. 기출 15

대통령 등의 경호에 관한 법률 제16조 제4항 제2호

답 ○

☐ 대통령경호안전대책위원회의 구성 및 운영에 관하여 필요한 사항은 대통령령으로 정한다. 기출 09

대통령 등의 경호에 관한 법률 제16조 제5항

답 ○

대통령경호안전대책위원회(대통령 등의 경호에 관한 법률 제16조)

① 경호대상에 대한 경호업무를 수행할 때에는 관계기관의 책임을 명확하게 하고, 협조를 원활하게 하기 위하여 경호처에 대통령경호안전대책위원회를 둔다.

② 위원회는 위원장과 부위원장 각 1명을 포함한 20명 이내의 위원으로 구성한다.

③ 위원장은 처장이 되고, 부위원장은 차장이 되며, 위원은 대통령령으로 정하는 관계기관의 공무원이 된다.

④ 위원회는 다음 각호의 사항을 관장한다.

1. 대통령 경호에 필요한 안전대책과 관련된 업무의 협의
2. 대통령 경호와 관련된 첩보・정보의 교환 및 분석
3. 그 밖에 제4조 제1항 각호의 경호대상에 대한 경호에 필요하다고 인정되는 업무

⑤ 위원회의 구성 및 운영에 필요한 사항은 대통령령으로 정한다.

☐ 경호처에 파견된 경찰공무원은 대통령 등의 경호에 관한 법률에 규정된 임무 외의 경찰공무원의 직무를 수행할 수 없다. 기출 14

대통령 등의 경호에 관한 법률 제18조 제2항

답 ○

☐ 우리나라는 전직대통령의 예우에 관하여 「전직대통령 예우에 관한 법률」에서 규정하고 있다. 기출 21・20

전직대통령 예우에 관한 법률은 전직대통령(前職大統領)의 예우에 관한 사항을 규정함을 목적으로 한다(전직대통령 예우에 관한 법률 제1조).

답 ○

☐ 전직대통령이 벌금 이상의 형이 확정된 경우 '필요한 기간의 경호 및 경비'의 예우를 하지 아니한다. 기출 20

전직대통령 예우에 관한 법률 제7조 제2항에 따르면 전직대통령이 금고 이상의 형이 확정된 경우에도 필요한 기간의 경호 및 경비는 계속할 수 있다.

답 ×

☐ 전직대통령 예우에 관한 법률은 1969년 제정되었으며, 전직대통령이 형사처분을 회피할 목적으로 외국정부에 도피처 또는 보호를 요청한 경우 경호·경비를 제외한 예우는 하지 않는다. 기출 13

1969년 1월 22일 제정된 「전직대통령 예우에 관한 법률」 제7조 제2항 제3호에 따르면 전직대통령이 형사처분을 회피할 목적으로 외국정부에 도피처 또는 보호를 요청한 경우 경호·경비를 제외한 전직대통령으로서의 예우를 하지 않는다. 답 ○

권리의 정지 및 제외 등(전직대통령 예우에 관한 법률 제7조)

② 전직대통령이 다음 각호의 어느 하나에 해당하는 경우에는 제6조 제4항 제1호(필요한 기간의 경호 및 경비)에 따른 예우를 제외하고는 이 법에 따른 전직대통령으로서의 예우를 하지 아니한다.

1. 재직 중 탄핵결정을 받아 퇴임한 경우
2. 금고 이상의 형이 확정된 경우
3. 형사처분을 회피할 목적으로 외국정부에 도피처 또는 보호를 요청한 경우
4. 대한민국의 국적을 상실한 경우

☐ 경찰관직무집행법에는 경찰관은 범죄의 예방·진압 및 수사, 경비·주요 인사(人士) 경호 및 대간첩 작전 수행, 공공안녕에 대한 위험의 예방과 대응을 위한 정보의 수집·작성 및 배포, 교통 단속과 교통 위해(危害)의 방지, 기타 공공의 안녕과 질서유지 등의 직무를 규정하고 있다. 기출수정 08

경찰관직무집행법 제2조 답 ○

직무의 범위(경찰관직무집행법 제2조)

경찰관은 다음 각호의 직무를 수행한다. 〈개정 2020.12.22.〉

1. 국민의 생명·신체 및 재산의 보호
2. 범죄의 예방·진압 및 수사

2의2. 범죄피해자 보호

3. 경비, 주요 인사(人士) 경호 및 대간첩·대테러 작전 수행
4. 공공안녕에 대한 위험의 예방과 대응을 위한 정보의 수집·작성 및 배포
5. 교통 단속과 교통 위해(危害)의 방지
6. 외국 정부기관 및 국제기구와의 국제협력
7. 그 밖에 공공의 안녕과 질서 유지

☐ 「대통령경호안전대책위원회규정」은 「경찰관직무집행법」 제16조에 따른 대통령경호안전대책위원회의 구성 및 운영에 관하여 필요한 사항을 규정한다. 기출 20

이 영은 「대통령 등의 경호에 관한 법률」 제16조에 따른 대통령경호안전대책위원회의 구성 및 운영에 관하여 필요한 사항을 규정함을 목적으로 한다(대통령경호안전대책위원회규정 제1조). 답 ×

☐ 대통령경호안전대책위원회의 구성 및 운영에 관하여 필요한 사항은 「대통령경호안전대책위원회규정」에서 명시하고 있다. 기출 21

대통령경호안전대책위원회규정 제1조 답 ○

☐ 대통령경호안전대책활동에 관하여는 위원회 구성원 전원과 그 구성원이 속하는 기관의 장이 공동으로 책임을 진다. 기출 20

대통령경호안전대책위원회규정 제4조 제1항 전단 답 ○

☐ 다음이 설명하는 것은 대통령경호안전대책위원회규정이다. 기출수정 05

- 「대통령 등의 경호에 관한 법률」 제16조에 따른 대통령경호안전대책위원회의 구성 및 운영에 관하여 필요한 사항을 규정함을 목적으로 함
- 대통령경호안전대책작용에 관하여는 위원회 구성원 전원과 그 구성원이 속하는 기관장이 공동으로 책임지도록 하고, 각 구성원의 책임사항을 구체적으로 규정

대통령경호안전대책위원회규정 제1조(목적), 제4조(책임) 답 ○

☐ 「대통령경호처와 그 소속기관 직제」는 대통령경호처와 그 소속기관의 조직과 직무범위, 그 밖에 필요한 사항을 규정한다. 기출 20

대통령경호처와 그 소속기관 직제 제1조 답 ○

☐ 대통령경호처에 기획관리실 · 경호본부 · 경비안전본부 및 지원본부를 둔다. 기출수정 20

대통령경호처와 그 소속기관 직제 제5조 제1항 답 ○

☐ 대통령경호처지침과 경호규칙이 상이할 경우는 대통령경호처지침이 우선한다고 규정한 것은 안전대책법이다. 기출 07

대통령경호처지침과 경호규칙이 상이할 경우는 전자가 우선한다고 규정한 것은 경호규칙의 부칙이다.

답 ×

☐ 경호의 성문법원에는 헌법, 법률, 조약, 명령을 들 수 있다. 기출 22

경호의 성문법원에는 헌법, 법률, 조약 및 국제법규, 명령·규칙 등이 있다. 답 ○

☐ 경호의 성문법원으로 헌법·법률·조약·명령·판례법 등을 들 수 있다. 기출 21

판례법은 관습법과 더불어 대표적인 경호의 불문법원에 해당한다. 답 ×

☐ 경비업법은 1999년 개칭되었으며, 경비업은 법인 또는 개인이 영업을 할 수 있도록 규정하고 있다. 기출 13

「용역경비업법」은 1999년 3월 31일 개정으로 1999년 10월 1일 「경비업법」으로 개칭되었다. 현행 경비업법 제3조에는 경비업은 법인이 아니면 이를 영위할 수 없다고 규정하고 있다. 답 ×

☐ 경비업법에는 경비업은 규정된 업무를 도급받아 행하는 영업으로서, 법인이 아니면 영위할 수 없으며, 경비업자는 경비인력·자본금·시설 및 장비 등을 갖추고 경비업무를 특정하여 주된 사무소의 소재지를 관할하는 시·도 경찰청장의 허가를 받아야 한다고 규정하고 있다. 기출 08

경비업법 제2조 제1호·제3조·제4조 제1항 답 ○

☐ 청원경찰법은 1973년 제정되었으며, 국가가 일부 소요경비를 부담하여 국가중요시설 및 사업장에 인력을 배치한다. 기출 13

<u>청원경찰법은 1962년 4월 3일 제정·시행되었다</u>. 현행 청원경찰법 제6조에 따르면 <u>청원주가 청원경찰경비</u>(청원경찰에게 지급할 봉급과 각종 수당, 피복비, 교육비, 보상금 및 퇴직금)<u>를 부담</u>하여 국가중요시설 및 사업장 등에 인력을 배치한다. 답 ×

☐ 청원경찰법은 청원경찰의 직무 · 임용 · 배치 · 보수 · 사회보장 기타 필요한 사항을 규정함으로써 청원경찰의 원활한 운영을 기함을 목적으로 한 법률로서 청원경찰은 청원경찰법에 의해서만 업무를 수행할 수 있다. 기출 08

청원경찰은 청원경찰법뿐만 아니라 경찰관직무집행법이나 경비업법에 의해서도 업무를 수행할 수 있다. 대표적인 예가 청원경찰법 제3조이다. 답 ×

☐ 다음의 경호경비 관련법을 제정 순서대로 나열하면, '경찰관직무집행법 – 대통령 등의 경호에 관한 법률 – 청원경찰법 – 국민보호와 공공안전을 위한 테러방지법'이다. 기출 18

경호경비 관련법을 제정 순서대로 나열하면 경찰관직무집행법(1953년 12월 14일) → 청원경찰법(1962년 4월 3일) → 대통령 등의 경호에 관한 법률(1963년 12월 14일 '대통령경호실법' 제정, 2008년 2월 29일 '대통령 등의 경호에 관한 법률'로 명칭 변경) → 국민보호와 공공안전을 위한 테러방지법(2016년 3월 3일) 순이다. 답 ×

☐ 제시된 경호경비 관련법의 제정년도를 순서대로 나열하면, '경찰관직무집행법 – 청원경찰법 – 대통령 등의 경호에 관한 법률 – 경비업법'이다. 기출 16

경호경비 관련법의 제정년도를 순서대로 나열하면 경찰관직무집행법(1953년 12월 14일) → 청원경찰법(1962년 4월 3일) → 대통령 등의 경호에 관한 법률(1963년 12월 14일 당시에는 대통령경호실법이었으며, 2008년 2월 29일에 현재의 명칭으로 바뀌었다) → 경비업법(1976년 12월 31일 용역경비업법이 제정되었으며, 1999년 3월 31일 경비업법으로 개정되었다) 순이다. 답 ○

☐ 공경호의 법원에는 집회 및 시위에 관한 법률, SOFA(한미행정협약), 대통령경호안전대책위원회규정, 경비업법 시행령이 있다. 기출 08

경비업법 시행령은 사경호의 법원에 해당하며, 집회 및 시위에 관한 법률, SOFA(한미행정협약), 대통령경호안전대책위원회규정은 공경호의 법원이다. 답 ×

☐ 한국군과 주한미군 간의 대통령경호에 대한 합의각서에 대한 법적 근거는 SOFA조약이다. 기출 07

대통령경호에 대한 합의각서의 목적은 한 · 미 간 SOFA협정 제3조 및 제25조를 근거로 하여 대통령경호경비에 관한 협조절차를 규정하는 데 있다. 답 ○

3 명령 · 규칙

☐ 대통령 집무실, 국회의사당 등은 "가"급 국가중요시설에 속한다. 기출수정 05

"가"급은 국가안전보장에 고도의 영향을 미치는 행정 및 산업시설을 말한다. 답 ○

☐ 국가중요시설의 분류기준에서 경찰청, 대검찰청 등은 "가"급에 속한다. 기출수정 05

경찰청, 대검찰청은 "나"급에 속한다. 답 ×

☐ 정부중앙(서울) 청사, 국방부 등은 국가중요시설의 분류기준에서 "가"급에 속한다. 기출수정 05

정부중앙(서울) 청사, 국방부는 적에 의하여 점령 또는 파괴되거나, 기능 마비 시 광범위한 지역의 통합방위작전 수행이 요구되고, 국민생활에 결정적인 영향을 미칠 수 있는 시설인 "가"급에 속한다. 답 ○

☐ 적에 의하여 점령 또는 파괴되거나, 기능마비 시 일부 지역의 통합방위작전 수행이 요구되고, 국민생활에 중대한 영향을 미칠 수 있는 시설은 "나"급에 속한다. 기출수정 05

대검찰청, 경찰청, 기상청 청사, 한국산업은행, 한국수출입은행 본점 등이 이에 속한다. 답 ○

핵심만 콕 국가중요시설의 분류 기준

<table>
<tr><th rowspan="2">구 분</th><th colspan="2">국가중요시설의 분류 기준</th></tr>
<tr><th>중앙경찰학교 2009, 경비</th><th>국가중요시설 지정 및 방호 훈령</th></tr>
<tr><td>"가"급 중요시설</td><td>국방 · 국가기간산업 등 국가안전보장에 고도의 영향을 미치는 행정 및 산업시설</td><td>• 적에 의하여 점령 또는 파괴되거나, 기능마비 시 광범위한 지역의 통합방위작전 수행이 요구되고, 국민생활에 결정적인 영향을 미칠 수 있는 시설
• 대통령 집무실(용산 대통령실), 국회의사당, 대법원, 정부중앙(서울) 청사, 국방부, 국가정보원 청사, 한국은행 본점</td></tr>
<tr><td>"나"급 중요시설</td><td>국가보안상 국가경제 · 사회생활에 중대한 영향을 끼치는 행정 및 산업시설</td><td>• 적에 의하여 점령 또는 파괴되거나, 기능마비 시 일부 지역의 통합방위작전 수행이 요구되고, 국민생활에 중대한 영향을 미칠 수 있는 시설
• 중앙행정기관 각 부(部) · 처(處) 및 이에 준하는 기관, 대검찰청, 경찰청, 기상청 청사, 한국산업은행, 한국수출입은행 본점</td></tr>
</table>

"다"급 중요시설	국가보안상 국가경제·사회생활에 중요하다고 인정되는 행정 및 산업시설	• 적에 의하여 점령 또는 파괴되거나, 기능마비 시 제한된 지역에서 단기간 통합방위작전 수행이 요구되고, 국민생활에 상당한 영향을 미칠 수 있는 시설 • 중앙행정기관의 청사, 국가정보원 지부, 한국은행 각 지역본부, 다수의 정부기관이 입주한 남북출입관리시설, 기타 중요 국·공립기관
"기타"급 중요시설	중앙부처의 장 또는 시·도지사가 필요하다고 지정한 행정 및 산업시설	–

04 경호의 목적과 원칙

1 경호의 목적과 이념

☐ 국내외 요인에 대한 완벽한 경호는 국제적인 지위향상과 국위선양에 기여한다. 기출 10

경호의 목적 중 국위선양에 관한 설명이다. 답 ○

☐ 경호는 주요 요인과 정치지도자나 사회저명인사 등의 체면 또는 기품 등을 유지시켜 준다. 기출 10

경호의 목적 중 권위유지에 관한 설명이다. 답 ○

☐ 경호는 경호대상자에 대한 직접적인 위해를 방지 및 제거함으로써 신변안전을 도모한다. 기출 10

경호의 목적 중 신변안전보호에 관한 설명이다. 답 ○

☐ 신변보호의 일반적 원칙 중 신변보호대상자를 효과적으로 보호하고 공격자의 직·간접적인 공격행위를 사전에 봉쇄하기 위한 원칙은 합리적 지역방어 원칙이다. 기출 10

신변보호의 일반적 원칙 중 합리적(효과적) 지역방어 원칙에 관한 설명이다. 답 ○

☐ 1963년 11월 22일 미국의 케네디 대통령은 범인 오스왈드의 원거리 저격에 의해 암살되었다. 그 핵심원인은 대통령이 경호원에게 특정한 위치에 있지 말 것을 명령하였고, 당시 경호원은 그 명령을 받아들여 근무위치를 변경하였다. 이는 근접경호작전에서 지휘권 단일화 원칙을 위반한 사례이다. 기출 08

신변보호의 일반적 원칙 중 지휘권 단일화 원칙에 관한 설명이다. 답 ○

핵심만 콕 **신변보호의 일반적 원칙**

- **고도의 경계력(집중력) 유지 원칙** : 신변보호활동은 제한된 인원 및 장비, 장애물을 가지고 보이지 않는 고도로 훈련된 공격자들을 사전에 봉쇄하기 위해서는 고도의 경계력이 유지되어야 한다는 것이다.
- **지휘권 단일화 원칙(신변보호작용기관 지휘통일의 원칙)** : 신변보호 목표가 성공적으로 달성되기 위해서는 단일 지휘관에 의한 적극적이고 신속한 결단과 지휘명령 하달체계에 의한 일사불란한 행동통일이 필요하다는 것이다.
- **합리적(효과적) 지역방어 원칙** : 신변보호대상자를 효과적으로 보호하고 공격자의 직·간접적인 공격행위를 사전에 봉쇄하기 위한 원칙을 말한다.
- **과학적 두뇌작용 원칙** : 신변보호작용에 있어서 발생할 수 있는 각종 위해요소는 대부분 은폐되어 있고 공격자들도 사전에 치밀한 공격준비를 통해 다양한 공격을 하므로 이를 방지하기 위해서는 과학적 두뇌작용이 필요하다는 것이다.

☐ 안전을 위하여 경호대상자와 환송자·환영자 간에 친화도모를 위한 활동은 배제하여야 한다. 기출 10

경호는 경호대상자와 환송자·환영자 간에 친화를 도모할 수 있도록 질서정연하게 군중을 정리·경계하며, 친절하고 겸손한 태도로써 시행되어야 한다. 답 ×

☐ 민간경호는 돌발적 사태로부터 보호할 수 있는 대책을 강구하고, 유사시 공정한 법집행을 주목표로 한다. 기출 08

법집행은 민간경호가 아닌 공경호의 목표(목적)이다. 답 ×

☐ 민간경호는 암살, 납치, 신체적 상해 등 생명범죄의 예방을 주목표로 한다. 기출 08

생명범죄의 예방은 민간경호 및 공경호의 공통된 목표이다. 답 ○

☐ 절도 등의 재산범죄는 우발적인 긴급상황으로 발전할 수 있기 때문에 그 방지 또한 민간경호업무의 주목표가 되어야 한다. 기출 08

민간경호업무의 목표에 관한 설명으로 옳다. 답 ○

☐ 모든 물리적 범죄행위에 대한 성공기회를 최소화하기 위한 범죄예방을 주목표로 해야 한다. 기출 08

범죄예방은 민간경호 및 공경호의 주된 목표이다. 답 ○

☐ 경호의 이념 중 희생성은 경호원은 정치적으로 반대 입장에 있는 요인(要人)을 경호해야 하는 상황이 있을 수 있으므로 정치적으로 중립을 유지하여야 한다는 것을 의미한다. 기출 11

정치적 중립성에 관한 설명이다. 희생성이란 경호원은 경호를 위해서 자신의 생명과 신체의 위협을 감수할 수 있는 희생정신이 필요하다는 것이고, 이는 경호의 방어성에 기인한다. 답 ×

☐ 경호임무 수행 중 경호요원은 경호대상자의 질문에 답할 때 특정한 분야를 두둔하고 쟁점이 될 만한 화제에 대해 자신의 주관적인 대답을 하여야 한다. 기출 04

경호요원은 경호대상자의 질문에 답할 때 특정한 분야를 두둔하거나 쟁점이 될 만한 화제에 대해 자신의 주관적인 대답을 하여서는 안 된다. 즉, 정치적 중립을 유지하여야 한다. 답 ×

핵심만 콕 **경호의 이념**

합법성	경호는 법적인 테두리 안에서 이루어져야 한다.
협력성	경호는 다수의 기관들이 참여하고, 국민들의 협조가 이루어져야 성공적으로 완수할 수 있는 활동이다.
보안성	경호활동을 위해서는 위해요소로부터 경호대상자나 경호주체의 움직임을 파악할 수 없도록 하는 것이 바람직하다.
희생성	경호원은 경호를 위해서 자신의 생명과 신체의 위협을 감수할 수 있는 희생정신이 필요하다는 것으로 이는 경호의 방어성에 기인한다.
정치적 중립성	경호원은 정치적으로 반대 입장에 있는 요인(要人)을 경호해야 하는 상황이 있을 수 있으므로 정치적 중립을 유지하여야 한다.

2 경호의 원칙

☐ 경호원을 중심으로 내부, 내곽, 외곽으로 구분하여 경호구역을 설정한다. 기출 23

'경호대상자를 중심으로' 경호대상자가 위치한 집무실이나 행사장으로부터 내부, 내곽, 외곽으로 구분하여 경호구역을 설정하여야 한다. 답 ×

☐ 다음에서 설명하는 경호의 원칙은 방어 경호의 원칙이다. 기출 22

> 경호대상자가 위치한 지역에서 가장 근거리부터 엄중한 경호를 취하는 순서로 근접경호, 중간경호, 외곽경호로 나누고 그에 따른 요원의 배치와 임무가 부여된다.

제시문이 설명하는 경호의 원칙은 3중 경호의 원칙이다. 답 ×

☐ 3중 경호의 기본 구조는 경호대상자가 위치한 장소로부터 내부, 외부, 외곽으로 구분하여 경호 행동반경을 거리 개념으로 설명한 것이다. 기출 21

3중 경호의 기본 구조는 경호대상자가 위치한 집무실이나 행사장으로부터 내부(근접경호), 내곽(중간경호), 외곽(외곽경호)으로 구분하여 경호 행동반경을 거리 개념으로 설명한 것이다. 답 ×

☐ 3중 경호의 원칙은 경호대상자가 위치한 지역으로부터 경호 행동반경을 거리개념으로 전개한 원칙이다. 기출 16

3중 경호의 원칙은 경호대상자가 위치한 집무실이나 행사장으로부터 내부, 내곽, 외곽으로 구분하여 경호 행동반경을 거리개념으로 논리 전개한 구조이다. 답 ○

☐ 3중 경호의 원칙이란 경호대상자가 위치한 집무실이나 행사장으로부터 내부, 내곽, 외곽으로 구분하여 경호 행동반경을 거리개념으로 설명한 것이다. 기출 11

3중 경호의 원칙에 관한 설명으로 옳다. 답 ○

☐ 경호대상자가 위치한 행사장이나 시설로부터 근접, 내곽, 외곽으로 나누어 중첩된 형태로 전개되는 경호의 원칙은 3중 경호의 원칙이다. 기출 04

3중 경호의 원칙은 경호대상자가 위치한 집무실이나 행사장으로부터 내부(근접경호), 내곽(중간경호), 외곽(외곽경호)으로 구분하여 경계선을 설치·운영하는 것을 말하며, 경호의 행동반경을 거리개념으로 설명한 것이다. 답 ○

☐ 중첩경호는 행사장을 중심으로 경호의 행동반경을 거리와 지역을 고려하여 설정한 것이다. 기출 09

중첩경호(3중 경호)에 관한 설명이다. 답 ○

☐ 경호대상자가 위치한 지역에서 경호를 취하는 순서로 근접경호 – 중간경호 – 외곽경호로 나눈다. 기출 20

3중 경호는 경호대상자가 위치한 지역에서 가장 근거리부터 엄중한 경호를 취하는 순서를 따져 근접경호, 중간경호, 외곽경호로 나누고 그에 따른 요원의 배치와 임무가 부여되어 있는 것이다.

〈출처〉 김두현, 「경호학개론」, 엑스퍼트, 2020, P. 65

답 ○

☐ 3중 경호는 위해자가 위치한 곳으로부터 내부 – 내곽 – 외곽으로 구분한다. 기출 20 · 12

3중 경호는 위해자가 아닌 <u>경호대상자의 위치를 중심으로</u> 내부 – 내곽 – 외곽으로 구분한다.

답 ×

☐ 3중 경호의 원칙은 행사장 내부(1선)를 안전구역으로, 내곽(2선)을 경계구역으로, 외곽(3선)을 경비구역으로 설정한다. 기출 14

3중 경호의 원칙은 행사장 내부(1선)를 안전구역으로, 내곽(2선)을 경비구역으로, 외곽(3선)을 경계구역으로 설정한다. 답 ×

☐ 중첩경호는 행사장에 참석하는 경호대상자를 중심으로 위해요소의 중복차단과 조기경보를 목적으로 한 지역방어 개념이다. 기출 09

중첩경호(3중 경호)는 <u>행사장에 참석하는 경호대상자를 중심으로</u> 가장 가까운 1선을 안전구역, 2선을 경비구역, 3선을 경계구역으로 정해 위해요소의 중복차단과 조기경보를 목적으로 한 지역방어 개념이다. 답 ○

☐ 중첩경호는 경호대상자에 대한 위해요소를 최소화하기 위하여 행사장을 중심으로 일정 간격을 유지하여 중첩보호막 또는 경계선을 설치 · 운용하는 것이다. 기출 09

중첩경호(3중 경호)에 관한 설명으로 옳다. 답 ○

☐ 1선(안전구역)은 완벽한 통제가 이루어져야 하며, 경호원의 확인을 거치지 않은 인원의 출입은 금지한다. 기출 21·15

1선은 근접경호원에 의한 완벽한 통제가 이루어져야 한다(비인가자에 대한 절대적 출입통제).

답 ○

☐ 1선은 안전구역으로 경호대상자에게 직접적인 위해를 가할 수 있는 위험지역으로서 소총의 유효사거리를 고려하여 설정된다. 기출 12

1선은 안전구역으로 경호대상자에게 직접적인 위해를 가할 수 있는 위험지역으로서 통상 수류탄 투척 및 권총 유효사거리(50m)를 고려하여 설정된다.

답 ×

☐ 3중 경호에서 1선은 경비구역으로 소구경 곡사화기의 유효사거리를 고려한 개념이다. 기출 20

소구경 곡사화기의 유효사거리를 고려한 개념은 3선 경계구역이다.

답 ×

☐ 2선은 부분적 통제가 실시되지만 경호원의 확인을 거치지 않은 인원 및 물품은 감시의 영역을 벗어나서는 안 된다. 기출 21·12

2선은 경비구역으로서 부분적 통제가 실시되며, 경호원의 확인을 거치지 않은 인원이나 물품도 감시의 영역을 벗어나서는 안 된다.

답 ○

☐ 2선은 경계구역으로 권총 등의 유효사거리를 고려한 건물 내부구역으로 설정한다. 기출 20

권총 등의 유효사거리를 고려하여 건물 내부구역으로 설정되는 지역은 1선 안전구역이다.

답 ×

☐ 경호대상자가 경호에 협조적인 경우, 경호대상자 주위의 안전구역을 해제함으로써 유연한 경호임무를 완수해야 한다. 기출 17

안전구역은 경호대상자가 위치하는 가장 중심부로 어떠한 상황하에서도 완벽한 통제가 이루어져야 한다. 따라서 경호대상자가 이러한 경호조치에 협조적인 경우라 하더라도 여전히 필연적인 위험은 잠재하기 때문에, 안전구역을 해제하여서는 아니 된다.

답 ×

☐ 다음에서 설명하고 있는 개념은 제3선(경계구역)이다. 기출 10

> • 경찰 · 군 등 각 분야의 다양한 경호지원기관이나 인력들이 인적 · 물적 · 자연적 취약요소에 대한 첩보수집, 위험인물 파악 등을 실시하는 구역
> • 취약요소를 봉쇄 · 감시할 수 있는 위치를 선정하여 감시조를 운영하고 도보순찰 및 기동순찰조를 운용하는 지역

제시문은 3중 경호의 원칙 중 제3선(외곽) 경계구역에 관한 설명이다. 답 ○

☐ 3중의 경호막을 통해 조기경보체제를 확립하여 위해행위에 대비할 수 있다. 기출 21 · 14

3중 경호는 경호영향권역을 공간적으로 구분한 3중의 경호막을 통해 조기경보체제를 확립하여 위해행위에 대비할 수 있다. 답 ○

☐ 3중 경호의 원리는 경호영향권역을 공간적으로 구분한 3중의 경호막을 통해 구역별로 동등한 경호조치로 위해요소에 대한 중첩확인이 이루어진다. 기출 15 · 14

3중 경호는 경호영향권역을 공간적으로 구분하여 해당구역의 위해요소에 대해 상대적으로 차등화된 경호조치와 중첩된 통제를 통하여 경호의 효율화를 기하고자 하는 경호방책을 말한다. 답 ×

☐ 3중 경호는 경호영향권역을 공간적으로 구분하여 해당구역의 위해요소에 대해 상대적으로 차등화된 경호조치와 중첩된 통제를 통하여 경호의 효율화를 기하고자 하는 경호방책이다. 기출 12

3중 경호의 원칙에 관한 설명으로 옳다. 답 ○

☐ 세계의 주요 경호기관이 3중 경호의 원리를 적용하고 있으나 적용범위와 방법 등에서는 차이가 존재한다. 기출 15

3중 경호의 원리(원칙)는 세계의 주요 경호기관이 채택하고 있으나, 적용범위와 방법 등에 있어서는 각 기관별로 차이가 존재한다. 답 ○

핵심만 콕 **3중 경호의 원칙**

경호대상자의 위치를 중심으로 3선 개념에 따라 체계적으로 실시되어야 한다.

1선	내부	안전구역	근접경호원에 의한 완벽한 통제, 권총 등의 유효사거리를 고려한 건물 내부구역
2선	내곽	경비구역	근접경호원 및 경비경찰에 의한 부분적 통제, 소총 등의 유효사거리를 고려한 울타리 내곽구역
3선	외곽	경계구역	인적·물적·자연적 취약요소에 대한 첩보·경계, 소구경 곡사화기의 유효사거리를 고려한 외곽구역

〈참고〉 이두석, 「경호학개론」, 진영사, 2018, P. 159~161

☐ 안전구역, 경비구역, 경계구역, 방호구역 중 3중 경호의 원칙에 해당하지 않는 구역은 방호구역이다. 기출 21

3중 경호의 원칙은 행사장을 안전구역, 경비구역, 경계구역으로 설정하므로, 방호구역은 이에 해당하지 않는다.

답 ○

☐ 3중 경호의 원칙은 경호행사장을 안전구역, 경비구역, 경계구역으로 설정한다. 기출 19·18·13

3중 경호의 원칙에 관한 설명이다.

답 ○

☐ 행사장을 직시할 수 있는 고층건물 및 감제고지에 대하여 안전을 확보하고 우발사태에 대비한 대비책을 강구해야 하는 지역은 '안전구역'이다. 기출 05

3중 경호의 원칙 중 3선인 외곽 경계구역에 관한 설명이다.

답 ×

☐ 광범위한 지역에 대한 강력한 경호조치로 위협요소 제거를 위해 중첩경호(3중 경호)의 원칙이 필요하다. 기출 14

3선의 외곽경호는 600m 반경 이상의 범위에서 행하는 경호조치로 위해기도자 등의 위해를 사전에 차단시키는 임무가 주를 이룬다. 광범위한 지역에 대한 강력한 경호조치는 경호자원의 낭비이며, 비경제적이다.

답 ×

☐ 미국 비밀경호국의 중첩경호는 근접과 중간경호보다 외곽경호에 더 비중을 두고 있다. 기출 09

미국 비밀경호국의 중첩경호(3중 경호)는 중간경호와 외곽경호보다 근접경호에 더 비중을 두고 있다(1981년 3월에 일어났던 레이건 미국대통령 저격사건 참고). 참고로 영국의 3중 경호는 동일하게 비중을 두되, 외곽경호에 더욱 치중하여 위험요소를 사전에 제거하는 데 그 특징이 있다.

답 ×

□ 두뇌경호의 원칙은 고도의 순간 판단력과 치밀한 사전계획이 중요하다. 기출 19·18

두뇌경호의 원칙은 긴급하고 위험한 상황이 발생했을 때 예리하고 순간적인 판단력을 이용하여 경호를 하는 원칙이다. 답 ○

□ 두뇌경호의 원칙은 위해기도자로부터 경호대상자를 떼어 놓는다는 원칙이다. 기출 16

목표물 보존의 원칙에 관한 설명이다. 두뇌경호의 원칙은 경호대상자에게 긴급하고 위험한 상황이 발생하였을 때 예리하고 순간적인 판단력을 이용하여 경호를 해야 한다는 원칙이다. 답 ×

□ 경호임무 수행 중 긴급하고 위험한 상황이 발생하였을 때 고도의 예리하고 순간적인 판단력이 중요시되는 원칙은 두뇌경호의 원칙이다. 기출 07·05

경호의 원칙 중 두뇌경호의 원칙에 관한 설명이다. 답 ○

□ 방어경호의 원칙은 경호원과 경호장비는 가능한 한 일반인의 눈에 띄지 않게 해야 한다는 것을 의미한다. 기출 13

은밀경호의 원칙에 관한 설명이다. 방어경호의 원칙은 위해요소로부터 경호대상자를 방어하는 것을 의미한다. 답 ×

□ 은밀경호의 원칙은 경호대상자의 얼굴을 닮은 경호원 또는 비서관을 임명하여 경호위해자로부터 경호대상자를 은밀하게 보호하는 방법이다. 기출 17

복제경호요원 운용에 관한 설명으로 경호기법 중 기만경호에 해당한다. 답 ×

□ 은밀경호의 원칙은 경호대상자는 어떠한 상황하에서도 절대적으로 보호되어야 한다는 원칙이다. 기출 16

자기희생의 원칙에 관한 설명이다. 은밀경호의 원칙은 경호요원은 타인의 눈에 잘 띄지 않게 은밀하고 침묵 속에서 행동하며 항상 경호대상자의 공적·사적 업무활동에 방해를 주지 않고 신변을 보호할 수 있는 곳에 행동반경을 두고 경호에 임해야 한다는 것을 의미한다. 답 ×

□ 은밀경호의 원칙은 경호장비나 경호원이 경호대상자의 눈에 띄지 않게 은밀하게 경호임무를 수행하는 것을 말한다. 기출 12

은밀경호는 위해기도자나 일반인의 눈에 띄지 않아야 한다는 의미가 강하다. 답 ×

☐ 은밀경호의 원칙이란 경호대상자의 활동에 방해를 주지 않고 타인의 눈에 잘 띄지 않게 활동하여야 한다는 것이다. 기출 11

은밀경호의 원칙이란 경호요원은 타인의 눈에 잘 띄지 않게 은밀하고 침묵 속에서 행동하며 항상 경호대상자의 공적・사적 업무활동에 방해를 주지 않고 신변을 보호할 수 있는 곳에 행동반경을 두고 경호에 임해야 한다는 것을 의미한다. 답 ○

☐ 은밀경호의 원칙은 경호요원은 은밀하고 침묵 속에서 행동하고 행동반경을 경호대상자의 신변을 엄호할 수 있는 곳에 한정시킨다. 기출 09

은밀경호의 원칙에 관한 설명으로 옳다. 답 ○

☐ 은밀경호의 원칙은 경호행사 시 경호요원이나 경호를 위한 설비를 가능한 한 눈에 띄게 하지 않고, 경호대상자의 공적 기능이나 사적 기능이 방해되지 않도록 노력해야 한다는 원칙이다. 기출 04

경호의 일반원칙 중 은밀경호의 원칙에 관한 설명이다. 답 ○

☐ 위해행위 발생 시 방호 및 대피보다 위해자를 공격하여 무력화시키는 것이 우선이다. 기출 19

위해행위 발생 시 방호 및 대피가 위해자를 공격하여 무력화시키는 것보다 우선이다(방어경호의 원칙). 답 ×

☐ 방어경호의 원칙이란 경호원은 공격자의 제압보다 경호대상자의 방어 및 대피를 우선해야 한다는 원칙이다. 기출 12

방어경호의 원칙은 경호대상자의 방어 및 대피를 공격자(위해자)의 제압보다 우선시해야 한다는 원칙이다. 답 ○

☐ 경호는 위해기도자를 공격하는 것이 아니라, 위해요소로부터 경호대상자를 방어하는 행위이다. 기출 14

방어경호의 원칙에 관한 설명이다. 답 ○

☐ 다음이 설명하는 경호활동 원칙은 두뇌경호의 원칙이다. 기출 17

> 경호대상자가 위험한 상황에 처했을 경우에는 경호대상자의 머리를 숙이게 한다든지, 완력으로 안전한 곳으로 인도한다든지 하여 위험을 모면케 하는 경호활동으로 긴급상황 발생 시 경호대상자를 우선 안전한 곳으로 대피시키는 것이 바람직하다.

제시문이 설명하는 것은 방어경호의 원칙이다.

답 ×

☐ 방어경호의 원칙이란 경호대상자를 암살자 또는 위해기도자로부터 가능한 한 멀리 떼어놓아야 하며, 경호대상자의 행사장소는 일반 대중에게 알려지지 않도록 해야 한다는 것이다. 기출 11

목표물 보존의 원칙에 관한 설명이다.

답 ×

☐ 방어경호의 원칙이란 중심부를 안전구역으로, 내곽구역을 경비구역으로, 외곽을 경계구역으로 설정하여 경호를 실시하는 원칙이다. 기출 07

3중 경호의 원칙에 관한 설명이다.

답 ×

☐ 경호는 보안이 강조되므로 자신의 몸을 최대한 은폐, 엄폐하여 근무하는 습관이 필요하다. 기출 19

우발상황 발생 시 경호원 자신의 체위를 최대한 확장·노출시켜 방어공간을 넓힘으로써 경호대상자에 대한 방호효과를 극대화해야 한다.

답 ×

☐ 다음 경호활동에는 은밀경호의 원칙, 중첩경호의 원칙, 목표물 보존의 원칙, 방어경호의 원칙이 나타난다. 기출 19

> 평소 경호대상자는 어떠한 상황에서도 절대적으로 보호되어야 한다는 생각으로 근무하고 있는 K경호원은 경호대상자가 은행에 갈 때 차량과 이동로를 노출시키지 않고 근접경호활동을 하였다. 마침 은행 강도사건이 은행에서 발생하여 경호대상자를 우선 안전한 곳으로 대피시키고 강도사건 발생을 관할 경찰서에 알려 조속히 사건을 마무리할 수 있었다.

제시문의 경우 순서대로 목표물 보존의 원칙, 은밀경호의 원칙, 방어경호의 원칙이 실시되었다.

답 ×

☐ '하나의 통제된 지점을 통한 접근의 원칙'에 의하면 경호대상자에게 접근할 수 있는 출입구나 통로는 하나만 필요하고, 담당경호원의 허가 절차가 요구되지 않는다. 기출 21

'하나의 통제된 지점을 통한 접근의 원칙'은 경호대상자와 일반인을 분리하여, 경호대상자에게 접근할 수 있는 출입구나 통로는 하나만 필요하고 여러 개를 두어서 위해요소가 분산되도록 하여서는 안 된다는 원칙으로, 통제된 출입구나 통로라도 접근자는 경호요원에게 확인될 수 있어야 하고, 허가 절차 등을 거쳐 접근이 이루어지도록 해야 한다. 답 ×

☐ 경호임무 수행 시 경호원은 경호대상자에게 접근하는 통로를 여러 개 두어서 위해요소가 분산이 되도록 한다. 기출 07 · 06

경호임무 수행 시 경호원은 경호대상자에게 접근할 수 있는 출입구나 통로는 하나만 필요하고 여러 개를 두어서 위해요소가 분산되도록 하여서는 안 된다. 답 ×

☐ 하나의 통제된 지점을 통한 접근의 원칙은 자신의 책임구역에 대해서는 자신이 책임을 져야 한다는 원칙이다. 기출 16

자기담당구역 책임의 원칙에 관한 설명이다. 하나의 통제된 지점을 통한 접근의 원칙이란 경호대상과 일반인을 분리하여 경호대상자에게 접근할 수 있는 출입구나 통로는 하나만 필요하고 여러 개를 두어서 위해요소가 분산되도록 하여서는 안 된다는 원칙을 말한다. 답 ×

☐ '경호대상자에게 접근할 수 있는 출입구나 통로는 하나만 필요하고, 통제된 출입구나 통로라도 접근자는 경호원에게 허가 절차 등을 거쳐야 한다.'는 경호활동의 원칙은 하나의 통제된 지점을 통한 접근의 원칙이다. 기출 15 · 12 · 11

하나의 통제된 지점을 통한 접근의 원칙에 관한 설명이다. 답 ○

☐ '자기담당구역 책임의 원칙'에 의하면 경호원은 자신의 책임하에서 주어진 임무를 완수하고 담당구역을 지켜야 한다. 기출 21 · 17 · 12

'자기담당구역 책임의 원칙'은 경호요원은 자기가 맡은 담당구역 내에서 발생하는 사태는 어떠한 상황에서도 자기 자신만이 책임을 지고 해결해야 한다는 원칙으로, 경호요원은 비록 자기담당구역이 아닌 다른 구역에서 위급한 상황이 발생했다고 해도 자기책임구역을 이탈해서는 안 된다. 답 ○

☐ 경호임무 수행 시 경호원은 자기담당구역이 아닌 지역에서 위급한 상황이 발생해도 책임구역을 이탈해서는 안 된다. 기출 07 · 06

자기담당구역 책임의 원칙에 관한 설명이다. 답 ○

☐ 자기담당구역 책임의 원칙은 각 경호팀별 공동 담당구역을 정하여 책임을 부여한다. 기출 13

자기담당구역 책임의 원칙이란 경호요원은 자기가 맡은 담당구역 내에서 발생하는 사태는 어떠한 상황에서도 자기 자신만이 책임을 지고 해결해야 한다는 원칙이다. 답 ×

☐ 자기담당구역에서 일어나는 사태에 대해서는 자신만이 책임지고 해결해야 한다. 기출 09

경호의 행동원칙 중 자기담당구역 책임의 원칙에 관한 설명이다. 답 ○

☐ '자기희생의 원칙'은 경호원 자신을 희생해서라도 경호대상자의 신변을 안전하게 보호해야 한다는 것을 의미한다. 기출 21 · 17

'자기희생의 원칙'은 경호대상자는 어떤 상황에서도 절대적으로 보호해야 한다는 원칙으로, 경호대상자가 위기에 처했을 때는 경호원이 자신을 희생해서라도 경호대상자를 보호해야 한다는 것을 의미한다. 답 ○

☐ '자기희생의 원칙'은 긴급상황 발생 시 신속히 엎드려 사격자세를 취하는 것을 말한다. 기출 13

긴급상황 발생 시 신속히 엎드려 사격자세를 취하는 것은 자기희생의 원칙에 반한다. 답 ×

☐ 다음 중 경호의 행동원칙에 해당하는 것은 'ㄴ'이다. 기출 23

ㄱ. 다수의 지점을 통한 접근의 원칙
ㄴ. 목표물 보존의 원칙
ㄷ. 상황 발생구역 최우선의 원칙
ㄹ. S(경고) - E(제압) - C(방어)의 원칙

제시된 내용 중 경호의 행동원칙에 해당하는 것은 목표물 보존의 원칙이다. 일반적으로 경호의 행동원칙(특별원칙)에 해당하는 것은 자기담당구역 책임의 원칙, 목표물 보존의 원칙, 하나의 통제된 지점을 통한 접근의 원칙, 자기희생의 원칙이다. 답 ○

☐ 다음에서 설명하는 경호의 원칙은 목표물 보존의 원칙이다. 기출 22

> 경호대상자의 행차 코스는 원칙적으로 비공개되어야 하며, 행차 예정 장소도 일반 대중에게 비공개되어야 한다. 더불어 대중에게 노출되는 경호대상자의 보행 행차는 가급적 제한되어야 위해를 가할 가능성이 있는 위험으로부터 경호대상자를 보호할 수 있다.

제시문은 목표물 보존의 원칙에 관한 설명이다. 답 ○

☐ 경호대상자를 암살자 또는 위해를 가할 가능성이 있는 자로부터 떼어 놓는 원칙은 자기희생의 원칙이다. 기출 07

목표물 보존의 원칙에 관한 설명이다. 답 ×

☐ '목표물 보존의 원칙'은 경호대상자를 위해요소로부터 분리하는 것을 말한다. 기출 21 · 19 · 18 · 17 · 13 · 08

'목표물 보존의 원칙'은 경호대상자를 암살자 또는 위해를 가할 가능성이 있는 자(위해기도자)로부터 가능한 한 멀리 떼어 놓는 원칙이다(상호 격리의 원칙). 답 ○

☐ 경호의 특별원칙 중 경호대상자를 위해할 가능성이 있는 자들로부터 떼어놓는 원칙은 목표물 보존의 원칙이다. 기출 05

경호의 특별원칙인 목표물 보존의 원칙은 경호대상자를 위해기도자들로부터 가능한 한 멀리 떼어놓는 원칙이다. 답 ○

핵심만 콕 **목표물을 안전하게 보존하기 위한 방법**

- 행차 코스는 원칙적으로 비공개하며, 행차하기로 예정된 장소는 일반 대중에게 알려지지 않아야 한다.
- 동일한 장소에 계속적인 행차는 가급적 피한다.
- 일반 대중에게 노출되는 보행 행차는 가급적 자제한다.

☐ 경호원이 배치된 자기담당구역 내에서 일어나는 사태에 대해서는 자신만이 책임을 지고 해결해야 한다는 원칙은 목표물 보존의 원칙이다. 기출 07

자기담당구역 책임의 원칙에 관한 설명이다. 답 ×

☐ 피경호인에게 접근하는 통로를 최소화 또는 단일화시킨다는 것은 목표물 보존의 원칙에 관한 설명이다. 기출 06

제시문은 목표물 보존의 원칙이 아닌 하나의 통제된 지점을 통한 접근의 원칙에 관한 설명이다.

답 ×

☐ '대중에게 노출되는 보행 행차는 가능한 한 지양하도록 한다.'는 것은 경호의 특별원칙인 목표물 보존의 원칙에 관한 내용이다. 기출 04

목표물 보존의 원칙은 경호대상자를 위해기도자로부터 가능한 한 멀리 떼어 놓는 원칙으로, '대중에게 노출되는 보행 행차는 가능한 한 지양하도록 한다.'는 것과 관련이 있다.

답 ○

핵심만 콕 **경호의 일반원칙과 특별원칙**

일반원칙	3중 경호의 원칙	• 경호대상자가 위치한 집무실이나 행사장으로부터 제1선(내부 – 안전구역), 제2선(내곽 – 경비구역), 제3선(외곽 – 경계구역)으로 구분하여 경호의 행동반경을 거리개념으로 논리전개하는 구조 • 경호대상자가 위치한 지역에서 가장 근거리부터 엄중한 경호를 취하는 순서로 근접경호, 중간경호, 외곽경호로 나누고 그에 따른 요원의 배치와 임무가 부여되는 원칙
	두뇌경호의 원칙	사전에 치밀한 계획을 세우고 준비를 철저히 하여 위험요소를 제거하는 데 중점을 두며, 경호임무 수행 중 긴급하고 위험한 상황이 발생하였을 때에는 고도의 예리하고 순간적인 판단력이 중요시된다는 원칙
	은밀경호의 원칙	경호요원은 은밀하고 침묵 속에서 행동하며 항상 경호대상자의 신변을 보호할 수 있는 곳에 행동반경을 두고 경호에 임해야 한다는 원칙
	방어경호의 원칙	경호란 공격자의 위해요소를 방어하는 행위이지 공격하는 것이 아니라는 원칙
특별원칙	하나의 통제된 지점을 통한 접근의 원칙	• 경호대상자에게 접근할 수 있는 출입구나 통로는 하나만 필요하다는 원칙 • 하나의 통제된 출입구나 통로라 하더라도 접근자는 경호요원에 의하여 인지되고 확인되어야 하며 허가절차를 거쳐 접근토록 해야 함
	자기희생의 원칙	• 경호대상자가 위기에 처했을 때 자기 몸을 희생하여 경호대상자를 보호해야 한다는 원칙 • 경호대상자는 어떠한 상황하에서도 절대적으로 보호되어야 한다는 의미
	자기담당구역 책임의 원칙	경호원이 배치된 자기담당구역 내에서 일어나는 사태에 대해서는 자신만이 책임을 지고 해결해야 한다는 원칙
	목표물 보존의 원칙	• 경호대상자를 암살자 또는 위해를 가할 가능성이 있는 자로부터 떼어놓아야 한다는 원칙 • 목표물을 안전하게 보존하기 위해서는 행차 코스의 비공개, 행차 장소의 비공개, 대중에게 노출되는 보행 행차의 가급적 제한 등이 요구됨

〈참고〉 김두현, 「경호학개론」, 엑스퍼트, 2020, P. 64~69

☐ 경호활동의 기본원칙은 일반인의 불편을 최소화하면서 경호대상자와 국민의 접촉을 차단하여 완벽한 임무를 수행하는 것이다. 기출 19

일반인의 불편을 최소화하고 경호대상자와 국민과의 접촉을 보장할 수 있는 경호를 수행해야 한다.

답 ×

☐ 경호대상자를 제외한 모든 사람이 검색대상이며 모든 인적·물적·지리적 위해요소에 대해 경호조치가 이루어져야 한다. 기출 19

원칙적으로 경호대상자를 제외한 모든 사람이 검색대상이고, 모든 인적·물적·지리적 위해요소에 대해 경호조치가 이루어져야 한다.

답 ○

☐ 경호대상자의 이동시간, 이동경로, 이용차량 등에 변화를 주어 위해기도자가 다음 행동을 예측할 수 없도록 한다. 기출 19

경호대상자의 이동시간, 이동경로, 이용차량, 습관화된 행동 등에 변화를 주어 위해기도자가 경호대상자의 다음 행동을 예측할 수 없도록 변화를 주어야 한다.

답 ○

☐ 경호대상자가 참석할 장소와 지역에 대한 정보를 분석하여 위험요인을 사전에 제거한다. 기출 19

예방경호에 관한 설명이다.

답 ○

핵심만 콕 **경호의 기본원칙**

경호의 기본원칙은 경호조치에 필수적인 사항으로, 이에는 예방경호, 경호원리에 입각한 경호, 우발상황에 대비한 경호, 예외 없는 경호 및 경호보안의 유지 등이 있다.

- **예방경호** : 위해의 가능성이 있는 모든 위험요소를 사전에 차단, 제거 또는 무력화시킴으로써 위해상황의 발생을 원천적으로 차단하는 것이 최상이다.
- **경호원리에 입각한 경호** : 경호원리는 경호의 효율성과 완벽성을 기하기 위한 기본 지침이다.
- **우발상황에 대비한 경호** : 우발상황이라는 위험요인이 없다면, 경호원의 효용은 크게 떨어질 것이다.
- **예외 없는 경호** : 경호에는 예외가 없다. 경호대상자를 제외한 모든 사람이 검색 대상이고, 경호구역 내 모든 물품과 시설물은 철저히 검측되어야 한다.
- **경호보안의 유지** : 경호의 기본은 보안에서부터 시작되기에 교육과 보안활동이 지속적으로 필요하다.

〈참고〉 이두석, 「경호학개론」, 진영사, 2018, P. 46~47

☐ 자연방벽효과의 원리에 관한 내용이다. ( )에 공통적으로 들어갈 내용은 수평적이다. 기출 20

- 위해기도자가 고층건물 등에서 공격을 시도할 경우 경호원의 신장 차이가 ( ) 방벽효과에 큰 영향을 미친다.
- 경호원이 경호대상자에 대한 ( ) 방벽효과를 극대화하기 위해서는 항상 바른 자세로 똑바로 서서 몸을 움츠리거나 은폐시켜서는 안 된다.

제시문은 수직적 방벽효과에 대한 내용이다. 따라서 ( )에 공통적으로 들어갈 내용은 수직적이다.

답 ×

☐ 위해기도자의 위치가 고정된 경우, 수평적 방벽효과는 경호원이 위해기도자와 가까이 위치할수록 감소한다. 기출 15

수평적 방벽효과는 근접경호원이 경호대상자와 위해기도자의 중간에 위치하여 위해기도자의 공격을 차단할 때, 근접경호원의 위치에 따라 경호대상자의 보호범위와 위해기도자의 이동거리가 달라지는 효과를 말하는 것으로, 위해기도자의 위치가 고정된 경우, 수평적 방벽효과는 경호원이 위해기도자와 가까이 위치할수록 증가한다.

답 ×

핵심만 콕 경호의 기본원리 – 자연방벽효과의 원리

구분	내용
수평적 방벽효과	• 근접경호원이 경호대상자와 위해기도자의 중간에 위치하여 위해기도자의 공격을 차단할 때, 근접경호원의 위치에 따라 경호대상자의 보호범위와 위해기도자의 이동거리가 달라지는 효과를 말한다. • 위해기도자의 위치가 고정된 경우, 즉 위해기도자의 위치를 아는 경우 수평적 방벽효과는 근접경호원이 위해기도자와 가까이 위치할수록 증가한다. • 경호대상자의 위치가 고정된 경우, 수평적 방벽효과는 근접경호원이 경호대상자와 가까이 위치할수록 증가한다.
수직적 방벽효과	• 위해기도자가 고층건물과 같이 높은 위치에서 공격한다고 가정할 경우, 수직적 방벽효과는 근접경호원이 경호대상자와 가까이 위치할수록 증가한다. • 경호원의 신장의 차이가 수직적 방벽효과에 큰 영향을 미치는 것이다. • 경호원이 경호대상자에 대한 수직적 방벽효과를 극대화하기 위해서는 항상 바른 자세로 똑바로 서서 근무에 임해야 하며, 결코 몸을 움츠리거나 어정쩡한 자세를 취해서는 안 된다.

〈참고〉 이두석, 「경호학개론」, 진영사, 2018, P. 162~164

☐ 경호원의 주의력효과 면에서는 경호원과 군중의 거리가 가까울수록 유리하다. 기출 22 · 20

경호원의 주의력효과 면에서 군중(경계대상자)과의 거리가 가까울수록 유리하고, 대응효과 면에서 군중과의 거리가 멀수록 유리하다. 〈참고〉 이두석, 「경호학개론」, 진영사, 2018, P. 165

답 ○

☐ 대응력은 경호대상자를 보호하고 대피시켜 신변을 보호하는 능력으로 경호대상자와의 거리를 넓히는 것이 효과적이다. 기출 19

대응력은 위해기도에 반응하여 경호대상자를 보호하고 대피시킬 수 있는 신변보호능력을 말하는데, 경호원의 대응력(대응효과)은 경호대상자와 가까울수록 증가한다. 답 ×

☐ 경호원은 대응효과 면에서는 군중과의 거리가 멀수록 유리하다. 기출 12

경호원의 대응력(대응효과)은 군중(경계대상)과의 거리가 멀수록 유리하다. 답 ○

☐ 경호원의 주의력효과 면에서는 군중과의 거리가 가까울수록 유리하고, 대응효과 면에서는 군중과의 거리가 멀수록 유리하다. 기출 10

주의력효과와 대응효과는 서로 역의 관계(상반된 관계)이다. 따라서 주의력효과는 경호원이 군중(경계대상)과 가까울수록 증가하는 반면, 대응효과는 경호원이 군중(경계대상)과 멀수록 유리하다. 답 ○

☐ 다음 중 폭발과 총기공격 발생 시 우발상황 대처에 적용되지 않는 원칙은 'ㄱ'이다. 기출 19

ㄱ. SCE 원칙	ㄴ. 체위확장의 원칙
ㄷ. 촉수거리의 원칙	ㄹ. 예방경호의 원칙

예방경호의 원칙은 경호대상자가 행사현장에 도착하기 전에 미리 현장답사를 실시하고 효과적인 경호협조와 경호준비를 하는 원칙을 말하는데, 이는 우발상황의 대처와 어울리지 않는다. 참고로 SCE 원칙은 우발상황 발생 시 경호원의 행동절차로서 경고(Sound Off) → 방호(Cover) → 대피(Evacuate)를 의미한다. 답 ×

☐ 위해기도자의 범행시도에 경호대상자 또는 위해기도자와 가장 가까이 위치한 경호원이 대응해야 한다는 경호원칙은 촉수거리의 원칙이다. 기출 17 · 15

촉수거리의 원칙은 위해기도자의 범행시도 시 경호대상자 또는 위해기도자와 가장 가까이 위치한 경호원이 대응해야 한다는 경호원칙이다. 답 ○

☐ 위해기도 시 경호대상자를 방호해야 하는 경호원은 위해기도자의 공격선상에서 최대한 몸을 크게 벌려 공격을 막는다. 기출 15

체위확장의 원칙에 관한 설명이다. 답 ○

05 경호의 발달과정과 배경

1 삼국시대의 경호제도

☐ 9서당, 시위부는 백제시대 경호기관이다. 기출 10

시위부는 신라시대 왕의 시위(侍衛) 목적을 가진 금위병(禁衛兵)이었으며, 통일신라 신문왕 때 9서당으로 개편하였다. 백제시대 대표적인 경호기관은 5부(部)·5방(方)이다. 답 ×

☐ 신라시대의 시위부는 궁성의 숙위와 왕 및 왕실세력 행차 시 호위하는 것이 주된 임무였으며, 시위부 소속의 금군은 모반·반란 등을 평정하고 진압하는 임무를 수행하였다. 기출 08

시위부(侍衛府)는 신라 진덕여왕 5년에 설치된 무관부로서 궁성의 숙위(경비)와 왕 및 왕실세력 행차 시 호종(수행)하는 것이 주된 임무였다. 또한 금군(禁軍)은 시위부 소속으로 모반·반란 등을 평정하고 진압하는 임무를 수행하였다. 답 ○

☐ 고대 백제시대의 경호업무를 수행한 기관은 6좌평 중 위사좌평과 군사조직인 5부였다. 기출 07

위사좌평은 왕궁 호위를 위한 경호조직 업무를 수행하고, 5부는 수도방위와 경찰의 임무를 수행하였다. 답 ○

2 고려시대의 경호제도

☐ 다음 중 우리나라의 경호기관에서 역사적으로 두 번째로 설치된 것은 'ㄱ'이다. 기출 23

ㄱ. 도 방
ㄴ. 호위청
ㄷ. 시위부
ㄹ. 금위영

각 경호기관의 설치시기는 순서대로 시위부(신라) – 도방(고려 무신집권기) – 호위청(조선 후기, 1623년) – 금위영(조선 후기, 1674년)이므로, 역사적으로 두 번째로 설치된 것은 도방이다. 답 ○

☐ 다음 중 고려시대의 경호기관은 'ㄴ'이다. 기출 17

ㄱ. 시위부　　ㄴ. 성중애마
ㄷ. 별시위　　ㄹ. 호위청

시위부는 신라, 별시위는 조선 전기, 호위청은 조선 후기의 경호기관이다. 답 ○

☐ 다음 중 고려시대의 경호 관련조직이 아닌 것은 'ㄷ'이다. 기출 14

ㄱ. 2군 6위　　ㄴ. 삼별초
ㄷ. 내금위　　ㄹ. 순군만호부

2군 6위는 고려 전기, 삼별초는 고려 무신집권기, 순군만호부는 고려 말 경호 관련조직이나, 내금위는 조선 전기 조직이다. 답 ○

☐ 다음 중 고려시대의 경호조직이 아닌 것은 'ㄱ'이다. 기출 12

ㄱ. 내시위　　ㄴ. 순마소
ㄷ. 내순검군　　ㄹ. 사평순위부

내시위는 조선 전기의 경호조직에 해당한다. 내순검군은 고려 전기, 순마소와 사평순위부는 고려 후기의 경호조직이다. 답 ○

☐ 겸사복, 충의위는 고려시대 경호기관이다. 기출 10

겸사복과 충의위는 조선 전기 경호기관이며, 겸사복은 근시(近侍)군사로서 궁중의 말(馬)을 관할하며, 세자의 호위를 담당하는 기관이었고, 충의위는 세종 즉위년(1418) 12월에 개국공신・정사공신・좌명공사 등 공신 자손으로 편성된 경호기관이었다. 답 ×

☐ 고려시대의 마별초는 묘청의 난을 계기로 도성의 치안유지를 위하여 좌・우 순금사를 두었으며, 의종 때 내금검이라 하여 숙위를 더욱 강화하였다. 기출 08

내순검군에 관한 설명이다. 고려시대 마별초는 무신집권기의 최우가 조직한 기병대이다. 답 ×

3 조선시대의 경호제도

☐ 다음 중 조선 후기 정조 때 설치한 경호기관은 'ㄱ'이다. 기출 22

ㄱ. 장용영	ㄴ. 호위청
ㄷ. 내순검군	ㄹ. 삼별초

장용영(ㄱ)은 조선 후기 정조 17년에 장용위를 크게 확대하여 설치된 경호기관이다. 호위청(ㄴ)은 조선 후기 인조 때 설치된 경호기관이고, 내순검군(ㄷ)은 고려 전기에 설치된 경호기관이며, 삼별초(ㄹ)는 고려 무신집권기에 설치된 경호기관이다.

답 ○

☐ 조선시대 별시위, 내금위, 내시위는 근접에서 왕을 시위하였다. 기출 13

별시위는 태종 원년 고려 말의 성중애마가 폐지되고 신설된 특수군으로 왕의 지척에서 의위(儀衛)를 엄하게 하였고, 내금위는 태종 7년에 궁중숙위를 해오던 내상직을 개편하여 조직된 병종으로, 왕과 가장 가까운 거리에서 근시(近侍)의 임무를 수행한 소수의 정예부대였다. 내시위는 태종 9년 내금위·별시위와 거의 같은 양반 출신으로 시험에 의하여 120명이 선발되었고 왕의 시위를 담당하였으나, 세종 6년 내금위에 병합되었다. 〈참고〉 김두현, 「경호학개론」, 엑스퍼트, 2020, P. 98~99

답 ○

☐ 조선 후기의 경호기관으로서 금군은 국왕의 친위군으로 별시위, 겸사복, 충의위 등 내삼청으로 분리되었다. 기출 16

금군은 국왕의 친위부대적 성격을 띤 군대로 신라·조선에서 모두 존재하였는데, 조선의 경우 1666년에 내금위·겸사복·우림위 등 3군영을 합쳐 금군청을 설치하면서 금군이라는 명칭이 붙게 되었다.

답 ×

☐ 조선 후기 경호기관인 호위청은 인조반정 후에 설립한 기관으로 왕의 호위를 담당하였다. 기출 16

인조반정(仁祖反正)으로 집권한 서인은 반대세력으로부터 역쿠테타 가능성이 높았기 때문에 군사들을 해산하지 않고 왕의 동의를 얻어 국왕의 호위를 담당하는 호위청(扈衛廳)을 설치하였다.

답 ○

☐ 조선시대의 호위청은 인조반정으로 집권한 서인들이 거사에 동원되었던 군사를 해체하지 않고 있다가 계속되는 역모사건을 계기로 왕의 동의를 얻어 설치하였다. 기출 08

조선시대의 호위청에 관한 설명으로 옳다.

답 ○

☐ 조선시대 경호 관련기관인 호위청은 국왕호위의 임무를 맡았으며 일정 급료를 지급받았다. 기출 13

호위청(扈衛廳)은 조선 후기의 조직으로, 인조 원년에 인조반정(仁祖反正)으로 집권한 서인들의 사병들로 편성되었으며, 국왕의 호위임무를 수행하였으며, 일정 급료를 지급받았다. 답 ○

☐ 조선시대 국왕의 친위군으로 금군을 두어 군사력을 강화시켰다. 기출 13

금군은 수어청 · 어영청의 뒤를 이어 군사력을 강화하기 위하여 효종 시대에 설치한 국왕의 친위군이었다. 답 ○

☐ 숙위소는 정조 시대 존재하였던 궁궐 숙위기관이며, 장용위는 왕의 호위를 강화하기 위해 정조 때 설치한 전담부대이다. 기출 16

숙위소는 조선 후기 정조 즉위년에 존재하였던 궁궐 숙위기관이었으며, 장용위는 정조 6년에 숙위소를 폐지한 뒤 설립한 국왕호위 전담부대였다. 답 ○

☐ 숙위소, 장용위는 조선시대 경호기관이다. 기출 10

숙위소, 장용위는 조선 후기 정조시대 경호기관이다. 답 ○

☐ 내금위, 겸사복, 도방, 호위청 중 조선시대의 경호 관련기관이 아닌 것은 도방이다. 기출 15

도방은 고려 무신정권의 사병집단이며, 경대승에 의해 처음으로 설치되었다. 답 ○

☐ 조선시대에는 궁실을 숙위하는 특수부대로 성중애마를 두었으며 일반 군사들과 달리 상당한 교양을 필요로 하였다. 기출 13

성중애마는 고려 후기의 기관으로 왕의 측근인 내시, 다방 등 근시(近侍)의 임무를 띤 자들이 군사적 기능을 강화하여 주축을 이루었으며, 전투에 대비하는 순수한 전투부대가 아니라, 왕을 측근에서 모시는 근시(近侍)의 임무를 수행하였기 때문에 상당한 교양을 필요로 하였다. 답 ×

☐ 다음 중 조선시대 국왕의 호위 및 궁궐숙위를 담당하던 기관(관청)이 아닌 것은 'ㄱ'이다. 기출 09

ㄱ. 순군만호부(巡軍萬戶府)
ㄴ. 내금위(內禁衛)
ㄷ. 겸사복(兼司僕)
ㄹ. 호위청(扈衛廳)

ㄱ(순군만호부)은 ㄴ~ㄹ(조선시대)과 달리 고려 후기 원나라 제도에 따른 군제이다. 구체적으로 ㄴ(내금위)과 ㄷ(겸사복)은 조선 전기, ㄹ(호위청)은 조선 후기의 경호기관이다. 답 ○

4 한말의 경호제도

☐ 무위소, 무위영, 내금위, 친위대 중 구한말의 경호기관이 아닌 것은 내금위이다. 기출 11

내금위는 조선 전기의 경호기관으로 태종 7년, 궁중숙위를 해오던 내상직을 개편하여 조직되었다. 초기에는 무예를 갖춘 외관자제로 충당되었으나 세종 5년부터는 시험에 의하여 선발하였고 장번(장기간 궁중 근무) 군사였다. 답 ○

☐ 무위소, 무위영은 한말 후기(갑오경장 이후)의 경호기관이다. 기출 10

무위소, 무위영은 한말 전기(갑오경장 이전)의 경호기관이다. 답 ×

핵심만 콕 **우리나라 시대별 경호기관**

구 분		경호기관
삼 국	고구려	대모달, 말객
	백 제	5부(部), 5방(坊), 위사좌평(경호처장), 병관좌평(국방부장관)
	신라 (통일신라)	시위부, 9서당, 10정, 금군(시위부 소속)
발 해		왕실과 궁중을 지키는 중앙 군사조직 10위(十衛)[남좌우위, 북좌우위를 각각 하나로 보고 8위제로 보는 견해도 있다], 각 위(衛)마다 대장군과 장군을 두어 통솔 • 좌우맹분위(左右猛賁衛), 좌우웅위(左右熊衛), 좌우비위(左右羆衛) : 궁성의 숙위(宿衛)를 담당 • 남좌우위(南左右衛), 북좌우위(北左右衛) : 각각 남위금병(南衛禁兵)과 북위금병(北衛禁兵)의 역할을 담당(추측)

고 려	전 기	중군, 순군부, 내군부 → 장위부 · 사위사 · 위사사, 내순검군, 중추원, 2군 6위
	무신 집권기	• 도방(경대승, 민간경호) → 육번도방(최충헌) → 내외도방(최우) • 교정도감(최충헌 이래 무신정권의 최고 정치기관) • 서방(최우, 공경호), 마별초(최우, 민간경호), 삼별초(최우, 공경호 → 민간경호)
	후 기	순마소, 순군만호부 → 사평순위부, 성중애마
조 선	전 기	• 갑사(왕실의 근위병), 의흥친군위(궁성의 시위와 왕의 시종임무) → 의흥삼군위(의흥삼군부), 10사(궁궐 시위와 성내의 순찰경비를 담당) • 충의위 · 충순위(특권층의 자제들로 구성된 특수부대로 시위임무를 담당) • 별시위 · 내금위 · 내시위(왕의 근시위 임무를 담당하던 친위부대) • 겸사복(주로 왕의 신변보호와 왕궁 호위 및 세자의 호위임무를 수행)
	후 기	• 호위청(인조), 어영군(인조), 어영청(인조) • 금군(효종), 금위영(숙종), 용호영(영조), 숙위소(정조), 장용위 · 장용영(정조)
한말 (갑오경장)	이 전	• 무위소(고종, 궁궐 수비, 친위군) → 무위영(고종, 친위군) • 친군용호영(왕의 호위부대) • 시위대(신식군대, 궁중시위가 주임무), 친위대(군)(신식군대, 궁궐과 왕의 시위임무를 담당)
	이 후	경위원, 황궁경위국
대한민국 (정부수립)	이 전	내무총장, 경무국(지방에는 경무사), 경호부
	이 후	• 경무대경찰서(1949) • 청와대 경찰관파견대(1960) • 중앙정보부 경호대(1961) • 대통령경호실(1963) • 대통령실장 소속 경호처(2008, 차관급) • 대통령경호실(2013, 장관급) • 대통령경호처(2017~, 차관급)

〈참고〉 김두현, 「경호학개론」, 엑스퍼트, 2020, P. 78~118 / 송광호, 「패스플러스 경비지도사 2차 경호학」, 에듀피디, 2023, P. 51~57

5 대한민국의 경호제도

☐ 다음 대한민국 경호역사에서 두 번째로 일어난 것은 'ㄱ'이다. 기출 22

ㄱ. 중앙정보부 경호대가 발족되었다.
ㄴ. 경무대 경찰서가 신설되었다.
ㄷ. 치안본부 소속의 101경비대를 101경비단으로 변경하였다.
ㄹ. 대통령경호실을 대통령경호처로 변경하였다.

제시된 대한민국의 경호역사를 순서대로 연결하면 ㄴ. 경무대 경찰서 신설(1949.2.23.) → ㄱ. 중앙정보부 경호대 발족(1961.11.8.) → ㄷ. 치안본부 소속의 101경비대를 101경비단으로 변경(1976.3.29.) → ㄹ. 대통령경호실을 대통령경호처로 변경(2008.2.29.) 순이다. 답 O

☐ 경무대경찰서는 1953년 경찰서직제를 개정하여 관할구역을 경무대 구내로 제한하여 경호임무를 담당하였다. 기출 19

경무대경찰서는 신설 당시에는 종로경찰서 관할인 중앙청 및 경무대 구내가 관할구역이었으나, 1953년 3월 30일 경찰서직제의 개정으로 그 관할구역을 경무대 구내로 제한하였다. 답 ○

☐ 경무대경찰서는 주로 대통령 경호임무를 수행하였으며, 1953년 경찰서직제를 개정하여 관할구역을 경무대 구내로 제한하였다. 기출 17

1949년 2월 23일 구 왕궁을 관할하고 있던 창덕궁경찰서가 폐지되고 경무대경찰서가 신설되면서 경찰이 대통령 경호임무를 담당하게 되었다. 나아가 경무대경찰서 신설 당시에는 종로경찰서 관할인 중앙청 및 경무대 구내가 관할구역이었으나, 1953년 3월 30일 경찰서직제의 개정으로 그 관할구역을 경무대 구내로 제한하였다. 답 ○

☐ 정부수립 이후 경무대경찰서는 1949년 2월 23일 창덕궁경찰서가 폐지되고 경무대경찰서가 신설되면서 종로경찰서 관할인 중앙청 및 경무대 구내가 경무대경찰서의 관할구역이 되었다. 기출 08

1949년 2월 23일 구 왕궁을 관할하고 있던 창덕궁경찰서가 폐지되고, 경무대경찰서가 신설되면서 종로경찰서 관할인 중앙청 및 경무대 구내가 경무대경찰서의 관할구역이 되었다. 답 ○

☐ 대한민국 정부수립 이후 창덕궁경찰서가 폐지되고 경무대경찰서가 신설되면서 대통령과 가족, 대통령 당선이 확정된 자, 전직대통령 및 가족의 호위를 담당하였다. 기출 06

전직대통령 및 가족의 호위는 1981년 1월 29일 대통령경호실법(현 대통령 등의 경호에 관한 법률) 개정으로 경호실의 관장사항으로 추가되었다. 답 ×

☐ 대한민국 정부수립 이후 경호를 담당한 최초의 경호기관은 경무대경찰서이다. 기출 07

1949년 2월 23일 구 왕궁을 관할하고 있던 창덕궁경찰서가 폐지되고 경무대경찰서가 신설되면서 경찰이 대통령 경호임무를 담당하게 되었다. 답 ○

☐ 1949년에는 그동안 구 왕궁을 관할하고 있던 경복궁경찰대가 폐지되고 경무대경찰서가 신설되었다. 기출 15

구 왕궁을 관할하고 있던 곳은 경복궁경찰대가 아닌 창덕궁경찰서이다. 답 ×

☐ 1949년 왕궁을 관할하고 있던 경무대경찰서가 폐지되고 창덕궁경찰서가 신설되었다. 기출 10

1949년 2월 23일에는 그동안 구 왕궁을 관할하고 있던 창덕궁경찰서가 폐지되고 경무대경찰서가 신설되었다. 답 ×

☐ 대통령경호실이 출범되면서 최초로 경호라는 용어 사용과 경호업무의 체제가 정비되었다. 기출 06

1949년 12월 29일 내무부훈령 제25호에 의하여 경호규정이 공포되면서 최초로 경호라는 용어의 사용과 경호업무의 체제가 정비되었다. 답 ×

☐ 청와대 경찰관파견대는 1960년 3차 개헌을 통해 내각책임제에서 대통령중심제로 바뀌면서 대통령의 경호와 경비를 담당하였다. 기출 19

1960년 4·19 혁명으로 제1공화국이 끝나고 3차 개헌을 통해 정부형태가 대통령중심제에서 내각책임제로 바뀌면서 국무총리의 지위가 크게 강화됨에 따라 대통령 경호를 담당하던 경무대경찰서가 폐지되고 경무대 지역의 경비업무는 서울시 경찰국 경비과에서 담당하게 되었으며, 이후 서울시 경찰국 경비과에서 청와대 경찰관파견대를 설치하여 대통령 경호 및 대통령 관저의 경비를 담당하게 하였다. 답 ×

☐ 청와대 경찰관파견대는 1960년 3차 개헌을 통해 내각책임제에서 대통령중심제로 정부형태가 변화되면서 종로경찰서 소속으로 대통령의 경호 및 대통령 관저의 경비를 담당하였다. 기출 17

3차 개헌을 통해 대통령중심제에서 내각책임제로 정부형태를 변경한 제2공화국이 수립된 후 서울시 경찰국 경비과에서 청와대 경찰관파견대를 설치하여 대통령 경호 및 대통령 관저의 경비를 담당하게 하였다. 답 ×

☐ 1960년에는 청와대 경찰관파견대가 대통령 경호 및 대통령 관저의 경비를 담당하였다. 기출 15

1960년 6월 제2공화국이 수립되면서 서울시 경찰국 경비과에서 청와대 경찰관파견대를 설치하여 대통령 경호 및 대통령 관저의 경비를 담당하게 하였다. 답 ○

☐ 1960년 제2공화국이 수립됨에 따라 서울시 경찰국 경비과에서 청와대 경찰관파견대를 설치하여 대통령의 경호경비를 담당하였다. 기출 10

1960년 6월 제2공화국이 수립되면서 서울시 경찰국 경비과에서 청와대 경찰관파견대를 설치하여 대통령 경호 및 대통령 관저의 경비를 담당하였다. 답 ○

☐ 대통령중심제에서 내각책임제로 변화되면서 대통령 경호 및 관저 경비는 경무대경찰서가 담당하였다. 기출 06

3차 개헌을 통해 정부형태가 대통령중심제에서 내각책임제로 바뀌면서 대통령 경호를 담당하던 경무대경찰서가 폐지되고 경무대 지역의 경비업무는 서울시 경찰국 경비과에서 담당하였으며, 이후 서울시 경찰국 경비과에서 청와대 경찰관파견대를 설치하여 대통령 경호 및 대통령 관저의 경비를 담당하게 하였다.

답 ×

☐ 국가재건최고회의 의장경호대는 1961년 중앙정보부 경호대로 정식 발족하여 최고회의 의장 등의 신변보호임무를 수행하였다. 기출 19 · 17

1961년 5월 20일 군사혁명위원회가 국가재건최고회의로 발족되면서 국가재건최고회의 의장경호대가 임시로 편성되었다가 1961년 6월 1일 중앙정보부로 예속되고, 그해 9월 9일 중앙정보부 내훈 제2호로 경호규정이 제정 · 시행되면서 11월 8일 정식으로 중앙정보부 경호대가 발족되었다. 중앙정보부 경호대의 주요 임무는 국가원수, 최고회의 의장 · 부의장, 내각수반, 국빈의 신변보호, 기타 경호대장이 지명하는 주요 인사의 신변보호 등이었다.

답 ○

☐ 1961년에는 군사혁명위원회가 국가재건최고회의로 발족되면서 국가재건최고회의 의장경호대가 임시로 편성되었다. 기출 15

1961년 5월 20일 군사혁명위원회가 국가재건최고회의로 발족되면서 국가재건최고회의 의장경호대가 임시로 편성되었다.

답 ○

☐ 군사혁명위원회가 국가재건최고회의로 발족되면서 국가재건최고회의 의장경호대가 임시로 편성된 후 중앙정보부로 예속되었다. 기출 06

1961년 5월 20일 군사혁명위원회가 국가재건최고회의로 발족되면서 국가재건최고회의 의장경호대가 임시로 편성되었다가 1961년 6월 1일 중앙정보부로 예속되고, 그해 9월 9일 중앙정보부 내훈 제2호로 경호규정이 제정 · 시행되면서 11월 8일 정식으로 중앙정보부 경호대가 발족되었다.

답 ○

☐ 대통령경호실은 1963년 설립되어 대통령과 그 가족, 대통령으로 당선이 확정된 자 및 경호실장이 필요하다고 인정하는 요인에 대한 경호를 담당하였다. 기출 19

1963년 제3공화국이 출범하여 12월 14일 대통령경호실법과 같은 해 12월 16일 대통령경호실법 시행령을 각각 제정 · 공포하고, 박정희 대통령 취임과 동시에 대통령경호실을 출범시켰다. 경호실은 대통령과 그 가족, 대통령으로 당선이 확정된 자 및 경호실장이 특히 필요하다고 인정하는 국내외 요인에 대한 호위와 대통령관저의 경비에 관한 사항을 담당하였다(대통령경호실법 제3조 제1항).

답 ○

☐ 1963년 제3공화국이 출범하여 대통령경호실법을 제정·공포하고 대통령경호실을 출범시켰다. 기출 10

1963년 제3공화국이 출범하여 12월 14일 대통령경호실법과 같은 해 12월 16일 대통령경호실법 시행령을 각각 제정·공포하고, 박정희 대통령 취임과 동시에 대통령경호실을 출범시켰다. 답 ○

☐ 대통령경호실은 1981년 대통령경호실법 개정으로 "전직대통령과 그 배우자 및 자녀"가 경호대상으로 추가되었다. 기출 17

1981년 대통령경호실법 개정으로 '대통령 당선 확정자의 가족의 호위'와 '전직대통령과 그 배우자 및 자녀의 호위'가 임무에 추가되었다. 답 ○

☐ 1963년에는 박정희 대통령이 취임하면서 대통령경호실이 출범하였다. 기출 15

1963년 제3공화국이 출범하여 대통령경호실법을 제정·공포하고 박정희 대통령 취임과 동시에 대통령경호실을 출범시켰다. 답 ○

☐ 대한민국 정부수립 이후 경호기관 변천과정은 경무대경찰서 → 청와대 경찰관파견대 → 중앙정보부 경호대 → 대통령경호실 순이다. 기출 18

대한민국 정부수립 이후 경호기관의 변천과정은 경무대경찰서(1949년) → 청와대 경찰관파견대(1960년) → 중앙정보부 경호대(1961년) → 대통령경호실(1963년) 순이다. 답 ○

☐ 대한민국 정부수립 이후 경호기관 변천과정은 경무대경찰서 → 청와대 경찰관파견대 → 국가재건최고회의 의장경호대 → 대통령경호실 순이다. 기출 12

대한민국 정부수립 이후 경호기관의 변천과정은 경무대경찰서(1949) → 청와대 경찰관파견대(1960) → 국가재건최고회의 의장경호대(1961) → 중앙정보부 경호대(1961) → 대통령경호실(1963) → 대통령실장 소속 경호처(2008, 차관급) → 대통령경호실(2013, 장관급) 독립 → 대통령경호처(2017~, 차관급) 순이다. 답 ○

☐ 2024년 현재 경호처는 기획관리실, 경호본부, 경비안전본부, 지원본부 및 경호안전교육원으로 편성되어 있다. 기출수정 10

2010년 경호처는 기획실, 경호본부, 안전본부, 지원본부 및 경호안전교육원으로 편성되어 있었으나, 2024년 현재 경호처는 기획관리실, 경호본부, 경비안전본부, 지원본부 및 경호안전교육원으로 편성되어 있다. 답 ○

핵심만 콕 **대한민국 정부수립 이후의 경호기관**

경무대경찰서 (1949)	• 1949년 2월 왕궁을 관할하고 있던 창덕궁경찰서가 폐지되고 경무대경찰서가 신설되면서 경찰이 대통령 경호임무를 담당하게 되었다. 이때, 종로경찰서 관할인 중앙청 및 경무대 구내가 경무대경찰서의 관할구역이 되었다. • 1949년 12월 내무부훈령 제25호에 의하여 경호규정이 제정되면서 최초로 경호라는 용어의 사용과 경호업무의 체제가 정비되었다. • 경무대경찰서는 신설 당시에는 종로경찰서 관할인 중앙청 및 경무대 구내가 관할구역이었으나, 1953년 3월 30일 경찰서직제의 개정으로 그 관할구역을 경무대 구내로 제한하였다.
청와대 경찰관파견대 (1960)	• 1960년 4·19 혁명으로 제1공화국이 끝나고 3차 개헌을 통해 정부형태가 대통령중심제에서 내각책임제로 바뀌면서 국무총리의 지위가 크게 강화됨에 따라 대통령 경호를 담당하던 경무대경찰서가 폐지되고 경무대 지역의 경비업무는 서울시 경찰국 경비과에서 담당하게 되었다. • 1960년 6월 제2공화국이 수립되면서 서울시경 소속으로 청와대 경찰관파견대를 설치하여 경비과에서 담당하던 대통령 경호 및 대통령관저의 경비를 담당케 하였다.
국가재건최고회의 의장경호대 ↓ 중앙정보부 경호대(1961)	• 1961년 5월 군사혁명위원회가 국가재건최고회의로 발족되면서 국가재건최고회의의 의장경호대가 임시로 편성되었다가 중앙정보부로 예속되고, 그해 9월 중앙정보부 내훈 제2호로 경호규정이 제정·시행되면서 11월 정식으로 중앙정보부 경호대가 발족되었다. • 중앙정보부 경호대의 주요 임무는 국가원수, 최고회의 의장·부의장, 내각수반, 국빈의 신변보호, 기타 경호대장이 지명하는 주요 인사의 신변보호 등이었다.
대통령경호실 (1963) ↓ 대통령실장 소속 경호처 (2008, 차관급) ↓ 대통령경호실 (2013, 장관급) ↓ 대통령경호처 (2017~, 차관급)	• 1963년 제3공화국이 출범하여 대통령경호실법을 제정·공포하고 박정희 대통령 취임과 동시에 대통령경호실을 출범시켰다. • 1974년 8·15사건을 계기로 '대통령경호경비안전대책위원회'가 설치되고, 청와대 외각경비가 경찰에서 군(55경비대대)으로 이양되었으며, 22특별경호대와 666특공대가 창설되고, 경호행사 시 3중 경호의 원칙이 도입되는 등 조직과 제도가 대폭 보강되었다. • 1981년 '대통령 당선 확정자의 가족의 호위'와 '전직대통령과 그 배우자 및 자녀의 호위'가 임무에 추가되었다. • 2004년 대통령 탄핵안이 가결됨에 따라 대통령 권한대행에 대한 경호임무를 추가로 수행하였다. • 2008년 2월 29일 '대통령경호실법'은 '대통령 등의 경호에 관한 법률'로 개칭되고 소속도 대통령 직속기관인 대통령경호실에서 대통령실장 소속 경호처로 변경되었다. • 2013년 2월 25일 경호처는 다시 대통령비서실과 독립된 대통령경호실로 환원되고, 실장의 지위도 장관급으로 격상되었다. • 2017년 7월 26일 정부조직법 개정으로 대통령경호실은 재개편되어 현재 차관급 대통령경호처가 되었다.

CHAPTER

02 경호의 조직

01 경호조직의 의의 및 특성과 구성원칙

1 경호조직의 의의 및 특성

☐ 경호조직은 폐쇄성보다는 개방성이 더욱 요구된다. 기출 23

경호조직은 보안성을 높이는 폐쇄성이 요구된다.

답 ×

☐ 경호조직은 가시적인 경호를 위해 보안성보다는 노출성이 더욱 요구된다. 기출 23

경호를 완전무결하게 수행하기 위해서는 경호조직의 비공개와 경호기법의 비노출 등 보안의 중요성이 강조될 수밖에 없다.

답 ×

☐ 경호조직의 폐쇄성에는 경호기법의 비노출이 포함된다. 기출 21

경호조직의 폐쇄성에는 경호조직의 비공개와 경호기법의 비노출 등이 포함된다.

답 ○

☐ 경호조직은 조직의 비공개, 경호기법 비노출 등 폐쇄성을 가진다. 기출 18 · 12

경호조직의 특성 중 폐쇄성에 관한 설명이다.

답 ○

☐ 경호조직은 경호임무 시 경호조직의 비공개와 경호기법의 비노출 등 폐쇄성의 특성을 가지고 있다. 기출 07 · 06

경호조직의 특성 중 폐쇄성(경호조직의 비공개와 경호기법의 비노출 등)에 관한 설명이다.

답 ○

☐ 경호조직은 본질적으로 보안성을 높이는 폐쇄적 조직구조로 구성한다. 기출 13 · 04

경호를 완전무결하게 수행하기 위해서는 경호조직의 비공개와 경호기법의 비노출 등 폐쇄적인 특성을 가져야 한다.

답 ○

☐ 경호조직의 공개, 경호기법 노출 등 개방성을 가진다. 기출 20

경호조직은 조직의 비공개, 경호기법 비노출 등 폐쇄성을 가진다. 답 ×

☐ 경호조직은 과거에 비해 그 기구와 인원 면에서 다변화되고 있다. 기출 21 · 18

경호조직은 과거에 비해 그 기구 및 인원 면에서 점차 대규모화 · 다변화되고 있다. 답 ○

☐ 경호조직은 기구 및 인원의 측면에서 소규모화되고 있다. 기출 20 · 19 · 15 · 12

경호조직은 과거와 비교하여 기구 및 인원의 측면에서 대규모화되고 있다. 답 ×

☐ 경호조직은 과거와 비교해 볼 때 기구 및 인원 면에서 점차 대규모화되고 있다. 기출 13

경호조직의 특성 중 '대규모성'에 관한 설명이다. 과학기술의 진보와 더불어 거대정부의 양상은 경호기능의 간접적인 대규모화의 계기가 되었다. 답 ○

☐ 현대사회에서 경호조직은 전문성에 기초를 두어야 하며, 대규모화되고 있다. 기출 10

경호조직의 특성 중 전문성과 대규모성에 관한 설명이다. 답 ○

☐ 경호조직은 정치체제의 변화와 역사적 사건들로 인해 그 기구 및 인원 면에서 점차 소규모화되어 가고 있다. 기출 08

경호조직은 정치체제의 변화와 역사적 사건들로 인해 그 기구 및 인원 면에서 점차 대규모화 · 다변화되어 가고 있다. 답 ×

☐ 경호조직은 전문성보다는 권력에 기초를 두어야 한다. 기출 21 · 13

경호조직은 권력보다는 전문성에 기초를 두어야 한다. 답 ×

☐ 테러행위의 비전문성, 위해수법의 고도화에 따라 경호조직은 비전문성이 요구된다. 기출 20 유사 19

테러의 수법이 지능화 · 고도화되어 감에 따라 경호조직에 있어서도 기능의 전문화 내지 분화현상이 나타난다. 답 ×

☐ 경호조직의 권위는 권력의 힘에 의존하는 데에서 탈피하여 경호의 전문성에서 찾아야 한다. 기출 15

경호조직의 권위는 권력보다는 경호의 전문성에서 찾아야 한다. 답 ○

☐ 과학기술의 발달에 따라 테러의 수법이 지능화·고도화되어 감에 따라 경호조직에 있어서도 기능의 전문화 내지 분화현상이 나타난다. 기출 13

기능의 전문화 내지 분화현상은 경호조직의 특성 중 '전문성'에 관한 설명이다. 답 ○

☐ 경호조직업무의 전문화와 과학적 관리를 필요로 하며, 경호조직 관리상 전문가의 채용 또는 양성을 필요로 한다. 기출 08

경호조직의 특성 중 '전문성'에 관한 설명이다. 답 ○

☐ 위해조직의 전문성은 경호조직의 전문화에 밀접히 영향을 미친다. 기출 04

과학기술의 발달에 따라 테러의 수법이 지능화·고도화되어 감에 따라 경호조직에 있어서도 기능의 전문화 내지 분화현상이 나타난다. 답 ○

☐ 경호조직은 기동성, 통합성과 계층성, 개방성, 전문성 등을 특징으로 한다. 기출 19·17

개방성이 아닌 폐쇄성(보안성)이 경호조직의 특성이다. 답 ×

☐ 일반적으로 정부조직은 법령주의와 공개주의 원칙에 따르지만, 경호조직에서는 비밀문서로 관리하거나 배포의 일부제한으로 비공개로 할 수 있다. 기출 09

경호조직의 비공개와 관련된 내용으로 경호조직의 특성 중 폐쇄성(보안성)에 관한 설명이다. 답 ○

☐ 경호조직의 비공개와 경호기법의 비노출 등 폐쇄성의 특성을 갖는다. 기출 08

경호조직의 특성 중 폐쇄성(보안성)에 관한 설명이다. 답 ○

☐ 경호조직은 기구단위, 권한과 책임 등이 경호업무의 목적 달성을 위해 분화되어야 한다. 기출 21 · 12

경호조직은 기구단위 및 권한과 책임이 분화되어야 하며, 경호조직 내의 중추세력은 권한의 계층을 통하여 분화된 노력을 상호 조정하고 통제함으로써 경호의 목적을 달성할 수 있다. 답 ○

☐ 경호조직은 기구단위, 권한과 책임 등이 경호업무의 목적 달성을 위해 통합되어야 한다. 기출 19 · 18 · 15 · 09 · 07

경호조직은 기구단위, 권한과 책임 등이 경호업무의 목적 달성에 기여할 수 있도록 분화되어야 한다. 답 ×

☐ 경호조직은 기구단위, 권한과 책임 등이 경호업무에 기여할 수 있도록 통합되어야 하지만, 권한의 계층을 통해 분화된 노력을 조정 · 통제하여 분화활동을 하여야 한다. 기출 06

경호조직은 기구단위, 권한과 책임 등이 경호업무의 목적 달성에 기여할 수 있도록 분화되어야 하며, 경호조직 내의 중추세력은 권한의 계층을 통하여 분화된 노력을 상호 조정하고 통제함으로써 경호에 만전을 기할 수 있도록 통합활동을 하여야 한다.

〈출처〉 김두현, 「경호학개론」, 엑스퍼트, 2020, P. 183

답 ×

☐ 경호조직의 운영에 있어 공경호는 폐쇄성 · 보안성 · 기동성의 특성을 가지나, 민간경호는 이러한 특성을 갖지 않는다. 기출 15

경호조직의 특성에는 폐쇄성, 보안성, 기동성, 통합성과 계층성, 전문성, 대규모성 등이 있다. 이러한 특성들은 원칙적으로 경호조직이 경호대상자의 신변보호라는 목적을 달성하기 위해 필요한 것들로 공경호와 사경호의 특성에 모두 해당된다고 볼 수 있다. 답 ×

☐ 경호조직은 전체 구조가 통일적인 피라미드형을 구성하면서 그 속에 서로 상하의 계층을 이루고 지휘 · 감독 등의 방법에 의해 경호 목적을 통일적으로 실현한다. 기출 20 · 10

경호조직의 특성 중 통합성과 계층성에 관한 설명이다. 답 ○

☐ 경호조직은 모든 동원요소가 최상의 기능을 발휘할 수 있도록 수직적 구조가 아닌 수평적 구조를 이루어야 한다. 기출 15

경호조직은 전체구조가 통일적인 피라미드형을 구성하면서 그 속에 서로 상하의 계층을 이루고 지휘 · 감독 등의 방법에 의하여 경호 목적을 통일적으로 실현하고 있다. 답 ×

☐ 경호조직은 경호집행기관적 성격으로 계층성의 특성이 있다. 기출 13

경호조직도 기구단위, 권한과 책임 등이 경호업무의 목적달성에 잘 기여할 수 있도록 분화되어야 하나, 조직 안에서는 전체구조가 통일적인 피라미드형을 구성하면서, 서로 상하의 계층을 이루고 지휘・감독 등의 방법에 의하여 경호 목적을 통일적으로 실현하고 있다. 특히 경호행사를 직접 담당하는 경호기관의 조직은 다른 부서에 비해 계층성이 더욱 강조된다.

〈출처〉 김두현, 「경호학개론」, 엑스퍼트, 2020, P. 183

답 ○

☐ 경호행사를 직접 담당하는 경호기관의 조직은 다른 조직에 비해 계층성이 강조되고 있다. 기출 08

경호조직의 특성 중 계층성에 관한 설명이다. 답 ○

☐ 경호조직은 군조직과 같이 명령체계의 하향성과 파리미드형의 조직구조로 이루어진다. 기출 04

경호조직의 특성 중 통합성과 계층성에 관한 설명이다. 답 ○

☐ 경호조직은 기동성의 특성을 갖는다. 기출 23

경호조직의 특성에는 기동성, 통합성과 계층성, 폐쇄성(보안성), 전문성 및 대규모성 등이 있다.

답 ○

☐ 현대사회는 고도의 유동성을 띠게 되어 경호조직도 그에 대응하여 높은 기동성을 띤 조직으로 변해 가고 있다. 기출 10

경호조직의 특성 중 기동성에 관한 설명이다. 답 ○

☐ 경호장비의 과학화와 이를 지원하기 위한 행정업무의 자동화, 컴퓨터화 등 과학기술의 도움으로 기동성을 갖춘 경호조직을 요구한다. 기출 09

오늘날 그 위험성이 증대되고 있는 암살 및 테러의 고도화에 대응하기 위하여 경호장비의 과학화, 지원체제의 기동성 등이 요구되는 것은 경호조직의 특성 중 기동성에 관한 설명이다. 답 ○

☐ 경호조직은 성공적인 임무수행을 위해 조직 및 경호기법 공개 등의 개방성을 가져야 한다.

기출 10

경호조직은 성공적인 임무수행을 위해서는 경호조직의 비공개와 경호기법의 비노출 등 보안성을 높이는 폐쇄성의 특성을 가져야 한다.

답 ×

☐ 경호조직은 계층성, 전문성, 폐쇄성, 기동성, 대규모성과 같은 특성을 지니고 있다.

기출 07

계층성, 전문성, 폐쇄성, 기동성, 대규모성은 경호조직의 특성이다.

답 ○

☐ 기동성, 계층성, 대규모성, 개방성 중 경호조직의 특성이 아닌 것은 개방성이다.

기출 05

경호조직은 기동성, 통합성과 계층성, 폐쇄성(보안성), 전문성, 대규모성 등을 특성으로 한다.

답 ○

핵심만 콕 **경호조직의 특성**

기동성	• 교통수단의 발달과 인구집중현상·환경보호, 더 나아가 세계공동체를 향한 외교활동 증대로 고도의 유동성을 띠게 되어 경호조직도 그에 대응하여 높은 기동성을 띤 조직으로 변해가고 있다. • 암살 및 테러의 고도화에 따라 경호장비의 과학화와 이를 지원하기 위한 행정업무의 자동화, 컴퓨터화 등 기동성이 요구되고 있다.
통합성과 계층성	• 경호조직은 전체 구조가 통일적인 피라미드형을 구성하면서 그 조직 내 계층을 이루고 지휘·감독 등을 통하여 경호 목적을 실현하므로, 경호행사를 직접 담당하는 경호기관의 조직은 다른 부서에 비해 경호집행기관적 성격으로 계층성이 더욱 강조된다. • 경호조직은 기구단위 및 권한과 책임이 분화되어야 하며, 경호조직 내의 중추세력은 권한의 계층을 통하여 분화된 노력을 상호 조정하고 통제함으로써 경호의 목적을 달성할 수 있다.
폐쇄성(보안성)	• 경호를 완전무결하게 수행하기 위해서는 경호조직의 비공개와 경호기법의 비노출 등 보안성을 높이는 폐쇄성의 특성을 가져야 한다. • 일반적인 공개주의 원칙에도 불구하고 암살자나 테러집단에 알려지지 않도록 기밀성을 유지한다. • 일반적으로 정부조직은 법령주의와 공개주의 원칙에 따르지만, 경호조직에서는 비밀문서로 관리하거나 배포의 일부제한으로 비공개로 할 수 있다.
전문성	• 테러행위의 수법이 지능화·고도화되고 있으므로 경호조직에 있어서도 기능의 전문화 내지 분화현상이 광범위하게 나타나고 있다. • 경호조직의 권위는 권력의 힘에 의존하는 데서 탈피하여 경호의 전문성에서 찾아야 한다. • 고도로 전문화된 경호전문가의 양성을 통해 경호조직의 권위를 확립하고, 국민의 이해와 협조 속에서 국민과 함께 하는 경호가 요구된다.
대규모성	• 경호조직은 과거에 비해 그 기구 및 인원 면에서 점차 대규모화·다변화되고 있다. • 과학기술의 진보와 더불어 거대정부의 양상은 경호기능의 간접적인 대규모화의 계기가 되었다.

2 경호조직의 구성원칙

☐ 경호조직은 독립된 비협력성의 특성을 갖는다. 기출 23

하나의 경호조직이 단독으로 경호임무 수행에 필요한 모든 정보활동을 수행할 수는 없으므로, 효율적인 경호임무 수행과 조직관리를 위해 경호 유관기관과의 유기적인 협조(협력성)가 필수적이다.

답 ×

☐ 국민이 경호업무에 협조하여 조직화가 필요할 경우 이런 조직은 임의성보다는 강제성이 수반되어야 한다. 기출 21

국민이 경호업무에 협조하여 조직화가 필요할 경우 이런 조직은 어디까지나 임의적이어야 하고 강제성을 띠어서는 아니 된다. 〈참고〉 김두현, 「경호학개론」, 엑스퍼트, 2020, P. 186

답 ×

☐ 경호조직의 구성원칙 중 아래의 내용과 관계가 있는 원칙은 경호협력성의 원칙이다. 기출 18

> 국제행사의 안전한 진행을 위하여 전국적으로 배치된 경비지도사를 통하여 경호정보를 신속하게 수집하였다.

전국적으로 배치된 경비지도사를 통하여 경호정보를 신속하게 수집하는 것은 경호조직과 국민과의 협력을 의미하는 경호협력성의 원칙에 관한 설명이다.

답 ○

☐ 하나의 경호조직이 단독으로 경호임무 수행에 필요한 모든 정보활동을 수행할 수 없다는 특성과 가장 관련 있는 경호조직의 특성은 협력성이다. 기출 15

경호조직의 특성 중 협력성에 관한 설명이다.

답 ○

☐ 경호조직의 원칙 중 경호조직이 국민 속에 깊이 뿌리를 내려 국민과 결합해야 한다는 원칙은 경호협력성의 원칙이다. 기출 14

경호협력성의 원칙은 경호조직과 국민과의 협력을 의미하며, 완벽한 경호를 위해서는 국민의 절대적인 협력이 필요하다는 원칙이다.

답 ○

☐ 경호조직은 자신의 업무상 필요에 따라 국민 속에서 적당한 대상을 선택하여 이를 조직화해야 한다. 기출 13

경호협력성의 원칙에 관한 설명으로 경호조직은 모든 방법을 강구하여 국민의 역량을 결합하려고 노력하여야 한다. 답 ○

☐ 경호조직의 구성원칙 중 아래의 내용에 관한 설명은 경호기관단위작용의 원칙이다. 기출 13

> 경호조직이 비록 완벽하고 경호요원의 수가 많다고 하더라도 모든 위해요소를 직접 인지할 수 없을 뿐 아니라 모든 사태에 대응하기가 여의치 못하므로 완벽한 경호를 위해서는 국민의 절대적인 협력이 필요하다.

현대사회는 변화무쌍하며, 교활한 범죄자가 날로 증가하고 있으므로, 완벽한 경호를 위해서는 국민의 절대적인 협력이 필요하다는 것은 경호협력성의 원칙에 관한 설명이다. 답 ×

☐ 경호조직의 구성원칙 중 완벽한 경호를 위해 국민의 협력이 필요하고, 모든 방법을 강구하여 국민의 역량을 결합하기 위해 노력해야 한다는 내용과 관계가 있는 것은 경호협력성의 원칙이다. 기출 09

경호협력성의 원칙은 경호조직과 국민과의 결합을 의미한다. 따라서 국민의 협력을 얻기 위해서는 모든 수단과 방법을 강구하여 역량을 결합시켜야 한다. 답 ○

☐ 경호협력성의 원칙은 경호업무는 국민과의 절대적인 협조가 필요하며, 국민으로부터 존경받는 경호원이 되어야 한다는 것이다. 기출 05

경호협력성의 원칙에 관한 설명이다. 답 ○

☐ 경호기관의 구조는 전체의 다양한 조직수준을 통해 상하계급 간의 일정한 관계가 성립되어, 책임과 업무의 분담이 이루어져야 한다는 것은 경호조직의 구성원칙 중 경호지휘단일성의 원칙이다. 기출 21

경호기관 구조의 정점으로부터 말단까지 상하계급 간에 일정한 관계가 이루어져 책임과 업무의 분담이 이루어지고, 명령(命令)과 복종(服從)의 지위와 역할의 체계가 통일되어야 한다는 경호체계통일성의 원칙에 관한 설명이다. 답 ×

☐ 경호조직은 지위와 역할의 체계가 통일되어야 한다는 것은 경호지휘단일성의 원칙에 관한 설명이다. 기출 20

경호조직은 지위와 역할의 체계가 통일되어야 한다는 것은 경호지휘단일성의 원칙이 아닌 경호체계통일성의 원칙에 관한 설명이다. 답 ×

☐ 상하계급 간의 일정한 관계가 이루어져 책임과 업무의 분담이 이루어지고 명령과 복종의 지위와 역할의 체계가 통일되어야 한다는 것은 경호체계통일성의 원칙에 관한 설명이다. 기출 18 · 13 · 09 · 05

경호체계통일성의 원칙은 경호기관 구조의 정점으로부터 말단까지 상하계급 간에 일정한 관계가 이루어져 책임과 업무의 분담이 이루어지고, 명령(命令)과 복종(服從)의 지위와 역할의 체계가 통일되어야 한다는 원칙이다. 답 ○

☐ 경호기관은 책임과 업무의 분담이 이루어지고, 명령과 복종의 지위와 역할의 체계가 통일되어야 한다. 기출 07

경호체계통일성의 원칙에 관한 설명이다. 답 ○

☐ 구조의 정점으로부터 말단에 이르는 무수한 수준을 통하여 상하계급 간의 일정한 관계가 이루어져야 한다는 것은 경호조직의 원칙 중 체계통일성의 원칙에 관한 설명이다. 기출 16

경호기관 구조의 정점으로부터 말단까지 상하계급 간에 일정한 관계가 이루어져 책임과 업무의 분담이 이루어져야 한다는 것은 경호체계통일성의 원칙에 관한 설명이다. 답 ○

☐ 다수의 경호원이 운용될 경우에는 경호조직은 다수의 지휘체계를 운영해야 한다. 기출 19

다수의 경호원이 운용될 경우에는 지휘 및 통제의 이원화로 인해 파생되는 문제들을 보완하기 위하여 명령과 지휘체계는 반드시 하나의 계통으로 구성해야 한다. 답 ×

☐ 다음에서 설명하는 경호조직의 원칙은 경호지휘단일성의 원칙이다. 기출 23

> 경호조직은 명령과 지휘체계가 이원화되지 않아야 하며, 경호업무 자체가 긴급성을 요한다는 점에서 더욱 필요한 원칙이다.

경호지휘단일성의 원칙에 관한 설명이다. 답 ○

☐ 다음에서 설명하는 경호조직의 원칙은 경호지휘단일성의 원칙이다. 기출 22

> 하나의 기관에는 반드시 한 사람의 지휘자만이 있어야 한다. 지휘자가 여러 명이 있을 경우 이들 사이의 의견의 합치는 어렵게 되고 행동도 통일되기가 쉽지 않다. 상급감독자나 하급보조자가 지휘자의 권한을 침해한다면 전체 경호기구는 혼란에 빠지게 되어 경호조직은 마비상태가 될 우려가 있다.

제시문은 경호지휘단일성의 원칙에 관한 설명이다. 답 ○

☐ 경호업무의 모순, 중복, 혼란 등을 방지하여 신뢰성을 높이기 위해 복합 지휘체제를 구성하여야 한다. 기출 19

지휘 및 통제의 이원화로 인해 파생되는 문제들을 보완하기 위해 명령과 지휘체계는 반드시 하나의 계통으로 구성해야 한다는 경호지휘단일성의 원칙에 관한 설명이다. 답 ×

☐ 경호조직의 원칙 중 지휘 및 통제의 이원화로 인해 파생되는 문제들을 보완하기 위해 명령과 지휘체계는 반드시 하나의 계통으로 구성해야 한다는 것은 경호체계통일성의 원칙이다. 기출 04

경호지휘단일성의 원칙에 관한 설명이다. 답 ×

☐ 경호임무 수행 중 긴급사태에 대처하기 위해서는 지휘자의 신속한 판단력과 지휘명령이 요구된다는 것은 경호지휘단일성의 원칙에 해당한다. 기출 18

<u>경호지휘단일성의 원칙은 경호업무가 긴급성을 요한다는 점에서도 요청되는바</u>, 긴급사태에 신속히 대처하고 조직을 효율적으로 운영하기 위해서는 지휘자의 적극적이고 신속한 결단과 지휘명령이 요구된다는 원칙이다. 〈출처〉 김두현, 「경호학개론」, 엑스퍼트, 2020, P. 184

답 ○

☐ 경호조직의 원칙 중 경호업무가 긴급성을 요하고 모순·중복·혼란성을 피하기 위해 요구되는 것은 경호지휘단일성의 원칙이다. 기출수정 09·07·06

경호지휘단일성은 경호행위가 긴급성을 요한다는 점과 모순·중복·혼란 등을 피해야 한다는 점에서 요구되는 경호조직의 원칙이다. 답 ○

☐ '경호조직의 각 구성원은 오직 하나의 상급기관(지휘관)에게만 보고하고, 그의 명령지휘를 받고, 그에게만 책임을 진다.'는 경호조직의 원칙은 경호지휘단일성이다. 기출 17

경호지휘단일성은 경호행위가 긴급성과 중대성을 요한다는 점에서, 또한 모순·중복·혼란 등을 피해야 한다는 점에서 요구되는 경호조직의 원칙이다. 답 ○

☐ 하나의 경호조직은 한 사람만의 지휘를 받아야 하는 것이 아니라, 각 분화된 단위별로 여러 사람의 지휘를 받아야 한다. 기출 12

하나의 경호조직은 한 사람만의 지휘를 받아야 한다(경호지휘단일성의 원칙). 답 ×

☐ 경호기관은 다양한 지휘체계를 갖고 있으며, 여러 사람들로부터 지휘를 받아야 한다는 경호지휘다양성의 원칙은 경호조직의 원칙에 속한다. 기출 05

경호지휘단일성의 원칙이 경호조직의 원칙이다. 답 ×

☐ 다음이 설명하는 경호조직의 원칙은 경호기관단위작용의 원칙이다. 기출 20

- 경호업무의 성격상 개인적 작용으로 이루어지지 않는다.
- 하급자를 관리하기 위한 지휘권, 장비, 보급지원체제를 갖추고 있어야 한다.

제시문의 내용은 경호기관단위작용의 원칙에 관한 설명이다. 답 ○

☐ 경호조직은 완벽한 방어 및 대응체계를 구축하기 위해서는 개인단위작용으로 이루어져야 한다. 기출 19

완벽한 방어 및 대응체계를 구축하기 위해서 경호는 기관단위작용으로 이루어져야 한다. 답 ×

☐ 경호업무의 성격상 경호는 개인단위작용으로 이루어진다. 기출 12

경호업무의 성격상 완벽한 방어 및 대응체계를 구축하기 위해서 경호는 기관단위작용으로 이루어져야 한다. 답 ×

☐ 경호업무는 지휘권, 장비, 보급지원체계 등이 갖춰진 기관단위의 작용으로 이루어진다. 기출 19

경호조직의 구성원칙 중 경호기관단위작용의 원칙에 관한 설명이다. 답 ○

☐ 경호조직은 경호업무의 성격상 기관단위작용으로 이루어진다. 기출 18

경호조직의 원칙 중 경호기관단위작용의 원칙에 관한 설명이다. 답 ○

- [ ] 경호조직은 성격상 기관단위로 작용하지 않고 개인단위로 이루어지고 있다. 기출 13 · 09 · 07

경호의 업무는 개인이 아닌 기관단위의 작용으로 기관의 하명에 의해서 이루어진다. 경호의 기관단위가 확립되기 위해서는 경호기관을 지휘하는 지휘자와 부하직원 간의 유기적인 협력체계가 구비되어야 하며, 관리하기 위한 지휘권, 장비, 보급지원체제가 이루어져 있어야 한다. 답 ×

- [ ] 경호조직은 그 활동상의 특징이 경호요원 개인적 활동을 기본으로 한다. 기출 04

경호조직은 그 활동이 경호요원의 개인적 활동이 아닌 기관의 하명에 의하여 기관단위의 작용으로 이루어진다는 특징이 있다. 답 ×

- [ ] 경호조직에서 기관단위의 임무결정은 지휘자만이 할 수 있고, 경호의 성패는 지휘자만이 책임을 진다. 기출 06

경호조직에서 기관단위의 관리와 임무의 수행을 위한 결정은 지휘자만이 할 수 있고, 경호의 성패는 지휘자만이 책임을 진다는 것은 경호기관단위작용의 원칙에 관한 설명이다. 답 ○

- [ ] 경호기관단위작용의 원칙은 경호기관을 지휘하는 지휘자와 부하직원 간의 유기적인 협력체계가 구비되어야 한다는 것이다. 기출 05

경호기관단위작용의 원칙은 경호의 업무가 기관단위로 수행되는 경우 주로 하명에 의해서 임무수행이 이루어지므로, 지휘자와 부하직원 간의 유기적인 협력체계가 구비되어야 한다는 것을 의미한다. 답 ○

핵심만 콕 **경호조직의 구성원칙**

경호지휘단일성의 원칙	• 지휘 및 통제의 이원화로 인해 파생되는 문제들을 보완하기 위해 명령과 지휘체계는 반드시 하나의 계통으로 구성해야 한다는 원칙으로, 경호업무가 긴급성을 요한다는 점에서도 요청된다. • 지휘가 단일해야 한다고 하는 것은 경호기관(요원)은 한 사람의 지휘를 받아야 한다는 뜻이다. 한 걸음 더 나아가서 지휘의 단일이란 '하나의 지휘자'라는 의미 외에 하급경호요원은 하나의 상급기관에 대해서만 책임을 진다는 의미가 포함된다.
경호체계통일성의 원칙	경호기관 구조의 정점으로부터 말단까지 상하계급 간에 일정한 관계가 이루어져 책임과 업무의 분담이 이루어지고, 명령(命令)과 복종(服從)의 지위와 역할의 체계가 통일되어야 한다는 원칙이다.

경호기관단위작용의 원칙	• 경호의 업무는 성격상 개인적 작용으로 이루어지지 않고 기관단위의 작용으로 기관의 하명에 의해서 이루어진다는 원칙이다. • 기관단위라는 것은 그 경호기관을 지휘하는 지휘자가 있고, 지휘를 받는 하급자가 있으며, 하급자를 관리하기 위한 지휘권과 장비가 편성되며 임무수행을 위한 보급지원체계를 갖추고 있어야 한다는 의미이다. • 기관단위의 관리와 임무의 수행을 위한 결정은 지휘자만이 할 수 있고, 경호의 성패는 지휘자만이 책임을 지는 것이다.
경호협력성의 원칙	경호조직과 국민과의 협력을 의미하며 완벽한 경호를 위해서는 국민의 절대적인 협력이 필요하다는 원칙이다.

〈참고〉 이두석, 「경호학개론」, 진영사, 2018, P. 114~116 /
김두현, 「경호학개론」, 엑스퍼트, 2020, P. 184~187

02 각국의 경호조직

1 한국의 경호기관

☐ 소방청 119구조구급국장은 대통령경호안전대책위원회의 위원이다. 기출 22

대통령경호안전대책위원회규정 제2조

답 ○

☐ 대통령경호안전대책위원회규정상 다음 중 대통령경호안전대책위원회 위원이 아닌 자는 'ㄱ'이다. 기출수정 18

ㄱ. 외교부 의전기획관
ㄴ. 과학기술정보통신부 통신정책관
ㄷ. 소방청 119구조구급국장
ㄹ. 국무조정실 대테러센터장

국가정보원 테러정보통합센터장이 대통령경호안전대책위원회 위원에 해당한다(대통령경호안전대책위원회규정 제2조).

답 ×

☐ 대통령경호안전대책위원회규정상 다음 중 대통령경호안전대책위원회 위원이 아닌 자는 'ㄷ'이다. 기출수정 15

ㄱ. 법무부 출입국·외국인정책본부장
ㄴ. 경찰청 보안국장
ㄷ. 국토교통부 항공안전정책관
ㄹ. 관세청 조사감시국장

경찰청 경비국장이 대통령경호안전대책위원회의 위원에 해당한다(대통령경호안전대책위원회규정 제2조).

답 ×

☐ 대통령경호안전대책위원회규정상 다음 중 대통령경호안전대책위원회 위원이 아닌 자는 'ㄷ'이다. 기출수정 13

ㄱ. 국가정보원 테러정보통합센터장
ㄴ. 대검찰청 공공수사정책관
ㄷ. 수도방위사령부 정보처장
ㄹ. 경찰청 경비국장

수도방위사령부 참모장이 대통령경호안전대책위원회의 위원이다(대통령경호안전대책위원회 규정 제2조).

답 ○

☐ 대통령경호안전대책위원회규정상 다음 중 대통령경호안전대책위원회의 위원이 아닌 자는 'ㄹ'이다. 기출수정 11

ㄱ. 외교부 의전기획관
ㄴ. 국토교통부 항공안전정책관
ㄷ. 대검찰청 공공수사정책관
ㄹ. 경찰청 정보국장

대통령경호안전대책위원회 위원은 경찰청 정보국장이 아닌 경찰청 경비국장이다.

답 ○

☐ 대통령경호안전대책위원회규정상 다음 중 대통령경호안전대책위원회 위원은 'ㄷ'이다. 기출수정 07

ㄱ. 수도방위사령부 작전처장
ㄴ. 국가정보원 6국장
ㄷ. 국방부 조사본부장
ㄹ. 경찰청 경비국장

현행 대통령경호안전대책위원회규정상 경찰청 경비국장만이 대통령경호안전대책위원회 위원이다.

답 ×

구성(대통령경호안전대책위원회규정 제2조)

대통령경호안전대책위원회(이하 "위원회"라 한다)의 위원은 국가정보원 테러정보통합센터장, 외교부 의전기획관, 법무부 출입국·외국인정책본부장, 과학기술정보통신부 통신정책관, 국토교통부 항공안전정책관, 식품의약품안전처 식품안전정책국장, 관세청 조사감시국장, 대검찰청 공공수사정책관, 경찰청 경비국장, 소방청 119구조구급국장, 해양경찰청 경비국장, 합동참모본부 작전본부 소속 장성급 장교 중 위원장이 지명하는 1명, 국군방첩사령부 소속 장성급 장교 또는 2급 이상의 군무원 중 위원장이 지명하는 1명, 수도방위사령부 참모장과 위원장이 임명 또는 위촉하는 자로 구성한다.

☐ 대통령경호안전대책위원회규정상 다음의 분장책임을 지는 구성원은 외교부 의전기획관이다. 기출 20

- 입수된 경호 관련 첩보 및 정보의 신속한 전파·보고
- 방한 국빈의 국내 행사 지원
- 대통령과 그 가족 및 대통령 당선인과 그 가족 등의 외국방문 행사 지원

제시된 내용은 모두 외교부 의전기획관의 분장책임에 해당한다(대통령경호안전대책위원회규정 제4조 제2항 제3호).

답 ○

☐ 대통령경호안전대책위원회규정상 다음의 업무분장에 해당하는 자는 국가정보원 테러정보통합센터장이다. 기출수정 16

- 입수된 경호 관련 첩보 및 정보의 신속한 전파·보고
- 위해요인의 제거
- 정보 및 보안대상기관에 대한 조정
- 행사참관 해외동포 입국자에 대한 동향파악 및 보안조치
- 그 밖에 국내·외 경호행사의 지원

제시된 내용은 국가정보원 테러정보통합센터장의 분장책임에 해당한다(대통령경호안전대책위원회규정 제4조 제2항 제2호).

답 ○

☐ 다음 중 대통령경호안전대책위원회 구성원별 분장책임으로 옳은 것은 ㄴ, ㄷ, ㄹ이다. 기출수정 14

ㄱ. 법무부 출입국・외국인정책본부장 : 행사참관 해외동포 입국자에 대한 동향파악 및 보안조치
ㄴ. 국토교통부 항공안전정책관 : 육로 및 철로와 공중기동수단 관련 업무 지원 및 협조
ㄷ. 식품의약품안전처 식품안전정책국장 : 식음료 관련 영업장 종사자에 대한 위생교육
ㄹ. 대검찰청 공공수사정책관 : 위해가능인물의 관리 및 자료수집
ㅁ. 경찰청 경비국장 : 경호유관시설에 대한 보안지원 활동

ㄱ은 국가정보원 테러정보통합센터장, ㅁ은 국군방첩사령부 소속 장성급 장교 또는 2급 이상의 군무원 중 위원장이 지명하는 1명의 분장책임이다(대통령경호안전대책위원회규정 제4조 제2항).

답 ○

☐ 다음 중 대통령경호안전대책위원회 위원 중 대검찰청 공공수사정책관의 임무가 아닌 것은 'ㄴ'이다. 기출수정 12

ㄱ. 입수된 경호 관련 첩보 및 정보의 신속한 전파・보고
ㄴ. 위해음모 발견 시 수사지휘 총괄
ㄷ. 국제테러범죄조직과 연계된 위해사범의 방해책동 사전차단
ㄹ. 위해가능인물에 대한 동향파악

위해가능인물에 대한 동향파악(ㄹ)은 경찰청 경비국장의 임무이다.

답 ×

☐ 대통령경호안전대책위원회 위원의 임무에 관한 내용으로 옳지 않은 것은 'ㄱ'이다. 기출수정 10

ㄱ. 법무부 출입국・외국인정책본부장 – 출입국자에 대한 검색 및 검사
ㄴ. 대검찰청 공공수사정책관 – 위해가능인물의 관리 및 자료수집
ㄷ. 관세청 조사감시국장 – 휴대품・소포・화물에 대한 검색
ㄹ. 국가정보원 테러정보통합센터장 – 위해요인의 제거

출입국자에 대한 검색 및 검사는 관세청 조사감시국장의 임무에 해당한다.

답 ○

핵심만 콕 **대통령경호안전대책위원회 각 구성원의 분장책임(대통령경호안전대책위원회규정 제4조 제2항)**

1. 대통령경호처장	안전대책활동에 관한 전반적인 업무를 총괄하며 필요한 안전대책 활동지침을 수립하여 관계부서에 부여
2. 국가정보원 테러정보 통합센터장	• 입수된 경호 관련 첩보 및 정보의 신속한 전파・보고 • 위해요인의 제거 • 정보 및 보안대상기관에 대한 조정 • 행사참관 해외동포 입국자에 대한 동향파악 및 보안조치 • 그 밖에 국내・외 경호행사의 지원
3. 외교부 의전기획관	• 입수된 경호 관련 첩보 및 정보의 신속한 전파・보고 • 방한 국빈의 국내 행사 지원 • 대통령과 그 가족 및 대통령 당선인과 그 가족 등의 외국방문 행사 지원 • 다자간 국제행사의 외교의전 시 경호와 관련된 협조 • 그 밖에 국내・외 경호행사의 지원
4. 법무부 출입국・외국인 정책본부장	• 입수된 경호 관련 첩보 및 정보의 신속한 전파・보고 • 위해용의자에 대한 출입국 및 체류 관련 동향의 즉각적인 전파・보고 • 그 밖에 국내・외 경호행사의 지원
5. 삭 제	〈2020.4.21.〉
6. 삭 제	〈2020.4.21.〉
7. 과학기술정보통신부 통신정책관	• 입수된 경호 관련 첩보 및 정보의 신속한 전파・보고 • 경호임무 수행을 위한 정보통신업무의 지원 • 정보통신망을 이용한 경호 관련 위해사항의 확인 • 그 밖에 국내・외 경호행사의 지원
8. 국토교통부 항공안전정책관	• 입수된 경호 관련 첩보 및 정보의 신속한 전파・보고 • 민간항공기의 행사장 상공비행 관련 업무 지원 및 협조 • 육로 및 철로와 공중기동수단 관련 업무 지원 및 협조 • 그 밖에 국내・외 경호행사의 지원
8의2. 식품의약품안전처 식품안전정책국장	• 식품의약품 안전 관련 입수된 첩보 및 정보의 신속한 전파・보고 • 경호임무에 필요한 식음료 위생 및 안전관리 지원 • 식음료 관련 영업장 종사자에 대한 위생교육 • 식품의약품 안전검사 및 그 밖에 필요한 자료의 지원 • 그 밖에 국내・외 경호행사의 지원
9. 관세청 조사감시국장	• 입수된 경호 관련 첩보 및 정보의 신속한 전파・보고 • 출입국자에 대한 검색 및 검사 • 휴대품・소포・화물에 대한 검색 • 그 밖에 국내・외 경호행사의 지원
10. 대검찰청 공공수사정책관	• 입수된 경호 관련 첩보 및 정보의 신속한 전파・보고 • 위해음모 발견 시 수사지휘 총괄 • 위해가능인물의 관리 및 자료수집 • 국제테러범죄 조직과 연계된 위해사범의 방해책동 사전차단 • 그 밖에 국내・외 경호행사의 지원

11. 경찰청 경비국장	• 입수된 경호 관련 첩보 및 정보의 신속한 전파·보고 • 위해가능인물에 대한 동향파악 • 행사 참석자 및 종사자의 신원조사 • 입국체류자 중 위해가능인물에 대한 동향파악 – 삭제 〈2020.4.21.〉 • 행사장·이동로 주변 집회 및 시위 관련 정보제공과 비상상황 방지대책의 수립 • 우범지대 및 취약지역에 대한 안전조치 • 행사장 및 이동로 주변에 있는 물적 취약요소에 대한 안전조치 • 행차로 요충지 등에 정보센터 설치·운영 – 삭제 〈2020.4.21.〉 • 총포·화약류의 영치관리와 봉인 등 안전관리 • 불법무기류의 단속 및 분실무기의 수사 • 그 밖에 국내·외 경호행사의 지원
12. 해양경찰청 경비국장	• 입수된 경호 관련 첩보 및 정보의 신속한 전파·보고 • 해상에서의 경호·테러예방 및 안전조치 • 그 밖에 국내·외 경호행사의 지원
13. 소방청 119구조구급국장	• 입수된 경호 관련 첩보 및 정보의 신속한 전파·보고 • 경호임무 수행을 위한 소방방재업무 지원 • 그 밖에 국내·외 경호행사의 지원
14. 합동참모본부 작전본부 소속 장성급 장교 중 위원장이 지명하는 1명	• 입수된 경호 관련 첩보 및 정보의 신속한 전파·보고 • 안전대책활동에 대한 육·해·공군업무의 총괄 및 협조 • 그 밖에 국내·외 경호행사의 지원
15. 국군방첩사령부 소속 장성급 장교 또는 2급 이상의 군무원 중 위원장이 지명하는 1명	• 입수된 경호 관련 첩보 및 정보의 신속한 전파·보고 • 군내 행사장에 대한 안전활동 • 군내 위해가능인물에 대한 안전조치 • 행사 참석자 및 종사자의 신원조사 • 경호구역 인근 군부대의 특이사항 확인·전파 및 보고 • 이동로 주변 군시설물에 대한 안전조치 • 취약지에 대한 안전조치 • 경호유관시설에 대한 보안지원 활동 • 그 밖에 국내·외 경호행사의 지원
16. 수도방위사령부 참모장	• 입수된 경호 관련 첩보 및 정보의 신속한 전파·보고 • 수도방위사령부 관할지역 내 진입로 및 취약지에 대한 안전조치 • 수도방위사령부 관할지역의 경호구역 및 그 외곽지역 수색·경계 등 경호활동 지원 • 그 밖에 국내·외 경호행사의 지원

☐ 대한민국의 경호기관은 대통령경호처이며, 경호대상자는 대통령과 국무총리 및 그 가족이다. 기출 19

국무총리는 대통령경호처의 경호대상에 포함되지 않는다(대통령 등의 경호에 관한 법률 제4조 제1항).

답 ×

☐ 다음 중 각국의 경호기관과 대테러조직의 연결이 옳지 않은 것은 'ㄴ'이다. 기출 13

ㄱ. 미국 국토안보부 비밀정보국 : SWAT
ㄴ. 영국 수도경찰청 왕실 및 특별요인경호과 : SAS
ㄷ. 프랑스 국립경찰청 요인경호국 : GSG-9
ㄹ. 우리나라 대통령경호처 : KNP-868

연결이 옳지 않은 것은 'ㄷ'으로 GSG-9은 독일의 대테러조직(경찰특공대)이고, 프랑스의 대테러조직은 GIGN(국가헌병대 소속)이다.

답 ×

2 미국의 경호기관

☐ 비밀경호국(SS)은 미국, 연방범죄수사국(BKA)은 독일, 공화국경비대(GSPR)는 프랑스의 경호조직이다. 기출 21

비밀경호국(SS)은 미국 국토안보부 산하 경호기관이고, 연방범죄수사국(BKA)은 독일, 공화국경비대(GSPR)는 프랑스 국방부 산하 국립헌병대 소속의 경호기관(조직)이다.

답 ○

☐ 미국의 경호기관은 비밀경호국이며, 경호대상자는 대통령과 부통령 및 그 가족이다. 기출 19

국토안보부 산하 비밀경호국(SS)의 경호대상자는 전·현직 대통령과 부통령 및 그 직계가족이다.

답 ○

☐ 미국의 비밀경호국(Secret Service)은 1865년 위조지폐 단속을 주목적으로 설립되었으며 이후 1906년 당시 여러 연방법집행기관 중 가장 능력을 인정받아 대통령 경호를 담당하게 되었다. 기출 06

미국의 비밀경호국(Secret Service)은 1865년 설립 당시에는 재무부 산하에서 위조지폐 단속만을 목적으로 설립되었으나, 1901년 맥킨리(W. Mckinley) 대통령의 암살사건을 계기로 경호 및 수사 등의 임무를 아울러 수행하게 되었다. 비밀경호국(Secret Service)은 현재 국토안보부 산하기관이다.

답 ×

☐ 미국 대통령 경호업무는 국토안보부 산하 비밀경호국에서 실시한다. 기출 05 · 04

미국 대통령은 국토안보부 산하 비밀경호국(SS)의 경호대상자이다. 답 ○

☐ 미국 중앙정보국(CIA)은 국제 테러조직, 적성국 동향에 대한 첩보 수집, 분석 전파, 외국 국빈방문에 따른 국내 각급 정보기관 조정을 통한 경호정보를 제공한다. 기출 17 · 16

중앙정보국(CIA)은 대통령의 자문에 응하는 직속기관으로서, '보이지 않는 정부'라고도 일컬어지며, 대외정책에 강한 영향력을 갖는 경호 유관기관이다. 답 ○

☐ 다음 중 각 나라별 경호 유관조직의 연결이 옳지 않은 것은 'ㄴ'이다. 기출 14

ㄱ. 영국 – 비밀정보국(SIS)
ㄴ. 독일 – 해외안전총국(DGSE)
ㄷ. 미국 – 중앙정보국(CIA)
ㄹ. 일본 – 공안조사청

해외안전총국(DGSE)은 프랑스의 경호 유관조직이다. 답 ○

3 영국의 경호기관

☐ 영국의 경호기관은 수도경찰청이고, 왕과 수상은 경호대상자에 해당한다. 기출 19

영국의 경호기관은 런던수도경찰청 소속 요인경호본부(산하 기관으로 경호국 · 안전국 · 대테러작전국이 있음)이고, 왕과 수상은 경호국 내 왕실 및 특별요인경호과의 경호대상이다. 답 ○

☐ 영국 보안국(SS)은 외무성 소속으로 MI6으로 불리기도 하며, 국외경호 관련 정보의 수집 · 분석 · 처리 업무를 담당한다. 기출 17

비밀정보국(부)(SIS)에 관한 설명이다. 보안국(SS)은 내무성 소속으로 MI5로 불리기도 하며, 국내경호 관련 정보의 수집 · 분석 · 처리 업무를 담당한다. 답 ×

☐ 영국 비밀정보국(SIS)은 국내정보 수집 및 분석 업무를 담당한다. 기출 16

영국 비밀정보국(부)(SIS, MI6)은(는) 외무성 소속으로 국외 경호 관련정보를 수집 · 분석 · 처리업무를 담당한다. 국내정보 수집 및 분석을 수행하는 기관은 내무성 소속의 보안국(Security Service, MI5)이다. 답 ×

☐ 다음 중 각국 국가원수의 경호기관을 잘못 연결한 것은 'ㄱ'이다. 기출수정 08

ㄱ. 일본 – 경찰청 경비국 공안 제2과
ㄴ. 독일 – 연방범죄수사국 경호안전과
ㄷ. 프랑스 – 내무부 산하 국립경찰청 소속의 요인경호국
ㄹ. 영국 – 런던수도경찰청 특별작전부 산하 왕실 및 특별요인 경호과

일본의 경우 황궁경찰본부가 국가원수의 경호기관이다. 답 ○

☐ 영국 왕실 경호업무는 런던수도경찰청 특별작전부 산하 왕실 및 특별요인 경호과에서 실시한다. 기출수정 05

왕실 및 특별요인 경호과는 의회 및 외교관 경호과와 더불어 런던수도경찰청 특별작전부 산하 경호국 내 조직이다. 답 ○

4 일본의 경호기관

☐ 일본의 경우 경찰청 경비국 예하 공안 제3과에서 경호계획 수립 및 근접경호를 담당하며 공안 제1과는 경호정보 수집, 분석, 평가를 담당한다. 기출 06

경호정보 수집, 분석, 평가는 경찰청(국가경찰) 경비국 예하 공안 제1과와 제3과에서 담당한다. 한편, 경호계획의 수립은 경찰청(국가경찰) 경비국에서 담당하며, 근접경호는 동경 경시청(자치경찰) 경호과(SP ; Security Police)에서 담당한다. 답 ×

☐ 일본 천황 경호업무는 동경도 경시청 황궁경찰본부가 실시한다. 기출 05

일본 천황 경호업무는 경찰청(국가경찰) 직속 황궁경찰본부에서 실시한다. 동경도 경시청은 자치경찰이다. 답 ×

5 프랑스의 경호기관

☐ 프랑스 해외안전총국(DGSE)은 국방성 소속으로 해외 정보 수집 및 분석 업무를 수행한다. 기출 17 · 16

국방성 소속으로 해외 정보 수집 및 분석 업무를 수행하는 프랑스의 경호 유관기관은 해외안전총국(DGSE)이다. 답 ○

☐ 프랑스는 장다르머리(Gendarmerie)라고 불리는 국가헌병경찰 산하 공화국경비대가 대통령 숙소경호를 담당하는데 이들은 군인신분으로 소속은 국방부이다. 기출 06

국방부 산하 국립헌병대 소속의 공화국경비대(GSPR, 관저경비)는 대통령과 그 가족, 특정 중요인물(전직대통령, 대통령 후보 등)을 보호한다는 목적으로 1983년 설치되었으며, 대통령관저 및 영빈관 내곽 경비업무를 담당한다.

답 ○

6 독일의 경호기관

☐ 독일의 경호기관은 연방범죄수사청이며, 대통령과 수상은 경호대상자에 해당한다. 기출 19

독일의 경호기관은 연방범죄수사청(국)(BKA)이며, 경호대상자에는 대통령, 수상, 장관, 외국의 원수 등 국빈, 외교사절이 있다.

답 ○

☐ 독일 국방보안국(MAD)은 국방성 산하 정보기관으로 군 관련 첩보 및 경호 관련 첩보를 제공하는 임무를 수행한다. 기출 17

국방성 산하 정보기관으로 군 관련 첩보 및 경호 관련 첩보를 제공하는 임무를 수행하는 독일의 경호 유관기관은 국방보안국(MAD)이다.

답 ○

☐ 독일 연방정보부(BND)는 해외 정보 수집 · 분석 · 관리 업무를 수행한다. 기출 16

독일 연방정보부(BND)는 해외 정보 수집 · 분석 · 관리, 국외 위해 첩보제공 등의 임무를 수행한다.

답 ○

☐ 독일은 내무부 장관의 직속하에 있는 수도경찰청 산하 왕실 및 특별요인 경호과에서 대통령 경호를 담당한다. 기출수정 06

수도경찰청 소속의 요인경호본부 산하 경호국 내 왕실 및 특별요인 경호과는 영국의 경호조직으로서 (여)왕 등 왕실가족에 대한 국내외 보호, 총리 및 각부의 장관 등의 보호를 임무로 한다. 독일은 내무부 산하 연방범죄수사청(국)(BKA) 내 경호안전과에서 대통령, 수상, 장관, 외국원수 등 국빈, 외교사절의 경호를 주요 임무로 한다.

답 ×

☐ 독일 대통령 경호업무는 연방범죄수사청(국)(BKA) 내 경호안전과에서 실시한다. 기출수정 05

연방범죄수사청(국)(BKA) 경호안전과는 독일의 대통령 경호기관이다.

답 ○

핵심만 콕 각국의 경호조직

<table>
<tr><th rowspan="2">구 분</th><th rowspan="2">경호객체(대상자)</th><th colspan="3">경호주체</th><th rowspan="2">유관기관(조직)</th></tr>
<tr><th colspan="2">경호기관</th><th>경호요원의 신분</th></tr>
<tr><td rowspan="4">미 국</td><td>전・현직 대통령과 부통령 및 그 직계가족</td><td colspan="2">국토안보부 산하 비밀경호국(SS)</td><td>특별수사관</td><td rowspan="4">• 연방수사국(FBI)
• 중앙정보국(CIA)
• 연방이민국(USCIS)
• 국가안전보장국(NSA)
• 국방정보국(DIA) 등</td></tr>
<tr><td>영부인 및 그 가족(대통령과 동행 시 SS가 경호), 국무부 장・차관, 외국대사, 기타 요인</td><td colspan="2">국무부 산하 요인경호과</td><td>경호요원</td></tr>
<tr><td>미국 내 외국정부 관료</td><td colspan="2">국방부 육군성</td><td>미육군 경호요원</td></tr>
<tr><td>민간인</td><td colspan="2">경찰국, 사설 경호용역업체</td><td>경찰관, 사설 경호요원</td></tr>
<tr><td rowspan="2">영 국</td><td>• (여)왕 등 왕실가족
• 총리, 각부의 장관 등</td><td>경호국 내 왕실 및 특별요인 경호과</td><td rowspan="2">런던수도 경찰청 소속 요인경호 본부 (경호국 ・안전국 ・대테러 작전국)</td><td rowspan="2">경찰관</td><td rowspan="2">• 내무부 보안국(SS, MI5)
• 외무부 비밀정보국(부) (SIS, MI6)
• 정부통신본부(GCHQ)
• 국방정보부(DIS) 등</td></tr>
<tr><td>영국 내 외교관과 사절단, 의회(국회의사당)</td><td>경호국 내 의회 및 외교관 경호과</td></tr>
<tr><td>독 일</td><td>대통령, 수상, 장관, 외국의 원수 등 국빈, 외교사절</td><td colspan="2">연방범죄수사국(청) (BKA) 내 경호안전과</td><td>경찰관</td><td>• 연방경찰청(BPOL)
• 연방정보국(BND)
• 연방헌법보호청(BFV)
• 군정보국 (군방첩대, MAD) 등</td></tr>
<tr><td rowspan="2">프랑스</td><td>대통령과 그 가족, 수상, 각부 장관, 기타 국내외 요인</td><td colspan="2">내무부 산하 국립경찰청 소속 요인경호국 (SPHP, 구 V.O)</td><td>별정직 국가공무원</td><td rowspan="2">• 대테러조정통제실 (UCLAT)
• 경찰특공대(RAID)
• 내무부 일반정보국(RG)
• 국방부 해외안전총국 (DGSE)
• 군사정보국(DRM) 등</td></tr>
<tr><td>대통령과 그 가족, 특정 중요 인물 (전직대통령, 대통령 후보 등)</td><td colspan="2">국방부 산하 국립헌병대 소속 공화국경비대 (GSPR, 관저경비)</td><td>국가헌병경찰 (군인)</td></tr>
<tr><td rowspan="3">일 본</td><td>일본천황 및 황족</td><td colspan="2">황궁경찰본부</td><td>경찰관</td><td rowspan="3">• 공안조사청
• 내각정보조사실
• 외무성 조사기획국
• 방위청 정보본부 등</td></tr>
<tr><td>내각총리대신(수상) 등</td><td colspan="2">경찰청 경비국 공안 제2과</td><td>경호요원</td></tr>
<tr><td>민간인</td><td colspan="2">경찰청, 사설 경비업체</td><td>경찰관, 사설 경호요원</td></tr>
</table>

03 경호의 주체와 객체

1 경호의 주체

☐ 경호주체는 경호 목적을 달성하기 위해 적극적으로 일정한 경호작용을 주도적으로 실시하는 당사자를 말한다. 기출 17·14

경호 목적을 달성하기 위해 적극적으로 일정한 경호작용을 주도적으로 실시하는 당사자를 가리켜 경호주체라 한다. 답 ○

☐ 대통령 등의 경호에 관한 법률상 다음(ㄱ~ㄷ)에 해당하는 숫자는 순서대로 1, 58, 20이다. 기출 23

ㄱ. 대통령경호처 차장의 인원 수
ㄴ. 5급 이상 경호공무원의 정년연령
ㄷ. 대통령경호안전대책위원회에서 위원장과 부위원장을 포함하여 최대 가능한 위원의 수

ㄱ. 대통령경호처에 차장 1명을 둔다(대통령 등의 경호에 관한 법률 제3조 제2항).
ㄴ. 5급 이상 경호공무원의 정년연령은 58세이다(대통령 등의 경호에 관한 법률 제11조 제1항 제1호 가목).
ㄷ. 대통령경호안전대책위원회는 위원장과 부위원장 각 1명을 포함한 20명 이내의 위원으로 구성한다(대통령 등의 경호에 관한 법률 제16조 제2항). 답 ○

☐ 대통령경호처장은 대통령이 임명하고, 경호처의 업무를 총괄하며 소속 공무원을 지휘·감독한다. 기출 22

대통령 등의 경호에 관한 법률 제3조 제1항 답 ○

☐ 대통령 등의 경호에 관한 법률상 대통령경호처장은 대통령이 임명한다. 기출 20

대통령 등의 경호에 관한 법률 제3조 제1항 전단 답 ○

☐ 대통령경호처장은 정무직 공무원으로 대통령이 임명한다. 기출 16

정부조직법 제16조 제2항, 대통령 등의 경호에 관한 법률 제3조 제1항 전단 답 ○

☐ 대통령 등의 경호에 관한 법률상 경호처는 대통령실장 소속으로 경호처장은 별정직 공무원으로 보한다. 기출 10

대통령경호처는 대통령 직속기관으로서, 대통령경호처장은 정무직 공무원이다(정부조직법 제16조 제2항, 대통령 등의 경호에 관한 법률 제3조 제1항 전단). 답 ×

☐ 대통령 등의 경호에 관한 법률상 경호처장은 1급 경호공무원 또는 고위공무원단에 속하는 별정직 국가공무원으로 보한다. 기출 12

차장은 1급 경호공무원 또는 고위공무원단에 속하는 별정직 국가공무원으로 보하며, 처장을 보좌한다(대통령 등의 경호에 관한 법률 제3조 제3항). 경호처장은 대통령이 임명한다(대통령 등의 경호에 관한 법률 제3조 제1항 전단). 답 ×

☐ 대통령 등의 경호에 관한 법률상 경호처장은 경호업무의 수행에 필요하다고 판단되는 경우 대통령실장의 승인을 받아 경호구역을 지정할 수 있다. 기출 10

출제 당시에는 옳은 내용이었으나, 현행법상 처장은 경호업무의 수행에 필요하다고 판단되는 경우 독자적으로 경호구역을 지정할 수 있으므로 더 이상 옳은 내용은 아니다(대통령 등의 경호에 관한 법률 제5조 제1항). 답 ×

☐ 대통령 등의 경호에 관한 법률상 경호처장은 경호 목적상 필요하다고 인정되는 상당한 이유가 있을 때에는 먼저 경호구역을 지정한 후 이를 대통령실장에게 보고할 수 있다. 기출 10

출제 당시 대통령 등의 경호에 관한 법률 제5조 제1항 단서의 내용으로 옳은 내용이었으나, 현행법상으로는 옳지 않다. 답 ×

☐ 대통령 등의 경호에 관한 법률상 경호구역의 지정은 경호 목적 달성을 위해 최대한의 범위로 지정되어야 한다. 기출 10

경호구역의 지정은 경호 목적 달성을 위한 최소한의 범위로 한정되어야 한다(대통령 등의 경호에 관한 법률 제5조 제2항). 답 ×

☐ 대통령 등의 경호에 관한 법률상 대통령경호처 소속 공무원과 경호업무를 지원하는 사람은 경호 목적상 불가피하다고 인정되는 상당한 이유가 있는 경우에만 경호구역에서 안전활동을 할 수 있다. 기출 17 · 10

대통령 등의 경호에 관한 법률 제5조 제3항 답 ○

경호구역의 지정 등(대통령 등의 경호에 관한 법률 제5조)

① 처장은 경호업무의 수행에 필요하다고 판단되는 경우 경호구역을 지정할 수 있다.
② 제1항에 따른 경호구역의 지정은 경호 목적 달성을 위한 최소한의 범위로 한정되어야 한다.
③ 소속 공무원과 관계기관의 공무원으로서 경호업무를 지원하는 사람은 경호 목적상 불가피하다고 인정되는 상당한 이유가 있는 경우에만 경호구역에서 질서유지, 교통관리, 검문·검색, 출입통제, 위험물 탐지 및 안전조치 등 위해방지에 필요한 안전활동을 할 수 있다.
④ 삭제 <2013.3.23.>

☐ 대통령 등의 경호에 관한 법률상 경호공무원의 각 계급의 직무의 종류별 명칭은 대통령령으로 정한다. 기출 11

대통령 등의 경호에 관한 법률 제6조 제2항

답 ○

☐ 대통령 등의 경호에 관한 법률상 대통령경호처장은 경호공무원 및 별정직 국가공무원에 대하여 모든 임용권을 가진다. 기출 16

5급 이상 경호공무원과 5급 상당 이상 별정직 국가공무원은 처장의 제청으로 대통령이 임명한다. 다만, 전보·휴직·겸임·파견·직위해제·정직 및 복직에 관한 사항은 처장이 행한다(대통령 등의 경호에 관한 법률 제7조 제1항). 처장은 경호공무원 및 별정직 국가공무원에 대하여 제1항 이외의 모든 임용권을 가진다(동조 제2항).

답 ×

☐ 대통령 등의 경호에 관한 법률상 5급 이상 경호공무원과 5급 상당 이상 별정직 국가공무원은 대통령경호처장의 제청으로 대통령이 임용한다. 기출 15·12

대통령 등의 경호에 관한 법률 제7조 제1항 본문

답 ○

☐ 대통령 등의 경호에 관한 법률상 5급 이상 경호공무원의 전보·휴직·겸임·파견·직위해제 등에 관한 사항은 경호처장이 이를 행한다. 기출 11

5급 이상 경호공무원과 5급 상당 이상 별정직 국가공무원은 처장의 제청으로 대통령이 임명한다. 다만, 전보·휴직·겸임·파견·직위해제·정직 및 복직에 관한 사항은 처장이 행한다(대통령 등의 경호에 관한 법률 제7조 제1항).

답 ○

☐ 대통령 등의 경호에 관한 법률상 6급 이하의 경호공무원은 처장이 임용한다. 기출 12

처장은 경호공무원 및 별정직 국가공무원에 대하여 제1항 외의 모든 임용권을 가진다(대통령 등의 경호에 관한 법률 제7조 제2항). 따라서 6급 이하의 경호공무원은 처장이 임용한다. 답 ○

☐ 대통령 등의 경호에 관한 법률상 경호처장은 6급 이하 경호공무원과 6급 상당 이하 별정직 국가공무원에 대하여 모든 임용권을 가진다. 기출 11

5급 이상 경호공무원과 5급 상당 이상 별정직 국가공무원을 대통령이 임용하고, 그 외의 모든 임용권은 경호처장이 가지므로, 결국 경호처장은 6급 이하 경호공무원과 6급 상당 이하 별정직 국가공무원에 대하여 모든 임용권을 가진다(대통령 등의 경호에 관한 법률 제7조 제2항). 답 ○

☐ 경호공무원의 사법경찰권에 관한 내용이다. 다음 ( )에 들어갈 내용은 순서대로 대통령 경호처장, 7급, 8급이다. 기출 14

> ( )의 제청으로 서울중앙지방검찰청 검사장이 지명한 경호공무원은 대통령 경호업무 수행 중 인지한 그 소관에 속하는 범죄에 대하여 직무상 또는 수사상 긴급을 요하는 한도 내에서 사법경찰관리의 직무를 수행할 수 있다. 여기서 ( ) 이상 경호공무원은 사법경찰관의 직무를 수행하고, ( ) 이하 경호공무원은 사법경찰리의 직무를 수행한다.

대통령 등의 경호에 관한 법률 제17조 답 ○

☐ 다음 중 경호공무원으로 임용될 수 있는 사람은 'ㄷ'이다. 기출 14

> ㄱ. 피성년후견인
> ㄴ. 파산선고를 받고 복권되지 아니한 자
> ㄷ. 징계로 해임처분을 받은 때부터 4년이 지난 자
> ㄹ. 법원의 판결 또는 다른 법률에 따라 자격이 상실되거나 정지된 자

징계로 해임처분을 받은 때부터 <u>3년이 지나지 아니한 자</u>(국가공무원법 제33조 준용)가 경호공무원으로 임용될 수 없는 경우이다. 답 ○

직원의 임용자격 및 결격사유(대통령 등의 경호에 관한 법률 제8조)

② 다음 각호의 어느 하나에 해당하는 사람은 직원으로 임용될 수 없다.

1. 대한민국의 국적을 가지지 아니한 사람
2. 「국가공무원법」 제33조 각호의 어느 하나에 해당하는 사람

결격사유(국가공무원법 제33조) 〈개정 2023.4.11.〉

다음 각호의 어느 하나에 해당하는 자는 공무원으로 임용될 수 없다.

1. 피성년후견인
2. 파산선고를 받고 복권되지 아니한 자
3. 금고 이상의 실형을 선고받고 그 집행이 끝나거나(집행이 끝난 것으로 보는 경우를 포함한다) 집행이 면제된 날부터 5년이 지나지 아니한 자
4. 금고 이상의 형의 집행유예를 선고받고 그 유예기간이 끝난 날부터 2년이 지나지 아니한 자
5. 금고 이상의 형의 선고유예를 받은 경우에 그 선고유예 기간 중에 있는 자
6. 법원의 판결 또는 다른 법률에 따라 자격이 상실되거나 정지된 자

6의2. 공무원으로 재직기간 중 직무와 관련하여 「형법」 제355조 및 제356조에 규정된 죄를 범한 자로서 300만원 이상의 벌금형을 선고받고 그 형이 확정된 후 2년이 지나지 아니한 자

6의3. 다음 각목의 어느 하나에 해당하는 죄를 범한 사람으로서 100만원 이상의 벌금형을 선고받고 그 형이 확정된 후 3년이 지나지 아니한 사람

가. 「성폭력범죄의 처벌 등에 관한 특례법」 제2조에 따른 성폭력범죄

나. 「정보통신망 이용촉진 및 정보보호 등에 관한 법률」 제74조 제1항 제2호 및 제3호에 규정된 죄

다. 「스토킹범죄의 처벌 등에 관한 법률」 제2조 제2호에 따른 스토킹범죄

6의4. 미성년자에 대한 다음 각목의 어느 하나에 해당하는 죄를 저질러 파면・해임되거나 형 또는 치료감호를 선고받아 그 형 또는 치료감호가 확정된 사람(집행유예를 선고받은 후 그 집행유예 기간이 경과한 사람을 포함한다)

가. 「성폭력범죄의 처벌 등에 관한 특례법」 제2조에 따른 성폭력범죄

나. 「아동・청소년의 성보호에 관한 법률」 제2조 제2호에 따른 아동・청소년대상 성범죄

7. 징계로 파면처분을 받은 때부터 5년이 지나지 아니한 자
8. 징계로 해임처분을 받은 때부터 3년이 지나지 아니한 자

[헌법불합치, 2020헌마1181, 2022.11.24., 국가공무원법(2018.10.16. 법률 제15857호로 개정된 것) 제33조 제6호의4 나목 중 아동복지법(2017.10.24. 법률 제14925호로 개정된 것) 제17조 제2호 가운데 '아동에게 성적 수치심을 주는 성희롱 등의 성적 학대행위로 형을 선고받아 그 형이 확정된 사람은 국가공무원법 제2조 제2항 제1호의 일반직공무원으로 임용될 수 없도록 한 것'에 관한 부분은 헌법에 합치되지 아니한다. 위 법률조항들은 2024.5.31.을 시한으로 입법자가 개정할 때까지 계속 적용된다.]

[헌법불합치, 2020헌마1605, 2022헌마1276(병합), 2023.6.29., 국가공무원법(2018.10.16. 법률 제15857호로 개정된 것) 제33조 제6호의4 나목 중 구 아동·청소년의 성보호에 관한 법률(2014.1.21. 법률 제12329호로 개정되고, 2020.6.2. 법률 제17338호로 개정되기 전의 것) 제11조 제5항 가운데 '아동·청소년이용음란물임을 알면서 이를 소지한 죄로 형을 선고받아 그 형이 확정된 사람은 국가공무원법 제2조 제2항 제1호의 일반직공무원으로 임용될 수 없도록 한 것'에 관한 부분 및 지방공무원법(2018.10.16. 법률 제15801호로 개정된 것) 제31조 제6호의4 나목 중 구 아동·청소년의 성보호에 관한 법률(2014.1.21. 법률 제12329호로 개정되고, 2020.6.2. 법률 제17338호로 개정되기 전의 것) 제11조 제5항 가운데 '아동·청소년이용음란물임을 알면서 이를 소지한 죄로 형을 선고받아 그 형이 확정된 사람은 지방공무원법 제2조 제2항 제1호의 일반직공무원으로 임용될 수 없도록 한 것'에 관한 부분은 모두 헌법에 합치되지 아니한다. 위 법률조항들은 2024.5.31.을 시한으로 입법자가 개정할 때까지 계속 적용된다.]

□ 우리나라 경호공무원은 자신이 희망하는 종교와 정당가입이 가능하다. 기출 13

경호공무원은 자신이 희망하는 종교를 갖는 것은 가능하지만, 국가공무원법 제65조(정치운동의 금지)에 따라 자신이 희망하는 정당에 가입하는 것은 금지된다.

답 ×

□ 대통령경호처 소속 공무원은 직무와 관련된 사항을 발간하거나 그 밖의 방법으로 공표하려면 미리 경호처장의 허가를 받아야 한다. 기출 12

대통령 등의 경호에 관한 법률 제9조 제2항

답 ○

□ 소속 공무원은 경호처의 직무와 관련된 사항을 발간 기타의 방법으로 공표하려면 미리 대통령실장의 허가를 받아야 한다. 기출 09

소속 공무원은 경호처의 직무와 관련된 사항을 발간하거나 그 밖의 방법으로 공표하려면 미리 대통령경호처장의 허가를 받아야 한다(대통령 등의 경호에 관한 법률 제9조 제2항). 지문은 2008.2.29. 개정 전 법률의 내용이다.

답 ×

□ 소속 공무원이 경호처의 직무와 관련된 사항을 발간하려면 미리 국가정보원장의 허가를 받아야 한다. 기출 11

미리 대통령경호처장의 허가를 받아야 한다(대통령 등의 경호에 관한 법률 제9조 제2항).

답 ×

☐ 임용권자는 직원(별정직 국가공무원은 제외)이 신체적·정신적 이상으로 6개월 이상 직무를 수행하지 못할 만한 지장이 있으면 직권으로 면직할 수 있다. 기출 15

대통령 등의 경호에 관한 법률 제10조 제1항 제1호

답 ○

☐ 경호공무원이 신체, 정신상의 이상으로 인하여 6개월 이상 직무를 감당하지 못할 만한 지장이 있을 때에는 직권면직의 대상이 된다. 기출 09

대통령 등의 경호에 관한 법률 제10조 제1항 제1호

답 ○

직권면직(대통령 등의 경호에 관한 법률 제10조)

① 임용권자는 직원(별정직 국가공무원은 제외한다. 이하 이 조에서 같다)이 다음 각호의 어느 하나에 해당하면 직권으로 면직할 수 있다.
  1. 신체적·정신적 이상으로 6개월 이상 직무를 수행하지 못할 만한 지장이 있을 때
  2. 직무수행능력이 현저하게 부족하거나 근무태도가 극히 불량하여 직원으로서 부적합하다고 인정될 때
  3. 직제와 정원의 개폐(改廢) 또는 예산의 감소 등에 의하여 폐직(廢職) 또는 과원(過員)이 된 때
  4. 휴직 기간이 끝나거나 휴직 사유가 소멸된 후에도 정당한 이유 없이 직무에 복귀하지 아니하거나 직무를 수행할 수 없을 때
  5. 직무수행능력이 부족하거나 근무성적이 극히 불량하여 대통령령으로 정하는 바에 따라 대기 명령을 받은 사람이 그 기간 중 능력 또는 근무성적의 향상을 기대하기 어렵다고 인정될 때
  6. 해당 직급에서 직무를 수행하는 데에 필요한 자격증의 효력이 상실되거나 면허가 취소되어 담당 직무를 수행할 수 없게 되었을 때

② 제1항 제2호·제5호에 해당하여 면직하는 경우에는 대통령령으로 정하는 바에 따라 고등징계위원회의 동의를 받아야 한다.

③ 제1항 제3호에 해당하여 면직하는 경우에는 임용 형태, 업무실적, 직무수행능력, 징계처분 사실 등을 고려하여 면직 기준을 정하여야 한다. 이 경우 면직된 직원은 결원이 생기면 우선하여 재임용할 수 있다.

④ 제3항의 면직 기준을 정하거나 제1항 제3호에 따라 면직 대상자를 결정할 때에는 대통령령으로 정하는 바에 따라 인사위원회의 심의·의결을 거쳐야 한다.

☐ 대통령 등의 경호에 관한 법률상 5급 이상 경호공무원의 정년은 58세이고, 6급 이하 경호공무원의 정년은 55세이다. 기출 15

대통령 등의 경호에 관한 법률 제11조 제1항 제1호

답 ○

☐ 경호공무원의 유족은 국가유공자 등 예우 및 지원에 관한 법률에 의한 보상의 대상이 되지 아니한다. 기출 09

직원으로서 제4조 제1항 각호의 경호대상에 대한 경호업무 수행 또는 그와 관련하여 상이(傷痍)를 입고 퇴직한 사람과 그 가족 및 사망(상이로 인하여 사망한 경우를 포함한다)한 사람의 유족에 대하여는 대통령령으로 정하는 바에 따라 「국가유공자 등 예우 및 지원에 관한 법률」 또는 「보훈보상대상자 지원에 관한 법률」에 따른 보상을 한다(대통령 등의 경호에 관한 법률 제13조). 답 ×

☐ 경호공무원이 직무수행 중 부상 또는 사망하였을 경우 「국가유공자 등 예우 및 지원에 관한 법률」상의 여러 가지 보상을 받을 수 있다. 기출 07

경호공무원이 직무수행 중 부상 또는 사망하였을 경우에는 경호공무원과 그 가족 또는 경호공무원이 사망한 경우 그 유족에 대하여 대통령령으로 정하는 바에 따라 「국가유공자 등 예우 및 지원에 관한 법률」 또는 「보훈보상대상자 지원에 관한 법률」에 따른 보상을 한다(대통령 등의 경호에 관한 법률 제13조). 답 ○

☐ 대통령 등의 경호에 관한 법률상 경호공무원에 대한 사법경찰권 지명권자는 서울중앙지방검찰청 검사장이다. 기출 22

경호대상에 대한 경호업무 수행 중 인지한 그 소관에 속하는 범죄에 대하여 직무상 또는 수사상 긴급을 요하는 한도 내에서 사법경찰관리의 직무를 수행할 수 있는 경호공무원은 경호처장의 제청으로 서울중앙지방검찰청 검사장이 지명한다(대통령 등의 경호에 관한 법률 제17조 제1항). 답 ○

☐ 대통령경호처장의 제청으로 서울중앙지방검찰청 검사장이 지명한 경호공무원은 사법경찰권을 가질 수 있는 경우가 있다. 기출 16 기출수정 07

경호공무원(처장의 제청으로 서울중앙지방검찰청 검사장이 지명한 경호공무원을 말한다. 이하 이 조에서 같다)은 제4조 제1항 각호의 경호대상에 대한 경호업무 수행 중 인지한 그 소관에 속하는 범죄에 대하여 직무상 또는 수사상 긴급을 요하는 한도 내에서 사법경찰관리(司法警察官吏)의 직무를 수행할 수 있다(대통령 등의 경호에 관한 법률 제17조 제1항). 답 ○

☐ 대통령 등의 경호에 관한 법률상 대통령경호처장의 제청으로 서울중앙지방검찰청 검사장이 지명한 경호공무원은 일반범죄에 대하여 수사상 긴급을 요하는 한도 내에서 사법경찰관리의 직무를 수행할 수 있다. 기출 15

대통령경호처장의 제청으로 서울중앙지방검찰청 검사장이 지명한 경호공무원은 경호대상에 대한 경호업무 수행 중 인지한 그 소관에 속하는 범죄에 대하여 직무상 또는 수사상 긴급을 요하는 한도 내에서 사법경찰관리의 직무를 수행할 수 있다(대통령 등의 경호에 관한 법률 제17조 제1항). 답 ×

☐ 경호처장의 제청에 의하여 검찰총장이 지명한 경호공무원은 일정 범위 내에서 사법경찰관리의 직무를 행할 수 있다. 기출 09

대통령 등의 경호에 관한 법률 제17조 제1항 참조

답 ×

경호공무원의 사법경찰권(대통령 등의 경호에 관한 법률 제17조)

① 경호공무원(처장의 제청으로 서울중앙지방검찰청 검사장이 지명한 경호공무원을 말한다.)은 제4조 제1항 각호의 경호대상에 대한 경호업무 수행 중 인지한 그 소관에 속하는 범죄에 대하여 직무상 또는 수사상 긴급을 요하는 한도 내에서 사법경찰관리(司法警察官吏)의 직무를 수행할 수 있다.

② 제1항의 경우 7급 이상 경호공무원은 사법경찰관의 직무를 수행하고, 8급 이하 경호공무원은 사법경찰리(司法警察吏)의 직무를 수행한다.

☐ 사법경찰권이 없는 대통령경호처 경호공무원이 현행범을 체포하였을 경우 즉시 사법경찰관리에게 인도하여야 한다. 기출 07

대통령 등의 경호에 관한 법률 제17조 제1항의 해석상 사법경찰권이 없는 대통령경호처 경호공무원은 현행범을 체포하였을 경우라도 사법경찰권이 없으므로 즉시 사법경찰관리에게 현행범을 인도하여야 한다.

답 ○

☐ 대통령경호처에 파견된 경찰공무원은 이 법에 규정된 임무 외의 경찰공무원의 직무를 수행할 수 없다. 기출 20

경호처에 파견된 경찰공무원은 이 법에 규정된 임무 외의 경찰공무원의 직무를 수행할 수 없다(대통령 등의 경호에 관한 법률 제18조 제2항).

답 ○

☐ 대통령경호처에 파견된 사람에게 직무수행을 위하여 필요하다고 인정할 때 무기를 휴대하게 할 수 있는 사람은 대통령경호처장이다. 기출 14

대통령경호처장은 직무를 수행하기 위하여 필요하다고 인정할 때에는 소속 공무원(대통령경호처 직원과 경호처에 파견된 사람을 말한다)에게 무기를 휴대하게 할 수 있다(대통령 등의 경호에 관한 법률 제19조 제1항).

답 ○

☐ 대통령 등의 경호에 관한 법률상 소속 공무원이 직무상 알게 된 비밀을 누설한 경우 7년 이하의 징역이나 금고 또는 5천만원 이하의 벌금에 처한다. 기출 20

대통령 등의 경호에 관한 법률 제9조(비밀의 엄수) 제1항을 위반한 경우 5년 이하의 징역이나 금고 또는 1천만원 이하의 벌금에 처한다(대통령 등의 경호에 관한 법률 제21조 제1항).

답 ×

☐ 대통령 등의 경호에 관한 법령상 다음 (   )에 들어갈 내용은 순서대로 2, 500이다. 기출 14

> 소속 공무원은 대통령경호처의 직무와 관련된 사항을 발간하거나 그 밖의 방법으로 공표하려면 미리 대통령경호처장의 허가를 받아야 한다. 이를 위반한 사람은 (   )년 이하의 징역·금고 또는 (   )만원 이하의 벌금에 처한다.

대통령 등의 경호에 관한 법률 제21조 제2항

답 ○

벌칙(대통령 등의 경호에 관한 법률 제21조)

① 제9조(비밀의 엄수) 제1항, 제18조(직권남용금지 등) 또는 제19조(무기의 휴대 및 사용) 제2항을 위반한 사람은 5년 이하의 징역이나 금고 또는 1천만원 이하의 벌금에 처한다.

② 제9조(비밀의 엄수) 제2항을 위반한 사람은 2년 이하의 징역·금고 또는 500만원 이하의 벌금에 처한다.

비밀의 엄수(대통령 등의 경호에 관한 법률 제9조)

① 소속 공무원[퇴직한 사람과 원(原) 소속 기관에 복귀한 사람을 포함한다. 이하 이 조에서 같다]은 직무상 알게 된 비밀을 누설하여서는 아니 된다.

② 소속 공무원은 경호처의 직무와 관련된 사항을 발간하거나 그 밖의 방법으로 공표하려면 미리 처장의 허가를 받아야 한다.

☐ 다음 중 경호공무원이 퇴임 후에도 준수해야 하는 의무는 'ㄴ'이다. 기출 08

> ㄱ. 명령복종의 의무
> ㄴ. 비밀엄수의 의무
> ㄷ. 직권남용금지의 의무
> ㄹ. 정치운동금지의 의무

비밀엄수의 의무는 경호공무원이 퇴임 후에도 준수해야 하는 의무에 해당한다(대통령 등의 경호에 관한 법률 제9조 제1항 참고).

답 ○

☐ 경호공무원이 직무와 관련하여 직·간접적으로 사례·증여 또는 향응을 받을 수 없도록 규정한 것은 일반공무원에게는 해당되지 않는 엄격한 청렴의무를 부과한 것이다. 기출 07

공무원은 직무와 관련하여 직접적이든 간접적이든 사례·증여 또는 향응을 주거나 받을 수 없다(국가공무원법 제61조 제1항). 즉, 경호공무원이든 일반공무원이든 국가공무원법상 청렴의 의무가 인정된다.

답 ×

☐ 다음의 내용에서 경호의 객체는 전직대통령, 배우자이고, 경호의 주체는 경찰관, 대통령 경호원이다. 기출 19

> 퇴임한 지 8년 된 대한민국 전직대통령, 배우자 및 그 자녀가 생활하는 공간에서 경찰관과 대통령 경호원이 함께 경호임무를 수행하고 있다.

- 경호의 주체 – 대통령 등의 경호에 관한 법률 제4조 제1항 제3호 본문에 따르면, 퇴임한 지 8년이 된 경우를 전제로 하는 경호처의 경호는 본인의 의사에 반하지 않는 경우에 한정된다. 사안의 경우 본인의 의사에 반하지 않는지 유무를 확인할 수 없기에 원칙적으로 경찰관이 경호의 주체이나, 본인의 의사에 반하지 않는 경우에는 대통령 경호원이 경호의 주체가 될 수 있다. 따라서 경찰관과 대통령 경호원이 경호의 주체이다.
- 경호의 객체 – 퇴임한 전직대통령이므로 자녀는 경호의 대상이 아니다. 따라서 경호의 객체는 전직대통령, 배우자이다.

답 ○

☐ 다음이 설명하는 자는 국가정보원장이다. 기출 19

> 대한민국에서 개최되는 다자간 정상회의에 참석하는 외국의 국가원수 또는 행정수반과 국제기구 대표의 신변보호 및 행사장의 안전관리 등을 효율적으로 수행하기 위하여 대통령 소속으로 설치하는 경호·안전 대책기구의 장

대통령경호처장에 관한 설명이다(대통령 등의 경호에 관한 법률 제5조의2 제2항).

답 ×

다자간 정상회의의 경호 및 안전관리(대통령 등의 경호에 관한 법률 제5조의2)

① 대한민국에서 개최되는 다자간 정상회의에 참석하는 외국의 국가원수 또는 행정수반과 국제기구 대표의 신변(身邊)보호 및 행사장의 안전관리 등을 효율적으로 수행하기 위하여 대통령 소속으로 경호·안전 대책기구를 둘 수 있다.
② 경호·안전 대책기구의 장은 처장이 된다.
③ 경호·안전 대책기구는 소속 공무원 및 관계기관의 공무원으로 구성한다.
④ 제1항에 따른 경호·안전 대책기구의 구성시기, 구성 및 운영 절차, 그 밖에 필요한 사항은 대통령령으로 정한다.
⑤ 경호·안전 대책기구의 장은 다자간 정상회의의 경호 및 안전관리를 위하여 필요하면 관계기관의 장과 협의하여 「통합방위법」 제2조 제13호에 따른 국가중요시설과 불특정 다수인이 이용하는 시설에 대한 안전관리를 위하여 필요한 인력을 배치하고 장비를 운용할 수 있다.

☐ 대통령 등의 경호에 관한 법률상 다음 (　) 안에 들어갈 내용은 순서대로 대통령비서실, 국가안보실이다. 기출 15

> 대통령경호처장은 「대통령 등의 경호에 관한 법률」에 따른 경호대상에 대한 경호를 위하여 필요한 경우 (　), (　) 및 경호·안전관리 업무를 지원하는 관계기관에 근무할 예정인 사람에게 신원진술서 및 「가족관계의 등록 등에 관한 법률」에서 정하는 증명서와 그 밖에 필요한 자료의 제출을 요구할 수 있다. 이 경우 대통령경호처장은 제출된 자료의 내용을 확인하기 위하여 관계기관에 조회 또는 그 밖에 필요한 협조를 요청할 수 있다.

대통령 등의 경호에 관한 법률 시행령 제3조의3 제1항

답 ○

☐ 대한민국에서 개최되는 다자간 정상회의의 경호 및 안전관리 업무를 효율적으로 수행하기 위하여 대통령 등의 경호에 관한 법률에 따라 설치되는 경호·안전 대책기구의 명칭은 경호안전통제단이다. 기출 17

「대통령 등의 경호에 관한 법률」 제5조의2 제1항에 따른 경호·안전 대책기구의 명칭은 경호안전통제단이라 한다(다자간 정상회의의 경호 및 안전관리 업무에 관한 규정 제2조 제1항).

답 ○

☐ 다음 중 신분상 성격이 다른 것은 'ㄴ'이다. 기출 15

> ㄱ. 대통령경호처 직원
> ㄴ. 신변보호업무를 수행하는 일반경비원
> ㄷ. 헌 병
> ㄹ. 경찰공무원

대통령경호처 직원, 헌병, 경찰공무원은 공경호이나, 신변보호업무를 수행하는 일반경비원은 사경호이다.

답 ○

☐ 다음 경호의 주체 중 신분상 성격이 다른 것은 'ㄷ'이다. 기출 11

> ㄱ. 정부종합청사 의무경찰
> ㄴ. 인천공항 특수경비원
> ㄷ. 공군부대 군무원
> ㄹ. 경찰청 소속 공무원

인천공항 특수경비원은 사경호이나, 나머지는 모두 공경호이다.

답 ×

2 경호의 객체

☐ 경호의 객체인 경호대상자는 경호원이 보호해야 하는 대상자를 말하며, '피경호인'이라고 표현하기도 한다. 기출 14

경호대상자는 경호원이 보호해야 하는 경호의 객체로서, '피경호인'이라고 표현하기도 한다.

답 ○

☐ 경호대상자의 경호에 대한 인식이나 관심은 경호의 결과에 영향을 미치지 않는다. 기출 14

경호업무 시 경호대상자를 단순하게 경호활동의 객체로 인식하여 경호활동과 분리시키려는 경향이 있으나 경호대상자는 경호활동에 주요한 영향을 미치게 된다는 것을 인식할 필요가 있다. 즉, 경호대상자의 경호활동에 대한 관심이나 경호원과의 관계 등이 경호업무의 효율성에 커다란 영향을 미치게 된다.

답 ×

☐ 다음 중 대통령 등의 경호에 관한 법령상 대통령경호처의 경호대상에 해당하는 것은 'ㄱ'이다. 기출 23

ㄱ. 대통령 당선인과 직계존비속
ㄴ. 퇴임 후 7년이 된 전직대통령과 그 가족
ㄷ. 퇴임 후 10년이 된 전직대통령과 그 가족
ㄹ. 대통령권한대행과 직계존비속

ㄴ. (×) 본인의 의사에 반하지 아니하는 경우에 한정하여 퇴임 후 10년 이내의 전직대통령과 그 배우자가 대통령경호처의 경호대상이다(대통령 등의 경호에 관한 법률 제4조 제1항 제3호 본문). 즉, 전직대통령의 직계존비속은 대통령경호처의 경호대상이 아니다.
ㄷ. (×) 대통령 등의 경호에 관한 법률 제4조 제3항의 경우를 제외하면, 퇴임 후 10년이 된 전직대통령과 그 배우자는 원칙적으로 대통령경호처의 경호대상에 해당하지 아니한다. 또한 전직대통령의 직계존비속도 대통령경호처의 경호대상이 아니다.
ㄹ. (×) 대통령권한대행의 경우 대통령경호처의 경호대상은 대통령권한대행과 그 배우자에 한정된다(대통령 등의 경호에 관한 법률 제4조 제1항 제4호).

답 ○

☐ 대통령 등의 경호에 관한 법률상 다음 중 대통령경호처의 경호대상이 아닌 자는 'ㄹ'이다. 기출 21

ㄱ. 대통령 당선인의 아들
ㄴ. 대통령권한대행의 배우자
ㄷ. 대통령 퇴임 후 5년이 지난 전직대통령
ㄹ. 대통령경호처 차장이 필요하다고 인정하는 국외 요인(要人)

대통령경호처 처장이 경호가 필요하다고 인정하는 국내외 요인(要人)이 대통령경호처의 경호대상에 해당한다(대통령 등의 경호에 관한 법률 제4조 제1항 제6호). 답 ○

☐ 대통령 당선인의 직계존비속은 대통령경호처의 경호대상이다. 기출 20 · 12

대통령 등의 경호에 관한 법률 제4조 제1항 제2호 · 제2항, 동법 시행령 제2조 답 ○

☐ 대통령 당선인은 경호의 대상이지만 대통령 당선인의 가족은 경호대상이 아니다. 기출 22

대통령 당선인과 그 가족은 모두 대통령경호처의 경호대상이다(대통령 등의 경호에 관한 법률 제4조 제1항 제2호). 답 ×

☐ 대통령 당선인과 그 가족은 대통령 등의 경호에 관한 법률에 따라 대통령경호처의 경호대상이다. 기출 18 · 12

대통령 등의 경호에 관한 법률 제4조 제1항 제2호 답 ○

☐ 대통령 등의 경호에 관한 법률에 따라 대한민국을 방문하는 외국의 국가원수 또는 행정수반과 그 배우자는 대통령경호처의 경호대상이다. 기출 20 · 18 · 12

대통령 등의 경호에 관한 법률 제4조 제1항 제5호 답 ○

☐ 경호객체는 경호임무를 제공받는 경호대상자를 말한다. 기출 18

경호관계에서 경호주체의 상대방, 즉 경호대상자를 경호객체라고 말한다. 경호를 받는 사람이라는 의미의 '피경호인'이라고 표현하기도 한다. 답 ○

☐ 경호객체는 경호관계에서 경호주체의 상대방인 경호대상자를 말한다. 기출 17

경호객체는 경호관계에서 경호주체의 상대방, 즉 경호대상자(피경호인)를 말한다. 답 ○

☐ 경호대상자의 협조를 유도하기 위해서는 경호대상자의 심리적 성향을 이해하고 적합한 기법을 개발하여 신뢰감을 얻는 것이 중요하다. 기출 17

경호대상자의 협조는 경호대상자와 경호원 등 간의 상호 신뢰를 기반으로 한다. 답 ○

☐ 재직 중 탄핵결정을 받아 퇴임한 전직대통령의 경우 전직대통령 예우에 관한 법률에 따라 필요한 기간의 경호 및 경비의 예우를 하지 아니한다. 기출 18

재직 중 탄핵결정을 받아 퇴임한 전직대통령의 경우에는 필요한 기간의 경호 및 경비에 대한 예우를 제외하고 이 법에 따른 전직대통령으로서의 예우를 하지 아니한다(전직대통령 예우에 관한 법률 제7조 제2항 제1호). 답 ×

☐ 대통령 등의 경호에 관한 법률상 '경호대상'에 관한 내용이다. (   )에 들어갈 숫자는 ㄱ : 10, ㄴ : 5, ㄷ : 10, ㄹ : 5이다. 기출 22

> 본인의 의사에 반하지 아니하는 경우에 한정하여 퇴임 후 (ㄱ)년 이내의 전직대통령과 그 배우자. 다만, 대통령이 임기 만료 전에 퇴임한 경우와 재직 중 사망한 경우의 경호 기간은 그로부터 (ㄴ)년으로 하고, 퇴임 후 사망한 경우의 경호 기간은 퇴임일부터 기산(起算)하여 (ㄷ)년을 넘지 아니하는 범위에서 사망 후 (ㄹ)년으로 한다.

제시문의 (   )에 들어갈 숫자는 ㄱ : 10, ㄴ : 5, ㄷ : 10, ㄹ : 5이다(대통령 등의 경호에 관한 법률 제4조 제1항 제3호). 답 ○

☐ 대통령 등의 경호에 관한 법률상 다음 (   )에 들어갈 내용은 ㄱ : 5, ㄴ : 10, ㄷ : 5이다. 기출 21

> 대통령이 임기 만료 전에 퇴임한 경우와 재직 중 사망한 경우의 경호기간은 그로부터 (ㄱ)년으로 하고, 퇴임 후 사망한 경우의 경호기간은 퇴임일부터 기산(起算)하여 (ㄴ)년을 넘지 아니하는 범위에서 사망 후 (ㄷ)년으로 한다.

대통령이 임기 만료 전에 퇴임한 경우와 재직 중 사망한 경우의 경호기간은 그로부터 5년으로 하고, 퇴임 후 사망한 경우의 경호기간은 퇴임일부터 기산(起算)하여 10년을 넘지 아니하는 범위에서 사망 후 5년으로 한다(대통령 등의 경호에 관한 법률 제4조 제1항 제3호 단서). 답 ○

☐ 대통령 등의 경호에 관한 법률상 전직대통령이 퇴임 후 사망한 경우 전직대통령과 그 배우자에 대한 경호기간은 퇴임일부터 기산하여 5년을 넘지 아니하는 범위에서 사망 후 3년으로 한다. 기출 16

퇴임 후 사망한 경우의 경호기간은 퇴임일부터 기산(起算)하여 10년을 넘지 아니하는 범위에서 사망 후 5년으로 한다(대통령 등의 경호에 관한 법률 제4조 제1항 제3호 단서). 답 ×

☐ 대통령 등의 경호에 관한 법률상 대통령이 퇴임 후 사망한 경우 그 배우자나 자녀의 경호기간은 퇴임일로부터 기산하여 10년을 넘지 아니하는 범위 내에서 사망 후 5년으로 한다. 기출 10

출제 당시에는 옳은 내용이었으나, 2013.8.13. 대통령 등의 경호에 관한 법률 제4조 제1항 제3호의 대통령경호처의 경호대상에서 전직대통령의 자녀가 삭제되었다. 답 ×

☐ 대통령 등의 경호에 관한 법률상 전직대통령 또는 그 배우자의 요청에 따라 대통령경호처장이 고령 등의 사유로 필요하다고 인정하는 경우에는 5년 범위에서 경호기간을 연장할 수 있다. 기출 16

대통령 등의 경호에 관한 법률 제4조 제3항 답 ○

☐ 대통령 등의 경호에 관한 법률상 우리나라 대통령경호처의 경호대상은 퇴임 후 10년 이내의 전직대통령과 그 배우자 및 자녀를 포함한다. 기출 13

대통령경호처의 경호대상은 "본인의 의사에 반하지 아니하는 경우에 한정하여 퇴임 후 10년 이내의 전직대통령과 그 배우자"이다(대통령 등의 경호에 관한 법률 제4조 제1항 제3호). 즉, 자녀를 포함하지 않는다. 답 ×

☐ 대통령 등의 경호에 관한 법률상 본인의 의사에 반하지 아니하는 경우에 한정하여 퇴임 후 10년 이내의 전직대통령은 우리나라 대통령경호처의 경호대상이다. 기출 12

대통령 등의 경호에 관한 법률 제4조 제1항 제3호 본문 답 ○

☐ 대통령 등의 경호에 관한 법률상 전직대통령에 대한 경호는 본인의 의사에 반하지 아니하는 경우는 퇴임 후 10년 이내로 한다. 기출 10

전직대통령과 그 배우자에 대한 경호처의 경호기간은 원칙적으로 본인의 의사에 반하지 아니하는 경우에 한정하여 퇴임 후 10년 이내이다(대통령 등의 경호에 관한 법률 제4조 제1항 제3호 본문). 답 ○

☐ 대통령 등의 경호에 관한 법률상 대통령권한대행과 그의 배우자 및 직계존비속은 대통령경호처의 경호대상이다. 기출 12

대통령과 대통령 당선인은 그 가족(=배우자와 직계존비속)이 경호처의 경호대상이지만, 대통령권한대행과 외국의 국가원수 등은 본인과 그 배우자만 경호처의 경호대상이다(대통령 등의 경호에 관한 법률 제4조 제1항·제2항, 동법 시행령 제2조 제1항 참조). 답 ×

☐ 대통령 등의 경호에 관한 법률상 경호처의 경호대상에는 대통령권한대행과 그 배우자도 포함된다. 기출 10

대통령 등의 경호에 관한 법률 제4조 제1항 제4호 답 ○

☐ 대한민국 경찰청 경호과에서는 대통령권한대행, 대통령후보자와 그의 배우자 및 자녀의 경호를 담당한다. 기출 09

대통령후보자와 그의 배우자가 경찰의 경호대상이고, 대통령권한대행과 그 배우자는 대통령경호처의 경호대상이다(대통령 등의 경호에 관한 법률 제4조 제1항 제4호). 또한 대통령권한대행과 대통령후보자의 자녀는 경호처 및 경찰의 경호대상에 해당하지 않는다. 답 ×

☐ 다음 중 대통령경호처의 경호대상인 가족의 범위에 관한 설명으로 틀린 것은 'ㄷ'이다. 기출수정 08

ㄱ. 가족이란 대통령 및 대통령 당선인의 배우자와 직계존비속을 말한다.
ㄴ. 전직대통령의 배우자와 자녀 중 전직대통령과 동거하지 아니하는 자(子)는 경호대상이 아니다.
ㄷ. 전직대통령의 배우자와 자녀 중 외국에 체류 중인 자(子)는 경호대상이다.
ㄹ. 전직대통령의 배우자와 자녀 중 혼인한 자녀는 경호대상이 아니다.

전직대통령의 자녀는 2013.8.13. 대통령 등의 경호에 관한 법률 개정 시 경호대상에서 삭제되었다. 따라서 전직대통령의 자녀는 혼인 유무, 동거 유무, 국내 거주 유무와 상관없이 대통령경호처의 경호대상에 해당하지 않는다. 답 ○

☐ 다음 중 대통령 등의 경호에 관한 법률상 대통령경호처의 경호대상이 아닌 자는 'ㄴ'이다. 기출수정 07

ㄱ. 대통령 당선자와 그 가족
ㄴ. 대통령선거 후보자
ㄷ. 대통령권한대행과 그 배우자
ㄹ. 방한하는 외국의 국가원수

대통령선거 후보자는 대통령 등의 경호에 관한 법률 제4조 제1항 제6호의 '그 밖에 경호처장이 경호가 필요하다고 인정하는 국내외 요인'에 해당한다고 보아 대통령경호처의 경호대상이라고 보는 견해도 있으나, 국가경찰과 자치경찰의 조직 및 운영에 관한 법률(약칭 : 경찰법) 제3조 제4호의 '요인경호'와 경찰관직무집행법 제2조 제3호의 '주요 인사(人士) 경호'에 근거하여 경찰이 대통령선거 후보자에 대한 경호임무를 수행하는 것으로 보는 것이 명문규정이 없는 현행법상 타당하다. 답 ○

☐ 본인의 의사에 반하지 아니하는 경우에 한정하여 퇴임 후 9년이 된 전직대통령의 경호는 대통령경호처의 경호대상이다. 기출수정 05

대통령 등의 경호에 관한 법률 제4조 제1항 제3호 본문 답 ○

경호대상(대통령 등의 경호에 관한 법률 제4조)

① 경호처의 경호대상은 다음과 같다.
1. 대통령과 그 가족
2. 대통령 당선인과 그 가족
3. 본인의 의사에 반하지 아니하는 경우에 한정하여 퇴임 후 10년 이내의 전직대통령과 그 배우자. 다만, 대통령이 임기 만료 전에 퇴임한 경우와 재직 중 사망한 경우의 경호기간은 그로부터 5년으로 하고, 퇴임 후 사망한 경우의 경호기간은 퇴임일부터 기산(起算)하여 10년을 넘지 아니하는 범위에서 사망 후 5년으로 한다.
4. 대통령권한대행과 그 배우자
5. 대한민국을 방문하는 외국의 국가원수 또는 행정수반(行政首班)과 그 배우자
6. 그 밖에 처장이 경호가 필요하다고 인정하는 국내외 요인(要人)

② 제1항 제1호 또는 제2호에 따른 가족의 범위는 대통령령으로 정한다.

가족의 범위(대통령 등의 경호에 관한 법률 시행령 제2조)

「대통령 등의 경호에 관한 법률」 제4조 제1항 제1호 및 제2호에 따른 가족은 대통령 및 대통령 당선인의 배우자와 직계존비속으로 한다.

③ 제1항 제3호에도 불구하고 전직대통령 또는 그 배우자의 요청에 따라 처장이 고령 등의 사유로 필요하다고 인정하는 경우에는 5년의 범위에서 같은 호에 규정된 기간을 넘어 경호할 수 있다.

☐ 미국 비밀경호국의 경호대상은 부통령과 그 직계가족도 포함된다. 기출 23

비밀경호국(SS)의 경호대상에는 부통령 및 부통령 당선자와 그 직계가족이 포함된다. 답 ○

☐ 미국 국토안보부 비밀경호국의 경호대상은 대통령 및 부통령과 직계가족을 포함한다. 기출 13

대통령과 부통령 및 그 직계가족은 미국 국토안보부(DHS) 비밀경호국(SS)의 경호대상에 해당한다. 답 ○

☐ 다음 중 미국 비밀경호국의 임무로 옳지 않은 것은 'ㄹ'이다. 기출 12

ㄱ. 부통령 당선자의 경호
ㄴ. 백악관 등 경비
ㄷ. 화폐위조에 대한 수사
ㄹ. 대통령 선거 시 선거일 기준 150일 이내 주요 정당의 대통령 및 부통령 후보자의 경호

비밀경호국은 대통령 선거 시 선거일 기준 120일 이내의 주요 정당의 대통령 및 부통령 후보자의 경호를 담당한다. 답 ○

☐ 미국의 비밀경호국은 부통령, 국무성 장·차관 및 외국대사 등의 경호와 의전에 대한 경호업무를 주관하고 있다. 기출 09

부통령의 경호와 의전에 대한 경호업무는 국토안보부 산하 비밀경호국(SS)의 담당이나, 국무성 장·차관 및 외국대사 등의 경호와 의전에 대한 경호업무는 국무부 산하 요인경호과에서 담당하고 있다. 답 ×

핵심만 콕 비밀경호국의 임무

- 대통령 및 요인의 경호
  - 대통령 및 대통령 당선자, 그 직계가족
  - 부통령 및 부통령 당선자, 그 직계가족
  - 전 대통령과 부인(퇴직 후 10년까지 → 평생) 및 그 자녀(16세에 달할 때까지)
  - 퇴직한 부통령과 배우자 및 그 자녀(16세 미만의 자녀는 퇴직한 날로부터 6개월간)
  - 미국을 방문 중인 외국원수 및 정부의 장, 기타 대통령이 지시한 사람
  - 특정 용무를 위해 외국을 방문 중인 미국정부의 사절로서 대통령이 지시하는 사람
  - 국가적으로 특별히 경호가 필요한 행사 시 국토안보부장관 등이 지정한 사람
  - 대통령 선거 시 선거일 기준 120일 동안의 주요 정당의 대통령 및 부통령 후보자
- 통화위조(화폐위조) 등 연방법위반의 범죄행위 수사 및 체포, 기타 재무법령의 집행
- 백악관 및 외국대사관의 경비

〈참고〉 김두현, 「경호학개론」, 엑스퍼트, 2020, P. 123~124

☐ 영국 (여)왕의 경호기관은 내무성 산하의 수도경찰청에 있는 작전부이다. 기출수정 07

영국 (여)왕에 대한 경호는 국가경찰인 런던수도경찰청(MPS ; Metropolitan Police Service) 산하의 특별작전부(SO ; Special Operations, 요인경호본부)가 담당하고 있는데, 그 하위부서로 경호국, 안전국, 대테러작전국이 있으며, 구체적으로 경호국 내 왕실 및 특별요인 경호과에서 (여)왕의 경호를 담당한다. 답 ○

☐ 일본 황궁경찰본부의 경호대상은 내각총리 및 대신의 경호를 포함한다. 기출 23

일본의 경우 내각총리대신(수상) 및 국무대신의 경호는 황궁경찰본부의 경호대상이 아니다. '황궁경찰본부'는 경찰청의 부속기관으로서 황궁 내에 위치하며, 천황・황후 및 황태자 기타 황족의 호위, 황궁 및 어소(御所)의 경비, 기타 황궁경찰에 관한 사무를 관장한다. 반면 '경찰청 경비국 공안 제2과'에서 내각총리대신(수상) 및 요인경호에 대한 지휘감독・조정, 연락 협조, 안전대책작용 등을 관장하고, '동경도 경시청 공안부 공안 제3과(경호과)'에서 요인경호대(SP ; Security Police)로서 내각총리대신(수상) 및 국무대신 등의 실질적인 경호업무(구체적인 경호계획의 수립 및 근접경호)를 수행한다. 답 ×

☐ 일본 황궁경찰본부의 경호대상은 천황 및 황족의 경호를 포함한다. 기출 13

경찰청 직속 황궁경찰본부는 일본 천황의 경호기관으로서 천황, 황족에 대한 경호 및 황궁 경비를 담당한다. 황궁경찰본부는 비록 경찰청 산하의 부속기관이지만, 황족의 사생활 및 기밀유지를 위해서 일반 경찰조직과는 완전 별개의 조직으로 운영되고 있다. 참고로 총리대신(수상) 및 국가요인 등에 대한 경호는 경찰청 소속의 경비국에서 담당하고 있다. 답 ○

☐ 일본 천황의 경호기관은 동경도 경시청 직할에 설치되어 있는 경호안전국이다. 기출 09

일본 천황의 경호기관은 경찰청 직속의 황궁경찰본부이다. 답 ×

☐ 일본 천황의 경호기관은 경찰청 경비국 예하 공안2과이다. 기출 07

일본 천황의 경호기관은 경찰청 직속의 황궁경찰본부이다. 공안2과는 총리대신 및 요인경호에 대한 지휘・감독, 조정 및 연락협조 업무, 안전대책작용, 극좌파 및 폭력단체 동향 감시, 국빈경호의 업무협조 등의 업무를 수행하고 있다. 답 ×

핵심만 콕 **경찰청 경비국**

구 분	업 무
공안1과 · 3과	경호정보의 수집, 분석, 평가의 임무를 수행
공안2과	총리대신 및 요인경호에 대한 지휘 · 감독, 조정 및 연락협조 업무, 안전대책작용, 극좌파 및 폭력단체 동향 감시, 국빈경호의 업무 협조 등의 업무를 수행

〈출처〉 최선우, 「경호학」, 박영사, 2021, P. 117

☐ 독일 경찰국 요인경호과의 경호대상은 대통령과 수상을 포함한다. 기출 23

독일의 경우 연방범죄수사국(BKA) 경호안전과에서 대통령과 수상의 경호를 담당한다. 답 ×

☐ 독일 연방범죄수사국 경호안전과의 경호대상은 대통령과 수상의 경호를 포함한다. 기출 13

독일 연방범죄수사국(BKA) 경호안전과(SG)는 대통령, 수상, 장관, 외국원수 등 국빈, 외교사절의 경호를 주임무로 한다. 답 ○

☐ 독일은 대통령과 수상의 경호를 동일 기관에서 담당한다. 기출 09

독일은 대통령과 수상의 경호를 연방범죄수사국(BKA) 경호안전과(SG)에서 담당한다. 답 ○

☐ 독일 대통령 경호기관은 연방범죄수사국 경호안전과이다. 기출 07

연방범죄수사국(BKA) 경호안전과(SG)는 독일 대통령과 수상의 경호를 담당한다. 답 ○

☐ 프랑스의 대통령 경호를 담당하는 기관은 경찰청 경호안전과이다. 기출 23

프랑스의 경우 대통령 경호를 담당하는 기관은 내무부 산하 국립경찰청 소속의 요인경호국(SPHP, 구 V.O)이다. 답 ×

☐ 프랑스 대통령 경호기관은 경찰청 경호국(V.O)이다. 기출 07

프랑스 대통령 경호기관은 내무부 산하 국립경찰청 소속의 요인경호국(SPHP, 구 V.O)이다. 답 ○

☐ 다음 중 우리나라 갑(A)호 경호대상인 대통령의 법적지위 중 국가원수로서의 지위에 포함되지 않는 것은 'ㄷ'이다. 기출 13

ㄱ. 대외적으로 국가를 대표할 지위
ㄴ. 국가수호자로서의 지위
ㄷ. 헌법기관 구성권자로서의 지위
ㄹ. 국민대표기관으로서의 지위

헌법에서는 대통령의 지위를 크게 국민의 대표기관으로서의 지위, 국가원수로서의 지위, 집행부 수반으로서의 지위 3가지로 구분하고 있다. 이 중 국가원수로서의 지위에는 국가수호자로서의 지위, 대외적으로 국가를 대표할 지위, 헌법기관 구성권자로서의 지위가 있으며, 집행부 수반으로서의 지위에는 집행에 관한 최고책임자로서의 지위, 집행부 조직권자로서의 지위, 국무회의의장으로서의 지위가 있다. 답 ×

CHAPTER

03 경호업무 수행방법

01 경호임무의 수행절차

1 경호작용의 기본요소

☐ 다음의 내용은 경호작용의 기본요소에 관한 설명으로 모두 옳다. 기출 23

ㄱ. 경호환경을 극복하기 위한 예비 및 우발계획 준비
ㄴ. 경호임무는 명확하게 부여하고 각각의 임무형태에 책임 부과
ㄷ. 경호경비상황에 관한 보안 유출에 대한 엄격한 통제
ㄹ. 대중 앞에서의 노출이나 제반 여건에 의해서 필연적으로 노출을 수반하는 행차의 지속시간과 사전 위해첩보 수집 간 획득된 내재적인 위협을 분석

제시된 내용은 모두 경호작용의 기본요소에 관한 설명으로 옳다. 답 ○

☐ 다음 4명의 경호원 중 경호작용에 관하여 옳게 판단하고 있는 자는 B경호원이다. 기출 21

- A경호원 – 경호자원의 효율적인 이용을 위한 분석 자료를 토대로 사전에 경호계획을 수립한다.
- B경호원 – 경호임무는 사전에 신중하게 계획되어야 하며 융통성은 배제되어야 효과적이다.
- C경호원 – 모든 경호임무는 예기치 않은 변화 가능성을 내포하고 있으므로 사전대응보다 신속한 사후대응이 더 중요하다.
- D경호원 – 경호임무는 명확하게 부여하되 임무형태에 대한 책임은 경호책임자에게 국한되어야 한다.

- A경호원 (○) : 경호계획은 사전에 수립되어야 하는데, 이때 자원의 효율적인 이용을 위해서는 위해분석 자료를 토대로 자원동원 체계가 구축되어야 한다.
- B경호원 (×) : 모든 형태의 경호임무는 사전에 신중하게 계획되어야 하나, 예기치 않은 변화 가능성을 고려하여 융통성 있게 수립되어야 한다.

- C경호원 (×) : 모든 경호임무는 예기치 않은 변화 가능성을 내포하고 있으므로 신중하면서도 융통성 있는 사전계획이 이루어져야 한다. 즉, 신속한 사후대응만큼이나 사전대응도 중요하다.
- D경호원 (×) : 경호임무는 명확하게 부여되어야 하며, 경호원들에게도 각각의 임무형태에 대한 책임이 부과되어야 한다.

답 ×

☐ 수행원과 행사 세부일정은 공개하고, 경호경비상황은 보안을 유지한다는 것은 경호작용의 기본 고려요소 중 보안에 관한 설명에 해당한다. 기출 22

경호대상자와 수행원, 행사 세부일정, 경호경비상황에 관한 정보의 유출은 엄격히 통제되어야 한다.

답 ×

☐ 다음은 경호작용의 기본 고려요소에 관한 설명이다. ㄱ과 ㄴ에 연결될 기본 고려요소는 ㄱ : 보안유지, ㄴ : 계획수립 및 책임이다. 기출 18

> ㄱ. 경호대상자와 수행원, 행사 세부일정, 적용되고 있는 경호경비상황에 관한 정보의 유출은 엄격히 통제되어야 한다.
> ㄴ. 모든 형태의 경호임무는 사전에 신중하게 계획되어야 하며, 각각의 임무는 명확하게 부여되어야 한다.

ㄱ은 보안유지와 관련된 설명이고, ㄴ의 경우 「모든 형태의 경호임무는 사전에 신중하게 계획되어야 하며」 부분은 계획수립과 관련된 설명이며, 「각각의 임무는 명확하게 부여되어야 한다」는 부분은 책임(분배)과 관련된 설명이다.

답 ○

☐ 다음에서 설명하는 경호작용의 기본 고려요소는 자원이다. 기출 16

> 경호대상자의 필연적인 노출을 수반하는 행차의 지속시간과 사전 위해첩보 수집 간 획득된 내재적인 위협분석에 따라 결정되어지는 요소

경호작용의 기본적 고려요소 중 자원에 관한 설명이다.

답 ○

☐ 경호대상자를 경호하는 데 소요되는 자원은 행차의 지속시간과 첩보수집으로 획득된 내재적인 위협분석에 따라 결정된다. 기출 11

경호에 소요되는 자원은 경호대상자의 대중에 대한 노출이나 제반 여건, 경호대상자가 참여하는 행사 지속시간과 첩보수집으로 획득된 내재적인 위협분석의 결과에 따라 결정된다.

답 ○

☐ 경호에 동원되는 자원은 경호대상자가 참석하는 행사 지속시간, 위협분석(Threat Analysis)의 결과에 따라 결정된다. 기출 10

경호작용의 기본적 고려요소 중 자원소요 결정에 관한 설명이다. 답 ○

☐ 경호에 필요한 인적, 물적 자원을 동원하기 위해서는 공식행사, 비공식행사 등 행사 성격이 아닌 사전 획득한 내재적 위협분석에 따라 자원소요가 결정된다. 기출 06

경호에 필요한 인적, 물적 자원은 공식행사, 비공식행사 등 행사 성격이 아닌 사전에 획득한 내재적 위협분석에 따라 그 소요가 결정된다. 답 ○

☐ 경호작전 시 위협분석(Threat Analysis)의 목적은 항상 가용한 최고의 경호수준을 유지하기 위함이다. 기출 04

<u>경호작전 시 위협분석은 항상 가용한 최고의 경호수준을 유지하기 위함이 아니라 경제성을 도모하고, 행사 성격에 맞는 경호수준을 결정하며, 합리적인 경호작전요소를 결정하기 위함이다(경제성 및 합리성 추구)</u>. 답 ×

☐ 경호작용의 기본 요소와 관련하여 인적 자원뿐만 아니라 물적 자원의 적절한 이용이 중요하다. 기출 15

성공적인 경호를 위해 다양한 자원을 효과적으로 이용하는 것이 중요하다. 답 ○

☐ 모든 형태의 경호업무는 사전에 신중하게 계획되어야 하며 융통성은 배제되어야 한다. 기출 20

모든 형태의 경호임무는 사전에 신중하게 계획되어야 하며, 예기치 않은 변화의 가능성 때문에 융통성 있게 수립되어야 한다. 답 ×

☐ 예기치 않는 변화의 가능성 때문에 경호임무를 계획할 때에는 융통성 있게 수립되어야 한다. 기출 09

모든 형태의 경호임무는 예기치 않은 변화의 가능성을 내포하고 있으므로 이에 대비하여 융통성 있게 사전계획이 수립되어야 한다. 답 ○

☐ 경호작용의 기본 요소와 관련하여 우발상황에 대처할 수 있는 계획이 수립되어야 한다. 기출 15

경호작용의 기본 (고려)요소 중 계획수립에 관한 설명이다. 답 ○

☐ 모든 경호임무는 예기치 않은 변화의 가능성을 내포하고 있으므로 신중한 사전계획보다 신속한 사후대응이 더욱 중요하다. 기출 11

모든 경호임무는 예기치 않은 변화의 가능성을 내포하고 있으므로 신속한 사후대응도 중요하나, 보다 중요한 것은 신중하면서도 융통성 있는 사전계획을 수립하는 것이다. 답 ×

☐ 경호업무는 사전에 신중하게 계획되어야 하며, 수립된 계획은 변경하지 않아야 한다. 기출 10

모든 형태의 경호임무는 사전에 신중하게 계획되어야 하나, 예기치 않은 변화의 가능성을 내포하고 있으므로 융통성 있게 수립되어야 한다. 답 ×

☐ 안전에 영향을 미칠 수 있는 악천후 기상 및 가능성 있는 위협 등에 대비하여 예비 및 우발계획을 준비한다. 기출 09

경호대상자의 안전에 영향을 미칠 수 있는 경호환경을 극복하기 위하여 예비 및 우발계획이 준비되어야 한다. 답 ○

☐ 경호에 있어서 중요한 것은 일관성이다. 따라서 경호업무는 사전에 신중하게 계획되어야 하며 가능한 한 변화가 없어야 한다. 기출 06

모든 형태의 경호임무는 사전에 신중하게 계획되어야 하나, 예기치 않은 변화 가능성 때문에 경호임무를 계획하는 데 있어서는 융통성이 있어야 한다. 답 ×

☐ 경호계획 수립 시에는 기만계획을 고려하지 않아야 한다. 기출 04

기만계획도 경호계획 수립 시 고려하여야 한다. 답 ×

☐ 다음 중 경호임무 수행단계 중 평가단계에 해당되는 것은 'ㄹ'이다. 기출 09

ㄱ. 행사장에 대한 위해정보 수집과 분석
ㄴ. 경호행사 전반에 대한 상황의 판단
ㄷ. 행사장의 사전 현장답사에 의한 안전 확보의 실시
ㄹ. 경호임무의 계획과 실행 간의 문제점 분석

경호임무 수행단계 중 평가단계(결산단계)에 해당되는 것은 ㄹ이다. 반면에 ㄱ, ㄴ은 계획단계의 내용에 해당한다. ㄷ은 06년 기출문제에서 가답안의 경우에는 계획단계의 내용으로 보았으나, 확정답안의 경우에는 계획단계의 내용으로 볼 수 없다고 보았다. 생각건대, 계획단계(경호임무를 하달받고 선발대가 행사장에 도착하기 전의 경호활동을 의미)에서는 기본적인 자료를 수집하여 행사 전반에 대한 상황을 판단하고, 관련 정보의 획득을 통한 안전판단이 선행된 후 현장을 답사하여 세부계획을 수립하는 데 반해, 준비단계(경호원이 행사장에 도착한 후부터 행사시작 전까지의 경호활동을 의미)에서는 선발대가 현장에 도착한 후 2차 답사를 실시한 다음 안전구역의 검측 및 확보 등을 할 수 있다는 점에서 ㄷ을 계획단계가 아닌 준비단계에 해당하는 내용으로 본 듯하다. 답 ○

☐ 다음 중 경호임무 수행에 따른 단계별 임무절차에서 계획단계의 설명으로 틀린 것은 'ㄷ'과 'ㄹ'이다. 기출 06

ㄱ. 경호행사 전반에 대한 상황의 판단
ㄴ. 행사장에 대한 인적·물적·지리적 정보수집과 분석
ㄷ. 경호임무의 계획과 실행 간의 문제점 분석
ㄹ. 행사장의 사전 현장답사에 의한 안전 확보의 실시

문제 오류로 가답안은 'ㄷ(평가단계)'만을 틀린 설명으로 보았으나, 확정답안은 'ㄹ'도 틀린 설명으로 보아 'ㄷ'과 'ㄹ'을 복수정답 처리하였다. 바로 앞의 09년 기출문제 해설 참조 답 ○

☐ 경호임무는 명확하게 부여되어야 하며, 각각의 임무형태에 대한 책임이 부여되어야 한다. 기출 15·11

경호작용의 기본 (고려)요소 중 책임에 관한 설명이다. 답 ○

☐ 책임구역과 책임자를 지정하고 계획서 도면에 보안을 위하여 책임한계를 명시하지 않는다. 기출 09

경호계획 수립 시 책임구역과 책임자를 지정하고, 계획서 도면에 책임의 한계를 명시하여야 한다. 답 ×

☐ 해양지역 행차 시는 육·해·공의 입체적 경호경비가 이루어지도록 계획을 수립한다. 기출 09

해양지역 행차 시의 경호경비는 육·해·공의 입체적 경호경비가 이루어지도록 계획을 수립하여야 한다. 답 ○

☐ 경호작용의 기본 요소와 관련하여 경호대상자와 수행원, 행사 세부일정, 적용되고 있는 경호경비상황에 대한 보안의 유출은 엄격히 통제되어야 한다. 기출 15·11

경호작용의 기본 (고려)요소 중 보안에 관한 설명이다. 답 ○

☐ 경호와 관련된 정보를 행사관계자 모두에게 공개함으로써 성공적인 경호임무를 완수할 수 있다. 기출 10

경호와 관련된 정보는 인가된 자 이외의 사람에게 유출하거나 언급해서는 안 된다. 답 ×

☐ 둘 이상의 경호대상자가 동일한 행사에 참석하게 되면 서열에 따른 경호우선순위는 무시된다. 기출 10

둘 이상의 경호대상자가 동일한 행사에 참석하게 되면 <u>서열이 높은 경호대상자의 경호를 우선시해야 한다</u>. 이는 경호작용의 기본 고려요소 중 책임에 관한 설명이다. 답 ×

☐ 경호원들은 각각의 임무 형태에 대한 책임이 부여되어야 하므로 둘 이상의 경호대상자가 동일한 행사에 참석하게 되면 서열에 관계없이 각각의 경호요구에 따라 경호업무가 수행되어야 한다. 기출 06

둘 이상의 경호대상자가 동일한 행사에 참석하게 되면 서열이 높은 경호대상자의 경호를 우선시해야 한다. 답 ×

☐ 계획수립, 책임분배, 보안유지, 위해분석 중 경호작용의 기본 고려요소에 해당하지 않는 것은 위해분석이다. 기출 08

경호작용의 기본적 고려요소는 계획수립, 책임(분배), 자원, 보안(유지)이다. 따라서 위해분석은 경호작용의 기본 고려요소에 해당하지 않는다. 답 ○

☐ 민주사회에서 보다 많은 시민들로부터 경호협조를 얻기 위해서는 이동경로, 참석자 등 일부 경호상황은 시민들과 언론 등에도 전파되어야 한다. 기출 06

경호작용의 기본적 고려요소인 보안에 대한 설명으로 옳지 않다. 경호대상자와 수행원, 행사 세부일정 그리고 적용되고 있는 경호경비상황에 관한 보안[정보(註)]의 유출은 엄격히 통제되어야 한다.

답 ×

핵심만 콕 **경호작용의 기본적 고려요소(두 : 계 · 책 · 자 · 보)**

- **계획수립** : 모든 형태의 경호임무는 사전에 신중하게 계획되어야 하며, 예기치 않은 변화의 가능성 때문에 경호임무를 계획하는 데 있어서는 융통성 있게 수립되어야 한다.
- **책임** : 경호임무는 명확하게 부여되어야 하며, 경호요원들은 각각의 임무형태에 대한 책임이 부과되어야 한다.
- **자원** : 경호대상자를 경호하는 데 소요되는 자원은 경호대상자의 행차, 즉 경호대상자의 대중 앞에서의 노출이나 제반여건에 의해서 필연적으로 노출을 수반하는 행차의 지속시간과 사전 위해첩보 수집 간 획득된 내재적인 위협분석에 따라 결정된다.
- **보안** : 경호대상자와 수행원, 행사 세부일정, 경호경비상황에 관한 보안[정보(註)]의 유출은 엄격히 통제되어야 한다. 경호요원은 이러한 정보를 인가된 자 이외의 사람에게 유출하거나 언급해서는 안 된다.

〈참고〉 김두현, 「경호학개론」, 엑스퍼트, 2020, P. 258~259

☐ 경호임무의 수행절차는 행사 일정 – 연락 및 협조 – 위해분석 – 경호실시 – 행사결과보고서 작성 순이다. 기출 06

경호임무의 수행절차는 행사 일정 파악 – 연락 및 협조 – 위해분석 – 계획수립 – 경호실시 – 경호평가 및 행사결과보고서 작성 순으로 진행된다.

답 ○

☐ 다음 중 경호계획 수립 시 행정 및 군수사항에 포함되는 내용이 아닌 것은 'ㄹ'이다. 기출 11

ㄱ. 경호 이동 및 철수계획
ㄴ. 경호복장, 장비, 비표
ㄷ. 식사 및 숙박계획
ㄹ. 주차장 운영계획

주차장 운영계획은 '행정 및 군수'사항이 아닌 '실시'사항에 포함되는 내용이다.

답 ○

핵심만 콕 **경호계획서의 구성**

- 제1항 상황에는 우선 전반적인 행사 개요를 기술하여, 경호원들이 행사의 내용을 숙지하고 행사의 성격과 흐름에 따라 경호대책을 강구할 수 있도록 한다. 다음으로 경호방침을 제시한다.
- 제2항 임무에는 행사를 담당할 경호팀의 편성과 출동시간 등 경호팀의 조직과 운영에 관한 사항, 그리고 팀별 또는 개인별 임무를 명시하여 체계적이고 조직적인 경호를 도모한다. 또한 수행경호에 관련된 사항으로는 본대 이동계획을 수립하고, 차량 이동 시에는 차량대형과 행·환차코스 등을 명시한다.
- 제3항 실시에서는 세부적인 경호인력 운용계획 및 세부 임무를 부여하며 현장답사, 관계관회의, 행사장 안전확보, 검측계획, 출입자 통제계획, 비표운용계획, 참석자 입장계획 및 주차장 운영계획, 비상상황 시 비상대책 등을 상세히 기술한다.
- 제4항 행정 및 군수에는 경호 인력의 이동 및 철수계획, 식사 및 숙박계획, 복장 및 비표 등 행정지원에 관한 사항을 기술한다.
- 제5항 지휘 및 통신에는 주요 연락망과 무전기 채널 운용에 관한 사항을 기술하여 지휘의 체계화 및 일원화를 도모한다. 〈출처〉 이두석, 「경호학개론」, 진영사, 2018, P. 227

☐ 경호대상자는 위협평가(위해평가) 후 경호대안 수립에 있어 자신이 경호업무의 일부분이 되어야 한다는 점을 인식할 필요는 없다. 기출 15

경호대상자는 위협평가 후 경호대안 수립에 있어 자신도 경호업무의 일부분이 되어야 한다는 점을 인식해야 한다. 〈출처〉 이두석, 「경호학개론」, 진영사, 2018, P. 212

답 ×

☐ 모든 수준의 위협으로부터 경호대상자를 경호하려는 시도는 효과적이지도 않고 능률적이지도 않기 때문에 위협평가(위해평가)가 선행되어야 한다. 기출 15

가용 자원의 효율적인 분배를 통하여 불필요한 인력과 자원의 낭비를 최소화하기 위해 위협평가가 선행되어야 한다.

답 ○

☐ 위협평가(위해평가)는 보이지 않는 적의 실체를 파악하여 그에 대한 경호방책을 강구하기 위한 첫걸음이다. 기출 15

위협의 평가는 경호의 시작이다. 즉, 보이지 않는 적의 실체를 파악하여 그에 대한 경호방책을 강구하기 위한 첫걸음이다.

답 ○

☐ 경호대상자의 위협수준을 계량화하는 과정을 위협평가라고 할 수 있다. 기출 08

경호작전요소 중 위협평가(Threat Assessment)는 경호대상자의 위협수준을 계량화하는 과정이다.

답 ○

☐ 경호작전요소 중 위협평가(Threat Assessment)는 경호원 및 경호대상자 모두에게 위협의 수준을 이해토록 하여 효과적인 대응방안을 마련하기 위한 과정이다. 기출 08

경호작전요소 중 위협평가(Threat Assessment)는 경호대상자의 위협수준을 계량화하는 과정이자 경호원 및 경호대상자 모두에게 위협의 수준을 이해하도록 하여 효과적인 대응방안을 마련하기 위한 과정이다.

답 ○

☐ 위협평가를 하는 목적 중 하나는 경호작전의 규모를 결정하고자 하는 것이다. 기출 08

위협평가를 하는 목적은 경호지휘소를 통해 행사 성격에 맞는 경호수준 및 경호작전의 규모를 결정하고 합리적인 경호작전요소를 결정하기 위함이다.

답 ○

☐ 대통령과 같은 국가원수급 인물은 위협평가의 과정 없이 외부행사 시 최고의 수준으로 경호작전을 시행하는 것이 원칙이다. 기출 08

대통령과 같은 국가원수급 인물은 <u>위협평가의 과정을 철저히 거쳐</u> 외부행사 시 최고의 수준으로 경호작전을 시행하는 것이 원칙이다.

답 ×

☐ 행사결과보고서는 평가 직후 계획전담요원에 의해 요원들의 메모, 일지 등의 의견을 참고하여 직면했던 문제들과 제시된 해결책에 중점을 두고 작성된다. 기출 11

행사결과보고서 작성에 관한 설명이다.

답 ○

2 경호업무 수행절차

☐ 학습활동이 주요 활동이며 행사에 대한 결과보고서를 작성하는 경호업무 수행단계는 평가단계이다. 기출 23

경호임무의 수행절차 중 4단계 학습단계(평가단계)는 학습활동단계로 행사결과 평가(평가회의), 행사결과보고서 작성, 자료 존안을 그 내용으로 한다.

답 ○

☐ 경호임무 수행절차 중 예방단계는 안전활동단계로 발생 가능한 인적·물적 위해요소에 대한 대비책을 강구하는 단계이다. 기출 23

안전활동단계로 발생 가능한 인적·물적 위해요소에 대한 대비책을 강구하는 단계는 <u>대비단계</u>이다.

답 ×

☐ 경호임무 수행절차 중 대비단계는 정보보안활동, 안전대책활동, 위험요소에 대한 거부작전을 실시하는 단계이다. 기출 23

대비단계는 발생 가능성이 있는 위해요소에 대비하기 위해 사전에 준비하는 단계이다. 이 단계에서는 정보보안활동, 안전대책활동, 거부작전을 수행한다.

답 ○

☐ 경호임무 수행절차 중 대응단계는 실시단계로 경호대상자에게 발생하는 위해요소에 대한 출입요소의 통제, 근접경호 등의 즉각조치활동을 하는 단계이다. 기출 23

대응단계는 경호대상자의 신변에 문제가 닥치거나 위해요소가 현실화되었을 때 즉각적으로 조치를 취하는 단계이다. 이 단계에서는 경호작전, 즉각조치활동을 수행한다.

답 ○

☐ 경호임무 수행절차 중 학습단계는 행사결과에 대한 평가, 교육훈련 실시 및 평가, 새로운 이론의 정립과 행사에의 적용을 하는 단계이다. 기출 23

학습단계는 경호활동 종결 이후 각 단계에 대한 분석과 반성을 하고 그 결과를 향후에 있을 경호활동에 반영하기 위한 단계이다. 이 단계에서는 평가 및 자료존안, 교육훈련, 피드백을 실시한다.

답 ○

☐ 근접경호는 경호원들이 직접적으로 경호대상자에 대한 경호를 실시한다는 점에서 경호대비단계라고 한다. 기출 23

근접경호는 경호원들이 직접적으로 경호대상자에 대한 경호를 실시한다는 점에서 <u>경호실시단계에 해당</u>한다.

답 ×

☐ 경호임무의 수행절차 중 대응단계는 경호활동단계로 경호인력을 배치하여 지속적인 경계활동을 실시한다. 기출 22

경호임무의 수행절차 중 3단계 대응단계(실시단계)는 경호활동단계로 경호작전(경호인력을 배치하여 지속적인 경계활동 실시)을 내용으로 한다.

답 ○

☐ 경호임무의 수행절차 중 예방단계는 평가단계로 경호 실시결과를 분석한다. 기출 22

<u>평가단계로 경호 실시결과를 분석하는 단계는</u> 1단계 예방단계(준비단계)가 아닌 <u>4단계 학습단계이다.</u>

답 ×

☐ 경호임무의 수행절차 중 대비단계는 정보활동단계로 법제를 정비하여 우호적 경호환경을 조성한다. 기출 22

정보활동단계로 법제를 정비하여 우호적 경호환경을 조성하는 단계는 2단계 대비단계(안전활동단계)가 아닌 1단계 예방단계(준비단계)이다.

답 ×

☐ 경호임무의 수행절차 중 학습단계는 안전활동단계로 위해정보 수집을 위한 보안활동을 전개한다. 기출 22

안전활동단계로 위해정보 수집을 위한 보안활동을 전개하는 단계는 4단계 학습단계(평가단계)가 아닌 2단계 대비단계(안전활동단계)이다.

답 ×

☐ 다음에서 설명하고 있는 경호위기관리단계는 대비단계이다. 기출 14

> 법과 제도를 정비하여 우호적인 경호환경을 조성하고, 경호와 관련된 정보와 첩보를 수집・분석하여 경호위협을 평가하고 이를 통하여 경호계획을 수립하는 경호준비과정

경호활동단계(경호위기관리단계)는 예방, 대비, 대응, 평가(학습)단계 순으로 진행이 되는데, 제시문은 '예방단계'에 관한 설명이다.

답 ×

핵심만 콕 경호업무 수행절차(경호위기관리시스템의 4단계)

단계	내용
예방단계	법과 제도를 정비하여 우호적인 경호환경을 조성하고, 경호와 관련된 정보와 첩보를 수집・분석하여 경호위협을 평가하고 이를 통하여 경호계획을 수립하는 경호준비과정이다.
↓	
대비단계	발생 가능성이 있는 위해요소에 대비하기 위해 사전에 준비하는 단계이다. **이 단계에서는 정보보안활동, 안전대책활동, 거부작전을 수행**한다.
↓	
대응단계	경호대상자의 신변에 문제가 닥치거나 위해요소가 현실화되었을 때 즉각적으로 조치를 취하는 단계이다. **이 단계에서는 경호작전, 즉각조치활동을 수행한다.**
↓	
평가(학습) 단계	경호활동의 종결 이후 각 단계에 대한 분석과 반성을 하고 그 결과를 향후에 있을 경호활동에 반영하기 위한 단계이다. **이 단계에서는 평가 및 자료존안, 교육훈련, 피드백을 실시**한다.

☐ 경호업무 수행절차에 관한 내용이다. 다음이 설명하는 관리단계는 예방단계이다. 기출 21

> 주요 활동은 정보활동이며, 정보의 수집 및 평가가 나타난다. 위협의 평가 및 대응방안을 강구하는 세부활동이 수행된다.

제시문은 경호위기관리단계 중 예방단계에 관한 설명이다. 답 ○

☐ 경호업무의 수행절차에 관한 설명이다. ( )에 들어갈 내용은 ㄱ : 예방, ㄴ : 대비, ㄷ : 대응이다. 기출 20

> 정보활동은 (ㄱ)단계, 안전활동은 (ㄴ)단계, 경호활동은 (ㄷ)단계, 학습활동은 학습단계에 해당된다고 할 수 있다.

경호업무 수행절차 중 ( ) 안에 들어갈 내용은 ㄱ : 예방, ㄴ : 대비, ㄷ : 대응이다. 답 ○

☐ 경호활동을 '예방 - 대비 - 대응 - 평가'의 4단계로 분류할 경우, 다음 중 대응단계의 활동에 해당하지 않는 것은 'ㄴ'이다. 기출 15

> ㄱ. 모든 출입요소에 대한 통제 및 경계
> ㄴ. 정보의 수집 및 생산
> ㄷ. 기동경호
> ㄹ. 근접경호

정보의 수집 및 생산은 정보활동으로서 1단계 예방단계에 해당한다. 답 ○

☐ 경호활동을 '예방 - 대비 - 대응 - 평가'의 4단계로 분류할 경우 경호위기상황에 대한 즉각적인 조치는 대비단계의 활동에 해당되지 않는다. 기출 11

2단계 대비단계는 안전활동단계이다. 안전활동에는 정보보안활동, 안전대책활동, 거부작전 등이 있다. 경호위기상황에 대한 즉각적인 조치는 3단계 대응단계의 활동 내용이다. 답 ○

☐ 경호업무 수행절차 중 예방단계인 정보활동단계에서는 정・첩보를 수집하고 분석하여 경호위협을 평가한다. 기출 19

경호와 관련된 정보와 첩보를 수집・분석하여 경호위협을 평가하는 단계는 예방단계이다. 답 ○

☐ 경호업무 수행절차 중 학습단계인 안전활동단계에서는 행사장 취약요소에 대한 안전대책을 강구한다. 기출 19

안전활동단계는 학습단계가 아니라 대비단계이다. 답 ×

☐ 경호업무 수행절차 중 대비단계인 경호활동단계에서는 경호 인력을 배치하여 지속적인 경계활동을 실시한다. 기출 19

경호활동단계는 대비단계가 아니라 대응단계에 해당한다. 답 ×

☐ 경호업무 수행절차 중 대응단계에서는 경호 실시결과를 분석하고 평가하여 보완한다. 기출 19

경호 실시결과를 분석하고 평가하여 보완하는 단계는 학습단계이다. 답 ×

☐ 경호업무 수행절차 중 평가단계는 위험분석단계로서 경호효과를 평가·분석하여 경호계획을 수립하기 위한 단계이다. 기출 17

예방단계에 관한 설명이다. 평가단계는 경호임무 수행결과를 분석하고 평가하며, 평가 결과 대두된 문제점을 보완하기 위한 교육과 훈련을 실시하여 결과를 차기 임무수행 시에 반영하기 위한 피드백(환류)을 실시하는 단계를 말한다. 답 ×

핵심만 콕 **경호위기관리단계 및 세부 경호업무 수행절차**

관리단계	주요 활동	활동 내용	세부 활동
1단계 예방단계 (준비단계)	정보활동	경호환경 조성	법과 제도의 정비, 경호지원시스템 구축, 우호적인 공중(公衆)의 확보(홍보활동)
		정보 수집 및 평가	정보네트워크 구축, 정보의 수집 및 생산, 위협의 평가 및 대응방안 강구
		경호계획의 수립	관계부서와의 협조, 경호계획서의 작성, 경호계획 브리핑
2단계 대비단계 (안전활동 단계)	안전활동	정보보안활동	보안대책 강구, 위해동향 파악 및 대책 강구, 취약시설 확인 및 조치
		안전대책활동	행사장 안전확보, 취약요소 판단 및 조치, 검측활동 및 통제대책 강구
		거부작전	주요 감제고지 및 취약지 수색, 주요 접근로 차단, 경호 영향요소 확인 및 조치

3단계 대응단계 (실시단계)	경호활동	경호작전	모든 출입요소 통제 및 경계활동, 근접경호, 기동경호
		비상대책활동	비상대책, 구급대책, 비상시 협조체제 확립
		즉각조치활동	경고, 대적 및 방호, 대피
4단계 학습단계 (평가단계)	학습활동	평가 및 자료 존안	행사결과 평가(평가회의), 행사결과보고서 작성, 자료 존안
		교육훈련	새로운 교육프로그램 준비, 교육훈련 실시, 교육훈련의 평가
		적용(피드백)	새로운 이론의 정립, 전파, 행사에의 적용

〈출처〉 이두석, 「경호학개론」, 진영사, 2018, P. 157

☐ 경호계획 수립 시 유의해야 할 사항으로 옳지 않은 것은 'ㄷ'이다. 기출 09

ㄱ. 사전 현지답사를 실시하여 완벽한 계획이 되도록 한다.
ㄴ. 예비 병력을 확보하는 등 융통성 있는 계획을 수립한다.
ㄷ. 수립된 계획의 실천 추진사항을 지속적으로 확인해야 하며, 일관된 업무수행을 위해 수립된 계획은 변경하지 않는다.
ㄹ. 검측 및 통신장비, 차량 등의 동원계획을 검토한다.

경호대상자의 신변안전을 보호하는 데 경호계획 수립의 궁극적인 목적이 있다. 이에 따라 경호담당자는 수립된 계획의 실천 추진사항을 지속적으로 확인해야 하며, 미비한 사항은 즉각 보완하여야 한다.

답 ○

☐ 다음 중 경호작전지휘소(Command Post)운영에 대한 설명으로 틀린 것은 'ㄹ'이다. 기출 06

ㄱ. 행사 간 경호정보의 터미널
ㄴ. 행사 간 경호작전요소의 통제
ㄷ. 행사 간 경호 통신시스템의 관리 및 유지
ㄹ. 행사 간 우발사태 발생 시 근접경호에 대한 즉각 대응체계를 통합지휘

행사 간 우발사태 발생 시 근접경호에 대한 즉각 대응체계를 통합지휘하는 것은 현장 경호책임자라고 할 수 있다.

답 ○

☐ 피경호인의 세부적인 동향을 파악하기 위하여 경호작전지휘소(Command Post)를 설치한다. 기출 04

경호작전지휘소의 설치 목적은 경호 통신시스템의 관리 및 유지, 경호작전요소의 통합지휘, 경호정보의 수집 및 배포 등이다.

답 ×

☐ 다음의 내용은 경호실시활동에 관한 설명이다. 기출 13

> 모든 수단과 방법을 이용하여 각종 위해요소를 사전에 탐지・제거・봉쇄하여 경호대상자의 절대안전을 위한 예방업무

경호안전작용은 경호대상자의 절대안전을 도모하기 위하여 모든 수단과 방법을 이용하여 사전에 각종 위해요소를 탐지・봉쇄・제거하는 예방업무를 말하는데, 크게 경호정보작용, 경호보안작용, 안전대책작용으로 구분할 수 있다. 답 ×

☐ 다음 중 사전예방경호작용에서 경호안전작용의 기본 내용에 해당하지 않는 것은 'ㄴ'이다. 기출 08・06

> ㄱ. 경호보안작용
> ㄴ. 경호평가작용
> ㄷ. 안전대책작용
> ㄹ. 경호정보작용

경호안전작용은 경호정보작용, 경호보안작용, 안전대책작용으로 구분할 수 있다. 따라서 경호평가작용은 경호안전작용의 기본 내용에 해당하지 않는다. 답 ○

☐ 경호안전작용으로 출입자 통제관리를 위하여 차량 출입문과 도보 출입문은 단일화시킨다. 기출 11

출입자 통제관리 측면에서 출입구를 단일화하는 것은 맞지만, 차량 출입문과 도보 출입문은 단일화해서는 안 된다. 차량으로 들어오는 경우와 도보로 들어오는 경우는 서로 출입문을 달리하여 통제해야 한다. 답 ×

☐ 안전대책작용은 행사지역 내・외부의 취약요소에 대한 안전대책을 강구하고, 안전점검, 검측작용 등 통합적인 안전작용을 말한다. 기출 08

안전대책작용은 경호임무를 수행하면서 경호대상자 신변의 위해요소를 사전에 제거하는 활동으로, 행사장 내・외부에 산재한 인적・물적・지리적 취약요소에 대한 안전대책 강구, 행사장 내・외곽 시설물에 대한 폭발물 탐지・제거 및 안전점검, 검측작용, 경호대상자에게 제공되는 각종 음식물에 대한 검식작용 등 통합적 안전작용을 말한다. 답 ○

☐ 경호정보활동은 어떻게 수집, 평가, 분석, 실행되어야 하는가에 따라 경호활동의 기본방향이 결정되므로 신속하고 정확한 정보분석과 대책의 수립이 요망된다. 기출 13

경호정보작용(활동)은 원천적 사전지식을 생산, 제공하는 것으로서 경호대상자의 신변안전을 위협하는 인적·물적·지리적 취약요소를 사전에 수집, 분석, 예고함으로써 예방경호를 수행하는 임무이다. 답 ○

☐ 경호정보작용은 경호작용의 원천적 사전지식을 생산, 제공하는 것이다. 기출 09

경호정보작용(활동)은 경호작용(활동)의 원천적 사전지식을 생산, 제공하는 작용이다. 답 ○

☐ 경호정보작용은 경호작용의 원천적 사전지식을 생산 및 제공하는 작용이다. 이러한 업무는 정확성, 적시성, 완전성의 요건을 구비해야 한다. 기출 07

경호정보작용(활동)은 경호작용(활동)의 원천적 사전지식을 생산, 제공하는 작용으로서 정확성, 적시성, 완전성의 요건을 갖추어야 한다. 답 ○

☐ 경호정보작용은 경호대상자의 신변안전을 위협하는 취약요소를 사전수집, 분석 및 예고하는 예방경호를 수행하는 업무이다. 기출 09

경호정보작용(활동)에 관한 설명으로 옳다. 답 ○

☐ 경호정보작용은 정확성, 안전성, 적시성의 요건을 구비해야 한다. 기출 09

경호정보작용(활동)의 특성은 정확성, 적시성, 완전성이다. 답 ×

☐ 정확성, 완전성, 적시성, 적극성 중 경호정보작용의 3대 요건에 속하지 않는 것은 적극성이다. 기출 04

경호정보작용의 3대 요건은 정확성, 적시성, 완전성이다. 답 ○

☐ 경호정보작용은 경호대상자의 행사 일정과 경로 및 이동방법 등을 노출시키지 않는 사전예방작용이다. 기출 09

경호보안작용에 관한 설명이다. 경호정보작용(활동)은 원천적 사전지식을 생산, 제공하는 것으로서 경호대상자의 신변안전을 위협하는 인적·물적·지리적 취약요소를 사전에 수집, 분석, 예고함으로써 예방경호를 수행하는 임무이다. 답 ×

☐ 수집된 위해첩보의 분석과정에서 정보판단의 용이성을 고려하여 위해의 가설은 하나로 압축되어야 한다. 기출 08

정보판단의 용이성을 고려하더라도 위해의 가설은 가능한 한 모두 검토하는 것이 바람직하다.

답 ×

☐ 설정된 위해가설은 검증의 절차를 거치는 것이 좋으며, 그 방법으로는 답사와 동향감시, 면담 등이 있다. 기출 08

설정된 위해가설의 검증 절차에 관한 설명이다. 답 ○

☐ 위해첩보의 과장된 평가 및 판단서의 작성은 경호비용을 증대시킬 우려가 있다. 기출 08

위해첩보의 과장된 평가 및 판단서의 작성은 경호비용 증대 우려의 원인 중 하나이다. 답 ○

☐ 경호정보판단서는 정보분석의 결론으로서 사건의 발생 가능성을 유추하고, 경호대응방안을 포함해야 한다. 기출 08

경호정보판단서에 관한 설명이다. 답 ○

☐ 경호와 관련된 인원, 문서, 시설, 지역, 통신 등에 대해 위해기도자로부터 완벽한 보호대책을 수립하여 보안을 유지해 나가는 것을 경호정보작용이라고 한다. 기출 08 · 07

경호보안작용에 관한 설명이다. 답 ×

☐ 경호보안활동은 경호 관련 인원, 문서, 시설, 지역, 자재, 통신 등에 대하여 불순분자로부터 완벽한 보호대책을 수립하여 지속적으로 보완 · 유지함을 말한다. 기출 13

경호보안활동에 관한 설명이다. 답 ○

☐ 정보활동 분야는 경호 관련 인원, 문서, 시설, 지역, 자재, 통신 등에 대하여 모든 불순분자로부터 완벽한 보호대책을 수립하여 이를 지속적으로 보완 · 유지하는 것이다. 기출 11

경호보안작용(활동)에 관한 설명이다. 경호정보작용(활동)은 경호작용의 원천적 사전정보를 생산 · 제공하는 것으로 경호대상자의 신변안전을 위협하는 인적 · 물적 · 지리적 취약요소를 사전에 수집 · 분석 · 예고함으로써 예방경호를 수행하는 작용을 말한다. 답 ×

☐ 경호임무 시 사전예방활동의 기본요소 중 경호대상자는 물론 인원, 문서, 시설, 지역 및 통신까지 관련된 모든 것을 위해자로부터 차단하는 것을 보안활동이라 한다. 기출 09

경호보안작용(활동)에 관한 설명이다. 답 ○

☐ '보안을 지나치게 강조할 경우 생산된 정보가 사용자에게 제대로 전달되지 않아 정책결정에 사용하지 못할 수 있다.'는 것은 경호보안활동에서 '보안과 능률의 원칙'에 관한 설명이다. 기출 12

경호보안의 원칙에는 알 필요성의 원칙, 적당성의 원칙, 보안과 능률의 원칙, 부분화의 원칙 등이 있으며, 제시문은 이 중 보안과 능률의 원칙에 관한 설명이다. 답 ○

핵심만 콕 **경호보안의 원칙**

- **알 필요성(need to know)의 원칙** : 알 필요성이 없는 사람은 경호대상자에 관한 정보에 접근해서는 안 된다. 즉, 정보는 "알 필요성"에 근거해서 배포되어야 한다.
- **적당성의 원칙** : 사용자가 필요한 만큼 적당한 양의 정보를 전달하도록 한다. 즉, 정보가 부족해도 임무 수행에 장애가 되지만, 너무 많은 정보도 임무 수행에 혼란을 줄 수 있다.
- **보안과 능률의 원칙(보안과 능률의 조화원칙)** : 보안을 지나치게 강조할 경우 생산된 정보가 사용자에게 제대로 전달되지 않아 정책결정에 사용하지 못할 수 있다.

〈출처〉 이두석, 「경호학개론」, 진영사, 2018, P. 276

- **알 사람만 알아야 할 원칙** : 비밀을 전달할 때 꼭 필요한 사람에게만 전달되어야 한다는 원칙이다.
- **부분화의 원칙** : 내용과 가치의 정도에 따라 다른 비밀과 관련되지 않게 독립시키거나 부분적으로 있게 하여야 한다는 원칙이다.
- **보안과 능률의 원칙** : 보안과 능률은 서로 상반되는 성질을 지니고 있으므로 양자의 균형이 유지되도록 하여야 한다는 원칙이다.

〈출처〉 김계원, 「경호학」, 진영사, 2012, P. 192

☐ 안전대책 및 검측활동은 행사장 내·외부에 산재한 인적, 물적, 지리적 취약요소의 안전대책을 강구하고 내·외곽 시설물의 폭발물 탐지·제거, 안전점검 및 경호대상자의 음식물에 대한 검식작용을 통합한 것이다. 기출 13

경호안전대책작용(안전대책 및 검측활동)에 대한 설명이다. 답 ○

☐ 근접경호원은 사전에 행사장의 안전점검을 실시하여 위해물질의 색출 및 제거활동을 수행하는 것을 임무로 한다. 기출 13

경호안전대책작용(안전대책 및 검측활동)에 관한 설명으로 사전예방경호작용 중의 하나이다.

답 ×

☐ 다음 중 경호안전대책작용에 관한 설명으로 옳지 않은 것은 'ㄷ'이다. 기출 13

ㄱ. 안전검사 : 이용하는 기구 및 시설 등의 안전상태 검사
ㄴ. 안전점검 : 폭발물 등 각종 유해물 탐지 및 제거
ㄷ. 안전평가 : 위해 여건을 제공할 수 있는 자연물·인공물에 대한 검사 및 유지
ㄹ. 안전유지 : 안전점검 및 검사가 이루어진 상태를 관리·통제

안전대책의 3대 작용원리는 안전점검, 안전검사, 안전유지로 안전평가는 이에 해당하지 않는다. 또한 경호대상자에게 위해 여건을 제공할 수 있는 자연물·인공물에 대하여 위해를 가할 수 없는 상태로 전환시키는 작용을 안전검측이라 한다. 답 ○

☐ 안전점검은 폭발물 등 각종 유해물을 탐지·제거하는 것이고 안전검사는 이용하는 기구·시설의 안전상태를 검사하는 것이며, 안전점검과 안전검사가 이루어진 상태를 계속 유지하기 위해 통제하는 것을 안전유지라고 한다. 기출 06

안전대책의 3대 작용원리(안전점검, 안전검사, 안전유지)에 관한 설명이다. 답 ○

☐ 안전검사, 안전점검, 안전판단, 안전유지 중 경호의 사전안전대책 3대 작용원칙이 아닌 것은 안전판단이다. 기출 10

경호의 사전안전대책의 3대 작용원리는 안전점검, 안전검사, 안전유지이다. 답 ○

☐ 계획수립 활동은 경호 관련 기본정보, 분석정보, 판단정보, 예고정보 등을 작성하여 경호지휘소에 전파하는 것이다. 기출 13

경호정보작용(활동)에 관한 설명이다. 답 ×

☐ 경호정보작용 중 공개성은 첩보를 통해 생성하는 과정에서 사용자에게 공개적으로 제공하는 것을 의미한다. 기출 13

경호정보작용(활동)은 경호활동의 원천적 사전지식을 생산·제공하는 것으로 경호대상자의 신변안전을 위협하는 인적·물적·지리적 취약요소를 사전에 수집·분석·예고함으로써 예방경호를 수행하는 업무이다. <u>경호정보작용은 정확성, 적시성, 완전성의 요건을 갖추어야 한다</u>. 답 ×

☐ 경호임무의 단계별 절차는 준비단계 – 계획단계 – 행사단계 – 평가단계이다. 기출 21·20

경호임무의 단계별 절차는 계획단계 – 준비단계 – 행사단계 – 평가단계이다. 답 ×

☐ 경호임무 수행절차 중 계획단계는 경호임무 수령 후부터 선발대가 행사장에 도착하기 전까지의 경호활동이다. 기출 21 · 16 · 10 · 08

계획단계에 관한 설명이다. 답 ○

☐ 계획수립은 행사에 관련된 정보를 획득하여 필요한 인원과 장비, 선발대 파견 일정 등을 결정하는 활동이다. 기출 16

계획수립에 관한 설명이다. 답 ○

☐ 경호임무 수행절차 중 준비단계는 경호대상자가 행사장에 도착한 후부터 행사시작 전까지의 경호활동을 말한다. 기출 16 · 08

준비단계는 경호대상자가 아닌 '경호원'이 행사장에 도착한 후부터 행사시작 전까지의 경호활동을 말한다. 즉, 행사장 안전검측, 취약요소 분석, 최종적인 대안이 제시되는 단계이다. 답 ×

☐ 경호임무 수행절차 중 준비단계는 행사장 안전검측, 취약요소 분석, 최종적인 대안이 제시되는 단계이다. 기출 10

준비단계는 경호원이 행사장에 도착한 후부터 행사시작 전까지의 경호활동으로서, 행사장 안전검측, 취약요소 분석, 최종적인 대안이 제시되는 단계이다. 답 ○

☐ 경호임무 수행절차 중 행사단계는 경호대상자가 집무실을 출발해서 행사장에 도착하여 행사가 진행된 이후 복귀 시까지의 경호활동이다. 기출 21 · 16 · 08

행사(실시)단계에 관한 설명이다. 답 ○

☐ 경호임무 수행절차 중 행사단계는 경호원이 행사장에 도착한 후부터 행사시작 전까지의 단계이다. 기출 10

준비단계에 관한 설명이다. 답 ×

☐ 경호임무 수행절차 중 평가단계에서는 경호 실시결과를 분석하고 평가하여 이를 보완한다. 기출 21 · 16

평가단계에 관한 설명이다. 답 ○

☐ 경호임무 수행절차 중 결산단계(평가단계)는 경호행사 종료부터 철수 및 결과 보고하는 단계이다. 기출 10 · 08

결산단계(평가단계)에 관한 설명이다. 답 ○

핵심만 콕 **경호임무 수행단계**

- **1단계 계획단계** : 경호임무 수령 후 선발대가 행사장에 도착하기 전까지의 단계이다.
- **2단계 준비단계** : 경호원이 행사장에 도착한 후부터 행사가 시작되기 전까지의 경호활동으로, 행사장 안전검측, 취약요소 분석, 최종적인 대안이 제시되는 단계이다.
- **3단계 행사(실시)단계** : 경호대상자가 집무실을 출발해서 행사장에 도착하여 행사를 진행한 후 출발지까지 복귀하는 단계이다.
- **4단계 결산단계(평가단계)** : 경호행사 종료부터 철수 및 결과를 보고하는 단계이다.

☐ 경호업무 수행절차를 순서대로 올바르게 나열하면, '정보수집 · 분석 → 위협평가 → 검측활동 → 경호계획 수립 → 근접경호'이다. 기출 14

경호업무는 정보수집 · 분석 → 위협평가 → 경호계획 수립 → 검측활동 → 근접경호 순서로 진행된다.

답 ×

☐ 현장답사는 행사장에 도착한 후 행사 시작 전까지의 경호활동으로서 준비하는 단계를 말한다. 기출 13

경호임무 수행절차 중 준비단계에 관한 설명이다. 현장답사는 행사 예정장소인 현장에 직접 가서 실제의 상황을 파악함으로써 경호계획을 세우기 위한 활동이다. 답 ×

☐ 다음 중 경호 현장답사 시 고려사항이 아닌 것은 'ㄹ'이다. 기출 19

ㄱ. 행사장의 기상, 특성, 시설 등에 대한 취약 여건 판단
ㄴ. 행사장 출입, 통제범위 및 경호인력 규모 판단
ㄷ. 행사장의 직시고지와 직시건물 등에 대한 경호환경 판단
ㄹ. 개인별 사전임무 및 비상상황 시 개인별 임무

개인별 사전임무 및 비상상황 시 개인별 임무는 경호 현장답사 시 고려사항이 아닌 근접경호의 수행절차와 관련하여 명령하달단계에서 부여되는 사항이라고 볼 수 있다. 답 ○

☐ 다음 중 행사장 현장답사 시 고려해야 할 사항에 해당되지 않는 것은 'ㄷ'이다. 기출 09

ㄱ. 행사장 진입로, 주통로 등을 고려하여 기동수단 및 승·하차 지점을 확인한다.
ㄴ. 행사장 통제범위 및 경호원 동원 범위를 판단한다.
ㄷ. 행사장 출입자에 대한 시차입장계획을 수립한다.
ㄹ. 행사장의 특성, 구조, 시설 등에 대한 취약 여건을 판단한다.

행사장 출입자에 대한 시차입장계획 수립은 행사장 출입자통제 시 고려할 사항이다. 답 ○

☐ 다음 중 경호행사장 현장답사 시 고려사항이 아닌 것은 'ㄴ'이다. 기출 08

ㄱ. 행사장과 그 주변은 물론 교통과 관련된 시설이나 행·환차 코스가 포함되어야 한다.
ㄴ. 대규모행사가 예상되는 장소라면 지역의 집회나 공연 관련 관계법, 조례 등을 살펴보고 관계기관에 신고한다.
ㄷ. 주최 측과 협조하여 행사의전계획서를 확보하고 행사장의 기상, 특성, 구조, 시설 등에 대한 여건을 판단한다.
ㄹ. 경호행사장 현장답사 시 행사장에 CP를 설치하고 미리 유·무선망 설치를 완료한다.

ㄴ은 현장답사 시 고려사항에 속하며, 현장답사 시에 지휘소(CP ; Command Post)를 설치하고 유·무선망 설치를 완료한다(ㄹ)는 것은 너무 성급하다고 볼 수 있다. 답 ×

핵심만 콕 **현장답사 시 고려사항**

- 주최 측과 협조하여 행사의전계획서를 확보
- 행사장의 기상, 특성, 구조, 시설 등에 대한 취약 여건 판단
- 취약요소를 분석하고 안전대책에 대한 판단기준 설정
- 출입과 통제범위 및 병력동원 범위 판단
- 헬기장 선정(안전공간, 주변 여건)
- 진입로, 주통로, 주차장 등을 고려하여 기동수단 및 승·하차 지점 판단

☐ 다음 중 경호임무의 포함요소 중 행사 일정 계획 시 고려되지 않는 사항은 'ㄷ'이다. 기출 18

ㄱ. 출발 및 도착 일시
ㄴ. 기동방법 및 수단
ㄷ. 행사에 참석하는 공무원의 명단
ㄹ. 방문지역의 지리적 특성

행사에 참석하는 공무원의 명단은 연락 및 협조체제 구축 시 고려사항이다. 답 ○

☐ 다음 중 경호임무의 포함요소 중 행사 일정에서 고려할 요소로 옳지 않은 것은 'ㄴ'이다. 기출 14

ㄱ. 방문지역의 지리적 특성
ㄴ. 수행원이 유숙할 숙소의 명칭과 위치
ㄷ. 기동방법 및 수단
ㄹ. 언론의 보도 여부 및 제한사항

언론의 보도 여부 및 제한사항(ㄹ)은 연락 및 협조체제 구축 시 고려사항이다. 답 ×

☐ 다음 중 경호형성 및 준비작용에서 연락 및 협조체제 구축 시의 고려사항이 아닌 것은 'ㄱ'이다. 기출 12

ㄱ. 공식 및 비공식 수행원에 관한 사항
ㄴ. 경호대상자와 수행원의 편의시설
ㄷ. 경호대상자의 행사참석 범위, 행사의 구체적인 성격
ㄹ. 취재진의 인가 및 통제 상황

공식 및 비공식 수행원에 관한 사항은 행사 일정 및 임무수령에 포함될 사항이다. 답 ○

핵심만 콕 경호형성 및 준비작용 시 고려사항

구분	내용
행사 일정 및 임무수령에 포함될 사항	• 출발 및 도착 일시, 지역(도착 공항 등)에 관한 사항 • 공식 및 비공식 수행원에 관한 사항 • 경호대상자의 신상에 관한 사항 • 의전에 관한 사항 및 관련 소요비용에 관한 사항 • 방문지역이나 국가의 특성(기후, 지리, 치안 등)에 관한 사항 • 방문지역에서 수행원 등이 숙박할 숙박시설의 명칭과 위치 등에 관한 사항 • 이동수단 및 방법에 관한 사항 • 경호대상자가 참석해야 할 모든 행사와 활동범위에 관한 사항 • 방문지에서 경호대상자와 접촉하게 되는 의전관련자, 관료, 기업인 등에 관한 사항 • 방문단과 함께 움직이는 취재진에 관한 사항 • 경호안전에 영향을 줄 수 있는 행사주최나 방문국의 요구사항
연락 및 협조체제 구축 시 고려사항	• 기후변화 등의 악천후 시를 고려한 행사스케줄과 행사관계자의 시간계획에 관한 사항 • 모든 행사장소와 행사에 참석하는 손님, 진행요원, 관련 공무원, 행사위원 등의 명단 • 경호대상자의 행사참석 범위, 행사의 구체적인 성격 등 • 경호대상자와 수행원의 편의시설(휴게실, 화장실, 분장실 등) • 행사 시 경호대상자가 관여하는 선물증정식 등 • 취재진의 인가 및 통제 상황 • 기타 행사참석에 영향을 줄 수 있는 요인

☐ 신변보호의 예방작용 단계별 순서를 순서대로 나열하면 ㄹ - ㄱ - ㄷ - ㄴ이다.
기출 18·10

ㄱ. 조사단계	ㄴ. 무력화단계
ㄷ. 인지단계	ㄹ. 예견단계

예방경호작용 수행단계는 예견단계(ㄹ) - 인지단계(ㄷ) - 조사단계(ㄱ) - 무력화단계(ㄴ) 순이다.
답 ×

☐ 신변보호의 예방작용은 예측단계 - 인지단계 - 분석단계 - 억제단계로 구성된다.
기출 13

신변보호 예방작용의 수행단계는 1단계 예견(예측)단계 - 2단계 인식(인지)단계 - 3단계 조사(분석)단계 - 4단계 무력화(억제)단계로 구성된다.
답 ○

☐ 신변보호의 예방작용단계 중 정보 및 첩보의 수집범위가 확대될 수 있으며, 이에 대한 인력, 장비, 예산의 증가가 요구되는 과정은 예측단계이다. 기출 13

예견(예측)단계는 신변보호대상자에게 영향을 줄 수 있는 각종 장애요소 또는 위해요소에 대하여 정·첩보를 수집하고 분석하는 단계로서, 상황에 따라 정보 및 첩보의 수집범위가 확대될 수 있으며, 이에 따라 인력, 장비, 예산의 증가가 요구되는 단계이다.
답 ○

☐ 신변보호의 예방작용단계 중 수집·분석된 정보 및 첩보 내용 중에 위해 가능성이 있는지 확인하고 판단하는 과정은 분석단계이다. 기출 13

수집·분석된 정보 및 첩보 내용 중에 위해 가능성이 있는지 확인하고 판단하는 과정은 인식(인지)단계이다.
답 ×

☐ 사전경호활동 중 수집된 정·첩보 중에서 위해 가능성이 있는지를 확인하고 판단하는 과정으로서 정확하고 신속하며 종합적인 고도의 판단력을 필요로 하는 것은 '조사단계'이다.
기출 09

제시된 내용은 인식단계에 관한 설명이다.
답 ×

☐ 신변보호의 예방작용단계 중 위해요인을 차단하고 무력화시키는 과정은 억제단계이다.
기출 13

위해요인을 차단하고 무력화시키는 과정은 무력화(억제)단계이다.
답 ○

핵심만 콕 **신변보호의 예방작용단계**

예견(예측)단계	신변보호대상자에게 영향을 줄 수 있는 각종 장애요소 또는 위해요소에 대하여 정·첩보를 수집하고 분석하는 단계
인식(인지)단계	수집된 정·첩보 중에서 위해 가능성이 있는지를 확인하고 판단하는 과정으로서 정확하고 신속하며 종합적인 고도의 판단력을 필요로 하는 단계
조사(분석)단계	위해 가능성이 있다고 판단된 위해요소를 추적하고 사실 여부를 확인하는 단계로, 과학적이고 신중한 행동이 요구되는 단계
무력화(억제)단계	예방경호작용의 마지막 단계로서, 이전 단계에서 확인된 실제 위해요소를 차단하거나 무력화하는 단계

☐ 사전경호활동 준비 시 경호대상자에 대한 신상 및 의료자료는 사생활 보호차원에서 파악할 필요는 없다. 기출 09

사전경호활동 준비 시 경호대상자에 대한 신상 및 의료자료는 비상 및 안전대책을 수립하는 등 제반 경호조치를 판단하는 자료이므로 이에 대해 확인할 필요가 있다. 답 ×

☐ 사전경호활동 준비 시 경호활동계획은 주로 행사주최 측에서 작성한 행사계획에 근거하여 작성한다. 기출 09

경호활동계획의 작성에 관한 설명으로 옳다. 답 ○

☐ 사전경호활동 준비 시 행사장소와 주변시설에 대한 자료를 이용하여 행사장에 대한 잠재적 위해요소를 판단한다. 기출 09

사전경호활동 준비 시 행사장소와 주변시설에 대한 자료를 이용하여 행사장에 대한 잠재적 위해요소를 판단하고, 행사장에 대한 인적·물적·지리적 정보를 수집하여 지원요소의 소요를 판단한 후 세부계획을 수립한다. 답 ○

☐ 사전경호활동 준비 시 각 근무지별로 부여된 임무수행을 위해 점검리스트를 작성하고, 근무지별 세부활동계획을 수립한다. 기출 09

사전경호활동 준비 시 각 근무지별로 부여된 임무수행을 위한 활동계획을 세우고, 점검활동을 위한 점검리스트를 작성하며, 근무지별 세부활동계획을 수립한다. 답 ○

☐ 다음 중 행사장 비상대책 수립 시 우선적으로 고려해야 하는 요소가 아닌 것은 'ㄱ'이다.

기출 17

ㄱ. 비상장비
ㄴ. 비상통로
ㄷ. 비상대피소
ㄹ. 비상대기차량

비상상황 발생 시 가장 이상적인 즉각조치의 방법은 경호대상자를 안전지대로 얼마나 신속하게 대피시키느냐에 달려 있다 할 것이다. 이러한 측면에서 비상장비는 행사장 비상대책 수립 시 우선적으로 고려해야 하는 요소에 해당하지 않는다.

답 O

핵심만 콕 **비상대책**

비상대피계획		비상대응계획	
비상대피로	위험 발생 현장을 벗어나기 위한 대피통로	소방대책	화재 경보 및 진압을 위한 장비 및 계획
비상대피소	비상시 잠시 안전하게 머무를 수 있는 장소	전기대책	정전 시 대비책(비상전원, DC등, 플래시 등)
비상대기차량	비상시 별도로 사용할 수 있는 예비차량	구조대책	승강기 고상 또는 고층건물로부터의 탈출계획
예비도로	주도로 사용 불가 시 사용할 수 있는 우회도로	구급대책	응급처치를 위한 의료장비와 약품 및 최기병원

〈출처〉 이두석, 「경호학개론」, 진영사, 2018, P. 280

02 사전예방경호(선발경호)

1 사전예방경호방법

☐ 사전예방경호와 관련하여 지휘체계는 외곽 근무자와 내부 근무자를 별도로 관리하는 것이 효율적이다. 기출 21

경호지휘단일성의 원칙상 명령과 지휘체계는 반드시 하나의 계통으로 구성해야 한다. 따라서 외곽 근무자와 내부 근무자를 별도로 관리하는 것은 지휘 및 통제의 이원화로 인해 비효율적이다.

답 ×

☐ 사전예방경호활동은 경호대상자(VIP)의 절대 안전을 보장하기 위한 사전 방책을 강구하는 것을 말하며 크게 선발활동과 근접활동으로 구분한다. 기출 06

사전예방경호란 선발경호라고도 하며, 경호대상자가 도착하기 전에 현장조사를 실시하고 효과적인 경호협조와 경호준비를 하는 것을 말한다. 근접활동은 수행경호에 해당하며, 원칙적으로 사전예방경호활동에 포함되지 않는다.

답 ×

☐ 외곽 근무자는 돌발사태에 대비하여 예비대, 비상통로, 소방·구급차 및 운용요원을 확보하고 비상연락망을 유지한다. 기출 12

내곽 근무자의 임무에 해당한다.

답 ×

☐ 내곽경비는 돌발사태에 대비하여 예비대·비상통로·소방차·구급차 등을 확보한다. 기출 11

내곽경비에 관한 설명이다.

답 ○

☐ 다음 중 출입통제 담당자의 업무로 옳지 않은 것은 'ㄴ'이다. 기출 21

ㄱ. 참석대상의 입장계획을 세운다.
ㄴ. 비상계획 및 일반예비대를 운용한다.
ㄷ. 출입구의 원활한 소통을 위해 출입통로를 지정한다.
ㄹ. 위해기도자와 위험물품 확인을 위한 검문검색을 한다.

비상계획 및 일반예비대의 운용은 안전대책 담당자의 업무에 해당한다.

답 ○

☐ 행사장 취약시설물과 최기병원 등 사실적 관계 확인은 안전대책 담당이다. 기출 18

건물의 안전성 여부 확인, 상황별 비상대피로 구상, 행사장 취약시설물 파악, 최기병원 확인 등 사실적 관계 확인은 안전대책 담당의 수행업무이다. 답 ○

☐ 안전구역 확보계획 검토, 건물의 안전성 여부, 상황별 비상대피로 구상, 행사장 취약시설물, 직시건물, 공중감시 대책 등 사실적 관계 확인 등은 안전대책 담당자의 업무에 해당한다. 기출 05

안전대책 담당자의 업무 내용에 대한 설명이다. 답 ○

☐ 선발경호는 사전에 점검하지 않은 지역이나 장소에 접근하지 않도록 경호대상자 측근에서 수행한다. 기출 18

기동 간이나 행사장에서 실시하는 근접호위작용인 근접경호에 관한 설명이다. 선발경호는 경호대상자보다 먼저 경호행사장에 도착하여 위해요소를 점검하고 안전을 확보하는 활동을 말한다.

답 ×

☐ 다음 중 선발경호활동에 해당하는 것은 'ㄷ'이다. 기출 16

ㄱ. 차량 경호대형 선정
ㄴ. 기동 간 경호기만
ㄷ. 경호지휘소(C・P) 운용
ㄹ. 복제(複製) 경호원 운용

선발경호는 경호대상자보다 먼저 경호행사장에 도착하여 위해요소를 점검하고 안전을 확보하는 활동으로, 경호계획 최종 확인 및 변동사항 정리, 비상대책 확인 등 종합적인 경호활동 점검 및 경호지휘소(C・P)를 운용하여 변동・특이사항을 점검하는 역할 등을 한다. 답 ○

☐ 예방적 경호조치는 위해자의 입장이 아닌 경호원의 입장에서 면밀히 분석되고 조치되어야 한다. 기출 16

예방적 경호조치는 위해자의 입장에서 면밀히 분석되고 조치되어야 한다. 답 ×

☐ 발생한 위험에 대응하여 경호대상자를 보호하는 것은 선발경호의 목적이다. 기출 15

발생한 위험에 대응하여 경호대상자를 보호하는 것은 근접경호이다. 답 ×

☐ 출입통로 지정, 시차입장, 본인 여부 확인, 비표 운용, 검문검색, 주차관리를 총칭하는 개념은 출입통제이다. 기출 18

출입통제 담당자의 업무 내용이다.

답 ○

☐ 선발경호원 중 내부경비(안전구역) 근무자는 경호대상자의 입장이 완료되면 복도, 화장실, 로비, 휴게실 등을 통제한다. 기출 16

경호대상자의 입장이 완료된 후 복도, 화장실, 로비, 휴게실 등을 통제하는 것은 선발경호원 중 주행사장 내부 담당자의 업무이다.

답 ○

☐ 경호임무 수행 시 행사장 내부 담당자의 임무에 해당되지 않는 것은 'ㄷ'이다. 기출 09

ㄱ. 차량공격 및 직시건물에 대한 안전조치를 강화한다.
ㄴ. 행사장 내 단상, 천장, 각종 집기류를 점검한다.
ㄷ. 경호대상자 동선 및 좌석위치에 따른 비상대책을 강구한다.
ㄹ. 경호대상자의 휴게실 및 화장실에 대한 안전점검을 실시한다.

경호대상자 동선 및 좌석위치에 따른 비상대책을 강구(ㄷ)하는 것은 행사장 내부 담당자의 임무에 해당하며, 차량공격 및 직시건물에 대한 안전조치를 강화하는 것(ㄱ)은 행사장 외부 담당자의 임무이다.

답 ×

☐ 내부경비는 입장자와 입장 중인 자에 대해 입장표지 패용 여부 등을 확인하고 계속적인 경계를 유지한다. 기출 11

행사장 내부는 경호대상자가 머무르는 공간으로 안전이 절대적으로 확보되어야 하므로, 입장자와 입장 중인 자에 대해서도 입장표지 패용 여부 등을 확인하고 계속적인 경계를 유지해야 한다.

답 ○

☐ 행사장 내부경비(제1선)는 입장자에 대한 비표 패용을 확인하고 사전 폭발물 설치에 대비하여 완벽한 검측을 하여야 한다. 기출 06

3중 경호의 원칙 중 제1선(내부 – 안전구역)에 관한 설명이다.

답 ○

☐ 행사장 내곽경비(제2선)는 돌발사태를 대비하여 비상통로, 소방차, 구급차 등을 확보하여 요원과 함께 대기하도록 한다. 기출 06

3중 경호의 원칙 중 제2선(내곽 – 경비구역)에 관한 설명이다.

답 ○

☐ 행사장 외곽경비(제3선)는 행사장 주변 감시조를 운용하며 외부로부터 내부로의 불심자 접근을 차단하는 데 주력한다. 기출 06

3중 경호의 원칙 중 제3선(외곽 – 경계구역)에 관한 설명이다. 답 ○

☐ 선발경호원 중 외곽경비(경계구역) 근무자는 행사장 주변의 취약요소를 봉쇄, 감시할 수 있는 위치를 선정하고 기동순찰조를 운용하여 불순분자 접근을 차단한다. 기출 16·11

선발경호원 중 주행사장 외부 담당자의 업무이다. 답 ○

☐ 접견예상에 따른 대책 및 참석자 안내계획의 수립은 (주)행사장 외부 담당자의 업무이다. 기출 13

주행사장 내부 담당자의 임무에 해당한다. 답 ×

☐ 다음 중 경호행사 시 주행사장 외부 담당자의 업무 내용이 아닌 것은 'ㄷ'이다. 기출 10

ㄱ. 차량 및 공중강습에 대한 대비책을 수립한다.
ㄴ. 외곽 감제고지, 직시건물에 대한 안전조치를 한다.
ㄷ. 경호대상자 동선 및 좌석위치에 따른 비상대책을 강구한다.
ㄹ. 경비 및 경계구역 내에 대한 안전조치를 강화한다.

경호대상자 동선 및 좌석위치에 따른 비상대책 강구는 주행사장 내부 담당자의 업무이다. 답 ○

☐ 다음 중 경호임무 수행 시 행사장 내부 안전구역에 관한 임무 내용이 아닌 것은 'ㄹ'이다. 기출 08

ㄱ. 행사장 내 인적·물적 위해요인 접근통제 및 차단계획 수립
ㄴ. 경호대상자의 휴게실 및 화장실의 위치 파악
ㄷ. 경호대상자의 동선 및 좌석위치에 따른 비상대책 강구
ㄹ. 안전구역 내 단일 출입로 설정 및 비상차량 운용계획 수립

안전구역 내 단일 출입로 설정 및 비상차량 운용계획 수립은 행사장 외부 담당자의 임무 내용이다. ㄱ~ㄷ은 행사장 내부 담당자의 임무 내용이다. 답 ○

☐ 다음 중 경호임무 수행 시 행사장 내부 담당자의 임무수행 내용과 거리가 먼 것은 'ㄱ'이다.
기출 07

ㄱ. 경비 및 경계구역에 대한 안전조치를 강화한다.
ㄴ. 경호대상자의 휴게실 및 화장실의 위치를 파악한다.
ㄷ. 행사장 내 각종 집기류를 최종 확인한다.
ㄹ. 행사장 내 인·물적 접근통제 계획을 수립한다.

ㄱ(경비 및 경계구역에 대한 안전조치를 강화한다)은 주행사장 외부 담당자의 임무이다. 답 ○

☐ 다음 중 경호행사 시 주행사장 내부 담당자의 업무수행 내용과 거리가 먼 것은 'ㄴ'이다.
기출수정 06

ㄱ. 행사장 내 접근통제 및 차단계획을 수립한다.
ㄴ. 경비 및 경계구역에 대한 안전조치를 강화한다.
ㄷ. 각종 집기류를 최종 점검한다.
ㄹ. 행사장의 단일 출입 및 경호대상자의 동선에 대한 안전도를 확인한다.

ㄴ(경비 및 경계구역에 대한 안전조치를 강화한다)은 주행사장 외부 담당자의 임무이다. 답 ○

☐ 행사장 내외곽 시설물에 대한 폭발물의 탐지와 안전점검을 실시하는 것은 행사장 출입자의 통제와 관리를 위한 담당 경호원의 임무이다. 기출 04

주행사장 외부 담당자의 임무에 해당한다. 답 ×

☐ 다음 중 경호임무 수행 시 행사장 내부 담당 경호원의 임무 내용이 아닌 것은 'ㄹ'이다.
기출 05

ㄱ. 행사장 상·하층, 좌·우 인접 사무실에 대한 검측 후 근무자를 확보한다.
ㄴ. 행사장의 단일 출입 및 단상, 천장, 피경호인의 동선에 대한 안전도를 확인한다.
ㄷ. 피경호인 접견자에 대한 안전대책 및 참석자 안내계획을 수립한다.
ㄹ. 행사장 승·하차 지점과 경비구역의 검문검색을 강화한다.

행사장 승·하차 지점의 검문검색은 출입통제 담당자의 임무 내용이고, 경비구역의 검문검색(안전조치) 강화는 행사장 외부 담당자의 임무에 해당한다. 답 ○

☐ 다음 중 행사장 내부 담당 경호원의 임무 내용이 아닌 것은 'ㄷ'이다. 기출 04

ㄱ. 행사장 내 인·물적 접근통제 계획을 수립한다.
ㄴ. 행사장의 단일 출입 및 단상, 천장, 피경호인의 동선에 대한 안전도를 확인한다.
ㄷ. 경비 및 경계구역에 대한 안전조치를 강화한다.
ㄹ. 피경호인의 휴게실 및 화장실의 위치를 파악한다.

ㄷ(경비 및 경계구역에 대한 안전조치를 강화한다)은 행사장 외부 담당자의 임무이다. 답 ○

핵심만 콕 **주행사장 내부 담당자 및 외부 담당자의 주요 임무(업무)**

내부 담당자	외부 담당자
• 접견예상에 따른 대책 및 참석자 안내계획 수립 • 경호대상자 동선 및 좌석위치에 따른 비상대책 강구 • 행사장 내 인적·물적 위해요인 접근통제 및 차단계획 수립 • 정전 등 우발상황을 대비한 각 근무자 예행연습 실시(필요시 방폭요, 역조명, 랜턴, 손전등을 비치) • 경호대상자의 휴게실, 화장실 위치 파악 및 안전점검 실시 • 행사장 내 단상, 천장, 각종 집기류를 최종 점검	• 방탄막 설치 및 비상차량 운용계획 수립 • 경비 및 경계구역 내에 대한 안전조치 강화 • 차량 및 공중강습에 대한 대비책 수립 • 안전구역 내 단일 출입로 설정 • 외곽 감제고지 및 직시건물에 대한 안전조치 실시 • 지하대피시설 점검·확보 • 취약요소, 직시시점을 고려하여 단상, 전시물 등을 설치

☐ 선발경호원은 출입자 통제관리를 위하여 초청장 발급, 출입증 착용 여부를 확인한다. 기출 16

선발경호원 중 출입통제 담당자의 업무이다. 답 ○

☐ 다음 중 출입통제 담당자의 책임 업무에 해당하는 것은 'ㄷ'이다. 기출 16

ㄱ. 출입차량 검색 및 지정장소 안내
ㄴ. 지하대피시설 점검 및 확보
ㄷ. 구역별 비표 구분
ㄹ. 병력운용계획 수립

ㄱ(출입차량 검색 및 지정장소 안내)은 승하차 및 정문 담당자의 임무이고, ㄴ(지하대피시설 점검 및 확보)은 주행사장 외부 담당자의 임무이며, ㄹ(병력운용계획 수립)은 작전 담당자의 임무에 해당한다. 답 ○

☐ 선발경호 시 주최 측의 행사진행계획을 면밀히 검토하여 참석대상, 성격분석, 시차별 입장계획 등을 작전 담당에게 전달하는 업무를 수행하는 것은 '작전 담당'이다. 기출 15

행사 참석대상 및 성격분석, 안전 및 질서를 고려한 시차별 입장계획 등을 작전 담당에게 전달하는 담당은 출입통제 담당자이다.

답 ×

☐ 선발경호에서 안전구역 확보계획 검토, 행사장 취약시설물, 최기병원, 비상 및 일반예비대 운용방법, 공중 감시대책 등 사실적 관계를 확인하는 등의 업무를 수행하는 것은 '출입통제 담당'이다. 기출 14

안전대책 담당이 수행하는 업무이다.

답 ×

☐ 행사장 정문 근무자(공경호)는 초청장 등을 확인하고 거동수상자를 검문·검색한다. 기출 13

초청장 등을 확인하고 거동수상자를 검문·검색하는 것은 출입자 통제를 위한 행사장 정문 근무자의 임무이다.

답 ○

☐ 출입자 통제를 위해 정문 근무자는 행사 주최 측과 협조하여 초청장 발급·비표 패용 여부 등을 확인한다. 기출 12

출입자 통제를 위해 정문 근무자는 행사 주최 측과 협조하여 초청장 발급·소지 여부, 비표 패용 여부를 확인하고 거동수상자를 철저히 검문·검색하여야 한다.

답 ○

☐ 행사장 공경호는 국민의례 등에 참여하지 않고 군중경계에 전념하여 돌발사태 대비자세를 갖추어야 한다. 기출 13

행사장 공경호는 국민의례 등에 참석하지 않고 오로지 군중경계에 전념하여 돌발사태 발생 시 바로 대응할 수 있는 자세를 갖추고 있어야 한다.

답 ○

☐ 행사장 공경호는 돌발사태 대비, 비상통로 확보, 소방차, 구급차 등을 대기시켜야 한다. 기출 13

행사장 공경호는 돌발사태에 대비하여 예비대·비상통로·소방차·구급차 등을 확보하여 대기시켜야 한다.

답 ○

☐ 행사장 공경호는 외곽경비 시는 행사장 주변의 취약요소를 봉쇄감시하고 참석자들의 비표 패용 여부를 확인한다. 기출 13

행사장 공경호는 외곽경비 시에는 행사장 주변의 취약요소를 봉쇄감시할 수 있는 위치를 선정하여 감시조를 운용하며, 출입자 통제관리 시에는 행사 주최 측과 협조하여 초청장 발급과 비표 패용 여부를 확인하고, 거동수상자와 배회하는 자를 철저히 검문하여야 한다. 답 ×

☐ 행사장 경호요원은 행사장 주변 취약요소 건물을 감시할 수 있는 위치를 선정하여 감시조를 운영한다. 기출 04

행사장 외곽 경호업무에 해당한다. 답 ○

☐ 내부 근무자는 입장자의 비표를 확인하고 행사 진행 중 계획에 없는 움직임을 통제한다. 기출 21 · 12

행사장 내부 근무자는 입장자(출입자)의 비표를 확인하고, 행사 진행 중 계획에 없는 움직임을 통제하여야 한다. 답 ○

☐ 행사장 경호업무 시 입장비표를 부착하지 않은 자는 어떤 경우에도 입장을 금지시킨다. 기출 04

행사장 내부 근무자는 입장비표를 부착하지 않은 자는 어떤 경우에도 입장을 허용해서는 안 된다. 답 ○

☐ 선발경호 시 정보수집 및 분석, 인원 운용계획, 시간 사용계획, 관계관 회의 시 주요 지침사항, 예상문제점, 참고사항 등 계획 및 임무별 진행사항을 점검, 통합 세부계획서 작성 등의 업무를 수행하는 것은 '작전 담당'이다. 기출 12

작전 담당자의 임무에 관한 설명이다. 답 ○

☐ 다음 중 경호행사에서 주행사장 내부 담당자의 임무로 옳은 것은 'ㄴ'이다. 기출 11

ㄱ. 차량 및 공중 강습에 대한 대비책을 수립한다.
ㄴ. 접견 예상에 따른 대책 및 참석자 안내계획을 수립한다.
ㄷ. 경비 및 경계구역 내에 대한 안전조치를 강화한다.
ㄹ. 방탄막 설치 및 비상차량 운용계획을 수립한다.

나머지는 모두 주행사장 외부 담당자의 임무에 해당하나, ㄴ(접견 예상에 따른 대책 및 참석자 안내계획을 수립한다)은 주행사장 내부 담당자의 임무에 해당한다. 답 ○

☐ 안전구역 확보계획 검토, 비상 및 일반예비대 운용방법 확인, 최기병원 확인, 병력운용계획 및 비상대책체제 구축은 경호임무수행에 따른 안전대책담당관의 임무에 속한다. 기출 11

병력운용계획 및 비상대책체제 구축은 작전 담당관의 임무에 해당한다. 답 ×

☐ 다음 중 경호원의 분야별 업무담당에 관한 연결이 옳지 않은 것은 'ㄹ'이다. 기출 10

ㄱ. 출입통제 담당 – 참석대상, 주차장 운용계획, 구역별 비표 구분
ㄴ. 안전대책 담당 – 건물의 안전성 여부, 행사장 취약시설물 파악
ㄷ. 승·하차 및 정문 담당 – 진입로 취약요소 파악 및 확보계획 수립
ㄹ. 행정 담당 – 시간사용계획, 관계관 회의 시 주요 지침사항 계획

시간사용계획, 관계관 회의 시 주요 지침사항 계획은 작전 담당의 업무에 해당한다. 답 ○

☐ 사전경호활동 시 시간사용계획, 관계관 회의 시 주요 지침사항, 예상문제점, 참고사항 등을 계획하고 임무별 진행사항 등을 점검하는 담당자는 작전 담당자이다. 기출 09

작전 담당자는 정보수집 및 분석을 통하여 작전구역별 특성에 맞는 인원 운용계획 작성, 비상대책체제 구축에 주력하며 부가적으로 시간사용계획 작성, 관계관 회의 시 주요 지침사항·예상문제점·참고사항(기상, 정보·첩보) 등을 계획하고 임무별 진행사항을 점검하여 통합 세부계획서 작성 등의 업무를 담당한다. 답 ○

☐ 선발경호 시 참석대상 및 성격분석, 시차별 입장계획, 주차장 운용계획, 금속탐지기, 비표 설치장소(안전, 질서 고려), 중간집결지 운용 등을 담당하는 부서는 출입통제 담당이다. 기출 07

제시된 내용은 모두 출입통제 담당의 업무이다. 답 ○

☐ 다음 중 경호원과 분야별 업무담당의 연결이 틀린 것은 'ㄴ'이다. 기출수정 06

ㄱ. 작전 담당 – 작전정보 수집 및 분석, 통합 세부계획서 작성
ㄴ. 차량 담당 – 건물 안전성 여부 확인, 최기병원 선정
ㄷ. 행사장 내부 담당 – 경호대상자 동선 및 좌석위치에 따른 비상대책 강구, 초청좌석의 사복요원 배치
ㄹ. 행사장 외부 담당 – 안전구역 내 단일 출입로 선정, 경비 및 경계구역 내 안전조치 강화

건물 안전성 여부 확인, 최기병원 선정은 안전대책 담당자의 업무이다. 답 ○

핵심만 콕 **경호원의 분야별 업무담당**

- **작전 담당** : 작전정보 수집 및 분석을 통하여 작전구역별 특성에 맞는 병력운용계획 작성, 비상대책체제 구축에 주력하며 부가적으로 시간사용계획 작성, 관계관 회의 시 주요 지침사항 · 예상문제점 · 참고사항(기상, 정보 · 첩보) 등을 계획하고 임무별 진행사항을 점검하여 통합 세부계획서 작성 등
- **출입통제 담당** : 행사 참석대상 및 성격분석, 출입통로 지정, 본인 여부 확인, 검문검색, 주차장 운용계획, 중간집결지 운용, 구역별 비표 구분, 안전 및 질서를 고려한 시차별 입장계획, 상주자 및 민원인 대책, 야간근무자 등의 통제계획을 작전 담당에게 전달 등
- **안전대책 담당** : 안전구역 확보계획 검토, 건물의 안전성 여부 확인, 상황별 비상대피로 구상, 행사장 취약시설물 파악, 비상 및 일반예비대 운용방법 확인, 최기병원(적정병원) 확인, 직시건물(고지) · 공중 감시대책 검토 등
- **행정 담당** : 출장여비 신청 및 수령, 각 대의 숙소 및 식사장소 선정, 비상연락망 구성 등
- **차량 담당** : 출동인원에 근거하여 선발대 및 본대 사용차량 배정, 이동수단별 인원, 코스, 휴게실 등을 계획하여 작전 담당에게 전달 등
- **승 · 하차 및 정문 담당** : 진입로 취약요소 파악 및 확보계획 수립 후 주요 위치에 근무자 배치, 통행인 순간통제방법 강구, 비상 및 일반예비대 대기장소 확인, 안전구역 접근자 차단 및 위해요소 제거, 출입차량 검색 및 주차지역 안내 등
- **보도 담당** : 배치결정된 보도요원 확인, 보도요원 위장침투 차단, 행사장별 취재계획 수립 전파 등
- **주행사장 내부 담당** : 경호대상자 동선 및 좌석위치에 따른 비상대책 강구, 행사장 내의 인적 · 물적 접근통제 및 차단계획 수립, 정전 등 우발상황에 대비한 각 근무자 예행연습, 행사장의 단일 출입 및 단상 · 천장 · 경호대상자 동선 등에 대한 안전도의 확인, 각종 집기류 최종 점검 등
- **주행사장 외부 담당** : 안전구역 내 단일 출입로 설정, 외곽 감제고지 및 직시건물에 대한 안전조치, 취약요소 및 직시지점을 고려한 단상 설치, 경호대상자 좌석과 참석자 간 거리 유지, 방탄막 설치 및 비상차량 운용계획 수립, 지하대피시설 점검 및 확보, 경비 및 경계구역 내에 대한 안전조치 강화, 차량 및 공중강습에 대한 대비책 강구 등

☐ 연례적이고 반복적인 행사장의 사전답사는 생략할 수 있다. 기출 20

행사장 사전답사(현장답사)는 미리 행사장을 돌아보고 의전계획을 확인한 뒤 취약요소를 분석하여 대책을 강구하고 비상 및 안전대책을 수립하는 등 제반 경호조치를 판단하고 보완하는 활동이므로 비록 연례적이고 반복적이더라도 생략할 수는 없고 반드시 실시해야 한다.

답 ×

☐ 보안노출을 예방하기 위해 현장답사는 하지 않는다. 기출 13

현장답사는 미리 행사장을 돌아보고 의전계획을 확인한 뒤 취약요소를 분석하여 대책을 강구하고 비상 및 안전대책을 수립하는 등 제반 경호조치를 판단하고 보완하는 활동이므로 반드시 실시해야 한다.

답 ×

☐ 사전예방경호는 제복경찰관을 반드시 대동하고 실시한다. 기출 13

제복경찰관을 반드시 대동해야 하는 것은 아니며, 오히려 보안유지나 출입통제를 위해 비표를 사용하는 경우가 많다.

답 ×

☐ 가능한 최소의 인원으로 최소한의 활동이 사전예방경호활동이다. 기출 13

사전예방경호란 가용 가능한 전 경호요원을 운용하여 경호대상자의 신변을 보호하는 활동을 말한다.

답 ×

☐ 다음 중 선발경호 단계의 활동으로 볼 수 없는 것은 'ㄱ'이다. 기출 14

ㄱ. 차량 경호대형 선정
ㄴ. 비표 운용
ㄷ. 상황실 운영
ㄹ. 비상대피로 선정

ㄱ(차량 경호대형 선정)은 선발경호 시가 아닌 근접호위활동인 차량기동 간의 우선적 착안사항이다.

답 ○

☐ 다음 중 사전예방경호작용에 포함되지 않는 것은 'ㄱ'이다. 기출 12

ㄱ. 호위작용
ㄴ. 안전대책작용
ㄷ. 경호정보작용
ㄹ. 경호보안작용

ㄱ(호위작용)은 경호대상자의 신체에 대하여 직접적으로 가해지는 위해를 근접에서 방지 또는 제거하는 활동(근접경호작용)으로서 사전예방경호작용에 포함되지 않는다. 사전예방경호작용에는 경호정보작용, 경호보안작용, 위해평가 및 경호수준 결정, 경호계획 수립, 경호팀의 편성 및 배치, 선발경호작용, 안전대책작용 등이 포함된다.

답 ○

☐ 선발경호는 경호대상자가 집무실을 출발해서 행사장에 도착하여 행사를 진행한 후 출발지까지 복귀하는 단계이다. 기출 11

지문은 경호임무 수행단계[계획단계 – 준비단계 – 행사(실시)단계 – 결산단계(평가 및 자료존안단계] 중 행사(실시)단계의 내용이다.

답 ×

2 경호안전작용

☐ 안전대책작용에는 행사장 내외부에 산재한 인적・물적・지리적 취약요소에 대한 안전대책을 포함한다. 기출 20

안전대책작용이란 경호임무를 수행하면서 경호대상자 신변의 위해요소를 사전에 제거하는 활동으로, 행사장 내・외부에 산재한 인적・물적・지리적 취약요소에 대한 안전대책 강구, 행사장 내・외곽 시설물에 대한 폭발물 탐지・제거 및 안전점검, 검측작용, 경호대상자에게 제공되는 각종 음식물에 대한 검식작용 등 통합적 안전작용을 말한다. 답 ○

☐ 안전대책작용이란 행사지역 내・외부에 산재한 취약요소 안전대책 강구, 행사장 시설물 폭발물 탐지・제거 등 통합적 안전작용을 말한다. 기출 16

안전대책작용은 행사장 내・외부에 산재한 인적・물적・지리적 취약요소에 대한 안전대책 강구, 행사장 내・외곽 시설물에 대한 폭발물 탐지・제거 및 안전점검, 검측작용, 경호대상자에게 제공되는 각종 음식물에 대한 검식작용 등 통합적 안전작용이다. 답 ○

☐ 안전대책작용은 행사장 내・외곽 시설물에 대한 폭발물 탐지・제거 및 안전점검, 각종 음식물에 대한 검식작용 등 통합적 안전작용이다. 기출 11

안전대책작용에 관한 설명이다. 답 ○

☐ 원활한 행사를 위하여 경호정보업무, 보안업무, 안전대책업무가 지원되어야 한다. 기출 12

행사장에서는 경호대상자와 일반대중과의 거리가 매우 밀접하게 되므로 경호자의 고도의 안전대책이 요구되고 높은 수준의 경계를 요하며, 원활한 행사를 위하여 경호정보업무, 보안업무, 안전대책업무가 지원되어야 한다. 답 ○

☐ 경호정보작용은 경호작용의 원천적 사전 지식을 생산, 제공하는 것으로 경호대상자의 신변안전을 위한 근접경호 임무이다. 기출 20

경호정보작용은 경호작용의 원천적 사전 지식을 생산・제공하는 것으로, 경호대상자의 신변안전을 위협하는 인적・물적・지리적 취약요소를 사전에 수집・분석・예고함으로써 예방경호를 수행하는 업무이다. 답 ×

☐ 정보순환과정 중 정보요구자 측에서의 주도면밀한 계획과 수집범위의 적절성, 수집활동에 대한 적절한 감독 등이 요구되는 단계는 정보요구단계이다. 기출 12

정보요구단계는 정보요구자 측에서의 주도면밀한 계획과 수집범위의 적절성, 수집활동에 대한 적절한 감독 등이 요구되는 단계이다. 정보요구자(정보사용자)가 필요성의 결정에 따라 첩보의 수집활동을 집중 지시하는 단계로서 정보활동의 기초가 된다.

답 ○

☐ 경호활동 시 정보순환과정의 단계는 정보요구단계 → 첩보수집단계 → 정보생산단계 → 정보배포단계 순으로 진행된다. 기출 10

정보순환과정에 관한 설명이다.

답 ○

핵심만 콕 **경호정보순환과정**

정보요구단계	**정보요구자 측에서의 주도면밀한 계획과 수집범위의 적절성, 수집활동에 대한 적절한 감독 등이 요구되는 단계이다.** 정보요구자(정보사용자)가 필요성의 결정에 따라 첩보의 수집활동을 집중 지시하는 단계로서 정보활동의 기초가 된다.
첩보수집단계	수집기관의 수집지시 및 요구에 의해 첩보를 수집하고 이를 지시 또는 요구한 사용자에게 제공하는 단계이다. 즉, **첩보를 수집·제공하는 단계이다.**
정보생산단계	수집된 첩보를 기록·평가·조사·분석·결론 도출과정을 통해 정보로 전환하여 처리하는 단계로서 학문적 성격이 가장 많이 지배되는 단계이다. 즉, **첩보를 정보로 바꾸는 단계이다.**
정보배포단계	생산된 정보가 정보를 필요로 하는 정보의 사용권자에게 구두·서면·도식 등의 유용한 형태로 배포되는 단계이다.

〈참고〉 공병인, 「경찰학개론」, 배움, 2011, P. 626

☐ 경호첩보는 가공되지 않은 정보의 자료가 되는 2차적인 지식을 의미한다. 기출 16

경호첩보는 가공되지 않은 정보의 자료가 되는 1차적인 지식을 말한다. 가공된 2차적인 지식은 정보이다.

답 ×

핵심만 콕 **정보와 첩보의 구분**

구 분	정보(Information)	첩보(Intelligence)
정확성	객관적으로 평가된 정확한 지식	부정확한 견문지식
완전성	특정한 사용목적에 맞도록 평가·분석·종합·해석된 완전한 지식	기초적·단편적·불규칙적·미확인된 지식
적시성	정보사용자가 필요로 하는 때에 제공되어야 하는 적시성이 특히 요구됨	시간에 구애받지 않고 과거와 현재의 것을 불문

사용자의 목적성	사용자의 목적에 맞도록 작성된 지식	사물에 대해 보고 들은 상태 그 자체의 묘사이므로 목적성이 없음
생산과정의 특수성	첩보의 요구·수집 및 정보의 생산·배포 등의 과정을 거치면서 여러 사람의 협동 작업을 통하여 생산	단편적이고 개인의 식견에 의한 지식

☐ 경호보안작용은 위해기도자의 인원, 문서, 시설, 지역, 자재, 통신 등의 정보를 정확하게 생산하는 활동이다. 기출 20

경호보안작용은 경호와 관련된 인원, 문서, 시설, 지역, 자재, 통신 등에 대하여 불순분자로부터 완벽한 보호대책을 수립하여 지속적으로 보안을 유지하는 활동을 말한다. 답 ×

☐ 보안활동은 경호대상자에 대한 위해기도의 기회를 최소화하여 신변안전을 도모하는 활동이다. 기출 16

보안활동(보안작용)은 경호대상자는 물론 경호와 관련된 인원, 문서, 시설, 지역 및 통신까지 모든 것에 대해 위해기도자로부터 완벽한 보호대책을 수립하여 보안을 유지해 나가는 것을 말한다.

답 ○

☐ 보안업무규정상 보호지역은 제한지역, 제한구역, 통제지역, 통제구역으로 구분할 수 있다. 기출수정 17

보호지역은 그 중요도에 따라 제한지역, 제한구역 및 통제구역으로 나눈다(보안업무규정 제34조 제2항). 답 ×

☐ 보안업무규정상 제한구역은 비밀 또는 국·공유재산의 보호를 위하여 울타리 또는 방호·경비인력에 의하여 승인을 받지 않은 사람의 접근이나 출입에 대한 감시가 필요한 지역을 말한다. 기출수정 17

제한지역에 관한 설명이다. 제한구역은 비인가자가 비밀, 주요시설 및 Ⅲ급 비밀 소통용 암호자재에 접근하는 것을 방지하기 위하여 안내를 받아 출입하여야 하는 구역을 말한다(보안업무규정 시행규칙 제54조 제1항 제2호). 답 ×

☐ 보안업무규정상 제한지역은 비인가자가 비밀, 주요시설 및 Ⅲ급 비밀 소통용 암호자재에 접근하는 것을 방지하기 위하여 안내를 받아 출입하여야 하는 지역을 말한다. 기출수정 17

제한구역에 관한 설명이다. 제한지역은 비밀 또는 국·공유재산의 보호를 위하여 울타리 또는 방호·경비인력에 의하여 영 제34조 제3항에 따른 승인을 받지 않은 사람의 접근이나 출입에 대한 감시가 필요한 지역을 말한다(보안업무규정 시행규칙 제54조 제1항 제1호). 답 ×

☐ 보안업무규정상 통제구역은 보안상 매우 중요한 구역으로서 비인가자의 출입이 금지되는 구역을 말한다. 기출 17

보안업무규정 시행규칙 제54조 제1항 제3호

답 ○

☐ 안전검측활동은 안전점검, 안전검사, 안전조치 등을 포함한 포괄적인 활동이다. 기출 23

안전검측활동은 경호대상자의 안전을 보호하기 위해 행사장과 그 주변의 모든 시설물, 장비, 물품 등을 대상으로 실시하는 활동으로서 안전점검, 안전검사, 안전조치 등을 포함한 포괄적인 활동이다.

답 ○

☐ 다음 ( )에 들어갈 경호의 안전대책은 ㄱ : 안전검사, ㄴ : 안전조치, ㄷ : 안전점검이다. 기출 22

- (ㄱ) : 경호대상자가 이용하는 기구와 물품, 시설 등의 안전상태를 확인하는 활동
- (ㄴ) : 경호대상자에게 위해를 가할 수 있는 위해물질을 안전하게 관리하는 활동
- (ㄷ) : 폭발물 등 각종 유해물을 탐지, 제거하는 활동

제시문의 ( )에 들어갈 경호안전대책작용은 ㄱ : 안전검사, ㄴ : 안전조치, ㄷ : 안전점검이다.

답 ○

☐ 안전대책작용에 관한 내용이다. ( )에 들어갈 용어는 ㄱ : 안전조치, ㄴ : 인적 위해요소 배제작용, ㄷ : 안전검측이다. 기출 20

경호행사 시 경호대상자에게 위해를 줄 수 있는 위해물질을 안전하게 관리하는 것을 (ㄱ)(이)라 하고, 경호대상자에게 위해를 가할 소지가 있는 사람의 접근을 차단하는 것을 (ㄴ)이라 하며, 경호대상자에게 위해여건을 제공할 수 있는 자연 및 인공물에 대하여 위해를 가할 수 없는 상태로 전환시키는 작용을 (ㄷ)(이)라 한다.

( )에 들어갈 용어는 순서대로 ㄱ : 안전조치, ㄴ : 인적 위해요소 배제작용, ㄷ : 안전검측이다.

답 ○

☐ 다음 ( )에 들어갈 알맞은 용어는 ㄱ : 안전검사, ㄴ : 안전점검이다. 기출 18

> • (ㄱ) : 폭발물 등 각종 유해물을 탐지하는 활동
> • (ㄴ) : 경호대상자가 이용하는 물품과 시설 등의 안전상태를 확인하는 활동

안전대책의 3대 작용원리는 안전점검, 안전검사, 안전유지이다. 안전점검은 폭발물 등 각종 유해물을 탐지하여 제거하는 활동이고, 안전검사는 이용하는 기구, 시설 등의 안전상태를 검사하는 것이며, 안전유지는 안전점검 및 검사가 이루어진 상태를 유지하는 것이다.

〈참고〉 김두현, 「경호학개론」, 엑스퍼트, 2020, P. 269~270

답 ×

☐ 안전대책의 3대 작용원리는 안전점검, 안전검사, 안전조치를 말한다. 기출 16

안전대책의 3대 작용원리는 안전점검, 안전검사, 안전유지를 말한다.

답 ×

☐ 안전점검 및 검사가 이루어진 상태를 계속 유지하기 위하여 통제작용을 하는 것을 안전유지라고 한다. 기출 11

안전대책의 3대 작용원리 중 안전유지에 관한 설명이다.

답 ○

☐ 안전조치가 이루어진 상태를 계속 유지하기 위하여 통제작용을 하는 것을 안전유지라고 한다. 기출 08

안전유지는 안전조치가 이루어진 상태를 계속 유지하기 위하여 통제작용을 하는 것이다.

답 ○

☐ 안전조치는 경호행사 시 경호대상자에게 위해를 줄 수 있는 위해물질을 안전하게 관리하는 것을 말한다. 기출 08

안전조치활동은 경호행사 시 경호대상자에게 직접적으로 위해를 줄 수 있는 총기류 및 화약류 등의 위험물을 안전하게 관리하도록 하는 활동을 말한다.

답 ○

☐ 경호정보작용은 경호행사 시 경호대상자에게 위해를 줄 수 있는 위해물질을 안전하게 관리하는 것을 말한다. 기출 07

안전대책작용 중 안전조치활동에 관한 설명이다.

답 ×

☐ 행사장의 인적·물적·지리적 위해요소에 대한 비표 운용을 통하여 행사장의 안전을 도모한다. 기출 17

비표 운용은 경호안전대책 중 인적 위해요소의 배제작용에 해당한다. 답 ×

☐ 경호활동 시 비표 관리는 안전대책 중 인적 위해요소의 배제에 해당한다. 기출 04

비표 관리는 경호안전대책 중 인적 위해요소의 배제작용에 해당한다. 답 ○

☐ 다음 중 경호상의 안전대책 중 인적 위해대상자의 배제와 관련이 적은 것은 'ㄷ'이다. 기출 04

ㄱ. 요시찰인 및 우범자 동태 파악
ㄴ. 참석예정자, 행사종사자 신원 파악
ㄷ. 특별방범심방 실시
ㄹ. 경호와 관련된 첩보·정보 수집의 강화

특별방범심방은 지리적 위해요소 배제(경호대상자에게 위해를 가할 수 있는 행사장 및 연도 주변의 자연적·인위적 지형이나 환경을 제거하는 것으로서 특별 호구조사 실시, 주변 취약지역 수색, 위해광고물 일제정비 등을 말한다)와 관련이 있다. 답 ○

☐ 지리적 취약요소란 행사에 위협을 미치는 데 이용될 수 있는 제반시설 및 물자를 의미한다. 기출 04

물적 위해요소에 관한 설명이다. 답 ×

☐ 공격성 정신질환자, 시국 불만자 등 인적 위해분자의 행동을 감시하거나 VIP에 대한 접근을 차단하는 등 경호대상자의 안전을 도모하는 것은 인적 위해요소 배제작용이다. 기출 06

인적 위해요소는 경호대상자에게 위해를 가할 소지가 있는 자를 말하는 것으로, 시국 불만자, 신원이 특이한 교포 및 외국인, 일반 요시찰인, 피보안처분자, 공격형 정신분자 등이 있으며, 인적 위해요소의 배제활동이란 이를 색출함과 동시에 사전에 차단하기 위한 일련의 활동을 의미한다. 답 ○

☐ 인적 위해요소에 대해서는 행사장 주변 수색 및 위해광고물 일제정비 등을 통해 경호 취약요소를 제거한다. 기출 17

지리적 취약요소의 배제작용에 관한 설명이다. 인적 위해요소의 배제를 위한 세부 활동으로는 신원조사, 비표 관리, 요시찰인 동향감시, 경호첩보수집의 강화 등을 들 수 있다. 답 ×

☐ 물적 위해요소에 대해서는 금속탐지기 등을 이용한 검색을 통하여 위해물품이 행사장 내로 반입되지 못하도록 한다. 기출 17

물적 위해요소(경호대상지역 주변에 위치하면서 경호대상자에게 직접 위해를 가할 수 있는 인공물이나, 경호대상자에게 위해를 가할 수 있도록 여건을 제공할 수 있는 자연물) 배제작용에 관한 설명이다.

답 ○

☐ 특별 호구조사 실시, 위해광고물 일제정비 등 취약요인을 사건 제거하는 활동을 통해 VIP의 안전을 도모하는 것을 물적 위해요인 배제작용이라고 한다. 기출 06

안전대책활동 중 지리적 취약요소 배제활동이다.

답 ×

☐ 검측은 기본지식이 없어도 수행할 수 있는 일반검측과 교육을 받은 전문검측담당으로서 행하는 정밀검측이 있다. 기출 11

안전검측은 은밀하게 실시하고, 가능한 한 현장 확보상태에서 점검하고 지속적인 안전유지를 해야 하는데, 이에는 기본지식이 없어도 수행할 수 있는 일반검측과 교육을 받은 전문검측담당으로서 행하는 정밀검측이 있다.

답 ○

☐ 급조폭발물은 다양한 형태로 제작 가능하며, 재사용이 가능한 장점이 있다. 기출 17

급조폭발물(=사제폭발물, IED)은 다양한 형태로 제작이 가능하지만, 일회용으로서 재사용이 제한된다.

답 ×

☐ 사제폭발물은 규격화된 형태로 제작되기 때문에 검색이 용이하다. 기출 12

사제폭발물은 비규격화된 형태로 제작되기 때문에 검색이 용이하지 못하다.

답 ×

☐ 폭발물이 외부에서 내부로 유입될 수도 있으므로 환기구, 채광창은 열려 있어야 한다. 기출 12

폭발물이 외부에서 내부로 유입될 수도 있으므로 환기구, 채광창은 막혀 있어야 한다.

답 ×

☐ 폭탄은 차량에 의해 전달되거나 차량에 남겨지는 경우가 많기 때문에 주차는 엄격히 통제되어야 한다. 기출 12

차량 폭발사고 방지대책으로 옳다.

답 ○

□ 보일러실, 승강기, 통제실 등의 접근통로는 미사용 시에도 긴급상황에 대비하여 열려 있어야 한다. 기출 12

보일러실, 승강기, 통제실 등의 접근통로는 사용하지 않을 때 잠겨 있어야 한다. 답 ×

□ 보일러실이나 변전실, 유류나 가스저장 시설과 같은 취약시설은 안전검측이 필수적이며, 행사시작 전후 불필요한 인원을 통제한다. 기출 09

물적 위해요소의 배제를 위한 정밀검측기법의 내용이다. 답 ○

□ 지리적 위해요소에 대해서는 입장 및 주차계획, 본인 여부 확인을 통하여 불순분자의 행사장 내 침투 및 접근을 차단한다. 기출 17

인적 취약요소의 배제작용에 관한 설명이다. 지리적 취약요소의 배제활동에는 행사장 주변 수색 및 위해광고물 일제정비 등이 있다. 답 ×

□ 경호정보작용은 경호대상지역 내·외부의 인적·물적·지리적 취약요소에 대한 안전대책 강구 등의 안전작용을 말한다. 기출 07

안전대책작용에 관한 설명이다. 답 ×

□ VIP 음식에 대한 독극물 투여 등에 대비한 검식활동은 안전대책활동에 포함된다. 기출 06

안전대책작용은 행사장 내·외부에 산재한 인적·물적·지리적 취약요소에 대한 안전대책 강구, 행사장 내·외곽 시설물에 대한 폭발물 탐지·제거 및 안전점검, 경호대상자에게 제공되는 각종 음식물에 대한 검식작용 등 통합적 안전작용을 말한다. 답 ○

핵심만 콕 **안전대책작용**

- **의의** : 행사장 내·외부에 산재한 인적·물적·지리적 취약요소에 대한 안전대책 강구, 행사장 내·외곽 시설물에 대한 폭발물 탐지·제거 및 안전점검, 경호대상자에게 제공되는 각종 음식물에 대한 검식작용 등 통합적 안전작용을 말한다.
- **안전대책의 3대 작용원칙**
  - 안전점검 : 폭발물 등 각종 유해물을 탐지·제거하는 활동
  - 안전검사 : 이용하는 기구, 시설 등의 안전상태를 검사하는 것
  - 안전유지 : 안전점검 및 검사가 이루어진 상태를 계속 유지하기 위해 통제하는 것

- **위해요소**
  - 인적 위해요소 : 경호대상자에게 위해를 가할 소지가 있는 사람
  - 물적 취약요소 : 경호대상지역 주변에 위치하면서 경호대상자에게 직접 위해를 가할 수 있는 인공물이나, 경호대상자에게 위해를 가할 수 있도록 여건을 제공할 수 있는 자연물
- **안전조치** : 경호행사 시 경호대상자에게 위해를 줄 수 있는 위해물질을 안전하게 관리하는 것
- **안전검측** : 경호대상자에게 위해여건을 제공할 수 있는 자연 및 인공물에 대하여 위해를 가할 수 없는 상태로 전환시키는 작용

〈출처〉 김두현, 「경호학개론」, 엑스퍼트, 2020, P. 269~270

☐ 경호대상자에 위해를 가할 가능성이 있는 모든 취약요소 및 위해물질을 사전에 탐지, 색출, 제거 및 안전조치하여 위해를 가할 수 없는 상태로 전환시키는 활동은 안전검측이다. 기출 12

안전검측이란 행사장의 제반시설물에 대한 안전점검을 실시하여 경호대상자에 위해를 가할 가능성이 있는 모든 취약요소 및 위해물질을 사전에 탐지, 색출, 제거 및 안전조치하여 위해를 가할 수 없는 상태로 전환시키는 활동을 말한다. 답 ○

☐ 안전검측활동은 책임구역을 명확히 구분하고 세부실시계획을 세워 의심나는 곳은 반복해서 실시한다. 기출 23

안전검측은 검측인원의 책임구역을 명확하게 구분하여 계속적으로 반복 실시하되, 중복해서 실시하여야 한다. 답 ○

☐ 안전검측활동 시 가용 인원의 최대 범위에서 서로 중복이 되지 않도록 검측하여 시간의 효율성을 높인다. 기출 23

검측은 가용 인원을 최대한 지원받아 실시하며, 검측 인원의 책임구역은 명확하게 구분하되, 중복되게 점검이 이루어져야 한다. 답 ×

☐ 검측활동 시 검측인원의 책임구역을 명확하게 하여 중복되지 않게 계획적으로 검측한다. 기출 21 · 20 · 19 · 16

검측은 검측인원의 책임구역을 명확하게 구분하여 계속적으로 반복 실시하되, 중복해서 실시하여야 한다. 〈출처〉 김두현, 「경호학개론」, 엑스퍼트, 2020, P. 270

답 ×

☐ 안전검측 시 점검인원의 책임구역을 공동으로 설정하여 계속적으로 반복하여 실시한다. 기출 13

검측은 검측인원의 책임구역을 명확하게 구분하여 계속적으로 반복 실시하되, 중복해서 실시하여야 한다. 답 ×

☐ 안전검측활동 시 검측인원의 책임구역을 명확하게 하며 중복되게 점검이 이루어져야 한다. 기출 11 · 10

검측은 검측인원의 책임구역을 명확하게 구분하여 계속적으로 반복 실시하되, 중복해서 실시하여야 한다. 답 ○

☐ 안전검측의 원칙상 항목별(ㄱ~ㅌ) 검측 시 (　　)에서 우선으로 중점 검측할 대상은 ㄴ, ㄹ, ㅂ, ㅅ, ㅈ, ㅌ이다. 기출 23

(ㄱ. 통로의 중앙, ㄴ. 통로의 양 측면)	(ㄷ. 높은 곳, ㄹ. 낮은 곳)
(ㅁ. 깨끗한 곳, ㅂ. 더러운 곳)	(ㅅ. 좌측, ㅇ. 우측)
(ㅈ. 가까운 곳, ㅊ. 먼 곳)	(ㅋ. 밝은 곳, ㅌ. 어두운 곳)

2020년도 경호학(A형) 70번 문제의 경우 '통로에서는 양 측면을 중점 검측하고, 높은 곳보다는 아래를 중점적으로 실시한다'는 내용이 옳지 않은 것으로 출제되었고, 2018년도 71번 문제의 경우에도 '높은 곳을 낮은 곳보다 중점 검측한다'는 내용이 옳은 내용으로 출제되었음에도 불구하고 이번에 실시된 제25회 시험에서는 '높은 곳보다는 낮은 곳을 중점 검측한다'고 보아 ㄹ을 옳은 답안으로 확정한 것은 일관성이 부족한 선택이다. 이는 신뢰보호의 원칙에도 어긋나는 결정으로, 추후 행정심판 등의 논란이 계속될 것으로 보인다.

ㄱ. (×), ㄴ. (○) 통로에서는 통로의 중앙보다는 양 측면을 중점 검측한다.

〈출처〉 김두현, 「경호학개론」, 엑스퍼트, 2020, P. 270

ㄷ. (○), ㄹ. (×) 아래보다는 높은 곳을 중점 검측한다.

〈출처〉 김두현, 「경호학개론」, 엑스퍼트, 2020, P. 270

ㅁ. (×), ㅂ. (○) 깨끗한 곳보다는 더러운 곳을 중점 검측한다. 검측활동 시 위해분자는 인간의 습성(위를 보지 않는 습성, 더러운 곳을 싫어하는 습성, 공기가 탁한 곳을 싫어하는 습성)을 최대한 활용한다는 점을 명심하고, 상하좌우 빠지는 부분이 없도록 반복 중첩되게 실시한다.

〈출처〉 이두석, 「경호학개론」, 진영사, 2018, P. 270

ㅅ. (○), ㅇ. (×) 검측의 순서가 좌에서 우로 실시되므로, 우측보다는 좌측을 중점 검측한다.

ㅈ. (○), ㅊ. (×) 건물 외부에서 검측은 가까운 곳부터 확산하여 실시하므로, 먼 곳보다는 가까운 곳을 중점 검측한다.

ㅋ. (×), ㅌ. (○) 밝은 곳보다는 어두운 곳을 중점 검측한다. 답 ○

☐ 안전검측활동 시 통로에서는 양 측면을 중점 검측하고, 높은 곳보다 아래를 중점적으로 실시한다. 기출 20

통로의 중앙보다는 양 측면을 중점 검측하고, 아래보다는 높은 곳을 중점 검측한다.

〈출처〉 김두현, 「경호학개론」, 엑스퍼트, 2020, P. 270

답 ×

☐ 안전검측은 실내(방)에서는 천장 내부 – 천장높이 – 눈높이 – 바닥 검측 순으로 실시한다. 기출 16

실내(방)에서 안전검측은 바닥 – 눈높이(벽) – 천장높이 – 천장 내부 순으로 실시한다. 답 ×

☐ 실내(방)의 안전검측 순서는 바닥 검측 – 눈높이 검측 – 천장높이 검측 – 천장 내부 검측 순이다. 기출 11

실내(방)에서 안전검측 순서에 관한 설명으로 옳다. 답 ○

☐ 방을 검측할 때에는 천장 내부 → 천장면 → 벽 → 바닥 순으로 한다. 기출 05

실내에서 방을 검측할 때에는 바닥 → 벽(눈높이) → 천장면(천장높이) → 천장 내부 순으로 실시한다.

답 ×

☐ 안전검측활동 시 주변의 흩어져 있는 물건은 그대로 두고, 확인 불가능한 것은 먼 거리로 이격 제거한다. 기출 19

주변에 흩어져 있는 물건은 완벽하게 정리 정돈하며, 확인 불가능한 것은 현장에서 제거한다.

답 ×

☐ 인간의 싫어하는 습성을 감안하여 사각지점이 없도록 철저한 검측을 실시한다. 기출 16

위해분자는 인간의 습성(위를 보지 않는 습성, 더러운 곳을 싫어하는 습성, 공기가 탁한 곳을 싫어하는 습성)을 최대한 활용한다는 점을 명심하고, 상하좌우 빠지는 부분이 없도록 반복 중첩되게 실시하여야 한다. 답 ○

☐ 안전검측의 원칙상 통로에서는 통로의 중앙보다는 양 측면을 중점 검측하고, 아래보다는 높은 곳을 중점 검측하며, 검측활동 시에는 위해분자는 인간의 습성(위를 보지 않는 습성, 더러운 곳을 싫어하는 습성, 공기가 탁한 곳을 싫어하는 습성)을 최대한 활용한다는 점을 명심하고, 상하좌우 빠지는 부분이 없도록 반복 중첩되게 실시하여야 한다. 기출수정 18

검측은 책임구역을 명확하게 구분하여 계속적으로 반복 실시하되, 통로에서는 양측을 중점 검측하고 아래보다는 높은 곳을, 능선이나 곡각지 등 의심나는 곳은 반복해서 검측한다. 또한 위해분자는 인간의 습성(위를 보지 않는 습성, 더러운 곳을 싫어하는 습성, 공기가 탁한 곳을 싫어하는 습성)을 최대한 활용한다는 점을 명심하고, 상하좌우 빠지는 부분이 없도록 반복 중첩되게 실시하여야 한다.
〈출처〉 김두현, 「경호학개론」, 엑스퍼트, 2020, P. 270 / 이두석, 「경호학개론」, 진영사, 2018, P. 270

답 ○

☐ 안전검측활동의 경우 경호계획에 의거 공식행사에는 검측을 원칙으로 하나, 비공식행사에는 비노출 검측활동을 하지 아니한다. 기출 23

안전검측활동은 경호계획에 의거 공식행사에서 실시함을 원칙으로 하되, 비공식행사에서는 비노출 검측활동을 실시할 수 있다.

답 ×

☐ 비공식행사에서도 비노출 검측활동을 실시할 수 있다. 기출 22

검측은 경호계획에 의거하여 공식행사에서 실시함을 원칙으로 하되, 비공식행사에서도 비노출 검측활동을 실시할 수 있다.

답 ○

☐ 안전검측활동은 비공식행사에서는 실시하지 않는다. 기출 17

안전검측활동은 공식행사에서 실시함을 원칙으로 하되, 비공식행사에도 비노출 검측활동을 실시할 수 있다.

답 ×

☐ 검측활동은 경호계획에 의거하여 공식행사에서 실시함을 원칙으로 하며, 비공식행사에서는 실시할 수 없다. 기출 15 · 12

검측은 경호계획에 의거하여 공식행사에서 실시함을 원칙으로 하며, 비공식행사에서는 비노출 검측활동을 실시할 수 있다.

답 ×

☐ 오관에 의한 검색은 지양하고, 문형 금속탐지기와 휴대용 금속탐지기 등 기계에 의한 검색을 실시한다. 기출 22

검색은 각종 장비와 오관과 육감 등을 이용하여 실시한다.

답 ×

☐ 안전검측활동은 오감을 배제하고, 장비를 이용하여 실시한다. 기출 17

안전검측활동 시 장비를 이용하되 오감(오관)을 최대한 활용한다. 답 ×

☐ 한 번 점검한 지역은 인간의 오관을 이용하지 않고, 장비에 의거하여 재점검한다. 기출 15

안전검측 시에는 장비를 이용하되 인간의 오감(오관)을 최대한 활용해 검측에 임해야 한다. 답 ×

☐ 검측작용에서 오관을 최대한 활용하나, 장비에 대한 신뢰감을 가지고 의존하여야 한다. 기출 11

검측작용 시 장비를 이용하되 근무자의 오관과 육감을 최대한 활용하여야 한다. 주의할 것은 장비에 대한 신뢰감을 가지는 것을 좋으나 오작동이나 오차가 생길 수 있으므로, 검측장비에 전적으로 의존해서는 안 된다는 점이다. 답 ×

☐ 안전검측 시 장비를 이용하되 오감을 최대한 활용한다. 기출 09

안전검측의 원칙에 관한 설명이다. 답 ○

☐ 검측 시 경호요원의 오감은 무시하고 장비만 이용하도록 한다. 기출 04

검측 시 장비를 이용하되, 경호요원의 오관(오감)과 육감을 최대한 활용하여야 한다. 답 ×

☐ 일반적으로 검측은 방의 모든 표면을 촉각을 통한 더듬거림으로 점검해야 한다. 기출 10

건물 내부 검측 시 방의 점검에 관한 설명이다. 답 ○

☐ 폭발물 탐지 시 잘 훈련된 탐지견의 후각이 정밀과학 기자재를 능가할 수도 있다. 기출수정 04

잘 훈련된 탐지견은 X-RAY 검색기 등이 탐지하지 못한 폭발물을 냄새를 통해 탐지할 수도 있다. 답 ○

☐ 분해가 어려운 전자제품 등의 검측에는 X-RAY 투시가 가장 정확하다. 기출 04

전자제품의 검측은 분해하여 실시하는 것이 가장 정확하나, 분해가 어려운 전자제품 등의 경우에는 X-RAY 검색기를 활용할 수 있으며, 확인이 불가능한 것은 현장에서 제거해야 한다. 답 ×

☐ 숙련된 검측 전문가의 관능검사가 가장 정확하다. 기출 04

숙련된 검측 전문가는 검측 시 장비를 이용하되, 오관(시각, 청각, 미각, 후각, 촉각)을 최대한 활용하여 관능검사를 할 수 있는데, 그렇다고 관능검사가 가장 정확하다고는 할 수 없다. 답 ×

☐ 차량검측 시에는 시동을 걸기 전에 차체문을 열어 육안검측을 먼저 하여야 한다. 기출 04

차량검측 시에는 시동을 걸기 전에 차체문을 열어 육안검측과 동시에 휴대용 금속탐지기 등을 이용한 검측을 하여야 한다. 답 ×

☐ 안전검측활동은 경호대상자가 장시간보다 단시간 머물 곳을 먼저 실시한 후 경호대상자의 동선에 따라 순차적으로 실시한다. 기출 23

검측의 순서는 회의실, 오찬장, 휴게실 등 경호대상자가 장시간 머물러 있는 곳을 먼저 실시하고, 통로, 현관 등 경호대상자가 움직이는 경로를 순차적으로 실시한다. 답 ×

☐ 경호대상자가 짧은 시간 머물 곳을 실시한 후 장시간 머물 곳을 체계적으로 검측한다. 기출 22

회의실, 오찬장, 휴게실 등 경호대상자가 장시간 머물러 있는 곳을 대상으로 검측을 먼저 실시하고, 통로, 현관 등 경호대상자가 움직이는 경로는 순차적으로 실시한다. 답 ×

☐ 안전검측활동의 경우 경호대상자가 장시간 머물러 있는 곳을 먼저 실시한 후 경호대상자의 동선에 따라 순차적으로 실시한다. 기출 17

안전검측활동의 경우 회의실, 오찬장, 휴게실 등 경호대상자가 장시간 머물러 있는 곳을 먼저 실시하고, 통로, 현관 등 경호대상자가 움직이는 경로를 순차적으로 실시한다. 답 ○

☐ 검측의 순서는 통로, 현관 등 경호대상자가 움직이는 경로를 먼저 실시하고, 회의실, 오찬장, 휴게실 등 경호대상자가 장시간 머물러 있는 곳으로 순차적으로 실시한다. 기출 10 · 07

검측의 순서는 오찬장 등 경호대상자가 장시간 머물러 있는 곳을 먼저 실시하고, 통로 등 경호대상자가 움직이는 경로를 순차적으로 실시하여야 한다. 답 ×

- [ ] 검측의 순서는 경호대상자의 이동로를 먼저 실시하고, 장시간 체류하는 곳은 나중에 실시한다. 기출 09

검측의 순서는 경호대상자가 장시간 체류하는 곳을 먼저 실시하고, 경호대상자의 이동로를 순차적으로 실시한다.

답 ×

- [ ] 안전검측활동의 경우 전기제품은 분해하지 않고 검측하고, 비금속물체는 장비를 활용하여 금속반응을 확인한다. 기출 23

전기제품은 분해하여 확인하고, 확인이 불가능한 것은 현장에서 제거한다. 비금속물체는 장비를 활용하여 금속반응을 확인한다.

답 ×

- [ ] 안전검측활동의 경우 전자제품은 분해하여 확인하되 확인이 불가능한 것은 현장에 보존한다. 기출 17·12

확인이 불가능한 전자제품은 현장에서 제거한다.

답 ×

- [ ] 검측활동 중 원격조정장치에 의한 폭발물 등은 전자 검측장비를 이용한다. 기출 07

원격조정장치에 의한 폭발물 등은 전자 검측장비를 이용하여 검측해야 한다.

답 ○

- [ ] 검측활동 중 행사보안 및 통신보안과 함께 경호대상자에 관하여는 최고도의 보안을 유지한다. 기출 07

안전검측의 기본 지침(방침)이다.

답 ○

- [ ] 검측대상은 외부, 내부, 공중지역, 연도로 구분 실시한다. 기출 10

검측활동은 행사장의 제반시설물에 대하여 안전점검을 실시하는 활동으로서 검측은 외부, 내부, 공중지역, 연도로 구분하여 실시한다.

답 ○

- [ ] 검측은 행사의 원활한 진행을 고려하여 최소한의 요원을 투입해서 한 번에 철저하게 실시한다. 기출 16

검측은 타 업무보다 우선하여 예외를 불허하고 선 선발개념으로 실시하며, 인원 및 장소를 최대한 지원받아 활용한다.

답 ×

☐ 검측은 가용 인원의 최대 범위에서 중복이 되지 않도록 철저히 실시한다. 기출 22

검측은 인원 및 장소를 최대한 지원받아 실시하며, 중복되게 점검이 이루어져야 한다. 답 ×

☐ 안전검측활동은 타 업무보다 우선하며 원칙에 예외를 불허하고, 원격조정형 폭발물은 전문 검측장비를 이용한다. 기출 23

안전검측활동은 모든 취약요소 및 위해물질을 사전에 탐지, 색출, 제거 및 안전 조치하는 활동으로서 타 업무보다 우선하며 원칙에 예외를 불허한다. 원격조정 장치에 의한 폭발물 등은 전자 검측장비를 이용한다. 답 ○

☐ 검측은 타 업무보다 우선하여 예외를 불허하고 선 선발개념으로 실시하며, 인원 및 장소를 최대한 지원받아 활용한다. 기출 12 · 07

안전검측의 원칙에 관한 설명으로 옳다. 답 ○

☐ 검측은 위해기도자의 입장에서 실시한다. 기출 14 · 13 · 10

검측은 위해기도자(범인, 적)의 입장에서 의심하며, 추적하여 실시한다. 답 ○

☐ 건물 내부의 검측은 위층에서 아래층으로 실시하는 것을 원칙으로 한다. 기출 14 · 10

건물 내부의 검측은 아래층에서 위층으로 실시하는 것이 원칙이다. 답 ×

☐ 건물 내부 검측 시 위층에서 아래층으로 확산하여 실시한다. 기출 04

건물 내부 검측 시 아래층에서 위층으로 확산하여 실시하는 것이 원칙이다. 답 ×

☐ 건물 외부 검측은 승하차 지점 및 건물 외부 벽으로부터 확산하면서 실시한다. 기출 10

건물 외부 검측은 가까운 곳에서 먼 곳으로 확산하여 실시하고, 승하차 지점 및 주변과 침투 가능한 창문, 출입구 등에 대한 안전조치를 실시하는 것이다. 답 ○

☐ 외부 검측 시 침투 가능한 창문, 출입구, 개구부 등에 안전조치를 실시한다. 기출 04

건물 외부 검측 시 침투 가능한 창문, 출입구, 개구부 등에 대한 안전조치를 실시하여야 한다. 답 ○

☐ 안전검측의 경우 점검은 아래에서 위로, 좌에서 우로 등 일정한 방향으로 체계적으로 점검한다. 기출 13·12

안전검측의 경우 내부 검측은 아래에서 위로, 좌에서 우로 등 일정한 방향으로 체계적으로 점검하여야 한다. 답 ○

☐ 검측은 점과 선에서 실시하되 가까운 곳에서 먼 곳으로 끝까지 추적한다. 기출 13·12

검측은 점과 선에서 확산하여 실시하되, 가까운 곳에서 먼 곳으로 확산하여 반복 실시한다.

답 ○

☐ 검측은 책임구역을 구분하여 실시하되, 가까운 곳에서 먼 곳으로, 좌에서 우로, 밖에서 안으로 계속 중복하여 실시한다. 기출 10

검측은 검측인원의 책임구역을 명확하게 구분하여 실시하되, 중복되게 이루어져야 한다. 검측순서는 가까운 곳에서 먼 곳으로, 좌에서 우로, 밖에서 안으로 계속 중복하여 실시한다. 답 ○

☐ 검측은 먼 곳에서 가까운 곳으로 실시한다. 기출 04

건물 외부 검측은 가까운 곳에서 먼 곳으로 확산하여 실시하여야 한다. 답 ×

☐ 안전검측 시 꽉 채워진 비품의 경우 손가락으로 조심스럽게 점검하고, 전부 꺼내 확인할 필요는 없다. 기출 12

꽉 채워진 비품의 경우 전부 꺼내 확인하여야 한다. 답 ×

☐ 특수시설이나 기술적 조치가 필요한 시설의 검측은 전문가를 초빙하여 검측조에 편성하고 자문을 통해 실시하며, 기술적 분야는 전문가가 직접 안전조치하여 하자가 발생하지 않도록 한다. 기출 11

물적 위해요소의 배제와 관련된 전문검측담당이 실시하는 정밀검측기법의 내용이다. 답 ○

☐ 설계도 등의 자료를 비교하여 방의 통로, 밀폐된 공간, 천장내부 등을 세밀히 검측한다.

기출 09

전문검측담당이 실시하는 정밀검측기법의 내용이다. 답 ○

☐ 양탄자 등은 뒤집어서 전선, 플라스틱 폭약 등의 유무를 검측한다. 기출 05

정밀검측기법에 관한 내용이다. 답 ○

☐ 사진틀, 그림 등은 내부의 공간 여부, 부착상태 및 뒷면을 검측한다. 기출 05

사진틀, 그림 등의 검측 시에는 내부의 공간 여부, 부착상태 및 뒷면을 검측하여 이상 유무를 확인하여야 한다. 답 ○

☐ 검측 실시 후 현장 확보상태에서 지속적인 안전유지를 한다. 기출 09

안전검측은 은밀하게 실시하고, 가능한 한 현장 확보상태에서 점검하고 지속적인 안전유지를 해야 한다. 답 ○

☐ 안전검측 시 통로보다는 양 측면, 아래보다는 높은 곳, 의심나는 곳은 반복해서 실시한다. 기출 09

통로에서는 양측을 중점 검측하고 아래보다는 높은 곳을, 능선이나 곡각지 등 의심나는 곳은 반복해서 검측한다. 답 ○

☐ 안전검측 시 책임구역은 명확히 구분하고 안에서 밖으로, 위에서 아래로, 우에서 좌로 체계적으로 실시한다. 기출 09

안점검측 시 검측인원의 책임구역은 명확히 구분하여 실시하나 중복되게 점검이 되도록 하고, 밖에서 안으로, 아래에서 위로, 좌에서 우로 체계적으로 실시한다. 답 ×

☐ 행사 직전 반입되는 물품 등은 쉽게 소형 폭발물의 은폐가 가능하므로 계속적인 검측을 실시한다. 기출 05

행사 직전 반입되는 물품이나 화분, 휴지통 등은 쉽게 소형 폭발물로 은폐가 가능하므로 지속적인 검측을 실시하여야 한다. 답 ○

핵심만 콕 **안전검측 원칙**

- 검측은 타 업무보다 우선하며, 예외를 불허하고 선 선발개념으로 실시한다.
- 가용 인원 및 장소는 최대한 지원받아 활용한다.
- 범인(적)의 입장에서 설치장소를 의심하며 추적한다.
- 점검은 아래에서 위로, 좌에서 우로 등 일정한 방향으로 체계적으로 점검한다.
- 점과 선에서 실시하되 가까운 곳에서 먼 곳으로, 밖에서 안으로 끝까지 추적한다.
- 통로보다는 양 측면을 점검하고 책임구역을 명확히 구분하여 의심나는 곳은 반복하여 실시한다.
- 검측대상은 외부, 내부, 공중지역, 연도로 구분하여 실시한다.
- 장비를 이용하되 오감(오관)을 최대한 활용한다.
- 전자제품은 분해하여 확인하고, 확인이 불가능한 것은 현장에서 제거한다.
- 검측인원의 책임구역을 명확하게 하며, 중복되게 점검이 이루어져야 한다.
- 검측은 경호계획에 의거하여 공식행사에서 실시함을 원칙으로 하되, 비공식행사에서는 비노출 검측활동을 실시할 수 있다.
- 검측 실시 후 현장 확보상태에서 지속적인 안전유지를 한다.
- 행사 직전 반입되는 물품 등은 쉽게 소형 폭발물의 은폐가 가능하므로 계속적인 검측을 실시한다.

☐ 기념식장은 많은 사람이 모이는 곳으로 비상사태 시 비상대피소를 설치하고, 식장의 각종 부착물과 시설물에 대한 안전검측을 실시한다. 기출 08

많은 사람이 모이는 기념식장은 비상대피소를 설치하고, 식장의 각종 부착물과 시설물에 대한 안전검측을 실시하여야 한다.

답 ○

☐ 운동장은 사람이 모이므로 비상사태 시 대피로를 설치하고 행사장의 각종 부착물과 시설물에 대한 안전조치를 강구한다. 기출 04

운동장에 관한 안전검측의 내용이다.

답 ○

☐ 기념식장은 구역을 세분화하여 책임구역을 설정하고 출입자에 대해 가능하면 여러 통로로 출입시켜 혼잡을 피하도록 한다. 기출 04

행사와 무관한 사람들의 출입을 통제하고 그 효과를 극대화하기 위해서 가능한 한 출입구를 단일화하거나 최소화하여 출입자들을 확인·통제하여야 한다.

답 ×

☐ 숙소는 극도의 보안을 유지하고 불필요한 인원을 통제하며 전기, 소방, 냉·난방, 소음 등에 대한 점검으로 최적 상태를 유지하고, 가스·기름 등과 같은 위험물에 대한 안전대책을 강구한다. 기출 08·04

숙소 검측은 극도의 보안유지와 불필요한 인원을 통제하여야 하며, 파트별 지원요소(전기, 소방, 냉·난방, 소음 등)에 대한 점검으로 최적 상태를 유지하고, 위험물(가스·기름 등)에 대한 안전대책을 강구하여야 한다.

답 ○

☐ 운동장은 구역을 세분화하여 책임구역을 설정하고, 외부, 내부, 소방, 직시고지 등에 대한 반복적인 검측과 출입자에 대한 통로를 단일화하여 반입물품에 대한 검색을 철저히 하도록 한다. 기출 08

운동장에 대한 검측은 그 장소의 특색에 따라 포괄적이고도 세밀한 계획에 따라 철저히 검측하여야 한다. 따라서 구역을 세분화하여 책임구역을 설정하고, 내·외부, 소방, 직시고지 등에 대한 반복적인 검측과 출입자 통로를 단일화하여 반입물품(물적 위해요소)에 대한 검색을 철저히 하여야 한다.

답 ○

☐ VIP 탑승차량 및 주변 지원차량의 경우, 운전요원 입회하에 외부와 내부의 장치를 철저히 검측한다. 기출 23

VIP 탑승차량 및 주변 지원차량을 검측하는 경우, 운전요원 입회하에 차량 외부와 내부의 장치를 철저히 검측하여야 한다.

답 ○

☐ 차량검측은 경호대상자의 차량뿐만 아니라 지원 차량과 일반 차량에 대한 출입통제조치와 차량 내·외부, 전기회로, 배터리 등에 대한 안전점검 시 운전사의 접근을 통제하고 철저히 검측하도록 한다. 기출 08

차량검측은 경호대상자의 차량뿐만 아니라 지원 차량과 일반 차량에 대한 출입통제조치를 포함하며, 차량 내·외부, 전기회로 및 배터리 등에 대한 안전점검 시 운전사의 입회하에 검측을 실시하여야 한다.

답 ×

☐ 차량검측은 경호차량뿐만 아니라 지원 차량과 일반 차종에 대한 출입통제와 안전점검을 운전사 입회하에 철저히 실시한다. 기출 04

차량검측은 경호대상자의 차량뿐만 아니라 지원 차량과 일반 차량에 대한 출입통제조치를 포함하며, 안전점검은 운전사 입회하에 철저히 실시하여야 한다.

답 ○

☐ 검식활동은 경호대상자에게 제공되는 식음료의 안전을 점검하는 활동이다. 기출 23

경호대상자에게 제공되는 음식물의 이상 유무를 검사하고 확인하는 과정이다.

답 ○

☐ 검식활동은 안전대책작용으로 사전예방경호이면서 근접경호에 해당된다. 기출 22

검식활동은 안전대책작용으로서 사전예방경호에 해당하나, 경호실시단계에서 이루어지는 근접경호에는 해당하지 않는다.

답 ×

☐ 경호대상자에게 제공되는 음식료의 이상 유무를 검사하는 검식활동은 근접경호의 임무이다. 기출 20·18

검식활동은 경호대비단계 중 경호안전대책에 해당한다. 즉, 사전예방경호방법이다. 근접경호는 경호실시단계에서 이루어진다.

답 ×

☐ 검식활동은 식재료의 조리 단계부터 시작된다. 기출 23·21·20·16

검식활동은 경호대상자에게 제공되는 음식물에 대하여 구매, 운반, 저장, 조리 및 제공되는 일련의 과정을 포함하므로, 식재료의 구매 단계부터 시작된다.

답 ×

☐ 검식활동은 식재료의 구매, 운반, 저장과정, 조리 등 경호대상자에게 음식물이 제공될 때까지 모든 과정의 위해요소를 제거하는 것이다. 기출 22

검식활동은 경호대상자에 제공되는 음식물에 대하여 식재료의 구매, 운반, 저장과정, 조리 및 제공되는 과정에서 위해요소를 제거하는 활동을 의미한다.

답 ○

☐ 식재료의 구매·운반·저장과정에서의 안전성 확보, 조리과정의 위생상태 점검 등 경호대상자에게 음식료가 제공될 때까지의 안전상태를 지속적으로 확인한다. 기출 18

검식업무는 경호대상자에게 제공되는 음식물에 대하여 구매, 운반, 저장, 조리 및 제공되는 과정에서 위해요소를 제거하는 업무를 의미한다.

답 ○

☐ 조리가 완료된 후에는 검식활동이 종료된다. 기출 23·16

검식활동은 경호대상자에 제공되는 음식물에 대하여 식재료의 구매, 운반, 저장과정, 조리 및 제공되는 과정에서 위해요소를 제거하는 활동을 의미한다. 즉, 조리가 완료된 후라 하더라도 검식활동이 종료되는 것은 아니다.

답 ×

☐ 검식은 경호대상자에게 제공되는 음식물의 위생상태를 검사하는 과정을 포함한다. 기출 16

검식은 경호대상자에게 제공되는 음식물의 이상 유무를 검사하고 확인하는 경호활동을 말한다.

답 ○

☐ 검식은 행사장의 위생상태 점검 및 수질검사, 전염병의 예방 및 식중독의 예방대책을 포함하는 활동이다. 기출 14

검식은 식재료의 구매・운반・저장과정에서의 안전성을 확보하고, 조리과정의 위생상태를 점검하며, 경호대상자에게 음식료가 제공될 때까지의 안전상태를 지속적으로 확인하는 경호활동이다.

〈출처〉 이두석, 「경호학개론」, 진영사, 2018, P. 272

답 ○

☐ 경호대상자에게 제공되는 음식료의 안전을 점검하는 검식활동은 검측활동에 포함된다. 기출 18

검측활동에는 경호대상자에게 제공되는 음식료의 안전을 확인하고 점검하는 검식활동을 포함한다.

〈출처〉 이두석, 「경호학개론」, 진영사, 2018, P. 272

답 ○

☐ 검식활동의 내용으로 음식료 운반 시에도 근접감시를 실시한다. 기출 22・18

음식물 운반 시에도 철저하게 근접감시를 실시하여야 한다.

답 ○

☐ 검식활동의 내용으로 음식물 운반 시 원거리 감시를 실시한다. 기출 23・16

음식물의 운반 시에도 철저하게 근접감시를 실시하여야 한다.

답 ×

☐ 검식활동의 내용으로 음식물 운반 시를 제외하고는 철저하게 근접감시를 실시한다. 기출 10

검식활동 시 음식물 운반 시에도 철저하게 근접감시를 실시하여야 한다.

답 ×

☐ 행사 당일에는 검식활동으로 경호원이 주방에 입회하여 조리사의 동향을 감시한다. 기출 10

경호원의 행사 당일 검식활동의 내용이다.

답 ○

☐ 검식활동의 내용으로 음식물은 전문요원에 의한 검사를 실시하여야 한다. 기출 22・10

음식물에 관한 검식활동의 내용이다.

답 ○

핵심만 콕 **검식활동의 내용**

- 사전에 조리담당 종사자에 대한 신원조사를 실시하여 신원특이자는 배제한다.
- 음식물은 전문요원에 의한 검사를 실시한다.
- 행사 당일에는 경호원이 주방에 입회하여 조리사의 동향을 감시한다.
- 음식물 운반 시에도 철저하게 근접감시를 실시한다.
- 식재료는 신선도와 안전 여부를 확인 및 점검한다.
- 각종 기물은 철저하게 검색하고 사용하기 전에는 열탕소독을 실시한다.
- 주방종사자는 위생검사를 실시하고, 질병이 있는 자는 미리 제외시킨다.

〈출처〉 김계원, 「경호학」, 백산출판사, 2008, P. 211

3 선발경호작용

☐ 다음 중 선발경호에 관한 설명으로 옳지 않은 것은 'ㄷ'이다. 기출 23

ㄱ. 행사 지역의 인적 · 물적 · 지리적 위해요소를 사전에 제거 및 감소를 통해 행사장에 대한 안전성을 확보한다.
ㄴ. 경호대를 사전에 행사 지역에 파견하여 제반 위해요소에 대한 안전조치를 강구하는 모든 경호안전활동이다.
ㄷ. 경호 관련 정 · 첩보를 획득 및 전파함으로써 예방경호 실현을 통해 행사장의 안전을 확보하는 행사 직전까지의 업무이다.
ㄹ. 위해가해자의 의도를 사전에 색출하여 그에 필요한 경호조치를 취함으로써 공격기회를 박탈하거나 공격의지를 무력화시키는 것이다.

ㄷ. (×) 선발경호는 행사 지역의 인적 · 물적 · 지리적 위험요소를 사전에 제거 또는 감소시킴으로써 행사장에 대한 안전성을 확보하고, 행사 종료 시까지 행사장의 안전을 유지하며, 선발활동을 통하여 경호 관련 정 · 첩보를 획득 및 전파함으로써 예방경호를 실현하는 경호작용이다.

답 ○

핵심만 콕 **선발경호의 의의**

- "예방이 최선의 방어"라는 격언을 구체화시키기 위한 작업이 선발경호이다.
- '1 : 10 : 100의 원리'라는 경영이론은 선발경호의 중요성을 시사하는 이론이다.
- 선발경호는 경호대를 사전에 행사 지역에 파견하여 제반 위해요소에 대한 안전조치를 강구하는 모든 경호안전활동을 말한다.
- 예방경호는 위해기도자의 의도를 사전에 색출하여 그에 필요한 경호조치를 취함으로써 공격의 기회를 박탈하거나 공격의지를 무력화시키는 데에 그 의의가 있다.
- 선발경호는 행사 지역의 인적 · 물적 · 지리적 위험요소를 사전에 제거 또는 감소시킴으로써 행사장에 대한 안전성을 확보하고, 행사 종료 시까지 행사장의 안전을 유지하며, 선발활동을 통하여 경호 관련 정 · 첩보를 획득 및 전파함으로써 예방경호를 실현하는 것이다.

〈출처〉 이두석, 「경호학개론」, 진영사, 2018, P. 252~253

☐ 선발 및 근접경호의 구분 운용은 효과적으로 위해기도를 봉쇄하려는 예방경호와 방어경호의 작용이다. 기출 20

선발경호는 예방경호의 작용과, 근접경호는 방어경호의 작용과 연계된다. 답 ○

☐ 선발경호는 경호대상자가 도착하기 전에 효과적인 경호협조와 경호준비를 하는 사전예방경호활동이다. 기출 18 · 13

선발경호는 경호대상자보다 먼저 경호행사장에 도착하여 위해요소를 점검하고 안전을 확보하는 활동으로서, 예방적 경호요소를 포함한다. 답 ○

☐ 선발경호는 예방적 작전요소만을 포함한다. 기출 04

선발경호는 예방적 작전요소만을 의미하는 것은 아니다. 즉, 선발경호는 예방적 경호요소를 포함하며 완벽한 근접경호를 위한 준비활동이다. 답 ×

☐ 선발경호는 각종 사고의 가능성을 최소화하는 노력을 의미한다. 기출 04

선발경호는 예방적 경호요소를 포함하며 완벽한 경호를 위한 준비활동으로 볼 수 있으며, 각종 사고의 가능성을 최소화하는 노력을 의미한다. 답 ○

☐ 선발경호는 준비단계, 실시단계, 평가 및 자료존안단계로 구분한다. 기출 04

경호임무 수행단계는 계획단계 – 준비단계 – 행사(실시)단계 – 결산단계(평가 및 자료존안단계)로 구분되는데, 선발경호는 경호대상자보다 먼저 경호행사장에 도착하여 위해요소를 점검하고 안전을 확보하는 활동으로서 계획단계 이후의 절차를 의미한다. 답 ○

☐ 선발경호는 경호대상자보다 먼저 경호행사장에 도착하여 위해요소를 점검하고 안전을 확보하는 활동이다. 기출 11

선발경호의 의의에 해당한다. 답 ○

☐ 선발경호 시 각 근무자별로 부여된 임무수행을 위한 활동계획을 세우고 점검활동을 위한 점검리스트를 작성한다. 기출 11

선발경호 시 각 근무자별로 부여된 임무수행을 위한 활동계획을 세우고 점검활동을 위한 점검리스트를 작성하며, 근무자별 세부활동계획을 수립하여야 한다. 답 ○

☐ 선발경호 시 경호계획서에 근거한 전체 일정과 행사장별 세부일정 등의 기본사항을 확인하고, 이동에 관한 기본계획을 수립한다. 기출 11

선발경호활동에 관한 설명이다. 답 ○

☐ 선발경호활동은 시간적 여유를 가질 수 없기 때문에 점검리스트는 간단하게 작성 및 점검하는 것이 좋다. 기출 11

선발경호의 준비단계에서 작성되는 점검리스트는 경호활동의 성패를 좌우할 수 있으므로, 신중하게 작성 및 점검해야 하며, 시간적 여유가 없다고 간단하게 작성 및 점검해서는 안 된다. 답 ×

☐ 예방경호는 위해요소를 발견, 제거, 거부함으로써 경호행사의 안전을 확보하는 것이다. 기출 17

선발경호의 임무이자 경호의 목표라 할 수 있는 예방경호는 위해요소를 사전에 발견해서 제거하고 침투 가능성을 거부함으로써 경호행사의 안전을 확보하는 것이다. 답 ○

☐ 사전예방경호활동은 안전을 저해하는 위해요소를 사전수집, 분석, 예고하는 활동이다. 기출 06

사전예방경호활동인 경호정보작용에 관한 설명이다. 답 ○

☐ 사전예방경호활동은 인원, 문서, 자재, 지역, 통신 등 경호와 관련된 보안활동이 포함된다. 기출 06

사전예방경호활동인 경호안전작용은 크게 경호정보작용, 경호보안작용, 안전대책작용으로 구분할 수 있다. 답 ○

☐ 사전예방경호활동은 인적·물적·지리적인 취약요소에 대한 안전대책 내용이 주로 이루어진다. 기출 06

사전예방경호활동인 안전대책작용에 관한 설명이다. 답 ○

☐ 사전예방경호활동인 안전검측이나 검식활동은 반드시 행사 당일에 실시해야 한다. 기출 06

안전검측이나 검식활동을 반드시 행사 당일에만 실시할 필요는 없다. 답 ×

☐ 선발경호는 3중 경호의 원리에 입각해서 행사장을 구역별로 구분, 특성에 맞는 경호조치를 강구한다. 기출 17

선발경호의 특성 중 안전성에 관한 설명이다. 답 ○

☐ 3중 경호는 위해기도 시 시간 및 공간적으로 지연시키거나 피해의 범위를 최소화하기 위한 방어전략이다. 기출 20

3중 경호의 원칙은 경호 행동반경을 거리 개념으로 구분한 것으로, 위해요소에 대해 상대적으로 차등화된 경호조치와 중첩된 통제를 통하여 경호의 효율화를 기하고자 하는 경호방책이다. 즉, 위해기도 시 시간 및 공간적으로 위해를 지연시키거나 피해의 범위를 최소화하기 위한 방어전략이다. 답 ○

☐ 다음 중 선발경호의 특성에 관한 설명으로 옳지 않은 것은 'ㄹ'이다. 기출 23

ㄱ. 예비성 – 우발상황에 신속히 대처하고, 만약의 상황에 대비한 비상대책 수립이 있어야 한다.
ㄴ. 예방성 – 선발경호의 임무이자 경호의 목표이다.
ㄷ. 안전성 – 행사장의 안전을 사전에 확보하는 일이다.
ㄹ. 통합성 – 현지 지형에 맞는 대응계획과 대피계획을 수립 · 대응하는 것이다.

ㄹ. (×) 현지 지형에 맞는 대응계획과 대피계획을 수립 · 대응하는 것은 예비성에 관한 설명이다. 답 ○

☐ 선발경호의 특성 중 예비성은 '경호임무는 최상의 상황을 염두에 두고 수행한다.'는 내용에 관한 설명이다. 기출 20

예비성은 경호임무는 경호행사가 항상 계획되고 예상된 대로만 진행되지는 않는다는 점을 고려하여야 한다. 즉, 최악의 비상상황을 염두에 두고 수행되어야 한다. 답 ×

☐ 선발경호 특성 중 예비성이란 현지 지형과 상황에 맞는 대응계획과 대피계획을 수립 · 대비함을 말한다. 기출 17

경호행사가 항상 계획되고 예상된 대로만 진행되지는 않는다. 따라서 선발경호는 사전에 경호팀의 능력과 현지 지형과 상황에 맞는 대응계획과 대피계획을 수립하여 비상상황에 대비하여야 한다. 답 ○

☐ 경호의 특성 중 ㄱ, ㄴ, ㄹ, ㅁ은 선발경호의 특성이고, ㄷ, ㅂ은 근접경호의 특성이다. 기출 22

ㄱ. 예방성	ㄴ. 통합성
ㄷ. 노출성	ㄹ. 예비성
ㅁ. 안전성	ㅂ. 유동성

선발경호의 특성은 예방성, 통합성, 안전성, 예비성 등이고, 근접경호의 특성은 노출성, 방벽성, 기동 및 유동성, 기만성, 방호 및 대피성 등이다. 이에 따라 ㄱ, ㄴ, ㄹ, ㅁ은 선발경호의 특성, ㄷ, ㅂ은 근접경호의 특성에 해당한다. 답 ○

☐ 예방성, 통합성, 안전성, 유동성 중 선발경호의 특성이 아닌 것은 유동성이다. 기출 19

유동성은 근접경호의 특성에 해당한다. 답 ○

☐ 기만성은 선발경호의 특성에 해당하지 않는다. 기출 17

기만성은 근접경호의 특성에 해당한다. 선발경호의 특성에는 예방성, 통합성, 안정성, 예비성이 있다. 답 ○

핵심만 콕 **선발경호의 특성**

- **예방성** : 선발경호의 임무이자 경호의 목표라 할 수 있는 예방경호는 위해요소를 사전에 발견해서 제거하고 침투 가능성을 거부함으로써 경호행사의 안전을 확보하는 것이다.
- **통합성** : 선발경호에 동원된 모든 부서는 각자의 기능을 100% 발휘하면서 하나의 지휘체계 아래에 통합되어 상호보완적으로 임무를 수행해야 한다.
- **안전성** : 선발경호의 임무는 당연히 행사장의 안전을 확보하는 일이다. 이를 위해서는 3중 경호의 원리에 입각해서 행사장을 구역별로 구분하여 그 특성에 맞는 경호조치를 강구하여야 한다.
- **예비성** : 경호행사가 항상 계획되고 예상된 대로만 진행되지는 않는다. 따라서 선발경호는 사전에 경호팀의 능력과 현지 지형과 상황에 맞는 대응계획과 대피계획을 수립하여 비상상황에 대비하여야 한다. 〈출처〉 이두석, 「경호학개론」, 진영사, 2018, P. 254~255

☐ 선발경호임무에 동원된 부서는 각각의 지휘체계하에 상호보완적으로 임무를 수행한다. 기출 19

선발경호임무에 동원된 부서는 각자의 기능을 100% 발휘하면서 하나의 지휘체계 아래에서 통합하여 상호보완적으로 임무를 수행해야 한다(통합성). 답 ×

☐ 경호임무에 동원된 모든 부서는 각자의 기능을 발휘하면서 서로 다른 각각의 지휘체계 아래 상호보완적 임무를 수행해야 한다. 기출 17

선발경호의 임무는 경호임무에 동원되는 제 요소를 하나의 지휘체계로 통합하여 경호력을 증대시키고, 경호대상자의 안전이나 행사에 영향을 주는 상황이 발생하지 않도록 필요한 예방적 경호조치를 통하여 행사장의 안전성을 확보하고, 비상상황에 대비한 각종 조치를 강구하는 것이다.

〈출처〉 이두석, 「경호학개론」, 진영사, 2018, P. 254

답 ×

☐ 선발경호원은 책임구역에 따라 사주경계를 실시하고 우발상황 발생 시 인적 방벽을 형성하여 경호대상자를 보호한다. 기출 20·16

주어진 책임구역에 따라 사주경계를 실시하고 우발상황에 대응하여 인적 방벽을 형성하여 경호대상자를 보호하는 것은 선발경호가 아니라 근접경호의 기본 임무이다. 답 ×

☐ 다음 중 선발경호업무가 아닌 것은 도보 및 차량대형 형성이다. 기출 19

행사장 사전답사, 도보 및 차량대형 형성, 위해가능자 동향 파악, 출입증 확인 및 물품 거색

도보 및 차량대형 형성은 근접경호의 방법과 관련된 논의이다. 답 ○

☐ 경호대상자를 중심으로 사주경계를 하는 것은 선발경호 단계의 활동이다. 기출 18

경호대상자를 중심으로 사주경계를 하는 것은 근접호위작용이며, 근접경호에 해당한다. 답 ×

☐ 경호협조회의는 해당지역 경찰서 관계자 등 행사에 참여하는 다양한 부서와 합동으로 실시하며 보안유지를 위해 1회로 제한한다. 기출 17

경호협조회의(=경호관계관회의)는 1회로 끝나는 것이 보통이나, 행사의 성격에 따라 수차례 반복적으로 시행되기도 한다. 답 ×

☐ 다음 중 선발경호업무의 범위가 아닌 것은 'ㄷ'이다. 기출 07

ㄱ. 행사장 안전점검
ㄴ. 행사장 비표운용
ㄷ. 차량점검 및 차량대형 운용
ㄹ. 출입자통제

차량점검 및 차량대형 운용은 근접경호 시 고려해야 할 사항이다. 답 ○

☐ 다음 중 경호행사 시 선발경호의 임무로 틀린 것은 'ㄴ'이다. 기출 06

ㄱ. 경호계획수립을 위한 준비활동 단계이다.
ㄴ. 기동 간 및 행사장에서 이루어지는 호위활동이다.
ㄷ. 기동수단 및 승·하차 지점을 판단한다.
ㄹ. 행사장의 취약요소를 분석하고 안전대책 판단기준을 설정한다.

ㄴ은 근접경호의 임무이다. ㄱ, ㄷ, ㄹ은 선발경호의 단계별 활동절차 중 현장답사 시 고려사항에 해당한다. 답 ○

☐ 선발경호란 효과적인 경호협조 및 경호준비를 하는 것을 의미한다. 기출 05

선발경호(사전예방경호)란 경호대상자가 도착하기 전에 현장조사를 실시하고 효과적인 경호협조와 경호준비를 하는 것을 말한다. 답 ○

☐ 선발경호란 기동 간 및 행사장에서 이루어지는 호위활동이다. 기출 05

기동 간 및 행사장에서 이루어지는 호위활동은 선발경호가 아닌 근접경호이다. 답 ×

03 근접경호(수행경호)

1 근접경호

☐ 근접경호는 경호대상자의 신변을 보호하기 위하여 경호대상자 최근거리에서 실시하는 호위활동이다. 기출 23

근접경호의 의의에 관한 설명이다. 답 ○

☐ 근접경호작용은 행사 시 각종 위해요소로부터 경호대상자의 신변보호를 위해 기동 간 및 행사장에서 실시하는 호위활동이다. 기출 09

근접경호에 관한 의의이다. 답 ○

☐ 근접경호원은 항상 경호대상자의 근접에서 경호활동을 해야 한다. 기출 07

근접경호는 행사 시 각종 위해요소로부터 경호대상자의 신변을 보호하기 위하여 기동 간 및 행사장에서 실시하는 근접호위활동이다. 답 ○

☐ 근접경호원은 경호대상자와 근접경호원 사이에 위해자가 끼어들지 못하도록 근접해 있어야 한다. 기출 06

근접경호원은 경호대상자와 근접경호원 사이에 위해자 등이 끼어들 수 없도록 항상 경호대상자와 근접해 있어야 한다. 답 ○

☐ 근접경호원의 위치는 고정하여 경호대상자와 근접한 거리에 있어야 한다. 기출 06

근접경호원은 경호대상자와 근접경호원 사이에 위해자 등이 끼어들 수 없도록 수시로 위치와 경호대형을 바꾸면서 항상 경호대상자와 근접해 있어야 한다. 답 ×

☐ 근접경호원은 언론 등 대중과 불필요한 대화를 삼가야 한다. 기출 06

근접경호원의 근무수칙으로 언론 등 대중과 불필요한 대화를 가급적 삼가야 한다. 답 ○

☐ 근접경호작용은 경호대상자가 행사장에 도착하기 전에 현장조사를 실시하고 효과적인 경호협조와 준비를 하는 활동이다. 기출 09

선발경호에 관한 의의이다. 답 ×

☐ 다음 중 근접경호의 원칙에 관한 설명으로 옳은 것은 'ㄱ'이다. 기출 23

ㄱ. 안전구역, 위험구역, 경계구역으로 3중 경호의 원칙을 적용한다.
ㄴ. 경호대상자와 함께 이동하면서 변화하는 주변상황에 비주체적으로 대처해야 한다.
ㄷ. 복도, 도로, 계단 이동 시에는 경호대상자를 공간의 중앙 쪽으로 유도하여 위해 발생 시 여유 공간을 확보한다.
ㄹ. 위해가해자의 공격가능성을 줄이고, 위해 발생 시 경호대상자의 피해 정도를 최소화하기 위하여 이동속도는 가급적 느리게 하여야 한다.

ㄱ. (×) 경호대상자의 위치를 중심으로 안전구역(내부) – 경비구역(내곽) – 경계구역(외곽)으로 구분하여 3중 경호의 원칙이 적용된다.
ㄴ. (×) 근접경호원은 경호대상자와 함께 이동하면서 변화하는 주변상황에 주체적으로 대처해야 한다.
ㄹ. (×) 위해가해자의 공격가능성을 줄이고, 위해 발생 시 경호대상자의 피해 정도를 최소화하기 위하여 이동속도를 가능한 한 빠르게 하여야 한다. 답 ×

☐ 다음 중 근접경호 업무가 아닌 것은 'ㄱ'이다. 기출 22

ㄱ. 차량대형 형성
ㄴ. 우발상황 발생 시 대피
ㄷ. 행사장에 대한 현장답사
ㄹ. 돌발상황 발생 시 경호대상자 방호

행사장에 대한 현장답사(ㄷ)는 사전예방경호활동(선발경호활동)의 내용이다. 답 ×

☐ 근접경호요원은 위해공격에 대비하여 제반사항들을 철저히 계획하고, 우발상황 발생 시 피해를 최소화하겠다는 태도로 임무를 수행하여야 한다. 기출 09

근접경호요원의 임무에 해당한다. 답 ○

☐ 근접경호원은 각자 책임구역에 따라 사주경계를 실시해야 한다. 기출 07

각자 주어진 책임구역에 따른 사주경계를 실시하는 것은 근접경호원의 기본 임무이다. 답 ○

☐ 근접경호원은 단정한 용모와 복장을 착용하고 임무를 수행해야 한다. 기출 06

근접경호원은 임무수행 시 예의바른 언행뿐만 아니라 단정한 용모와 복장을 착용하여 경호원으로서의 품위를 유지하여야 한다.

답 ○

☐ 근접경호원은 각자 책임구역을 명확히 하고, 행사장의 취약요소 및 위해물질을 탐지, 색출, 제거 및 안전조치를 취해야 한다. 기출 07

행사장의 취약요소 및 위해물질을 탐지, 색출, 제거 및 안전조치를 취해야 하는 것은 안전검측활동으로서 선발경호원의 임무이다.

답 ×

☐ 근접경호원의 신체조건을 충분히 활용하여(신체로 방벽을 형성하여) 경호대상자의 시야를 제한하고 공격선을 차단한다. 기출 21 · 19

근접경호원의 신체조건을 충분히 활용하여 위해기도자의 시야를 제한하고 공격선을 차단한다.

답 ×

☐ 근접경호원은 경호대상자에게 위해를 가하지 않을 것이라는 확신이 있기 전까지는 누구도 경호대상자의 주위에 접근시켜서는 안 된다. 기출 18 · 16 · 13

근접경호원은 경호대상자에게 위해를 가하지 않을 것이라는 명백한 확신이 있기 전에는 누구도 경호대상자의 주위에 접근시켜서는 안 된다.

답 ○

☐ 근접경호원은 행사장의 제반 취약요소에 대한 안전조치를 강구하고 가용한 모든 경호원을 운용하여 경호대상자의 신변안전을 도모한다. 기출 16

근접경호원의 임무가 아닌 선발경호 중 행사장 안전검측에 관한 설명이다.

답 ×

☐ 근접경호원은 공격자가 경호대상자와 경호원 사이에 끼어들지 못하도록 위치를 계속 조정한다. 기출 16

근접경호요원은 경호대상자가 이동 중이거나 행사장에 참석 중일 때 위해자(공격자)가 경호대상자와 경호원 사이에 끼어들지 못하도록 수시로 위치를 조정해야 한다.

답 ○

☐ 선정된 근접경호원의 위치는 수시로 변화시키지 않는다. 기출 12

근접경호 시 경호원의 위치와 경호대형은 수시로 변화를 주어야 한다.

답 ×

☐ 타 지역으로 이동하기 전에 보안을 고려하여 이동로, 경호대형, 특이상황 등을 경호대상자에게 알려주지 않는다. 기출 14·09·07

타 지역으로 이동 전에 경호원은 이동로, 소요시간, 경호대형, 주위의 특이상황, 주의사항 및 경호대상자의 이동위치를 사전에 경호대상자에게 알려주어야 한다. 답 ×

☐ 근접 도보경호대형 형성에 따른 이동 시 경호원은 이동하기 전 피경호인에게 이동로, 경호대형 및 특이상황을 사전에 알려주도록 한다. 기출 05

근접 도보경호대형 형성에 따른 이동 시 경호원의 근무방법으로 옳다. 답 ○

☐ 타 지역으로 이동 전에 경호원은 이동로, 주의사항 및 경호대상자의 이동위치 등을 경호대상자에게 알려주어야 한다. 기출 10

경호원은 타 지역으로 이동 전 보안을 고려하여 이동로, 주의사항 및 경호대상자의 이동위치 등을 경호대상자에게 알려주어야 한다. 답 ○

☐ 다음 중 경호원의 행동수칙으로 옳지 않은 것은 'ㄹ'이다. 기출 23

ㄱ. 신속하고 과감한 대처능력이 필요하다.
ㄴ. 위해가해자에게 위압감을 줄 수 있어야 한다.
ㄷ. 예리하고 정확한 판단력을 갖춰야 한다.
ㄹ. 숙련된 사후적 방어조치는 사전예방경호보다 우선시한다.

ㄹ. (×) 경호활동은 기본적으로 공격이 아닌 방어적 개념이므로, 효과적인 방어는 숙련된 사후적 방어조치보다는 사전적 예방경호활동이 우선시된다. 답 ○

☐ 개인보다는 전체의 능력을 우선적으로 한다. 기출 23

경호업무의 성격상 완벽한 방어 및 대응체계를 구축하기 위해서 경호는 기관단위작용으로 이루어져야 한다. 답 ○

☐ 경호원에게 가장 중요한 수칙은 자기희생과 살신성인이다. 기출 23

경호원은 어떤 상황에서도 절대적으로 경호대상자를 보호해야 하고, 경호대상자가 위기에 처했을 때에는 자기 몸을 희생하여 경호대상자를 보호해야 한다. 답 ○

☐ 경호대상자의 사생활 보호를 책임져야 한다. 기출 23

경호원은 가능한 한 경호대상자의 사생활을 침해하지 않도록 하여야 한다. 답 ○

☐ 경호원은 최대한 비노출경호를 위해 권위주의적 자세를 가져야 한다. 기출 22

경호원은 권위주의적 자세를 견지해서는 안 된다. 답 ×

☐ 경호원은 친절한 경호서비스를 제공해야 하며, 권위주의적인 자세를 견지해야 한다. 기출 08

경호원은 권위주의적 자세를 배제하고, 의전과 예절에 입각한 친절하고 겸손한 자세로 경호서비스를 제공해야 한다. 답 ×

☐ 위해기도자의 입장보다는 경호대상자의 입장에서 검측을 실시한다. 기출 22

위해기도자의 입장에서 설치장소를 의심하여 검측을 실시해야 한다. 답 ×

☐ 경호원은 위해기도자의 입장에서 경호상 취약성을 분석하여 사전에 차단할 수 있는 예방경호에 총력을 기울여야 한다. 기출 08

경호원은 위해기도자의 입장에서 경호상 취약성을 분석하여 위해행위를 효과적으로 사전에 봉쇄할 수 있는 예방경호에 총력을 기울여야 한다. 답 ○

☐ 경호원은 경호대상자를 안전하게 보호해야 하며, 위해기도자와 타협적인 행동을 하지 말아야 한다. 기출 08

경호원의 활동수칙에 해당한다. 답 ○

☐ 경호원은 가능하면 경호대상자의 사생활을 침해하지 않도록 하는 것이 좋다. 기출 08

경호원은 경호대상자의 정상적인 업무를 보장하고, 가능한 한 사생활을 침해하지 않도록 하여야 한다. 답 ○

☐ 경호원은 가능하면 경호대상자의 공적·사적 업무를 방해하지 않도록 해야 한다. 기출 07·06

경호원은 경호대상자의 정상적인 업무(공적·사적 업무)를 보장하여야 한다. 답 ○

☐ 다음 중 근접경호 임무수행 절차 중 임무분석단계에 해당하지 않는 것은 'ㄷ'이다. 기출 10

ㄱ. 행사 성격 및 특성 고려
ㄴ. 답사계획 수립
ㄷ. 출동준비상태 점검
ㄹ. 근접경호계획 수립

출동준비상태 점검은 경호실시단계에서 이루어진다. 답 ○

핵심만 콕 **근접경호원의 임무수행 절차**

출동준비단계	24시간 출동태세 유지, 근무 편성, 출동차량 점검, 기상 및 특이사항 확인 및 전파
임무분석단계	행사 성격 및 특성 고려, 답사계획 수립, 근접경호계획 수립, 행사장 위치 파악, 행·환차로 결정
명령하달단계	행사 일반계획, 경호환경, 차량대형, 행·환차 코스 등을 하달하고, 개인별 임무를 부여하며, 행사장 비상대책을 마련하고, 예행연습을 실시한다.
경호실시단계	근접경호원의 출동, 출동준비상태 점검, 기동 간 및 행사장 근접경호 실시
복귀 후 정리단계	차량 및 장비 확인, 행사결과에 대한 토의, 행사결과보고서 작성

〈참고〉 이상철, 「경호현장운용론」, 진영사, 2008, P. 117

☐ 근접경호는 노출성과 유동성이라는 특성을 갖고 있다. 기출 23

근접경호의 특성에 관한 설명이다. 답 ○

☐ 다음에서 나타나는 근접경호의 특성은 노출성, 방벽성, 대피성, 기만성이다. 기출 21

위드 코로나 시대를 맞아 다채로운 행사가 열렸다. A경호업체는 연예인 B양에 대한 경호의뢰를 받아 행사장에 근접경호를 하고 있었다. 운집된 팬들 사이에서 갑자기 위해기도자로 보이는 한 남성이 B양을 공격하려 하자 근접경호를 맡고 있던 P경호원은 자신의 몸으로 위해기도자를 막고 B양을 행사장 뒤로 신속히 이동시켰다.

제시문에서 나타난 근접경호의 특성은 노출성, 방벽성, 대피성이다. 답 ×

☐ 노출성, 방벽성, 예비성, 기동성 중 근접경호의 특성이 아닌 것은 예비성이다. 기출 16

근접경호의 특성에는 노출성, 방벽성, 기만성, 기동 및 유동성, 방호 및 대피성이 있다. 예비성은 선발경호의 특성이다. 답 ○

☐ '경호원은 자신의 신체를 이용하여 외부의 공격으로부터 경호대상자를 근접에서 보호한다.' 는 것은 근접경호의 특성 중 방벽성에 관한 설명이다. 기출 20

방벽성은 근접도보대형 시 근무자의 체위에 의한 인적 자연방벽 효과와 방탄복 및 각종 방호장비를 이용하여 외부의 공격으로부터 방벽을 구축해야 하는 특성을 의미한다. 답 ○

☐ 방벽성은 근접도보대형 시 근무자의 체위에 의한 인적 방벽 효과와 각종 위해수단으로부터 방벽을 구축해야 하는 근접경호의 특성이다. 기출 13

근접경호의 특성으로는 노출성, 방벽성, 기만성, 기동 및 유동성, 방호 및 대피성이 있는데, 지문은 방벽성에 관한 설명이다. 답 ○

☐ 근접경호의 특성 중 기만성은 허위정보를 제공하여 위해기도자로 하여금 행사 상황을 오판하도록 하기 위한 변칙적인 경호기법이다. 기출 18

기만성은 변칙적인 경호기법으로 위해기도자로 하여금 행사 상황을 오판하도록 실제 상황을 은폐하고 허위 상황을 제공하여 경호의 효율성을 높이려는 특성을 의미한다. 답 ○

☐ 방벽성, 기동 및 유동성, 방호 및 대피성, 비노출성 중 근접경호의 특성이 아닌 것은 비노출성이다. 기출 10

근접경호의 특성으로는 노출성, 방벽성, 기만성, 기동 및 유동성, 방호 및 대피성이 있다. 답 ○

☐ 근접경호는 노출성, 방벽성, 기만성, 기동 및 유동성, 방호 및 대피성 등의 특성을 갖고 있다. 기출 09

근접경호의 특성에 관한 설명이다. 답 ○

☐ 근접경호 업무의 특성으로 우발상황 시 범인을 제압하는 것보다 경호대상자의 안전을 위한 방호 및 대피성이 우선된다. 기출 07

근접경호의 특성 중 방호 및 대피성에 관한 설명이다. 답 ○

☐ 근접경호 업무의 특성으로 비상사태 시 범인을 대적하며 제압하는 것보다 제2공격으로부터의 보호를 위해 방호 및 대피성이 요구된다. 기출수정 06

근접경호 업무의 특성 중 방호 및 대피성에 관한 설명이다. 답 ○

☐ 근접경호 업무의 특성으로 인적 방벽 효과와 방탄복 및 기동수단에 의한 외부공격으로부터 방벽성이 요구된다. 기출 07·06

근접경호의 특성 중 방벽성에 관한 설명이다. 답 ○

☐ 근접경호 업무의 특성으로 기동수단 및 도보대형에 의한 시각적 노출과 각종 매스컴에 의해 행사 내용이 알려지는 노출성이 있다. 기출 07·06

근접경호의 특성 중 노출성에 관한 설명이다. 답 ○

☐ 근접경호는 행사 성격이나 주변상황에 유연하게 대처할 수 있어야 한다. 기출 23

근접경호는 행사 성격이나 주변 여건, 장비의 특성에 따라 능동적(유동적)으로 대처해야 하는 특성을 갖고 있다. 답 ○

☐ 근접경호 업무의 특성으로 행사의 성격이 위해요소를 최소화하기 위해 정적상태가 요구된다는 고정성을 들 수 있다. 기출 07

고정성은 근접경호의 특성이 아니다. 답 ×

☐ 근접경호 업무의 특성으로 행사의 성격과 주변 환경, 공격의 유형에 따른 피해를 최소화하기 위해 고정성이 요구된다. 기출 06

고정성은 근접경호 업무의 특성이 아니다. 답 ×

핵심만 콕 **근접경호의 특성**

노출성	다양한 기동수단과 도보대형에 따라 경호대상자의 행차가 시각적으로 외부에 노출될 뿐만 아니라, 각종 매스컴에 의하여 행사 일정과 장소 및 시간이 대외적으로 알려진 상태에서 업무를 수행해야 하는 특성을 의미
방벽성	근접도보대형 시 근무자의 체위에 의한 인적 자연방벽 효과와 방탄복 및 각종 방호장비를 이용하여 외부의 공격으로부터 방벽을 구축해야 하는 특성을 의미
기동 및 유동성	근접경호는 주로 도보 또는 차량에 의해 기동 간에 이루어지며 행사 성격이나 주변 여건, 장비의 특성에 따라 능동적(유동적)으로 대처해야 하는 특성을 의미
기만성	변칙적인 경호기법으로 차량대형 기만, 기동시간 기만, 기동로 및 기동수단 기만, 승·하차 지점 기만 등으로 위해기도자로 하여금 행사 상황을 오판하도록 실제 상황을 은폐하고 허위 상황을 제공하여 경호의 효율성을 높이려는 특성을 의미
방호 및 대피성	비상사태 발생 시 범인을 대적하여 제압하는 것보다 반사적이고 신속·과감한 행동으로 경호대상자의 방호 및 대피를 우선해야 한다는 특성을 의미

☐ 기동수단, 기동로, 기동시기, 기동대형 등 노출의 취약성을 최대화하기 위하여 경호기법에 변화를 주어야 하는 것은 기만성과 관련된다. 기출 18

기만성은 기동수단, 기동로, 기동시기, 기동대형 등 노출의 취약성을 최소화하기 위하여 경호기법에 변화를 주는 것과 관련된다. 답 ×

☐ 비노출 경호는 경호대상자에게 부담을 주지 않고 일반시민의 통제를 최소화하는 경호방식이다. 기출 14

비노출 경호는 경호원임을 알 수 없도록 자유복장으로 경호하는 방법으로 신분이 노출되지 않는다는 장점이 있으며, 경호대상자에게 부담을 주지 않고, 일반시민의 통제를 최소화하는 경호방식이다. 답 ○

☐ 비노출성은 행사 일정과 장소 및 시간이 대외적으로 알려져 있는 상태에서 경호업무를 수행해야 하는 근접경호의 특성이다. 기출 13

노출성이 근접경호의 특성이다. 답 ×

☐ 위해기도자가 위해기도를 포기하거나 실패하도록 유도하는, 계획적이고 변칙적인 경호기법을 육감경호라 한다. 기출 16

기만경호에 관한 설명이다. 육감경호는 위험을 예상하는 감각과, 이 위험을 진압하기 위한 재빠른 조치를 취할 시점을 알아채는 능력 등을 활용하는 경호를 말한다. 답 ×

☐ 육감경호는 위험을 예상하는 능력과 이 위험을 진압하기 위한 재빠른 조치를 취할 시점을 알아채는 능력이다. 기출 08 · 06

육감경호는 경호 시에 경호원의 오관(오감)과 육감을 활용하여 경호에 임하는 것으로서 근접경호기법 중 하나이다. 답 ○

☐ 테러기도자가 경호대상자의 행차로 및 기타 경호대상자의 모든 활동을 알았을 것으로 판단하게 하여 기설정된 행차로 및 행사장 방문 예정시간을 이원화하여 경호계획을 수립 · 운영하는 것은 근접경호의 특성 중 기만성에 해당한다. 기출 23

기만경호란 변칙 경호수법으로서 위해를 기도하고 행사장에 접근하거나 특별한 수단을 강구하는 사람들에게 허위사항을 제공하는 경호기법이다. 답 ○

☐ 차량대형, 기동시간 등을 변칙적으로 운영하여 위해기도자가 상황을 오판하도록 하는 것은 근접경호의 특성 중 기만성에 해당한다. 기출 22

근접경호의 특성 중 변칙적인 경호기법인 기만성에 관한 설명이다. 답 ○

☐ 기만경호는 위해기도자로부터 공격행위를 포기하게 하거나 실패하도록 유도하는 비계획적이고 정형적인 경호기법이다. 기출 15

기만경호는 위해기도자에게 행사 상황을 오판하도록 허위 상황을 제공하여 위해기도자로 하여금 위해기도를 포기하거나 위해기도가 실패하도록 유도하는 계획적이고 변칙적인 경호기법이다.

답 ×

☐ 기만성은 공식적이 아닌 변칙적인 경호기법으로 차량대형 기만, 기동시간 기만, 승·하차 지점 기만 등으로 위해기도자로 하여금 행사 상황을 오판하도록 실제 상황을 은폐하고 허위 상황을 제공하여 행사의 효율성을 높이려는 근접경호의 특성이다. 기출 13

근접경호의 특성인 기만성에 관한 설명이다. 답 ○

☐ 기만경호는 위해기도자에게 행사 상황을 오판하도록 허위 상황을 제공하는 경호기법이다. 기출 11

기만경호는 위해기도자에게 행사 상황을 오판하도록 허위 상황을 제공하는 계획적이고 변칙적인 경호기법이다. 답 ○

☐ 기만경호는 비노출 경호작전으로 경호대상자에게 불필요한 주의가 쏠리지 않게 하는 방법이다. 기출 11

기만경호는 노출 경호작전에 해당한다. 답 ×

☐ 기동 간 경호기만은 경호대상자가 도보수단을 이용하여 이동할 때(만) 실시하는 경호기법이다. 기출 08·06

기동 간 경호기만은 도보이동에 국한되는 경호기법이 아니다. 답 ×

☐ 기동 간 경호기만이라 함은 경호대상자가 각종 기동수단을 이용하여 기동할 때 실시하는 경호기만이다. 기출 04

근접경호의 특성 중 기만성과 관련된 기동 간 경호기만에 관한 설명이다. 답 ○

☐ 경호기만은 가능한 한 현저한 위해정보를 인지한 공식행사의 경우에만 사용한다. 기출 04

기만경호는 계획적이고 변칙적인 경호기법으로 공식·비공식행사를 불문하고 근접경호의 기법으로 사용된다. 답 ×

☐ 복제경호요원 운용은 경호대상자의 얼굴을 닮은 사람을 경호요원 또는 비서관으로 임용하여 경호대상자의 눈을 기만하는 방법이다. 기출 08·06

복제경호요원 운용은 위해기도자의 눈을 기만하는 방법이다. 답 ×

☐ 기동대형 기만은 적을 기만함으로써 위해기도자의 공격을 증가시켜서 위해기도가 실패하도록 유도하는 방법이다. 기출 08·06

기동대형 기만은 적을 기만함으로써 위해기도자의 공격을 감소시켜 위해기도가 실패하도록 유도하는 근접경호의 기법이다. 답 ×

☐ 다음 중 기만경호에 관한 설명으로 틀린 것은 'ㄴ'이다. 기출 05

ㄱ. 범인의 심리적 상태를 이용하여 시간을 앞당긴 기동 및 도착이 효과적이다.
ㄴ. 공식행사에서는 반드시 사용해야 한다.
ㄷ. 서로 다른 기동수단과 기동로를 선정하였다가 상황을 파악하여 한 가지를 선택하도록 한다.
ㄹ. 경호대상자와 유사하게 닮은 경호원을 선발하여 근접경호요원으로 배치시킨다.

기만경호는 계획적이고 변칙적인 경호기법으로 공식·비공식행사를 불문하고 근접경호의 기법으로 사용된다. ㄱ은 출발 및 도착시간의 기만, ㄷ은 기동수단 및 기동로의 기만, ㄹ은 인물 기만(복제경호요원)에 관한 설명이다. 답 ○

☐ 다음 중 경호기만 방법으로 옳지 않은 것은 'ㄹ'이다. 기출 17

ㄱ. 일관성 있는 차량 및 기동로
ㄴ. 허위흔적 표시
ㄷ. 일반인처럼 자연스러운 옷차림과 행동
ㄹ. 연막차장

위해기도자는 경호대상자의 제한적이고, 일상적인 패턴을 노린다. 따라서 경호기만 방법으로서 일관성 있는 차량 및 기동로(ㄱ)는 옳지 않다. 위장 차량을 사용한다거나, 사전에 미리 여러 기동로를 선정하였다가 상황에 맞게 한 가지를 선택하도록 하는 방법 등을 이용하는 것이 바람직하다. 답 ×

☐ 같은 방향으로 2대의 경호차량이 교차로에 진입 시 방호차원에서 우측 경호차량이 우선 통과해야 한다. 기출 21

같은 방향으로 2대의 경호차량이 교차로에 진입하는 경우, 방호차원에서 우측 경호차량이 우선적으로 교차로를 통과해야 한다. 답 ○

☐ 선도경호차량은 비상사태 시 비상도로를 확보하고 전방에 나타나는 각종 상황에 대한 경계업무를 수행한다. 기출 22

비상사태 시 비상도로를 확보하고 전방에 나타나는 각종 상황에 대한 경계업무를 수행하는 것은 선도경호차량이다. 답 ○

☐ 후미경호차량은 기동 간 경호대상자 차량의 방호업무와 경호 지휘업무를 수행한다. 기출 22

기동 간 경호대상자 차량의 방호업무와 경호 지휘업무를 수행하는 것은 후미경호차량의 업무이다. 답 ○

☐ 경호대상자 차량은 선도차량과 일정 간격을 유지하며 유사시 선도차량과 같은 방향으로 대피한다. 기출 22·16

경호대상자 차량은 선도차량과 일정한 간격을 유지하면서 이상 유무를 각 차량의 책임자에게 연락하면서, 유사시에는 선도경호차량과 같은 방향으로 대피한다. 답 ○

핵심만 콕 **차량별 임무수행 요령**

구분	내용
경호대상자 차량	• 선도차량과 일정한 간격을 유지하면서 이상 유무를 각 차량의 책임자에게 연락한다. • 유사시에는 **선도경호차량과 같은 방향으로 대피한다.**
선도경호차량	주행 노선을 안내하면서, 전방에 나타나는 각종의 상황에 대한 경계임무를 수행한다.
후미경호차량	• 후미경호차량은 차선을 바꾸어 가면서 후미에서 접근하는 차량을 통제하고 추월을 방지한다. • 경호차량에 대한 방호업무와 아울러 **경호 지휘업무를 수행한다.**

☐ 운전요원은 경호대상자의 위험지역 하차 후 즉시 그 지역을 신속히 벗어나야 한다. 기출 21

운전요원은 경호대상자가 하차 후 안전한 곳으로 이동할 때까지 차량에서 대기해야 한다. 답 ×

☐ 주차장소는 가능한 한 자주 변경하며 야간주차 시 위해기도자로부터 은닉하기 위해 어두운 곳에 주차한다. 기출 16

주차장소는 가능한 한 자주 변경하는 것이 좋으며, 특히 야간에는 밝은 곳에 주차해야 한다.

답 ×

☐ 근접경호원은 위해기도자의 공격 가능성을 줄이고, 피해 정도를 최소화하기 위해서 이동속도를 가능한 한 천천히 해야 한다. 기출 18·16·14·13

위해자의 공격 가능성을 줄이고, 공격 시 피해 정도를 최소화하기 위하여 이동속도를 가능한 한 빠르게 하여야 한다.

답 ×

☐ 근접경호원은 경호대상자의 건강상태, 신장, 보폭 등을 고려하지 않고 이동속도를 최대한 빠르게 하여야 한다. 기출 15

이동속도는 경호대상자의 건강상태, 신장, 보폭 등 여러 사항을 종합적으로 고려하여 정해야 한다.

답 ×

☐ 근접도보대형의 이동속도는 경호대상자(피경호인)의 건강상태, 신장, 보폭 등을 고려하여 정한다. 기출 07·05

근접도보대형의 이동속도는 경호대상자(피경호인)의 건강상태, 신장, 보폭 등을 종합적으로 고려하여 정해야 한다.

답 ○

☐ 도보대형 이동 시 경호원은 경호대상자의 체력, 건강상태에 따라 이동속도와 보폭을 적절하게 조절한다. 기출 14·09

도보대형 이동 시 이동속도와 보폭은 경호대상자의 체력과 건강상태에 따라 경호원이 적절히 조절해야 한다.

답 ○

☐ 이동속도는 경호대상자의 건강상태, 보폭 등을 고려하여 정하고, 상황에 따라 속도를 조절할 때에는 경호원 상호 간에 연락하여 조절하도록 한다. 기출 10

근접경호원의 경호임무 수행의 내용이다.

답 ○

☐ 근접경호원은 경호대상자의 건강상태, 주위상황, 위험도 등에 따라 이동속도를 적절하게 조절하고, 이동 전에 경호대상자에게 이동로, 이동시간, 경호대형 및 경호대상자의 위치 등은 보안을 위해 알려주지 않도록 한다. 기출 08

근접경호원은 이동 전에 경호대상자에게 이동로, 이동시간, 경호대형, 주의사항 및 경호대상자의 이동 위치를 사전에 경호대상자에게 알려주어야 한다.
답 ×

☐ 근접도보경호대형을 형성하여 이동할 경우 이동속도가 느리더라도 신중하게 천천히 이동하는 것이 더 안전하다. 기출 12

근접도보경호대형을 형성하여 이동할 경우는 경호에 취약하기 때문에 이동속도를 빨리하여 이동하는 것이 좋다.
답 ×

☐ 근접경호원은 이동 중 경호원 상호 간에 적절한 수신호나 무선으로 주위상황과 경호대상자의 상태 등을 연락할 수 있도록 한다. 기출 08

근접경호원은 이동 중 주위상황과 경호대상자의 상태 등을 적절한 수신호나 무선으로 연락하여 경호원 상호 간에 공유하도록 한다.
답 ○

☐ 도보대형 이동 시 경호원은 경호대상자와 자주 신체를 접촉하여 경호대상자가 안심할 수 있도록 한다. 기출 14

경호원은 이동 시 경호대상자와 신체를 자주 접촉하는 것을 삼가야 한다.
답 ×

☐ 도보대형 이동 시 경호원은 경호대상자가 군중 속을 통과할 때나 승·하차할 때가 가장 안전하다는 것을 염두에 두어야 한다. 기출 14

도보대형 이동 시 경호원은 경호대상자가 군중 속을 통과할 때나 승·하차할 때가 상대적으로 위험하다는 것을 염두에 두고 돌발사태에 대비하여야 한다.
답 ×

☐ 경호대상자가 대중의 가운데 있을 때, 군중 속을 통과하여 걸을 때, 건물 내로 들어갈 때, 공공행사에 참석할 때, 승·하차할 때 특히 위험하다는 것을 염두에 둔다. 기출 08

근접경호원의 임무수행의 내용이다.
답 ○

☐ 도보대형 이동 시 경호원은 위험에 노출되는 정도를 최소화하기 위해 장거리 우회통로를 이용한다. 기출 14

경호원은 도보대형 이동 시 위험에 노출되는 정도를 최소화하기 위해 단거리 직선통로를 이용해야 한다. 답 ×

☐ 근접도보경호 임무수행 시 위험에 노출되는 정도를 최소화하기 위해 단거리 직선통로를 이용하고 주통로, 예비통로와 비상대피로를 적절히 선정한다. 기출 09 · 07 · 05

근접도보경호 임무수행 시 위험에 노출되는 정도를 최소화하기 위해 단거리 직선통로를 이용하고, 이동에 따른 주통로, 예비통로와 비상대피로를 적절히 선정해 두는 것이 좋다. 답 ○

☐ 경호대상자가 이동 시 위험에 노출되는 정도를 최소화하기 위하여 지그재그식으로 이동, 적을 기만한다. 기출 05

경호원은 도보대형 이동 시 경호대상자가 위험에 노출되는 정도를 최소화하기 위해 단거리 직선통로를 이용해야 한다. 답 ×

☐ 행차코스는 원칙적으로 비공개로 하여야 하고, 행사장소는 가급적 변경하지 않는 것이 효율적이다. 기출 09

행차코스는 원칙적으로 비공개로 하여야 하고, 행사장소도 가능한 한 변경하여야 불순분자, 암살기도자에게 테러, 저격, 기타 위해를 준비할 수 있는 기회를 주지 않아 경호대상자의 신변안전을 도모하게 된다. 답 ×

☐ 근접경호대형은 전방위에 대한 사주경계와 신변안전을 담보할 수 있도록 최대한의 인원으로 형성한다. 기출 14

근접경호대형은 경호대상자의 활동을 최대한 보장할 수 있는 선에서 전방위에 대한 사주경계와 신변안전을 담보할 수 있는 최소한의 인원으로 형성하는 것이 바람직하다. 답 ×

☐ 주위경계 시 경호대상자로부터 먼 곳에서 가까운 곳으로 좌우 반복해서 실시하되 인접경호원과 중첩되지 않도록 한다. 기출 18 · 14

주위경계 시 경호대상자로부터 가까운 곳에서 먼 곳 순으로 좌우 반복하여 경계를 실시하고, 인접해 있는 경호원과 경계범위를 중첩되게 설정한다. 답 ×

- [ ] 근접경호 방법으로 출입문 통과 시 가급적 회전문을 사용하는 것이 좋다. 기출 14

가급적 회전문은 이용하지 않는다.

답 ×

- [ ] 경호대상자가 문을 통과하기 전에 경호원이 먼저 문의 안전상태나 위해 여부를 확인한 후 경호대상자를 통과시키도록 한다. 기출 12

문을 통과할 경우에는 항상 경호원이 먼저 통과하여 안전을 확인한 후 경호대상자를 통과시키도록 한다.

답 ○

- [ ] 경호임무 수행 시 가능하면 회전문을 사용하지 않는 것이 좋다. 기출 12

출입문 통과 시 회전문은 가능하면 사용하지 않는 것이 좋다.

답 ○

- [ ] 경호원이 엘리베이터 안에서 신속한 이동을 위하여 경호대상자를 자신 앞의 출입문 쪽에 위치하게 한 것은 올바른 경호업무 수행이 아니다. 유사 18

경호원은 엘리베이터의 문이 열렸을 때 경호대상자가 외부인의 시야에 바로 노출되지 않는 곳에 위치하도록 하여야 한다.

답 ○

- [ ] 근접경호에서 경호대상자를 먼저 신속히 탑승시킨 후 경호원은 내부 안쪽에 방호벽을 형성하고 경호대상자를 엘리베이터 문 가까이 위치하도록 하여야 한다. 기출 15

엘리베이터 탑승 시 경호대상자는 외부인의 시야에 바로 노출되지 않는 지역에 위치하도록 하여야 한다.

답 ×

- [ ] 위급상황 시 경호대상자를 방호하여 공격 방향으로 신속하게 현장을 이탈시켜야 한다. 기출 20

위급상황 시 경호대상자를 방호하여 <u>적 공격의 반대 방향이나 비상구 쪽으로 대피하여야 한다</u>.

답 ×

- [ ] 우발상황에서 공격 방향 전환 시 범인보다 경호대상자의 방향을 전환시키는 것이 효과적이다. 기출 06

우발상황에서 <u>공격 방향 전환 시</u> 경호대상자보다 <u>범인의 방향을 전환시키는 것이 효과적이다</u>.

답 ×

☐ 우발상황에서 경호원은 범인과 대적 및 제압 시 주위의 환경, 공격의 방향과 방법, 범인의 공격기술능력을 순간적으로 파악해야 한다. 기출 06

우발상황 발생 시 경호원이 범인과 대적 및 제압 시 고려해야 할 사항에 관한 설명이다. 답 ○

☐ 우발상황에서 경호원은 범인과 대적 및 제압 시 범인의 저항을 최소화하기 위하여 몸 전체를 최대한 밀착시켜 범인의 행동반경을 최소화해야 한다. 기출 06

우발상황에서 근접경호원의 대적 및 제압 시 대응요령에 관한 설명이다. 답 ○

☐ 우발상황에서 완전히 제압된 범인은 현장에서 이동시켜 주변의 질서를 유지시킨다. 기출 06

우발상황 시 근접경호원의 대응요령이다. 답 ○

☐ 근접경호원은 이동 중 무기 또는 위해기도자가 시야에 나타나면 위해요인과 경호대상자 사이로 움직여 시야를 차단하고 무기 제압 시에는 총구의 방향에 주의하여 경호대상자 방향으로 향하지 않도록 한다. 기출 08

우발상황 시 근접경호원의 즉각조치 과정에 관한 설명이다. 답 ○

☐ 우발상황 시 근접경호원은 가급적 빠른 시간 내 범인을 제압하고 현장을 보존해야 한다. 기출 14

우발상황 시 근접경호원은 대적 및 제압보다는 경호대상자를 방호하여 안전한 곳으로 대피시키는 것이 우선이다. 답 ×

☐ 우발상황 시 경호대상자를 대피시킬 때는 시간이 지체되더라도 현장에 있는 안전한 장소를 확보하는 것이 우선된다. 기출 10 · 06

우발상황 시 가장 이상적인 즉각조치의 방법은 경호대상자를 안전지대로 신속히 대피시키는 것이다. 답 ×

☐ 우발상황 시 경호대상자를 잠시 대피시킬 수 있는 장소보다는 시간이 많이 소요되더라도 안전한 장소를 선정하는 것이 좋다. 기출 04

우발상황 시 안전한 장소를 대피 장소로 선정하는 것도 중요하나, 보다 중요한 것은 경호대상자를 신속히 대피시키는 것이다. 답 ×

☐ 우발상황 발생 시 근접경호원은 경호대상자를 안전하게 현장 이탈시켜야 한다. 기출 06

우발상황 발생 시 근접경호원의 조치사항이다. 답 ○

☐ 우발상황 발생 시 경호대상자를 안전한 곳으로 대피시키고, 공격적 행동보다 방어 위주의 엄호행동이 요구된다. 기출 09·07

우발상황 시 경호의 활동원칙 중 방어경호의 원칙에 관한 설명이다. 답 ○

☐ 긴급상황 발생 시 무기사용 등의 공격적 행위보다는 방어 위주의 엄호행동이 요구된다. 기출 06

방어경호의 원칙에 관한 설명이다. 답 ○

☐ 위해기도자의 공격 시 최근접경호원은 체위를 최대한으로 확장시켜 공격에 대한 방패막을 최대화하여 물리적 방벽을 형성해야 한다. 기출 08

우발상황 시 최근접경호원의 대응요령에 관한 설명이다. 답 ○

☐ 돌발상황 시 근접경호원은 경호대상자의 노출을 최소화하고 물리적 방벽을 형성한다. 기출 06

돌발상황 시 근접경호원은 자기희생의 원칙에 따라 체위를 확장하여 경호대상자의 노출을 최소화하고 물리적 방벽을 형성한다. 답 ○

☐ 우발상황 시 근접경호원은 경호대상자의 노출을 최소화하고, 30초 이내의 시간이 소요되는 장소를 비상대피소로 선정해야 한다. 기출 04

우발상황 발생 시 비상대피소의 선정 방법에 관한 설명이다. 답 ○

☐ 우발상황 시 근접경호원은 상황이 길어질 경우를 고려하여 잠시 동안 머물러 있을 수 있는 장소를 선정해야 한다. 기출 04

근접경호원은 우발상황이 길어질 경우를 고려하여 잠시 동안 머물러 있을 수 있는 장소를 비상대피소로 선정하여야 한다. 답 ○

☐ 전방에서 위해가 발생하면 제일 가까운 곳에 있는 근접경호원은 체위를 최대한 확장시켜 물리적 방벽을 형성해야 한다. 기출 05

전방에서 위해가 발생하면 근접경호원은 자기희생의 원칙에 따라 체위를 최대한 확장시켜 물리적 방벽을 형성해야 한다.

답 ○

☐ 우발상황 시 경호원은 경호대상자에게 접근하는 모든 사람, 사물, 위해기도자가 숨을 만한 장소와 어울리지 않는 물건, 경호대상자와의 거리와 위치, 손의 움직임, 휴대하고 있는 물품에 대한 의문점을 제기한다. 기출 08

우발상황 시 경호원의 대응요령이다.

답 ○

☐ 경호행사 시 돌발사태 조치방법으로 근접경호요원 이외의 경호요원들은 자기담당구역 책임의 원칙에 따라 맡은 지역에서 계속 임무를 수행하여야 한다. 기출 06 · 04

우발상황 시 근접경호원의 대응요령이다.

답 ○

☐ 우발상황 발생 시 근접경호원은 적을 발견하면 경고하고 대적한다. 기출 06

우발상황 발생 시 근접경호원은 적 발견 시 육성 경고와 동시에 비상조치계획에 따라 경호대상자를 우선 대피시켜야 하며, 대적은 근접경호원 이외의 경호원들이 불가피한 경우에만 실시하여야 한다.

답 ×

☐ 우발상황 발생 시 근접경호원은 적의 양동작전에 구애됨이 없이 경호대상자만 대피시켜야 한다. 기출 06

근접경호원은 우발상황 발생 시 육성 경고와 동시에 비상조치계획에 따라 경호대상자를 우선 대피시켜야 한다. 이때 공범에 의한 양동작전에 유념해야 하고, 경호원의 주의를 다른 곳으로 전환하도록 하기 위한 위해기도자의 전술에 휘말려서는 안 된다.

답 ×

핵심만 콕 우발상황 시 근접경호원의 대응요령

- 자기희생의 원칙에 따라 체위를 확장하여 경호대상자의 노출을 최소화하고 최대의 방호벽을 형성한다.
- 경호원은 자신의 생명을 보호하기 위하여 자세를 낮추거나 은폐 또는 은신해서는 안 되며, 자신보다 경호대상자를 먼저 육탄방어할 수 있는 자세로 임해야 한다.
- 육성 경고와 동시에 비상조치계획에 따라 경호대상자를 우선 대피시킨다.
- 대피 시 적 공격의 반대 방향이나 비상구 쪽으로 대피한다.

• 공범에 의한 양동작전에 유념해야 하고, 경호원의 주의를 다른 곳으로 전환하도록 하기 위한 위해기도자의 전술에 휘말려서는 안 된다.
• 근접경호요원 이외의 경호요원들은 자기담당구역 책임의 원칙에 따라 맡은 지역에서 계속 임무를 수행하며 대적은 불가피한 경우에만 하고 보복공격을 하지 말아야 한다.

☐ 밀착대형은 경호대상자가 선호하지 않으며, 일반인들에게는 위화감을 줄 수 있는 단점이 있다. 기출 14

밀착대형의 단점에 관한 설명이다. 답 ○

☐ 도보이동 간 근접경호에서 단거리 직선통로를 이용하는 것은 이동 시 위험에 노출되는 정도를 최소화하기 위함이다. 기출 21 · 16 · 13 · 07 · 06

도보이동 간 근접경호원은 위험에 노출되는 정도를 최소화하기 위해 단거리 직선통로를 이용한다. 답 ○

☐ 경호원은 위해발생 시 경호대상자의 방호 및 대피보다 위해기도자의 제압이 우선이다. 기출 20 · 14

경호원은 위해발생 시 경호대상자의 방호 및 대피가 위해기도자의 제압보다 우선이다. 답 ×

☐ 위해상황 시 근접경호원은 제2공격을 방지하기 위해 대피보다 범인 제압을 우선한다. 기출 07

위해상황 시 근접경호원은 범인 제압보다는 경호대상자를 방호, 대피시키는 것을 우선시해야 한다. 답 ×

☐ 계획에 없던 지역으로 이동하기 전 이동로, 경호대형, 특이사항은 경호대상자에게도 비밀로 해야 한다. 기출 21

계획에 없던 지역으로 이동 전에 경호원은 이동로, 소요시간, 경호대형, 주위의 특이상황, 주의사항 및 경호대상자의 이동 위치 등을 사전에 경호대상자에게 알려주어야 한다. 답 ×

☐ 경호원은 주변 모든 사람들이 위험한 무기를 소지할 수 있다는 가정하에 표정을 주의 깊게 관찰해야 한다. 기출 21

경호원은 주변 모든 사람들이 위험한 무기를 소지할 수 있다는 가정하에 경호대상자 주위 모든 사람들의 손을 주의 깊게 관찰해야 한다. 답 ×

☐ 경호대상자 주위의 모든 사람들의 손을 주의해서 관찰하고, 흉기를 소지하고 있다는 가정하에 대비책을 강구하여야 한다. 기출 15 · 07

근접경호원의 임무에 관한 설명이다. 답 ○

☐ 다음의 내용은 사주경계에 관한 설명으로 모두 옳다. 기출 20

ㄱ. 행사장이나 주변의 모든 시설물과 물체가 경계대상이다.
ㄴ. 위해기도자가 은폐하기 좋은 장소나 공격하기 용이한 장소가 경계대상이다.
ㄷ. 경호대상자 주변의 모든 인원 중 행사 상황에 어울리지 않는 행동을 하는 사람들이 중점감시대상이다.
ㄹ. 경호행사 시 영향을 미칠 수 있는 간접적 위해요인도 경계대상이다.

사주경계란 경호대상자를 중심으로 한 전 방향에 대한 감시로 직접적인 위해나 자연발생적인 위해요인을 사전에 인지하기 위한 경계활동을 말한다. 사주경계의 대상은 흔히 말하는 인원(인적 취약요소), 물건(물적 취약요소), 장소(지리적 취약요소)를 불문한다. 따라서 제시된 내용은 모두 사주경계에 관한 설명으로 옳다. 답 ○

☐ 사주경계에서 인적 경계대상은 위해 가능한 인원으로 제한하며 사회적 권위와 지위를 고려한다. 기출 19

인적 경계대상은 경호대상자 주변의 모든 인원들이 그 지위나 차림새 등에 상관없이 포함되어야 한다. 〈출처〉 이두석, 「경호학개론」, 진영사, 2018, P. 180

답 ×

☐ 경호대상자 주변에서 신분이 확실한 공무원, 수행원, 기자, 종업원 등을 제외한 모든 인원이 경계의 대상이 된다. 기출 12

인적 경계대상은 경호대상자 주변의 모든 인원들이 그 지위나 차림새 등에 상관없이, 즉 신분이 확실한 공무원, 수행원, 기자, 종업원 등도 포함되어야 한다. 답 ×

☐ 사주경계 시 육감에 의지하지 말고 직접 보고 들은 것에만 집중해서 관찰한다. 기출 15

경호원의 육감은 위험을 예상하고 위험을 진압하기 위한 재빠른 조치를 취할 시점을 알아채는 데 필수적인 능력 중 하나로 경호원은 직접 보고 들은 것뿐만 아니라 육감에 의지하여 경호를 해야 한다. 답 ×

☐ 사주경계의 대상은 인적·물적·지리적 취약요소를 망라한다. 기출 22·15

경호대상자를 중심으로 한 전 방향에 대한 감시로 직접적인 위해나 자연발생적인 위해요인을 사전에 인지하기 위한 경계활동으로서 사주경계의 대상은 인적·물적·지리적 취약요소를 불문한다.

답 ○

☐ 사주경계 시 외관상 안전하게 보이는 물체라도 인적 경계대상과 마찬가지로 긴장을 늦추지 말고 경계한다. 기출 10

사주경계의 대상은 인적·물적·지리적 취약요소를 불문하므로, 외관상 안전하게 보이는 물체라도 인적 경계대상과 마찬가지로 긴장을 늦추지 말고 경계해야 한다. 답 ○

☐ 사주경계 시 은폐, 엄폐된 장소로서 감제고지, 열려진 창문, 옥상 등이 지리적 경계대상이다. 기출 10

지리적 경계대상이란 경호대상자를 공격하기 좋은 장소로서 감제고지, 건물의 후미진 곳이나 열린 창문, 옥상 등이 이에 해당한다. 답 ○

☐ 사주경계 시 복도의 좌우측 문, 모퉁이, 창문 주위 등에 관심을 두고 경계한다. 기출 04

근접경호 시 사주경계요령에 관한 내용이다. 답 ○

☐ 사주경계 시 위해가해자는 군집된 인파 가운데 맨 앞 열에 서서 경호대상자를 주시하는 경우가 많다. 기출 23

위해가해자는 심리적으로 <u>첫째 줄보다 둘째 줄이나 셋째 줄에 서려는 경향이 있다</u>. 답 ×

☐ 사주경계 시 위해자는 심리적으로 대중들 가운데 둘째 열에 위치하는 경우가 많다는 것을 참고한다. 기출 04

근접경호원의 사주경계요령에 관한 내용이다. 답 ○

☐ 사주경계 시 전체적인 분위기와 조화되지 않는 부자연스럽고 불균형한 사항에 경계를 하여야 한다. 기출 23

전체적인 분위기에 어울리지 않는 부자연스러운 사항에 대하여 면밀히 살펴야 한다. 답 ○

☐ 사주경계 시 경호대상자의 주변에 있는 모든 사람의 눈과 손을 감시하여야 한다. 기출 23

인적 경계대상은 경호대상자 주변의 모든 인원들이 해당되며, 근접경호원은 경호대상자 주위의 모든 사람의 행동을 주도면밀하게 살펴야 한다. 답 ○

☐ 주위경계(사주경계) 시 따뜻한 날씨에 긴 코트를 입고 있는 등 주변 환경과 어울리지 않는 복장을 한 경우 특히 주의한다. 기출 12

주위경계(사주경계) 시 전체적으로 보아 주위 사물과 어울리지 않는 부조화에 주의한다. 답 ○

☐ 주위경계 시 주위 사람들의 손을 집중하여 감시한다. 기출 12

근접경호원은 경호대상자에게 접근하는 주위 사람의 경계 시 그들의 손을 예의주시하여야 한다. 답 ○

☐ 경호대상자의 성격이나 성향에 따라 근접경호대형이 결정될 수 있다. 기출 20

근접경호대형의 결정 시 경호대상자의 성격이나 성향이 고려될 수 있다. 답 ○

☐ 주위경계는 경호대상자를 중심으로 360° 전 방향을 감시하면서 위해요인을 사전에 인지하기 위한 경계활동이다. 기출 12·10

주위경계(사주경계)는 경호원이 자신의 근무위치에서 경호대상자를 중심으로 360° 전(全) 방향을 감시하면서 위해요인을 인지하기 위한 제반 경계활동이다. 답 ○

☐ 수행경호원의 도보이동 간 및 정지 간 사주경계 시 경호원의 시선이 한곳에 고정되면 좋지 않으므로 시선의 방향에 적절한 변화를 주는 것이 좋다. 기출 08

사주경계 시 수행경호원은 피경호인을 중심으로 전 방향을 감시하여야 하며, 이원시와 주변시의 원리를 고려하면 시선이 한곳에 고정되는 것은 좋지 않으며, 시선의 방향에 적절한 변화를 주어야 한다. 답 ○

☐ 사주경계활동 시 인적 경계대상에는 경호대상자의 수행원이나 보도요원 등 신분이 확실한 사람들을 제외한 행사장의 직원, 특이행동자 등이 해당된다. 기출 10

인적 경계대상은 경호대상자 주변의 모든 인원(수행원이나 보도요원 등 신분이 확실한 사람들을 포함한다)들이 그 지위나 차림새 등에 상관없이 포함되어야 한다.

〈출처〉 이두석, 「경호학개론」, 진영사, 2018, P. 180

답 ×

☐ 수행경호원의 도보이동 간 및 정지 간 사주경계 시 잔상효과를 최대한 활용하며, 감시구역 내 인적 취약요소의 행동변화를 기억하도록 집중력을 가져야 한다. 기출 08

수행경호원의 사주경계방법에 관한 설명이다. 답 ○

☐ 도보이동 간 및 정지 간 수행경호원의 사주경계 시 적응시와 이원시의 원리를 고려하여, 먼 곳에서 가까운 곳으로, 좌에서 우로, 우에서 좌로 중첩 감시한다. 기출 08

수행경호원은 사주경계 시 적응시와 이원시의 원리를 고려하여, 가까운 곳에서 먼 곳으로 좌우 반복해서 중첩 감시하여야 한다. 답 ×

☐ 도보이동 간 및 정지 간 수행경호원의 팀 단위 경호 시 각 개인의 책임 감시구역을 중첩되게 설정하여야 한다. 기출 08

사주경계 시 시각의 한계를 염두에 두고 사주경계의 범위를 선정해야 하며, 인접해 있는 경호원과 경계범위를 중첩되게 설정하여야 한다. 답 ○

☐ 사주경계 시 시각의 한계를 두고 경계범위를 설정하되, 인접 경호원과 중복되지 않게 한다. 기출 23 · 22 · 07 · 05 · 04

사주경계 시 시각의 한계를 염두에 두고 경계범위를 설정해야 하며, 인접해 있는 경호원과의 경계범위를 중첩되게 설정하여야 한다. 답 ×

☐ 사주경계 시 시각적으로 움직임과 정황들에 대해 의문점을 제기하고 정리, 분석하도록 한다. 기출 07 · 05

사주경계(주위경계)의 방법으로 옳은 내용이다. 답 ○

☐ 사주경계 시 위험감지의 단계를 주위관찰, 문제제기, 위기의식, 대응조치 계획의 순서로 수립한다. 기출 07 · 05

사주경계(주위경계)의 절차는 주위관찰, 문제제기, 위기의식, 대응조치의 순서로 이루어진다. 답 ○

☐ 사주경계 시 경호대상자에게 접근하는 사람의 거리, 위치, 복장, 손의 움직임을 관찰한다. 기출 07 · 05

인적 경계대상에 대한 사주경계 방법이다. 답 ○

☐ 도보대형은 장소나 상황에 따라 융통성 있게 변화시킨다. 기출 20 · 13 · 12

장소나 상황에 따라 융통성 있게 적절한 도보대형을 형성하여 방벽효과를 높일 수 있도록 하여야 한다. 답 ○

☐ 근접경호원은 상황변화에도 고정된 대형을 고수해야 한다. 기출 17 · 13

근접경호원은 도보대형을 장소와 상황에 따라 융통성 있게 변화시켜야 한다. 답 ×

☐ 근접도보대형은 장소와 상황 등 행사장 환경에 따라 유연하게 적용시켜야 한다. 기출 17

장소와 상황 등 행사장 환경에 따라 유연하게 근접도보대형을 형성하면 방벽효과를 높일 수 있다. 답 ○

☐ 근접경호원은 경호대상자에 이르는 모든 접근로를 차단하기 위하여 분산배치되어야 한다. 기출 17 · 13 · 12 · 06

근접경호원은 경호대상자에 이르는 모든 접근로를 차단하기 위하여 분산되어야 한다. 답 ○

☐ 옥외에서 도보 이동 시 경호대상자 차량도 근접에서 주행해야 한다. 기출 12

근접경호원의 도보 이동 간 경호요령에 관한 설명이다. 답 ○

☐ 도보이동 간 근접경호와 관련하여 가능하다면 사전 선정된 도보 이동시기 및 이동로는 변경되어야 한다. 기출 06

근접경호의 특성 중 기만성과 관련된 내용이다. 답 ○

☐ 도보이동 간 경호 시 가능하다면 최초 결정된 이동시기 및 이동로를 고수한다. 기출 05

도보이동 간 경호 시 가능하다면 최초 결정된 이동시기 및 이동로는 변경하여야 한다. 답 ×

☐ 도보이동 간 근접경호와 관련하여 대부분의 경우 도보이동으로 군중이 운집해 있는 곳을 통과할 때가 가장 취약하다고 할 수 있다. 기출 06

도보이동으로 군중이 운집해 있는 곳을 통과할 때가 근접경호 시 가장 취약한 상황이므로, 근접경호원들은 다이아몬드 대형이나 사다리형 대형으로 신속히 해당 장소에서 이동하여야 한다. 답 ○

핵심만 콕 **근접경호원의 경호요령**

- 도보대형을 장소와 상황에 따라 융통성 있게 변화시킨다.
- 경호원은 경호대상자에 이르는 모든 접근로를 차단하기 위하여 분산되어야 한다.
- 선정된 도보 이동시기 및 이동로는 수시로 변경한다.
- 근접경호 시 경호원의 위치와 경호대형은 수시로 변화를 주어야 한다.
- 이동 시 최단거리 노선을 선택한다.
- 도보이동 간에는 경호대상자의 차량도 근접에서 주행하여야 한다.

☐ 도보경호는 이동속도가 빠르기 때문에 외부 노출시간이 짧아 위해자가 위해를 가할 기회가 줄어들게 된다. 기출 20

도보경호는 차량이동 등에 비하여 이동속도가 느리기 때문에 외부 노출시간이 길어지게 되고, 결국 위해자가 위해를 가할 기회가 많아지게 된다. 답 ×

☐ 근접도보경호대형 이동 시 이동코스는 최단거리 직선로를 이용하는 것이 좋으며, 주변에 비상차량을 대기시켜 놓도록 한다. 기출 12

가능한 한 선정된 도보 이동시기 및 이동로는 수시로 변경되어야 하고 이동 시 위험노출 정도를 최소화하기 위해 최단거리 직선통로를 이용하고 주변에 비상차량을 대기시켜 놓도록 한다.

답 ○

☐ 근접도보경호대형 자체가 외부적으로 노출이 크고 방벽효과도 낮아지므로, 가급적 도보이동을 통한 경호는 지양하는 것이 좋다. 기출 12

도보이동 시 외부적인 노출도가 크고 방벽효과도 낮아서 불시의 위협이 있을 가능성이 많으므로 도보이동은 가급적 삼가는 것이 좋다. 답 ○

☐ 근접경호대형은 경호대상자 주위에 경호방패막을 형성하여 동선을 따라 이동하는 선(線)개념이다. 기출 20

선발경호가 일정한 지역의 안전을 확보하는 공간개념이라면, 근접경호는 경호대상자 주위에 경호막을 형성하여 동선을 따라 이동하는 선개념이라고 할 수 있다.

〈출처〉 이두석, 「경호학개론」, 진영사, 2018, P. 299

답 ○

☐ 근접경호대형은 전방위에 대한 사주경계와 신변안전을 담보할 수 있도록 행사장 여건을 고려하여 최소한의 인원으로 형성한다. 기출 17

근접경호대형은 전방위에 대한 사주경계와 신변안전을 담보할 수 있는 최소한의 인원으로 형성한다.

답 ○

☐ 다음에서 설명하는 경호의 방호대형은 방어적 원형 대형이다. 기출 22

- 위해의 징후가 현저하거나 직접적인 위해가 가해졌을 때 형성하는 방어 대형
- 경호원들이 강력한 스크럼을 형성하여 경호대상자를 에워싸는 형태로 보호하면서 군중 속을 헤치고 나가기 위한 방법

제시문은 방어적 원형 대형에 관한 설명이다.

답 ○

☐ 다음이 설명하는 근접경호대형은 V자(역쐐기) 대형이다. 기출 17

외부로부터 위협이 없다고 판단되며 안전이 확보된 행사장 입장 시와 대외적인 이미지를 중시하는 경호대상자에게 적합한 도보대형

제시문은 V자(역쐐기) 대형에 관한 설명이다.

답 ○

☐ 경호대상자가 완전히 경호원에 의해 둘러싸여 있는 인상을 주게 되어 대외적인 이미지는 안 좋을 수 있으나 경호효과가 높은 대형은 원형 대형이다. 기출 16

원형 대형은 대개 5~6명의 근접경호요원이 경호대상자를 중심으로 원의 형태를 유지하게 된다. 경호대상자가 경호원에 의해 둘러싸여 있는 인상을 주게 되어 대외적인 이미지는 안 좋을 수 있으나 경호효과가 높다는 장점을 지닌다. 경호대상자가 고정된 장소에서 브리핑을 받거나 도보이동 시, 일정 기간 정지해 있을 때 주로 사용하며, 마름모 대형보다 경계상태가 양호한 대형이다.

답 ○

☐ 근접도보경호 시 저격 등의 위험이 있을 경우에는 밀착형 대형으로 안전도를 높일 수 있다. 기출 12

우발상황 발생 시 개방대형에서 밀착형 대형으로 신속하게 전환하여 안전도를 높일 수 있다.

답 ○

☐ 다이아몬드 대형은 혼잡한 복도, 군중이 밀집해 있는 통로 등에서 적합하다. 기출 04

다이아몬드 대형은 혼잡한 복도, 군중이 밀집해 있는 통로 등에서 적합한 대형으로 경호대상자의 전후좌우 전 방향에 대해 둘러싸고, 각각의 경호원에게는 기동로에 대해 360° 경계를 할 수 있도록 책임구역이 부여된다.

답 ○

☐ 쐐기형 대형은 무장한 위해자와 직면했을 때 적당한 대형이다. 기출 04

무장한 위해자와 직면했을 때 적당한 근접경호대형은 쐐기형 대형이다.

답 ○

☐ 도보이동 간 근접경호대형에서 기본 경호대형은 페어 대형(5인), 웨즈 대형(4인), 다이아몬드 대형(3인), 펜터건 대형(2인) 등으로 구분할 수 있다. 기출 04

페어 대형은 2인, 웨즈(쐐기) 대형은 3~4인, 다이아몬드(마름모) 대형은 4~6인, 펜터건 대형은 5인 이상으로 형성된다.

답 ×

핵심만 콕 **근접경호대형**

- **다이아몬드(마름모) 대형** : 혼잡한 복도, 군중이 밀집해 있는 통로 등에서 적합한 대형으로 경호대상자의 전후좌우 전 방향에 대해 둘러싸고, 각각의 경호원에게는 기동로에 대해 360° 경계를 할 수 있도록 책임구역이 부여된다.
- **쐐기형 대형** : 무장한 위해자와 직면했을 때 적당한 대형으로, 다이아몬드 대형보다 느슨한 대형이 필요한 상황에서는 3명으로 쐐기형 대형을 형성하며, 다이아몬드 대형과 같이 각각의 경호원에게는 기동로를 향해 360° 지역 중 한 부분의 책임구역이 할당되어야 한다.
  - 대중이 별로 없는 장소 통과 시, 인도와 좁은 통로 이동 시 유용하다.
  - 한쪽에 인위적·자연적 방벽이 있을 때 유용하다.
- **역쐐기형(V자) 대형** : 외부로부터 위협이 없다고 판단되며 안전이 확보된 행사장 입장 시와 대외적인 이미지를 중시하는 경호대상자에게 적합한 도보대형이다.
  - 전방에는 아무런 위협이 없다는 가정하에 경호대상자를 바로 노출시켜 전방에 개방된 대형을 취한다.
  - 후미의 경호원들은 자연스럽게 수행원과 뒤섞여 노출이 되지 않는다.
  - 경호팀장만 경호대상자를 즉각 방호할 수 있는 위치에서 경호 임무를 수행한다.
- **삼각형 대형** : 3명의 경호원이 삼각형 형태를 유지하여 이동하는 도보대형으로 행사와 주위 사람의 성격, 숫자, 주변 환경의 여건에 따라서 이동한다.
- **역삼각형 대형** : 진행 방향 전방에 위해 가능성이 있는 경우 취하는 대형으로, 진행 방향의 전방에 오솔길, 곡각지, 통로 등과 같은 지리적 취약점이 있는 경우 유용하다.
- **원형 대형** : 경호대상자가 완전히 경호원에 의해 둘러싸여 있는 인상을 주게 되어 대외적인 이미지는 안 좋을 수 있으나 경호효과가 높은 대형으로, 평상시에는 잘 사용하지 않으나, 군중이 밀려오거나 군중에 둘러싸여 있을 경우와 같은 위협이 예상될 경우에 적합한 대형이다.
- **사다리형 대형** : 경호대상자의 진행 방향을 중심으로 양쪽에 군중이 운집해 있는 도로의 중앙을 이동할 때 적합한 대형으로, 경호대상자를 중심으로 4명의 경호원이 사다리 형태를 유지하며 이동하는 대형이다.

☐ 도보이동 간 근접경호원의 체위확장은 위기 시 방호효과를 극대화할 수 있으나 평시 노출 및 위력과시의 부정적 효과로 지양해야 한다. 기출 17

체위확장원칙은 예측이 불가능한 우발상황 발생 시 경호대형 내 최근접경호원이 경호대상자의 보호를 위해 적용해야 할 행동을 결정하게 하는 일반적인 원칙 중 하나로 지문에서 언급한 부정적 효과에도 불구하고 지양해야 할 것이 아니라 항시 염두에 두어야 하는 경호원칙에 해당한다. 답 ×

☐ 근접경호는 신체에 의한 방호벽을 형성하되, 경호대상자 행동의 자유와 프라이버시를 존중해야 한다. 기출 17

근접경호는 신체에 의한 방호벽을 형성하되, 경호대상자 행동의 성향을 고려하고 프라이버시를 존중해야 한다. 답 ○

☐ 다음에서 도보대형 형성 시 고려사항에 속하는 것은 총 5개이다. 기출 22

- 행사장의 안전도
- 선발경호의 수준
- 행사의 성격
- 참석자의 성향
- 경호대상자의 취향
- 근접경호원의 인원수

제시된 내용은 모두 도보대형 형성 시 고려사항에 해당한다. 답 ×

☐ 행사장 내 경호대상자를 근접경호할 때 도보대형 형성에 관해 고려해야 할 사항으로 다음 중 옳지 않은 것은 'ㄴ'이다. 기출 21

ㄱ. 행사의 형태와 종류
ㄴ. 경찰관서의 수와 위치
ㄷ. 경호대상자의 노출시간
ㄹ. 인적 취약요소와의 갭

경찰관서의 수와 위치는 근접경호에서 도보대형 형성 시 고려사항에 해당하지 않는다. 답 ○

☐ 경호대상자의 성향, 행사장의 취약요인, 비상시 최기병원 위치, 공식·비공식행사 등 행사 성격 중 근접경호 도보대형을 검토할 때 고려 사항이 아닌 것은 비상시 최기병원 위치이다. 기출 19

비상시 최기병원의 위치는 차량기동 간 사전준비 및 검토할 사항에 해당한다. 답 ○

☐ 다음 중 근접경호의 도보대형 형성 시 고려사항이 아닌 것은 'ㄹ'이다. 기출 18

ㄱ. 인적 취약요소와의 이격도
ㄴ. 행사장의 안전도
ㄷ. 경호행사의 성격
ㄹ. 경호원의 성향과 근접경호의 수준

행사 참석자의 성향과 행사장 사전예방경호(선발경호)의 수준이 근접경호의 도보대형 형성 시 고려사항에 해당한다. 답 ○

☐ 다음 중 근접경호의 도보대형 형성 시 고려사항이 아닌 것은 'ㄴ'이다. 기출 17

ㄱ. 주변 감제건물의 취약도
ㄴ. 행사장 기후
ㄷ. 행사장 사전예방경호 수준
ㄹ. 인적 취약요소와의 이격도

방문지역 행사장의 기후, 지리, 치안 등은 경호형성 및 준비작용 시에 고려되어야 하는 사항으로, 근접도보대형 형성 시의 고려사항으로는 적합하지 않다. 답 ○

☐ 다음 중 근접경호에서 도보대형 형성 시 우선적으로 고려할 사항이 아닌 것은 'ㄹ'이다. 기출 11

ㄱ. 행사 성격
ㄴ. 인적 취약요소와의 이격도
ㄷ. 행사장 사전예방경호 수준
ㄹ. 이동시간 및 노면상태

이동시간 및 노면상태는 차량경호 시 우선적으로 고려할 사항이다. 답 ○

☐ 다음 중 근접경호기법 중 도보대형 형성 시 고려해야 할 사항에 해당되지 않는 것은 'ㄴ'이다. 기출 09

ㄱ. 인적 취약요소와의 이격도
ㄴ. 경호책임자와 근접경호요원의 취향
ㄷ. 참석자의 성향과 행사장 주변 건물의 취약성
ㄹ. 행사장 사전예방경호 수준

경호책임자와 근접경호요원의 취향이 아니라 경호대상자의 취향이 도보대형 형성 시의 고려사항에 해당한다. 답 ○

☐ 다음 중 도보대형 형성 시 고려해야 할 사항 중 적절하지 않은 것은 'ㄴ'이다. 기출 07

ㄱ. 인적 취약요소와의 이격도
ㄴ. 주변 감제건물의 안전도
ㄷ. 물적 취약요소의 위치
ㄹ. 행사장 참석자의 성향 및 인원 수

주변 감제건물의 안전도가 아닌 취약도가 도보대형 형성 시 고려사항이다. 답 ○

☐ 근접경호에서 도보대형 형성 시 주변 감제건물의 취약도, 인적·물적 취약요소 등을 고려하여야 한다. 기출 04

행사장 주변 감제건물의 취약도, 인적 취약요소와의 이격도, 물적 취약요소의 위치 등은 근접경호에서 도보대형 형성 시 고려사항이다. 답 ○

핵심만 콕 **근접경호에서 도보대형 형성 시 고려사항**

- 경호대상자의 취향(내성적 · 외향적 · 은둔형 · 과시형)
- 행사장 주변 감제건물의 취약성
- 행사장 사전예방경호의 수준(행사장의 안전도 및 취약성)
- 행사의 성격(공식적 · 비공식적)
- 행사 참석자의 수 및 성향(우호적 또는 배타적)
- 근접경호원의 수
- 인적 취약요소와의 이격도
- 물적 취약요소의 위치

〈참고〉 이두석, 「경호학개론」, 진영사, 2018, P. 298 / 김두현, 「경호학개론」, 엑스퍼트, 2020, P. 273

☐ 다음 중 차량경호를 맡고 있는 경호원으로서 대응이 옳지 않은 사람은 C경호원이다. 기출 23

- A경호원 : 경호대상 차량의 주차장소를 수시로 변경하고, 주차된 차량이나 차량대형을 감시할 때는 방호된 차 밖에서 사주경계를 실시하였다.
- B경호원 : 경호대상 차량을 안전점검 실시한 후 행사장에서 시동을 켠 상태에서 대기하였다가 경호대상자의 탑승과 동시에 출발하여 주행상태를 유지하도록 노력하였다.
- C경호원 : 후미경호차량은 교차로에서 좌회전 시에는 경호대상 차량의 좌측 안쪽에서, 우회전 시에는 우측 안쪽에서 후미차선을 이용하여 회전하면서 외부접근차량에 대한 방호임무를 수행했다.

- C경호원 (×) : 후미경호차량은 교차로에서 좌회전 시에는 경호대상자 차량의 우측 후미차선을, 우회전 시에는 좌측 후미차선을 이용하여 회전하면서 접근 차량에 대한 방호임무를 수행하여야 한다. 답 ○

☐ 공격받을 위험성은 정차하고 있는 차량보다 주행하고 있는 차량이 더 높다. 기출 21

정차하고 있는 차량이 주행하고 있는 차량보다 공격받을 위험성이 더 높다. 답 ×

☐ 근접도보경호에 비해 차량경호는 위해자가 범행을 가할 수 있는 기회가 더욱 많다. 기출 21 · 14

근접도보경호는 차량경호에 비해 위해자가 범행을 가할 수 있는 기회가 많다. 답 ×

☐ 다음 중 선도경호차량 – VIP차량 – 후미경호차량으로 구성된 차량대형에서 선도경호차량의 역할이 아닌 것은 'ㄷ'이다. 기출 19

ㄱ. 전방 교통 및 도로 상황을 전파한다.
ㄴ. 행차코스 개척 및 차량대형을 선도한다.
ㄷ. 선도경호차량이 기동 간 이동지휘소 역할을 한다.
ㄹ. 계획된 시간에 목적지에 도착할 수 있도록 속도를 조절한다.

기동 간 이동지휘소 역할은 후미경호차량이 한다. 이 경우 팀장은 앞좌석 우측에 탑승해서 기동 간 차량대형의 운용이나 속도 등을 통제하고 지휘한다.

〈출처〉 이두석, 「경호학개론」, 진영사, 2018, P. 335

답 ○

☐ 차량경호 시 교차로, 곡각지 등을 기동할 때와 같이 속도를 줄여야 하는 상황은 경호원이 방어하기 가장 좋은 여건을 제공하게 된다. 기출 20

교차로, 곡각지 등을 기동할 때와 같이 속도를 줄여야 하는 상황은 위해기도자가 공격하기에 좋은 여건을 제공하게 된다. 답 ×

☐ 곡각지나 보이지 않는 공간을 통과할 때에는 항상 경호원이 먼저 안전을 확인하고 경호대상자를 통과하게 하여야 한다. 기출 13

곡각지나 보이지 않는 곳은 위해기도자가 공격하기 좋은 여건을 제공하므로, 경호원은 항상 먼저 안전을 확인하고 경호대상자가 해당 장소를 통과하게 하여야 한다. 답 ○

☐ 근접경호원은 위험지역이나 보이지 않는 공간을 통과할 때에는 안전을 위해 경호대상자부터 신속하게 통과시키도록 하여야 한다. 기출 10

근접경호원은 위험지역이나 보이지 않는 공간을 통과할 때에는 안전을 위해 항상 경호원이 먼저 안전을 확인하고 경호대상자가 해당 장소를 통과하도록 하여야 한다. 답 ×

☐ 경호차량은 기만효과를 달성하기 위해 경호대상자 차량과 다른 차종을 선정한다. 기출 19

기만효과를 거두기 위해서는 경호대상자의 차량과 색상 및 외형이 동일하고 유리는 착색하는 것이 좋다. 답 ×

☐ 경호대상자의 차량은 유사시 신속한 식별을 위하여 가능하면 다른 차량과 구별되는 특이한 색상으로 한다. 기출 05

경호대상자 차량은 물론이고, 경호차량도 외부의 시선을 집중시키는 차종이나 색상은 지양해야 한다. 답 ×

핵심만 콕 **경호차량의 일반적 선정기준(선정방법)**

- 경호차는 경호대상자 차량의 성능에 필적할 만한 차량을 선정해야 한다.
- 경호대상자 차량은 물론이고, 경호차량도 외부의 시선을 집중시키는 차종이나 색상은 지양한다.
- 튼튼한 차체와 가속력을 갖춘 차량이어야 한다.
- 방향전환이 쉽고 엔진의 성능과 가속장치가 좋은 고성능 차량을 선정한다.
- 차체가 강하고 방탄능력이 있는 차량을 선정한다.
- 기만효과를 거두기 위해서는 경호대상자의 차량과 색상 및 외형이 동일하고 유리는 착색하는 것이 좋다.

☐ 경호차량의 운용과 관련하여 주차 차량의 후면부가 차량출입로를 향하게 주차하여야 한다. 기출 18

주차 시에는 차량의 전면부가 차량출입로를 향하게 주차한다. 답 ×

☐ 경호차량의 운용과 관련하여 규칙적인 출발 및 도착시간을 가능한 한 피한다. 기출 18

출발 및 도착시간을 변칙적으로 하여 예측 가능성을 두지 않아야 한다. 답 ○

☐ 야간에는 차량을 밝은 곳에 주차해야 한다. 기출 18 · 12 · 05

야간 주차 시에는 시야확보를 위해서 밝은 곳에 주차를 하여야 한다. 답 ○

☐ 주차 장소는 자주 변경하는 것이 좋다. 기출 18 · 12

주차 장소는 가능한 한 자주 변경하여 계획된 위해상황과 불심문자의 관찰로부터 벗어나게 하여야 한다. 답 ○

☐ 경호차량 운전요원은 주차 장소를 가능한 한 자주 변경하여 계획된 위해상황과 불심문자의 관찰로부터 벗어나게 하여야 한다. 기출 05

경호차량 주차 시 운전요원의 준수사항이다. 답 ○

☐ 적절한 차량대형을 형성하여 방어태세를 유지하는 것은 기동 간 경호대책이다. 기출 17

기동 간 경호대책의 원칙은 적절한 차량대형을 형성하여 방어태세를 유지하는 것이다. 답 ○

☐ 기동 간 경호대책으로 저격에 대비하여 혼잡하거나 곡선인 도로를 이용한다. 기출 17

기동 간 경호대책으로 교통이 혼잡하거나 곡선도로 등이 많은 도로는 피해야 한다. 답 ×

☐ 기동 간 경계력 분산을 방지하기 위해 전방 경계에 집중한다. 기출 17

기동 간 철저한 사주경계로 위험에 대비해야 한다. 답 ×

☐ 교통흐름에 맞게 자연스런 차량운행을 하는 것은 기동 간 경호대책에 해당한다. 기출 17

가급적 교통흐름이 원활한 최단거리의 대로를 사용하는 것이 바람직하다. 답 ×

☐ 차량기동 간 근접경호에서는 차량, 행・환차로, 대형의 구성 및 간격, 속도 등의 사항을 고려하여야 한다. 기출 16

차량기동 간 근접경호기법에 관한 설명이다. 답 ○

☐ 다음 중 기동경호대형 중 차량대형 결정 시 고려사항이 아닌 것은 'ㄴ'이다. 기출 14

ㄱ. 도로 및 교통상황
ㄴ. 행사장의 주차장 운용계획
ㄷ. 경호대상자의 성향
ㄹ. 행사 성격

행사장의 주차장 운용계획은 출입통제 담당의 업무에 해당된다. 답 ○

☐ 다음 중 차량기동 간 경호 시 검토할 사항이 아닌 것은 'ㄴ'이다. 기출 09

ㄱ. 차량대형의 결정
ㄴ. 주위상황과 군중의 성격과 수
ㄷ. 행·환차로의 선택
ㄹ. 비상대피소 및 최기병원 선정

주위상황과 군중의 성격과 수는 도보이동 간 근접경호 시 검토할 사항이다. 답 ○

☐ 다음 중 차량기동 간 근접경호활동 시 우선적인 고려사항이 아닌 것은 'ㄷ'이다. 기출 04

ㄱ. 차량대형 및 차종 선택
ㄴ. 행·환차로의 선택
ㄷ. 수행원을 위한 차량의 수 및 의전절차
ㄹ. 기동 간 비상대피로 및 대피소

수행원을 위한 차량의 수 및 의전절차는 차량기동 간 근접경호활동 시 우선적 고려사항이 아니다. 답 ○

핵심만 콕 **차량기동 간 사전준비 및 검토할 사항**

- 행차로와 환차로 등 주변 도로망 파악
- 대피소 및 최기병원 선정 등 주변 구호시설의 파악
- 주도로 및 예비도로의 선정
- 도로 및 교통상황의 사전점검(출발지점, 도착지점, 이동소요시간, 이동형태, 기상, 교통흐름, 신호등 및 교통표지판 등)
- 취약요소(터널 또는 철도건널목, 교차로 및 곡각지, 도로공사장, 시위 및 각종 행사 등) 확인
- 차량대형 및 차종의 선택
- 의뢰자 및 관계자의 차량번호 숙지
- 현지에서 합류되는 차량번호 숙지 등
- 경호대상자의 성향 및 행사 성격 등

☐ 다음 중 차량경호 계획 시 사전준비 사항이 아닌 것은 'ㄴ'이다. 기출 13

ㄱ. 행차로 및 환차로 선택
ㄴ. 행사장 내 취약요소 확인
ㄷ. 대피소 및 최기병원 선정
ㄹ. 주도로 및 예비도로의 선정

행사장 내 취약요소 확인은 주행사장 내부 담당자의 임무에 해당한다. 답 ○

☐ 경호차량 운전요원은 연료주입구가 항상 잠겨 있도록 해야 한다. 기출 16

혹시라도 있을지 모를 위해자의 테러를 방지하기 위해서라도 연료주입구는 항상 잠겨 있도록 해야 한다.

답 ○

☐ 경호차량 운전요원은 위기상황 시에는 대피를 위하여 창문과 문을 열어둔다. 기출 16

창문과 문은 항상 잠가두어야 한다.

답 ×

☐ 운전요원은 경호대상자가 하차 후 안전한 곳으로 이동 시까지 차량에 대기해야 한다. 기출 15

운전요원은 경호대상자가 하차하더라도 바로 출발해서는 안 된다.

답 ○

☐ 경호대상자가 모두 하차하면 운전사는 바로 출발한다. 기출 04

운전요원은 경호대상자가 하차 후 안전한 곳으로 이동 시까지 차량에 대기해야 한다.

답 ×

☐ 운전요원이 직접 차문을 열고 닫는 것이 최선의 방법이다. 기출 04

운전요원이 직접 차문을 열고 닫으면 위해상황 시 신속히 차량을 이동시킬 수 없으므로 자리를 고수하도록 한다.

답 ×

☐ 신속한 차량탑승을 위해 1명의 경호요원이 차문을 열어주면 경호요원의 공백을 초래하게 된다. 기출 04

차량 승·하차 시 경호방법에 관한 설명이다.

답 ○

☐ 승차 시 차량은 안전점검 후 시동이 걸린 상태에서 대기한다. 기출 12

승차 시 차량은 안전점검 후 시동이 걸린 상태에서 최단거리·시간 내 승차할 수 있는 위치에 대기하여야 한다.

답 ○

☐ 승차 시에는 경계임무를 수행하면서 하차 시보다 좀 더 천천히 이동한다. 기출 06

승차 시 이동은 하차 시보다 빠르게 하여야 한다.

답 ×

☐ 하차 시 하차 지점의 상황을 경계하면서 서행으로 접근하도록 한다. 기출 06

하차 시 차량경호기법에 관한 내용이다. 답 ○

☐ 하차 지점에 도착하면 상황을 경계하면서 고속으로 접근한다. 기출 04

하차 지점에 도착하면 상황을 경계하면서 서행으로 접근하여야 한다. 답 ×

☐ 하차 시 운전사는 시동을 건 상태에서 경호대상자가 건물 내로 들어갈 때까지 차내에서 대기한다. 기출 06

비상사태 발생 시 차량도피를 위하여 하차 시 운전사는 시동을 건 상태에서 경호대상자가 건물 내로 들어갈 때까지 차내에서 대기하여야 한다. 답 ○

☐ 비상시 차량을 급히 출발시킬 수 있는 여유 공간을 확보하고 정차한다. 기출 06

비상상황을 고려한 하차 시 차량경호기법이다. 답 ○

☐ 차량이동 시 속도를 평상시보다 빠르게 하는 것이 경호에 유리한 여건을 조성한다. 기출 15

차량이동 시 평상시보다 속도를 빠르게 하는 것은 경호 여건 조성에 유리하다. 답 ○

☐ 차량경호 시 속도는 경호상 중요한 요소이므로 위해기도자의 표적에서 쉽게 벗어날 수 있도록 가능한 한 빠르게 이동한다. 기출 10

차량경호 시 속도는 경호의 중요한 요소이다. 기동 간 혹시라도 있을지 모를 위해로부터 벗어날 수 있도록 가능한 한 빠르게 이동하여야 한다. 답 ○

☐ 차량이동 시 가능하면 이동로를 수시로 변경하고 빠른 속도로 운전한다. 기출 08

선정된 이동로는 수시로 변경하여야 하며, 기동 간 혹시라도 있을지 모를 위해로부터 벗어날 수 있도록 가능한 한 빠른 속도로 운전하여야 한다. 답 ○

☐ 가능하면 어두운 시간대에 운전한다. 기출 08

경호운전은 어두운 시간대를 피하고 가능하면 밝은 시간대에 하여야 한다. 답 ×

☐ 주행 시 경호대상자의 신속한 대피를 위해 차문을 잠그지 않도록 한다. 기출 12

주행 시 운전은 항상 도로의 중앙차선을 이용하고, 차문은 항상 잠가 두어야 한다. 답 ×

☐ 경호차량 운전요원은 규칙적인 출발과 도착시간을 준수한다. 기출 16

출발과 도착시간을 변칙적으로 하여 예측 가능성을 두지 않도록 해야 한다. 답 ×

☐ 경호차량 운전요원은 차의 후면이 출입로를 향하게 하여 경호대상자가 바로 탑승할 수 있도록 한다. 기출 16

주차 시에는 차의 정면이 출입로를 향하게 하여야 한다. 답 ×

☐ 경호차량 운전요원은 주차 시 차의 정면이 출입로를 향하게 하여야 한다. 기출 05

경호차량 운전요원의 주차 시 차량경호기법이다. 답 ○

☐ 경호차량 운전요원은 출발 전에 수시로 차의 상태를 점검하여야 한다. 기출 05

경호차량 운전요원의 준수사항이다. 답 ○

☐ 차량이 하차 지점에 도착하면 제일 먼저 차량 문을 개방하여 경호대상자가 하차하도록 해야 한다. 기출 15

차량이 하차 지점에 도착하면 정차 후 운전석 옆에 탑승한 경호요원(보통 경호팀장)이 차에서 내려 먼저 주변 안전을 확인하여야 하고, 차량 문을 먼저 개방해서는 안 된다. 경호팀장은 준비가 완료되면 경호대상자 차의 잠금장치를 풀고 경호대상자를 차에서 내리게 한 후 경호대상자가 신속하게 건물 안으로 이동할 수 있도록 한다. 〈출처〉 김계원, 「경호학」, 진영사, 2012, P. 249~250

답 ×

☐ 경호차량 선정 시 경호대상자의 권위를 고려하여 최고급 차종의 차량을 선정한다. 기출 14

경호차량 선정 시 무엇보다 우선하여 고려되어야 하는 사항은 바로 경호대상자 신변의 안전과 보호이므로, 경호차량은 경호환경을 잘 파악한 후 효과적으로 선정되어야 한다. 답 ×

☐ 하차 지점에 도착하기 위한 접근로는 가능한 한 변경하는 것이 좋다. 기출 12

하차 지점에 도착하기 위한 접근로는 가능한 한 자주 변경하여 예측 가능성을 두지 않도록 하는 것이 좋다.

답 ○

☐ 선도경호차량은 행・환차로를 안내하고, 행사시간에 맞게 주행속도를 조절하며, 전방의 각종 상황에 대한 경계임무를 수행한다. 기출 11

[선도경호차 – 경호대상자차 – 후미경호차]의 기본대형 운용 시 선도경호차량은 대형을 리드하며, 행・환차로를 안내하고, 행사시간에 맞게 주행속도를 조절하고, 주행 간 전방 상황에 대한 각종 경계임무를 수행한다.

답 ○

☐ 한 대의 경호차량을 운용할 경우 일반적으로 후미차로 운용하지만, 상황에 맞게 적절히 변형하여 운용할 수 있다. 기출 11

간편대형(경호대상자차 – 경호차)으로 기동 시 일반적으로 경호차는 후미차로 운용하지만, 경호대상자차 운전요원이 길을 잘 모르거나 전방에 위험이 예상되는 경우 등에는 경호차를 경호대상자차 앞에 위치시켜 상황에 맞게 적절히 대형을 변형하여 운용할 수 있다.

답 ○

☐ 선도경호차량은 진행 방향을 결정하며 위해상황 시 전방공격을 차단하는 임무를 수행한다. 기출 11

기본대형(선도경호차 – 경호대상자차 – 후미경호차) 운용 시 선도경호차량은 진행 방향을 결정하여 대형을 리드하며, 주행 간 전방 상황에 대한 각종 경계임무를 수행하여 위해상황 시 전방공격을 차단하는 임무를 수행한다.

답 ○

☐ 경호대상자 차량의 운전석 옆에는 경호원이 탑승하는 것이 바람직하다. 기출 11

요인경호에서 경호대상자의 효과적인 승하차를 위하여 경호대상자 차량의 운전석 옆에는 경호원이 탑승하는 것이 바람직하다.

답 ○

☐ 선도경호차량은 최소 인력인 1명의 요원에 의해 운용되는 것이 바람직하다. 기출 11

기본대형(선도경호차 – 경호대상자차 – 후미경호차) 운용 시 선도경호차량은 주행 간 전방 상황에 대한 각종 경계임무를 수행하여 위해상황 시 전방공격을 차단하는 임무를 수행하므로, 최소 인력인 1명의 요원에 의해 운용되는 것은 바람직하지 않다.

답 ×

☐ 경호대상자 차량 운행 시 차문은 우발상황 시 긴급히 대피하기 위하여 열어 두어야 하며, 도로의 중앙차선을 이용한다. 기출 11

경호대상자 차량 운행 시 창문은 반드시 닫아야 하고, 선도차량과 일정한 간격을 유지하면서 이동한다. 주행 시 운전은 항상 도로의 중앙차선을 이용하고 차 문은 항상 잠가 두어야 한다.

〈출처〉 이상철, 「경호현장운용론」, 진영사, 2008, P. 204

답 ×

☐ 경호대상자는 가장 먼저 차량의 뒷좌석 오른쪽에 탑승하고 경호책임자의 안내에 따라 가장 마지막에 하차한다. 기출 11

상황(뒷좌석에 2인의 경호원이 동석하는 경우)에 따라 경호대상자의 착석 위치가 변동될 수 있으나, 일반적으로 경호대상자는 승차 시에는 가장 먼저 차량의 뒷좌석 오른쪽에 탑승하고, 하차 시에는 경호책임자의 안내에 따라 가장 마지막에 하차한다.

답 ○

☐ 목적지에 도착하면 경호책임자는 가장 먼저 하차하고 출발 시에는 가장 나중에 승차하며 경호대상자 승·하차 시 차량 문의 개폐와 잠금장치를 통제한다. 기출 11

경호대상자의 승·하차 시 경호책임자의 임무수행에 관한 설명이다.

답 ○

☐ 경호차량의 효과적인 은폐, 엄폐환경을 제공하기 용이하도록 주차나 정차해 있는 차량 가까이에 정지한다. 기출 10

경호차량은 주차나 정차해 있는 차량 가까이에는 정지하지 않는다.

답 ×

☐ 의심스러운 지점을 멀리하고, 경호대상자가 차를 타고 내릴 때 눈에 잘 띄지 않는 지점을 선정한다. 기출 10

승·하차 지점에서는 위해요인이 크다는 점을 고려하여 의심스러운 지점을 멀리하고, 눈에 잘 띄지 않는 지점을 승·하차 지점으로 선정하여야 한다.

답 ○

☐ 경호대상자가 차량을 수시로 바꾸어 타면 위해기도자를 혼란시킬 수 있다. 기출 10

변칙적인 경호기법으로서 기동차량의 기만에 관한 설명이다.

답 ○

☐ 적색신호등으로 차가 정지했을 경우 변속기를 출발상태에 위치시킨다. 기출 08

차량운전 중 적색신호등으로 차를 정지한 경우 변속기를 중립으로 전환하는 것보다 출발상태에 위치시켜야 한다. 이는 변속기를 중립에 두는 경우 차량을 제대로 통제할 수 없어 비상가동을 해야 할 경우 제때 실행할 수 없을 수도 있기 때문이다. 답 ○

☐ 경호대상자의 차량기사는 사전 신원이 확인된 자로서 사복의 무장경찰관이나 경호요원이어야 한다. 기출 05

경호차량기사에 관한 설명이다. 답 ○

핵심만 콕 **차량경호기법**

- 경호대상자의 차량은 색상이 보수적이고 문이 4개인 차량으로 선정하며, 기사는 사전에 신원이 확인된 자로서 사복 무장경찰관이나 경호요원이어야 한다.
- 수행원이 다수일 경우는 버스를 이용하고 신용이 보증된 기사들의 명단을 획득하여 운행시킨다.
- 기사들의 그 지역에 대한 지식의 정도, 차량취급능력 등을 확인하기 위하여 기사와 함께 예정된 행차로를 시험 운행한다.
- 행사 지역의 행사주관부서와 협력하여 수화물 취급을 위한 차량 및 요원을 준비한다.
- 차량기동 간 사전준비 및 검토할 사항으로는 행차로와 환차로 등 주변 도로망 파악, 대피소 및 최기병원 선정 등 주변 구호시설 파악, 주도로 및 예비도로 선정, 차량대형 및 차종 선택, 의뢰자 및 관계자의 차량번호 숙지, 현지에서 합류되는 차량번호 숙지 등이다.
- 선도경호차량은 행・환차로를 안내하고, 행사시간에 맞게 주행속도를 조절하며, 전방의 각종 상황에 대한 경계임무를 수행한다.
- 경호대상자 차량 운행 시 차문은 반드시 닫아야 하고, 선도차량과 일정한 간격을 유지하면서 이동한다.
- 주행 시 항상 차 문은 잠가 두어야 한다.
- 하차 지점에 도착하기 위한 접근로는 가능한 한 변경하는 것이 좋다.
- 주차 장소는 자주 변경하는 것이 좋으며, 특히 야간에는 밝은 곳에 주차해야 한다.
- 승차 시 차량은 안전점검 후 시동이 걸린 상태에서 대기한다.
- 목적지에 도착하면 경호책임자는 가장 먼저 하차하고 출발 시에는 가장 나중에 승차하며 경호대상자 승・하차 시 차량문의 개폐와 잠금장치를 통제한다.
- 경호대상자 차량의 운전석 옆에는 경호원이 탑승하는 것이 바람직하다.
- 한 대의 경호차량을 운용할 경우 일반적으로 후미차로 운용하지만, 상황에 맞게 적절히 변형하여 운용할 수 있다.
- 속도는 경호상 중요한 요소이므로 위해기도자의 표적에서 쉽게 벗어날 수 있도록 가능한 한 빠르게 이동한다.
- 경호차량은 주차나 정차해 있는 차량 가까이에는 정지하지 않는다.
- 의심스러운 지점을 멀리하고, 경호대상자가 차를 타고 내릴 때 눈에 잘 띄지 않는 지점을 선택한다.

☐ 기동 간 차량 운전 중 회전 시에는 길 바깥쪽으로 원심력이 작용하여 차량이 전복되거나 전도되는 사고 등의 가능성에 유의해야 한다. 기출 10

기동 간 차량 운전 중 회전 시 주의사항이다. 답 ○

☐ 기동 간 차량 운전 중 회전 시에는 진입하기 전에 충분히 감속해서 커브에 맞는 속도로 조절하면서 직선에 가까운 코스를 유지하는 것이 바람직하다. 기출 10

기동 간 차량 운전 중 회전 시 차량경호기법에 대한 내용이다. 답 ○

☐ 기동 간 차량 운전 중 회전 시 선도차량은 중앙선에 접근하여 회전하면서 반대 방향의 과속차량에 대한 견제 임무를 수행하고 경호대상자 차량과 간격을 유지하며 속도를 조절한다. 기출 10

회전 시 기동 간 선도차량의 역할에 관한 설명이다. 답 ○

☐ 기동 간 차량 운전 중 후미경호차량은 좌회전 시에는 경호대상자 차량의 좌측 후미차선, 우회전 시에는 우측 후미차선을 이용하여 회전하면서 접근 차량에 대한 방호임무를 수행한다. 기출 10

후미경호차량은 좌회전 시에는 경호대상자 차량의 우측 후미차선, 우회전 시에는 좌측 후미차선을 이용하여 회전하면서 접근 차량에 대한 방호임무를 수행한다. 답 ×

핵심만 콕 교차 회전 시의 기동차량 운전방법

- 회전 시에는 길 바깥쪽으로 원심력이 작용하여 차량이 전복되거나 전도되는 사고 등의 가능성에 유의해야 한다.
- 회전 시에는 진입하기 전에 충분히 감속해서 커브에 맞는 속도로 조절하면서 직선에 가까운 코스를 유지하는 것이 바람직하다.
- 회전 시 선도차량은 중앙선에 접근하여 회전하면서 반대 방향의 과속차량에 대한 견제 임무를 수행하고 경호대상자 차량과 간격을 유지하며 속도를 조절한다.
- 경호대상자 차량은 선도차량과 일정 간격을 유지하면서 좌·우회전 시 각각 선도차량의 후미 우측이나 좌측 차선을 이용하여 회전한다.
- 후미경호차량은 좌회전 시에는 경호대상자 차량의 우측 후미차선, 우회전 시에는 좌측 후미차선을 이용하여 회전하면서 접근 차량에 대한 방호임무를 수행한다.

〈참고〉 이상철, 「경호현장운용론」, 진영사, 2008, P. 207

☐ 경호차량 운전요원은 신호대기 때나 회전 시에는 좌우차량을 경계하며 운행한다. 기출 07

경호차량 운전요원의 차량 운행 시 주의사항이다. 답 ○

☐ 경호차량 운전요원은 위급한 차량의 추적이 있을 경우 정차하여 검문·검색한다. 기출 07

위급한 차량의 추적이 있을 경우에는 다른 방향으로 유도하거나 다른 차량으로 바꿔 타거나 하여 안전하게 대피해야 한다. 답 ×

☐ 경호차량 운전요원은 긴급사태에 대비하여 소화기와 구급약품 등을 준비한다. 기출 07

경호차량 운전요원의 업무 시 준수사항이다. 답 ○

☐ 경호차량 운전요원은 주차 시에는 차량의 정면이 출입구로 향하게 하여 신속히 출발할 수 있는 상태를 유지한다. 기출 07

경호차량 운전요원의 경호차량 운용에 관한 설명이다. 답 ○

2 행사장경호

☐ 금속탐지기를 이용하여 탑승한 출입자를 차내에서 검측한다. 기출 21

금속탐지기(문형, 휴대용)를 이용하여 탑승한 출입자를 검측하는 경우에는 차량에서 하차시킨 후 검측 절차를 진행하여야 한다. 답 ×

3 연도경호

4 숙소경호

☐ 숙소경호는 평소 거처하는 관저나 임시로 외지에서 머무는 장소에서의 경호업무를 말한다. 기출 18

숙소경호란 경호대상자가 평소에 거처하는 관저뿐만 아니라 임시로 외지에서 머무는 장소에 대한 경호경비활동을 말한다. 답 ○

☐ 다음 중 경호대상자가 숙소나 그 외 지역에서 유숙하기 위하여 머물고 있을 때 실시되는 숙소경호의 특징이 아닌 것은 'ㄹ'이다. 기출 06

ㄱ. 보안성이 취약하다.
ㄴ. 동일한 장소에 경호대상자가 장시간 체류하게 되므로 고정성이 있다.
ㄷ. 숙소의 종류 및 시설물들이 복잡하고 많은 위험요소가 내포되어 있어 취약성이 있다.
ㄹ. 자택을 제외한 지방숙소, 호텔, 해외 행사 시 유숙지 등은 경호적 방어 환경이 뛰어나다.

자택이 아닌 지방숙소, 호텔, 유숙지 등은 상대적으로 경호적 방어 환경이 취약하다. 숙소경호의 특징은 혼잡성, 보안의 위험성, 방어의 취약성, 고정성이다. 답 ○

☐ 주민들의 불편을 최소화하기 위해 인근 주민들은 숙소경호의 경계대상에서 제외한다. 기출 12

경호에 만전을 기하기 위해서 인근 주민들도 경계대상에 포함시켜야 한다. 답 ×

☐ 숙소 주변의 거주민 외에 유동인원에 대한 검색을 강화해야 한다. 기출 04

숙소 주변의 거주민도 경계대상에 포함되나, 숙소 주변의 유동인원의 경우 검색을 강화해야 한다. 답 ○

☐ 호텔 유숙 시 위해물 은닉이나 위장침투 등이 가능하기 때문에 일반인, 호텔업무종사자 등의 위해기도에 대비한 안전대책이 필요하다. 기출 12

숙소경호 시 고려사항에 해당한다. 답 ○

☐ 호텔 등 유숙지의 시설물은 일반 업무용 숙박시설의 기능을 가지고 있기 때문에 경호적 개념의 방어에 취약하다. 기출 12

숙소경호의 특성 중 방어의 취약성에 관한 설명이다. 답 ○

☐ 숙소경호 시 주변 민가지역 내 위해분자 은거, 감제고지의 불순분자 은신, 숙소 주변 차량, 행・환차로 등의 위해요소를 확인한다. 기출 12

숙소경호 시 고려사항에 해당한다. 답 ○

☐ 숙소경호는 경호대상자가 평소 거처하는 관저나 임시로 머무는 장소로 체류기간이 장기화되고 야간 근무가 이루어진다는 점이 고려되어야 한다. 기출 08

숙소경호는 경호대상자가 평소에 거처하는 관저뿐만 아니라 임시로 외지에서 머무는 장소에 대한 경호경비활동을 말하며, 주로 단독주택과 호텔 등이 그 대상으로 경비계획 수립 시 체류가 장기화된다는 점과 야간에도 경계를 해야 한다는 점을 고려하여야 한다. 답 ○

☐ 다음 중 숙소경호 업무의 영역이라고 볼 수 없는 것은 'ㄱ'이다. 기출 06

ㄱ. 교통상황 및 주차장 관리
ㄴ. 순찰을 통한 시설물 안전점검 및 각종 사고예방
ㄷ. 출입자 통제 및 방문자 처리
ㄹ. 차량 출입통제 및 반입물품 검색

교통상황 및 주차장 관리는 숙소경호 업무의 영역이라고 볼 수 없다. 답 ○

☐ 숙소의 시설물에는 많은 위험요소가 내포되어 있으나, 지역 내 출입하는 인원의 통제는 용이하다. 기출 05

숙소의 특성상 출입이 빈번하고 숙소를 이용하는 일반인 이용객들이 많아 통제가 용이하지 않다(혼잡성). 답 ×

☐ 숙소경호의 특징은 혼잡성, 고정성, 보안성 취약, 방어개념의 미흡 등이 있다. 기출 04

숙소경호의 특징은 혼잡성, 고정성, 보안의 위험성, 방어의 취약성 등이다. 답 ○

☐ 숙소경호 시 근무요령은 평상시, 입출 시, 비상시로 구분하여 운용한다. 기출 05

숙소경호 시 근무요령에 관한 설명이다. 답 ○

☐ 숙소경호 시 경비배치는 내부, 내곽, 외곽으로 실시하고 외곽은 1, 2, 3선으로 경계망을 구성한다. 기출 05

숙소경호 시 경비배치는 내부, 내곽, 외곽으로 구분해서 실시하고, 숙소의 외곽은 1, 2, 3선으로 경계망을 구축한다. 답 ○

☐ 숙소경호 시 수림지역 및 제반 감제고지 고층건물에 대한 접근로 봉쇄 및 안전확보를 한다. 기출 05 · 04

숙소경호 시 근무요령이다. 답 ○

핵심만 콕 **숙소경호 시의 근무요령**

- 경비배치는 내부 · 내곽 · 외곽으로 구분해서 실시하며 숙소의 외곽은 1, 2, 3선으로 해서 경계망을 구축하고 출입문에 출입통제반을 설치해 방문자 통제체계를 확립한다.
- 평상시, 입출 시, 비상시로 구분하고 도보순찰조와 기동순찰조를 운용한다.
- 출입구, 비상구와 통로, 주차장, 계단, 복도, 전기시스템, 엘리베이터 등을 확실히 점검하고 경계를 강화한다.
- 정복근무자는 출입문 쪽에 배치하여 출입하는 인원의 경계를 강화하고 숙소 주위를 순찰하게 한다.
- 사복근무자는 숙소 주위에 유동적으로 배치하여 교대로 근무하게 한다.
- 주변 민가지역 내 위해분자 은거, 수림지역 및 제반 감제고지 고층건물의 불순분자 은신, 숙소 주변 차량, 행 · 환차로 등의 위해요소를 확인한다.
- 호텔 유숙 시 위해물 은닉이나 위장침투 등이 가능하기 때문에 일반인, 면담 요청자, 호텔업무종사자, 투숙객 등을 관리하여 위해기도에 대비한 안전대책을 면밀히 수행한다.
- 호텔 등 유숙지의 시설물은 일반 업무용 숙박시설의 기능을 가지고 있기 때문에 경호적 개념의 방어에 취약하다.
- 경호에 만전을 기하기 위해서 숙소 주변의 인근 주민들도 경계대상에 포함시켜야 한다.

04 출입자 통제대책

1 출입관리

☐ 출입자 통제란 안전구역 설정권 내에 출입하는 인적 · 물적 제반 요소에 대한 안전활동을 말한다. 기출 22

안전구역 설정권 내에 출입하는 인적 · 물적 제반 요소에 대한 안전활동을 출입자 통제라고 한다.

답 ○

☐ 출입자 통제는 행사장의 허가되지 않은 출입요소를 발견하여 통제 · 관리하는 사전예방차원의 경호방법이다. 기출 20

사전예방차원의 경호방법인 출입자 통제에 관한 설명이다. 답 ○

2 출입자 통제업무 수행의 절차

☐ 혼잡방지대책의 취약요소는 출입자 통제에 따른 판단을 경호기관의 입장에서 대처할 수 있는 방안으로 강구한다. 기출 23

참석자 통제에 따른 취약요소를 판단함에 있어서는, 경호 측[경호기관(註)] 입장에서 행사장에서의 혼잡을 방지할 수 있는 방안을 강구하고, 행사 참석자의 입장에서 동선의 원활성을 검토할 필요가 있다.

〈출처〉 이두석, 「경호학개론」, 진영사, 2018, P. 266

* 2020년도 경호학(A형) 59번 출입자 통제대책에 관한 문제에서는 '③ 참석자 통제에 따른 취약요소를 판단함에 있어 경호기관의 입장에서 행사장의 혼잡을 방지할 수 있는 방안을 강구한다'가 옳은 내용으로 출제되었다. 이에 따라 문항 '① 혼잡방지대책의 취약요소는 출입자 통제에 따른 판단을 경호기관의 입장에서 대처할 수 있는 방안으로 강구한다'도 옳은 내용으로 보는 것이 타당해 보이나, 한국산업인력공단의 최종정답은 '② 출입자통제대책의 강구 수단으로 구역별 주차장 운용으로 위해가해자의 발각, 색출될 수 있는 경호계획이 수립되어야 한다'로 확정되었다. 답 ×

☐ 출입통제대책의 강구 수단으로 구역별 주차장 운용으로 위해가해자의 발각, 색출될 수 있는 경호계획이 수립되어야 한다. 기출 23

경호계획서 작성 시 효율적인 참석자 통제를 위해 구역별 주차장 운영으로 위해가해자의 발각, 색출이 가능한 주차장 운영계획(차량통제계획)이 포함되어야 한다. 답 ○

☐ 행사장으로부터 연도경호의 안전거리를 벗어난 주차장일지라도 통제범위에 포함시켜 운영한다. 기출 23 · 22

출입자 통제업무는 안전구역 설정권 내에 출입하는 인적 · 물적 제반 요소에 대한 안전활동이므로, 행사장으로부터 연도경호(노상경호)의 안전거리를 벗어난 주차장이라면 통제범위에 포함되지 않는다고 보아야 한다.

답 ×

☐ 출입자 통제대책은 안전구역 설정권 내에 출입하는 시차입장계획, 안내계획, 주차관리계획을 세우고 출입통로를 지정하여 실시해야 한다. 기출 06

출입자 통제대책에 관한 설명에 해당한다.

답 ○

☐ 승차입장 차량과 승차자를 확인하고, 주차관리계획을 수립하는 것과 행사 주최 측과 협조하여 출입증을 발급하는 것은 행사장 출입자의 통제와 관리를 담당하는 경호원의 임무이다. 기출 04

행사장 출입자의 통제와 관리를 담당하는 경호원의 임무에 관한 내용이다.

답 ○

☐ 지연참석자에 대해서는 검색 후 출입을 허용하지 않는다. 기출 20 · 18

지연참석자에 대해서는 검색 후 별도로 지정된 통로를 통해 출입을 허용하여야 한다.

답 ×

☐ 지연참석자에 대해서는 검색 후 별도 지정된 통로로 출입을 허용한다. 기출 22 · 14

지연참석자에 대한 출입자 통제업무의 내용이다.

답 ○

☐ 일반참석자는 행사 시작 전 미리 입장토록 하여 경호대상자의 입장시간과 시차를 두며, 지연참석자에 대해서는 검색 후 별도의 지정된 통로로 출입을 허용한다. 기출 08

참석자 통제의 일반 요령이다.

답 ○

☐ 모든 참석자는 행사 시작 15분 전까지 입장을 완료하도록 하며, 지연참석자는 출입을 허용하지 않는다. 기출 05

시차입장계획과 관련하여 모든 참석자는 행사 시작 15분 전까지 입장을 완료하여야 하며, 지연참석자에 대해서는 검색 후 별도로 지정된 통로를 통해 출입을 허용하여야 한다.

답 ×

☐ 금속탐지기 검색을 통하여 위해요소의 침투를 차단하고, 비표를 운용하여 인가자의 출입을 통제한다. 기출 20・15

비표 운용을 통하여 비인가자의 출입을 통제하여야 한다.

〈출처〉 이두석, 「경호학개론」, 진영사, 2018, P. 266

답 ×

☐ 행사장 안전확보와 참석인원 등에 대한 안전조치 수단으로서 중요한 것은 비표 운용과 금속탐지기 또는 X-ray 검색기를 통한 검색활동이다. 기출 12

출입자 통제대책에 관한 내용이다. 답 ○

☐ 경호원은 최신 불법무기와 사제폭발물 제작 및 유통정보에도 정통하여야 한다. 기출 12

물적 위해요소의 배제 측면에서 논의되는 출입자 통제대책이다. 답 ○

☐ 참석자들의 안전을 고려하여 모든 출입통로를 사용하여 출입통제를 실시한다. 기출 22

행사와 무관한 사람들의 행사장 출입을 통제하고, 그 효과를 극대화하기 위하여 가능한 한 출입구를 단일화하거나 최소화하여 출입자들을 확인・통제하여야 한다. 답 ×

☐ 행사와 무관한 사람들의 행사장 출입을 통제하고, 그 효과를 극대화하기 위해서 다양한 통로를 통해 출입자를 확인한다. 기출 20・19・15

출입통제 효과를 극대화하기 위해 가능한 한 출입구를 단일화하거나 최소화하여야 한다. 답 ×

☐ 출입통로는 가능한 한 단일통로를 원칙으로 한다. 기출 14

출입통로는 가능한 한 단일통로 지정이 원칙이다. 답 ○

☐ 출입통로 지정은 구역별 통로를 다양화하여 통제의 범위를 넓혀 관리의 효율성을 높인다. 기출 22

출입통로 지정은 출입통제 효과를 극대화하기 위해 가능한 한 출입구를 단일화하거나 최소화하여야 한다. 답 ×

☐ 각 구역별 출입통로를 다양화하여 통제의 범위를 정한다. 기출 16

출입통로는 가능한 한 단일통로를 원칙으로 하나, 행사장 구조, 참가자 수, 참석자 성분 등을 고려하여 수 개의 출입통로를 지정하여 불편요소를 최소화할 수 있다. 답 ×

☐ 정문에는 차량출입문과 도보출입문을 통합하여 입장토록 한다. 기출 04

정문에는 차량출입문과 도보출입문을 별도로 구분하여 입장하도록 하여야 한다. 답 ×

☐ 행사 진행 시 묵념을 할 때에도 경호요원은 군중경계에 전념하여야 한다. 기출 04

경호요원은 행사 진행 시 국민의례 등에 참석하지 않고 오로지 군중경계에 전념하여 돌발사태 발생 시 바로 대응할 수 있는 자세를 갖추고 있어야 한다. 답 ○

☐ 경호임무 수행 시 출입자 통제대책으로서 적절하지 않은 것은 'ㄱ'이다. 기출 07

ㄱ. 경호대상자와 참석자는 가능하면 동일 출입문 이용
ㄴ. 확인이 곤란한 물품의 반입 차단
ㄷ. 불필요한 인원의 행사장 출입통제
ㄹ. 출입문은 가능한 한 최소화

경호대상자는 주차장과 출입문을 일반참석자와 별도로 이용하도록 한다. 답 ○

☐ 출입자 통제업무와 관련하여 행사장 및 행사 규모에 따라 참석 대상별 주차지역을 구분하여 선정하고, 본대 주차지역은 행사 참석자 주차장을 이용한다. 기출 14

행사장 및 행사 규모에 따라 참석 대상별 주차지역을 구분하여 선정하고, 경호대상자의 주차지역은 별도로 확보하여 운용한다. 답 ×

☐ 출입자 통제업무와 관련하여 안내요원은 행사 주최 측 요원으로 지정하도록 조정·통제한다. 기출 14

출입자 통제업무와 관련된 안내계획의 내용이다. 답 ○

☐ 경호인력 배치 시 주변 환경으로 보아 취약하다고 판단되는 곳은 인력을 중점적으로 배치한다. 기출 06·04

주위 여건상 취약하다고 판단이 되는 곳에 경호인력을 중점적으로 배치하되, 주변 환경과 예상치 못한 상황을 고려하여 전체적으로 배치하여야 한다. 답 ○

☐ 경호인력 배치 시 의심스럽거나 견제해야 할 요소가 많은 곳만 중점 배치하여 취약성을 제거한다. 기출 06 · 04

경호인력은 의심스럽거나 견제해야 할 요소가 많은 곳에 중점 배치하여야 하나, 주변 환경과 예상치 못한 상황을 고려하여 전체적으로 배치하여야 한다.

답 ×

☐ 경호인력 배치 시 특별히 통제해야 할 곳은 전체 구간이 통제되도록 배치하여야 한다. 기출 06 · 04

특별히 통제가 필요한 장소에 대한 경호인력 배치에 관한 설명이다.

답 ○

☐ 경호인력 배치 시 피경호자를 직시할 수 있는 고층건물은 완전히 장악해야 한다. 기출 06 · 04

경호인력 배치 시 주변지역 동향 파악과 행사장을 직시할 수 있는 고층건물 및 주변 감제고지를 확보(장악)하여야 한다.

답 ○

☐ 선발경호업무 시 출입통제의 범위는 촉수거리의 원칙을 적용하여 구역별 특성에 맞게 결정한다. 기출 21

촉수거리의 원칙은 우발상황 발생 시 위해기도자의 범행시도에 경호대상자 또는 위해기도자와 가장 가까이 위치한 경호원이 대응해야 한다는 근접경호원의 경호원칙이다.

답 ×

☐ 공중장소 기자회견 시 경호대상자는 안전을 위해 회견장에 제일 먼저 도착하고, 회견이 끝나면 제일 나중에 퇴장하도록 한다. 기출 05

공중장소 기자회견 시 경호대상자는 안전을 위해 회견장에 제일 나중에 도착해야 하고, 회견이 끝나면 제일 먼저 퇴장해야 한다.

답 ×

☐ 행사일 전에 배포된 초대장과 비표가 분실될 경우, 해당 초대장과 비표는 모두 무효화한다. 기출 23

분실사고 발생 시 즉각 보고하고 전체를 무효화하며, 전원에게 새로 비표를 지급해야 한다. 초대장을 배부한 경우 행사장 입구에서 본인확인 과정을 거쳐 초대장과 비표를 교환하게 함으로써 비표운용의 신뢰도를 높일 수 있다.

답 ×

☐ 비표는 혼잡방지를 위해 시간과 장소에 관계없이 미리 배포할수록 좋다. 기출 21

비표 관리는 인적 위해요소의 배제를 목표로 하므로 행사 참석자에게도 행사 당일 출입구에서 신원확인 후 비표를 배포하여야 한다.

답 ×

☐ 행사장의 혼잡방지를 위해 비표는 행사일 전에 배포한다. 기출 22 · 16

비표는 행사 당일에 출입구에서 신원확인 후 바로 배포한다.

답 ×

☐ 비표는 행사 참석자에게 초대장, 주차카드와 함께 행사일 전에 배포하여 행사 시 출입구의 혼잡을 방지하여야 한다. 기출 14

비표는 행사일 전이 아닌 행사 당일 배포하여야 한다. 비표의 종류는 적을수록 좋고 행사장마다 비표를 구분한다.

답 ×

☐ 행사구분별 별도의 비표 운용은 금지사항이다. 기출 16

행사 참석자를 위한 비표는 구역별로 그 색상을 달리하여 식별 및 통제가 용이하도록 하면 효과적이다.

〈출처〉 이두석, 「경호학개론」, 진영사, 2018, P. 267

답 ×

☐ 비표는 식별이 용이하도록 선명하여야 하고, 구역의 구분 없이 동일하게 제작 · 운용한다. 기출 15

비표는 식별이 용이하도록 선명하여야 하고, 행사 참석자의 활동범위를 지정해주는 통제수단이므로 구역을 식별할 수 있도록 행사장의 상황에 맞춰 여러 가지로 제작 · 운용할 수 있다.

답 ×

☐ 비표는 식별이 용이하도록 단순 · 선명하게 제작하여 재활용이 가능하도록 한다. 기출 16 · 14

비표는 모양이나 색상이 원거리에서도 식별이 용이하도록 단순하고 선명하게 제작하여 사용함으로써 경호조치의 효율성을 증대시키고, <u>재생이나 복제가 되어서는 안 된다</u>.

〈출처〉 이두석, 「경호학개론」, 진영사, 2018, P. 268

답 ×

☐ 비표는 식별이 용이하도록 선명하여야 하며, 위조 또는 복제를 고려하여 복잡하게 제작하여야 한다. 기출 23 · 22 · 12

비표는 식별이 용이하도록 선명하여야 하며, 간단하게 제작하여야 한다.

답 ×

☐ 비표는 식별이 어렵게 하여 보안성을 강화한다. 기출 17

비표는 식별이 용이하도록 단순하고 선명하게 제작하여 사용함으로써 경호조치의 효율성을 증대시킬 수 있다.

답 ×

☐ 구역별로 다른 색상으로 구분하여 비표를 운용하면 통제가 용이하다. 기출 22

행사 참석자를 위한 비표는 구역별로 그 색상을 달리하면 식별 및 통제가 용이하다.

답 ○

☐ 비표 운용 시 명찰이나 리본은 모든 구역의 색상을 단일화하여 식별이 용이하도록 하면 효과적이다. 기출 20・14

행사 참석자를 위한 명찰이나 리본은 구역별로 그 색상을 달리하여 식별 및 통제가 용이하도록 하면 효과적이다.

답 ×

☐ 보안성 강화를 위해 비표의 종류는 많을수록 좋으며 리본, 명찰 등이 있다. 기출 23・22

<u>비표의 종류는 적을수록 좋고</u>, 비표의 종류에는 리본, 명찰, 완장, 모자, 배지 등이 있다.

답 ×

☐ 비표에는 리본, 명찰, 완장, 모자, 배지(badge) 등이 있다. 기출 16・14

비표는 행사 참석자를 비롯한 출입 인원, 장비 및 차량 등의 모든 인적・물적 출입요소의 인가 및 확인 여부를 표시하기 위하여 사용되는 중요한 식별수단이다. 비표의 종류에는 리본, 명찰, 완장, 모자, 배지(badge) 등이 있으며, 대상과 용도에 맞게 적절히 운용한다.

〈출처〉 이두석, 「경호학개론」, 진영사, 2018, P. 268

답 ○

☐ 비표 분실사고 발생 시 즉각 보고하고 전체 비표를 무효화하며 새로운 비표를 해당자 전원에게 지급한다. 기출 06

보안과 관련된 비표의 운용 사항이다.

답 ○

☐ 비표의 종류는 다양할수록 좋으나 행사 시는 구분 없이 전체가 통일되어야 한다. 기출 06

비표의 종류는 적을수록 좋고 행사 참석자를 위한 비표는 구역별로 그 색상을 달리하면 식별 및 통제가 용이하다.

답 ×

☐ 비표는 근무관련 교양 시작 전에 배부하고 경호 종료 후 상황을 보면서 반납한다. 기출 06

행사장 근무자의 비표는 경호 배치 전 · 교양 시작 후 지급하며, 행사 참석자에게도 행사 당일 배포하여야 한다. 반면 비표의 반납(회수)은 원칙적으로 경호 종료 후 즉시 이루어져야 한다. 답 ×

☐ 경호근무자의 경호안전활동 시는 비표 운영을 하지 않는 것이 바람직하다. 기출 06

경호근무자는 경호안전활동 시에도 비표를 운영해야 한다. 답 ×

핵심만 콕 **비 표**

- **비표의 종류** : 리본, 명찰, 완장, 모자, 배지 등이 있으며, 대상과 용도에 맞게 적절히 운용한다.
- **비표의 관리** : 경호대상자에게 위해를 가할 소지가 있는 사람으로서 시국불만자, 신원이 특이한 교포 및 외국인, 일반 요시찰인, 피보안처분자, 공격형 정신분자 등 인적 위해요소를 배제하기 위하여 비표 관리를 한다.
- **비표의 운용**
  - 비표를 제작할 때부터 보안에 힘쓰도록 해야 하는데, 비표 분실사고 발생 시에는 즉각 보고하고 전체 비표를 무효화하며 새로운 비표를 해당자 전원에게 지급한다.
  - 비표의 종류는 적을수록 좋고 행사 참석자를 위한 비표는 구역별로 그 색상을 달리하면 식별 및 통제가 용이하다.
  - 비표는 모양이나 색상이 원거리에서도 식별이 용이하도록 단순하고 선명하게 제작하여 사용한다.
  - 비표는 재생이나 복제가 되어서는 안 된다.
  - 경호근무자의 경호안전활동 시에도 비표를 운영해야 한다.
  - 행사장 근무자의 비표는 경호 배치 전 · 교양 시작 후 지급하며, 행사 참석자에게도 행사 당일 배포하여야 한다.

☐ 주차계획은 입장계획과 연계하여 주차동선과 입장동선에 혼잡상황이 발생하지 않도록 한다. 기출 20

주차계획은 입장계획과 연계하여, 주차장별로 승차입장카드를 구분 운영하고, 또한 행사장에서의 혼잡상황이 발생하지 않도록 하여야 한다. 답 ○

☐ 행사장에 대한 출입통제는 3중 경호에 의거한 경호구역의 설정에 따라 각 구역별 통제의 범위를 결정한다. 기출 20

행사장에 대한 출입통제는 3선 경호개념에 의거한 경호구역의 설정에 따라 각 구역별 통제의 범위를 결정하여야 한다. 답 ○

☐ 경호원을 중심으로 내부, 내곽, 외곽으로 구분하여 경호구역을 설정한다. 기출 18

경호대상자가 위치한 집무실이나 행사장으로부터 내부, 내곽, 외곽으로 구분하여 경호구역을 설정한다. 경호구역의 지정은 경호처장이 경호업무의 수행에 필요하다고 판단되는 경우 지정할 수 있다(대통령 등의 경호에 관한 법률 제5조 제1항).

답 ×

☐ 모든 출입요소의 1차 통제지점은 안전구역이다. 기출 23

행사 참석자를 비롯한 모든 출입요소의 1차 통제점은 2선인 경비구역이다.

답 ×

☐ 1선(안전구역)은 행사 참석자를 비롯한 모든 출입요소의 1차 통제지점이 된다. 기출 20 · 16

1선(안전구역)이 아닌 2선 경비구역이 행사 참석자를 비롯한 모든 출입요소의 1차 통제점이 된다.

〈출처〉 이두석, 「경호학개론」, 진영사, 2018, P. 266

답 ×

☐ 2선 경비구역은 모든 출입요소에 대한 실질적인 1차 통제점이 된다. 기출 19

2선 경비구역은 행사 참석자를 비롯한 모든 출입요소의 1차 통제점이 되어, 상근자 이외에 용무가 없는 사람들의 출입을 가급적 제한한다. 〈출처〉 이두석, 「경호학개론」, 진영사, 2018, P. 266

답 ○

☐ 2선(경비구역)은 출입구에 금속탐지기 등을 설치하여 출입자와 반입물품을 확인한다. 기출 16

금속탐지기(MD)를 설치 · 운용하는 곳은 1선(안전구역)이다.

답 ×

☐ 1선(안전구역)은 행사와 무관한 사람들의 행사장 출입을 통제 또는 제한해야 한다. 기출 19 · 16

1선인 안전구역은 행사와 무관한 사람들의 행사장 출입을 통제 또는 제한해야 한다.

답 ○

☐ 선발경호업무 시 경호구역 설정에 따라 각 (출입)통제의 범위를 결정한다. 기출 19

3선 경호개념에 의거한 경호구역의 설정에 따라 각 구역별 통제의 범위를 결정한다.

답 ○

☐ 대규모 행사 시 참석 대상과 좌석을 구분하지 않고 시차입장계획을 수립한다. 기출 20·19

대규모 행사 시에는 참석 대상별 또는 좌석별 구분에 따라 출입통로 선정 및 시차입장계획을 수립하여 출입통제가 용이하도록 한다. 답 ×

☐ 행사가 대규모일 때에는 참석 대상이나 좌석별 출입통로를 선정할 필요가 없고 출입을 자유롭게 허용해야 한다. 기출 06

행사가 대규모일 때에는 참석 대상별 또는 좌석별 구분에 따라 출입통로를 선정하고, 시차입장계획을 수립하여 출입통제가 용이하도록 한다. 답 ×

☐ 행사장 출입관리는 면밀하게 실시하여야 하며, 안전검색을 철저히 하기 위하여 기본예절을 지킬 필요는 없다. 기출 06

행사장 출입관리는 인적·물적 출입관리 및 차량 출입관리로 나누어 면밀하게 실시하여야 하며, 비록 안전검색을 철저히 하기 위한 목적이라도 출입관리에 관한 예절을 잘 지켜야 한다. 답 ×

☐ 행사장 및 행사 규모에 따라 참석 대상별 주차지역을 구분·운용하지 않는다. 기출 20

행사장 및 행사 규모에 따라 참석 대상별 주차지역을 구분하여 선정하고 경호대상자 주차지역은 별도로 확보하여 운용하여야 한다. 답 ×

☐ 보안성 강화를 위해 리본, 조끼, 넥타이를 비표로 운용하지 않는다. 기출 18

보안성 강화를 위해 사용하는 비표의 종류는 리본, 명찰, 완장, 모자, 배지, 조끼, 승차입장카드 및 스티커 등이 있으며, 비표는 대상과 용도에 맞게 적절히 운용한다. 답 ×

☐ 출입통로는 가능한 한 단일화 또는 최소화하도록 한다. 기출 18

행사장에 대한 출입통제는 3선 경호개념에 의거한 경호구역의 설정에 따라 각 구역별 통제의 범위를 결정한다. 특히 1선인 안전구역은 행사와 무관한 사람들의 행사장 출입을 통제 또는 제한하고, 그 효과를 극대화하기 위해서 가능한 한 출입구를 단일화하거나 최소화해야 한다. 답 ○

☐ 행사규모에 따라 참석 대상별 출입통로를 구분하고 위해요소 분산을 위해 통로를 가급적 여러 개 두도록 한다. 기출 09

출입통로는 가능한 한 단일통로를 원칙으로 하나, 행사장 구조, 참가자 수, 참석자 성분 등을 고려하여 수 개의 출입통로를 지정하여 불편 요소를 최소화한다. 특히 대규모 행사 시에는 참석 대상별 또는 좌석별 구분에 따라 출입통로 선정 및 시차입장계획을 수립하여 출입통제가 용이하도록 하여야 한다. 답 ×

☐ 출입자 통제업무 수행과 관련하여 참석자의 지위, 참석자 수 등을 고려하여 시차입장계획을 수립한다. 기출 18

참석자의 지위, 연령, 단체, 기동수단, 참석자 수 등을 고려하여 시차간격을 조정하며 출입통로를 융통성 있게 지정하여 입장 대기 등 불편요소를 최소화한다. 답 ○

☐ 행사장 및 행사 규모에 따라 참석 대상별 주차지역을 구분하여 설정한다. 기출 18

출입자 통제대책 중 주차관리계획에 관한 내용이다. 답 ○

☐ 출입자 통제대책으로 비표 운용, 주차장 지정, 검색대 운용 등을 할 수 있다. 기출 17

비표 운용, 주차장 지정, 검색대 운용 등은 출입자 통제대책에 해당한다. 답 ○

☐ 행사장 내 모든 인적·물적 요소의 인가 여부를 확인한다. 기출 16·09

출입자 통제대책의 방침에 관한 내용이다. 답 ○

☐ 모든 출입요소는 지정된 출입통로를 사용하고 기타 통로는 폐쇄한다. 기출 23·16·09·05

출입자 통제 방법에 관한 내용이다. 답 ○

☐ 행사장 내 모든 출입자와 반입물품은 지정된 통로만을 사용하여야 하며 기타 통로는 자유롭게 출입을 허용해야 한다. 기출 06

행사장 내 모든 출입자와 반입물품(출입요소)은 지정된 통로만을 사용하여야 하며, 기타 통로는 폐쇄하여야 한다. 답 ×

☐ 참석자 출입통로는 행사장 구조상의 모든 출입문을 이용하여 참석자 입장 시 불편요소를 최소화한다. 기출 08

출입자의 출입통로는 가능한 한 단일통로를 원칙으로 하나, 행사장 구조, 참가자 수, 참석자 성분 등을 고려하여 수 개의 출입통로를 지정하여 불편요소를 최소화할 수 있다. 답 ×

☐ 출입통로 선정 및 일괄입장계획을 수립하여 통제가 용이하도록 한다. 기출 16

대규모 행사 시에는 참석 대상별 또는 좌석별 구분에 따라 출입통로 선정 및 시차입장계획을 수립하여 출입통제가 용이하도록 한다. 답 ×

☐ 출입증은 전 참가자에게 운용함을 원칙으로 하되, 행사 성격을 고려하여 일부 제한된 행사에서는 지침에 의거 출입증을 운용하지 않을 수 있다. 기출 16

출입증 운용에 관한 설명이다. 답 ○

☐ 출입증 배부장소의 안내요원은 가능하면 참석자를 식별할 수 있는 각 부서별 실무자로 선발하고, 출입증은 전 참가자가 운용할 수 있도록 한다. 기출 08

안내계획과 관련하여 출입증 배부장소의 안내요원은 가능하면 참석자를 식별할 수 있는 각 부서별 실무자로 선발하고, 출입증은 모든 참가자에게 운용함을 원칙으로 한다. 답 ○

☐ 검색은 육감에 의한 방법으로 출입요소를 대상으로 실시하고 경호대상자와 수행원은 예외로 한다. 기출 16

원칙적으로 경호대상자를 제외한 모든 사람이 검색대상이다. 답 ×

☐ 인적·물적 출입요소의 이상 유무 및 위해물품 반입 여부 판단을 위해 금속탐지기를 통한 검색활동을 강화해야 한다. 기출 12

출입통제수단으로서 금속탐지기는 인적·물적 출입요소의 이상 유무 및 위해물품 반입 여부 판단을 위해서 사용된다. 답 ○

☐ 물품보관소를 운용하여 출입자의 위해 가능 물품은 별도 보관한다. 기출 09

물품보관소를 운용하여 출입자의 위해 가능 물품 또는 검색불가 휴대품을 별도로 보관한다. 답 ○

☐ 경호행사장 출입자의 통제와 관리를 위한 담당 경호원은 행사 참석자가 소지한 위해물품 등을 물품보관소에 보관한다. 기출 04

행사 참석자가 소지한 위해물품 등을 물품보관소에 보관하는 것은 행사장 출입자 통제와 관리를 담당하는 경호원의 임무에 해당한다. 답 ○

☐ 만년필, 책, 카메라, 우산은 행사장 반입을 금지한다. 기출 05

휴대 입장이 불가능한 위해 가능 물품(만년필, 카메라, 우산 등)은 물품 보관증 교부 후 물품보관소에 보관하였다가 본인에게 반환하여야 한다. 반면 책의 경우 안전검측 후 휴대 입장이 가능하다.

답 ×

☐ 주최 측은 효율적인 주차관리를 위해 승차입장카드에 대상별 주차지역을 사전에 지정하여야 하며, 주차지역별로 안내요원을 배치한다. 기출 08

입장계획과 연계하여, 주최 측은 효율적인 주차관리를 위해 주차장별로 승차입장카드를 구분하여 운영하고, 주차지역별로 안내요원을 배치하여야 한다. 답 ○

핵심만 콕 **통제대책**

출입통제	행사장에 대한 출입통제는 3선 **경호개념에 의거한 경호구역의 설정**에 따라 각 구역별 통제의 범위를 결정한다. 특히 1선인 **안전구역은 행사와 무관한 사람들의 행사장 출입을 통제 또는 제한하고, 그 효과를 극대화하기 위해서 가능한 한 출입구를 단일화하거나 최소화한**다. 출입구에는 금속탐지기 등을 설치하여 출입자와 반입물품을 확인한다. 2선인 **경비구역은 행사 참석자를 비롯한 모든 출입요소의 1차 통제점이 되어, 상근자 이외에 용무가 없는 사람들의 출입을 가급적 제한한다.** **안전구역에 대한 출입통제대책**은 다음의 조치를 수반한다. • 모든 출입요소에 대한 인가 여부를 확인한다. • 참석자가 시차별로 지정된 출입통로를 통하여 입장토록 한다. • 비표 운용을 통하여 비인가자의 출입을 통제한다. • MD(금속탐지기) 검색을 통하여 위해요소의 침투를 차단한다.
입장계획	• **현장에서의 혼잡 예방을 위해서는 중간집결지를 운영하여 단체로 입장토록 하는 방법이나 시차별 입장을 통하여 인원을 분산시킨다.** • **차량출입문과 행사 참석자의 도보출입문을 구분하여 운영한다.** • 참석자 입장계획은 철저한 신분확인 및 검색과 직결된 문제로 시차별 입장계획과 출입구별 인원 배분계획을 수립하여, 참석자가 일시에 몰리거나 특정 출입구로 몰리는 혼란을 미연에 방지한다.

<table>
<tr><td>주차계획</td><td colspan="2">• 입장계획과 연계하여, 주차장별로 승차입장카드를 구분 운영하고, 참석자들이 하차하는 지점과 주차장소에 대한 안내표지판을 설치하고 안내한다.
• 행사장에서의 혼잡상황을 예방하거나 행사장 주변에 주차장이 충분치 않을 경우에는 중간집결지를 운용하여 단체버스로 이동시키고, 개별 승용차의 행사장 입장을 가급적 억제한다.</td></tr>
<tr><td>비표 운용계획</td><td colspan="2">• 비표의 종류에는 리본, 배지, 명찰, 완장, 모자, 조끼 등이 있으며, 비표는 대상과 용도에 맞게 적절히 운용한다.
• 행사 참석자를 위한 명찰이나 리본은 구역별로 그 색상을 달리하여 식별 및 통제가 용이하도록 하면 효과적이다.</td></tr>
<tr><td>금속 탐지기 운용계획</td><td colspan="2">• 행사장의 배치, 행사 참석자의 규모 및 성향 등을 고려하여 통제가 용이하고 공간이 확보된 장소에 설치 운용한다.
• 금속탐지기를 통한 검색능력은 대략 초당 1명 정도인 점을 감안하여 금속탐지기의 설치장소 및 대수를 판단하고, 행사의 성격에 따라 X-RAY나 물품보관소를 같이 운용한다.</td></tr>
<tr><td rowspan="2">통제수단</td><td>비 표</td><td>• 모든 인적 · 물적 출입요소의 인가 및 확인 여부를 표시하기 위하여 사용되는 중요한 수단이다.
• 비표는 모양이나 색상이 원거리에서도 식별이 용이하도록 단순하고 선명하게 제작하여 사용함으로써 경호조치의 효율성을 증대시키고, 재생이나 복제가 되어서는 안 된다.</td></tr>
<tr><td>금속 탐지기</td><td>• 크게 문형 금속탐지기와 휴대용 금속탐지기로 구분할 수 있다.
• 인적 · 물적 출입요소의 이상 유무와 위해물품 반입 여부를 확인하기 위한 금속탐지기는 금속성 물질에만 제한적으로 반응하는 특징이 있다.</td></tr>
</table>

〈출처〉 이두석, 「경호학개론」, 진영사, 2018, P. 265~267

05 우발상황(돌발사태) 대응방법

1 우발상황의 의의

☐ 우연히 또는 계획적으로 발생하여 경호행사를 방해하는 사태를 우발상황이라 한다.

기출 20

우발상황이란 위해기도나 행사 방해책동과 관련하여 발생 시기나 발생 여부 및 그로 인한 피해 정도를 모르는 우발적 위험이 발생한 상황을 의미한다. 우발상황의 유형은 크게 계획적 우발상황, 부주의에 의한 우발상황, 자연발생적 우발상황, 천재지변에 의한 우발상황으로 분류할 수 있으며, 계획적 우발상황이란 위해기도자에 의해 의도되고 계획된 우발상황을 말한다.

〈참고〉 이두석, 「경호학개론」, 진영사, 2018, P. 343~344

답 ○

☐ 불확실성, 심리적 불안정성, 경호원 자신의 자기보호본능, 예측불가능성은 우발상황의 특성이다. 기출 23

우발상황은 불확실성(예측곤란성), 돌발성, 시간제약성, 중대성(심리적 불안정성), 현장성, 자기보호본능의 발동 등을 특성으로 한다.

답 ○

핵심만 콕 **우발상황의 특성**

구분	내용
불확실성 (사전예측의 곤란성)	우발상황의 발생 여부가 불확실하고 사전예측이 곤란하여 대비가 어렵다.
돌발성	우발상황은 사전예고 없이 돌발적으로 발생한다.
시간제약성	돌발성으로 인해 우발상황에 대처할 충분한 시간적 여유가 없다.
중대성 (혼란 야기와 무질서, 심리적 불안정성)	우발상황은 경호대상자의 안전이나 행사에 치명적인 영향(무질서, 혼란, 충격, 공포 등)을 끼칠 수 있는 상황으로, 경호대상자의 신변에 중대한 결과를 초래할 수 있다.
현장성	우발상황은 현장에서 발생하고 이에 대한 경호조치도 현장에서 이루어져야 한다.
자기보호본능의 발동	• 우발상황 발생 시 일반인뿐만 아니라 경호원도 인간의 기본욕구인 자기자신을 보호하려는 보호본능이 발현된다. • 자기보호본능의 발현에도 불구하고 경호원으로서 본분을 망각하지 않기 위해 평소에 공격 방향으로 신속하고도 과감히 몸을 던지는 반복숙달 훈련과 심리적 훈련이 요구된다.

〈참고〉 이두석, 「경호학개론」, 진영사, 2018, P. 344

☐ 우발상황 시 자기보호본능으로 위해가해자에 대한 대적과 제압이 제한적이다. 기출 22

우발상황 발생 시 자기보호본능이 발현되어 위해가해자에 대한 대적과 제압에 영향을 미친다.

답 ○

☐ 우발상황 시 경호대상자의 방호 및 대피보다 경호원의 자기보호본능에 충실해야 한다. 기출 20

경호대상자의 방호 및 대피가 경호원의 자기보호본능보다 우선이다. 비록 우발상황 발생 시 자기보호본능 기제가 발동하더라도 경호원은 이를 거부하고 자기희생의 원칙에 따라 체위를 확장하여 경호대상자의 노출을 최소화하고 최대의 방호벽을 형성하여야 한다. 특히 자신의 생명을 보호하기 위하여 자세를 낮추거나 은폐 또는 은신을 해서는 안 된다.

답 ×

☐ 우발상황은 사전예측이 불가능하므로 즉각조치가 어렵다. 기출 22

사전예측의 불가능(곤란성)은 우발상황의 특성에 해당하며, 이에 따라 즉각조치가 어렵다.

답 ○

☐ 우발상황은 극도의 혼란과 무질서가 발생한다. 기출 22

극도의 혼란 야기와 무질서는 우발상황의 특성에 해당한다.

답 ○

☐ 경호 우발상황은 사전예측이 대부분 가능하기 때문에 신속한 대처가 가능하다. 기출 21

우발상황은 그 발생 여부가 불확실하고 사전예측이 곤란하여 대비가 어렵다는 특성을 갖는다.

답 ×

☐ 다음 중 우발상황의 특성이 아닌 것은 'ㄱ'이다. 기출 18

ㄱ. 사전예측의 가능
ㄴ. 무질서와 혼란 야기
ㄷ. 자기보호본능 기제의 발동
ㄹ. 즉각조치의 요구

우발상황은 그 발생 여부가 불확실하고 사전예측이 곤란하여 대비가 어렵다는 불확실성(예측곤란성)을 특성으로 한다.

답 ○

☐ 우발상황은 위험요소가 어디서 발생할지 예측하기 어렵다. 기출 19

우발상황의 특성 중 불확실성(예측곤란성)에 관한 설명으로 옳다.

답 ○

☐ 우발상황은 어떠한 일이 예기치 못하게 발생하는 것을 의미하며, 사전예측 불가, 극도의 혼란사태 야기, 즉응적 대응 요구, 자기보호본능 발동 등의 특성을 갖는다. 기출 17

우발상황은 불확실성(예측곤란성), 돌발성, 시간제약성, 중대성, 현장성 등을 특성으로 한다.

답 ○

☐ 불확실성, 심리적 안정성, 예측가능성, 시간여유성 중 우발상황의 특성으로 옳은 것은 불확실성이다. 기출 16

우발상황은 일반적으로 불확실성(예측곤란성), 돌발성, 시간의 제약성 등과 같은 특성을 지닌다.

답 ○

☐ 우발상황은 그 발생 여부가 불확실하며, 상황에 대처할 충분한 시간적 여유가 없다. 기출 15

우발상황의 대표적인 특성 중 불확실성(예측곤란성), 돌발성, 시간제약성에 대한 설명이다.

답 ○

☐ 우발상황은 경호대상자의 신변에 중대한 결과를 초래할 수 있다는 점을 특성으로 가진다. 기출 15

우발상황의 대표적인 특성 중 중대성에 대한 설명이다. 답 ○

2 우발상황의 대응방법

☐ 우발상황 발생 시 체위확장의 원칙과 촉수거리의 원칙이 적용될 수 있다. 기출 23

우발상황 발생 시 체위확장의 원칙은 경호대상자를 방호하는 측면에서, 촉수거리의 원칙은 위해기도자를 대적 및 제압하는 측면에서 적용될 수 있다. 답 ○

☐ 우발상황에 대한 경호는 방어적·회유적 개념의 신변보호활동이다. 기출 23

우발상황에 대한 경호는 방어적·회피적 개념의 신변보호활동이다. 답 ×

☐ 즉각조치의 과정은 경고 – 대피 – 방호의 순서로 전개된다. 기출 23·22

즉각조치의 과정은 경고 – 방호 – 대피의 순서로 전개된다. 답 ×

☐ '육성이나 무전으로 전 경호원에게 상황 내용을 간단명료하게 전파하는 것'은 우발상황 발생 시 경호원의 대응조치(즉각조치) 중 경고에 해당한다. 기출 15

우발상황 발생 시 대응조치는 '경고 – 방호 – 대피'가 거의 동시에 이루어지는데, 육성이나 무전으로 전 경호원에게 상황 내용을 간단명료하게 전파하는 것은 경고에 해당한다. 답 ○

☐ 우발상황을 전달할 때에는 발생위치나 위험의 종류, 성격 등을 전달한다. 기출 09

경호대상자를 안전하게 보호하기 위해 간단, 명료하게 전파한다. 답 ○

☐ 우발상황 발생 시 육성 또는 무전기를 통해 다른 근무자들이 상황을 인지할 수 있도록 신속히 전달한다. 기출 09

경호원의 대응조치 중 경고에 해당한다. 답 ○

☐ 우발상황 발생 시 위해기도자가 공범이 있는 경우를 예상하고 제2공격에 대비한 상황도 신속하게 전달한다. 기출 09

우발상황 전달을 통해 제2의 공격에 대비하는 데 그 목적이 있다. 답 ○

☐ 우발상황 발생 시 위해기도자는 순간적으로 공격할 수 있기 때문에 위해자와 최근거리에 있는 경호원이 전달해야 한다. 기출 09

위험상황을 최초로 인지한 경호원이 '경고'를 한다. 최근거리에 있는 경호원은 자세를 최대한 확장하여 공격에 대한 방어막을 형성하여야 한다. 답 ×

☐ 경호행사 시 돌발사태 조치방법은 우선 육성이나 무전기로 전 경호요원에게 상황을 통보하여 경고하는 것이다. 기출 06 · 04

우발상황 발생 시 대응조치 중 경고에 관한 내용이다. 답 ○

☐ 우발상황 발생 시 대응절차는 공격인지, 대적 및 제압, 경고, 방어, 대피 순서로 한다. 기출 05

우발상황 발생 시 대응순서는 '공격인지 → 경고 → 방벽 형성 → 방호 및 대피 대형 형성 → 대피 → 대적 및 제압' 순이다. 답 ×

☐ 돌발사태에 대한 경호요원들의 올바른 대응순서는 인지 – 경고 – 방벽 형성 – 방호 및 대피 – 대적 및 제압 순이다. 기출 04

우발상황 발생 시 대응순서로서 옳다. 답 ○

☐ 경호 우발상황의 대응기법에 관한 내용이다. 다음에서 설명하는 것은 대피이다. 기출 21

> 우발상황 발생 시 위해상황을 처음 인지한 경호원이 경호대상자 주변의 근접경호원과 동시에 신속히 경호대상자를 보호하기 위하여 방벽을 형성한다.

제시된 내용은 경호 우발상황의 대응기법(즉각조치) 중 방호에 관한 설명이다. 답 ×

☐ 우발상황 조치에 관한 내용이다. 다음 (　)에 들어갈 내용은 순서대로 즉각조치 – 위험하지 않은 – 경호대상자 – 위험한이다. 기출 19

> 우발상황이 발생하였을 경우 경호대상자를 위험으로부터 보호하기 위한 일련의 순간적인 경호조치를 말하며, (　)의 결과에 따라 경호대상자를 살릴 수도 있고 죽일 수도 있다. 우발상황이 발생하면 최초에 정확하게 대응해야 한다는 데 핵심이 있다. 위험한 것을 (　) 것으로 판단하면 자칫 (　)를 잃을 수도 있고, 위험하지 않은 것을 (　) 것으로 판단하면 행사장을 혼란에 빠뜨리거나 행사를 망칠 수도 있다.

제시문은 즉각조치에 관한 내용이며, (　)에 들어갈 내용은 순서대로 즉각조치 – 위험하지 않은 – 경호대상자 – 위험한이다.

답 ○

☐ 즉각조치의 과정 중 대피는 방호와 동시에 위험지역을 이탈하기 위해 방호대형을 형성하여 공격 방향으로 신속히 이동하여야 한다. 기출 19

대피는 적 공격의 반대 방향이나 비상구 쪽으로 하여야 한다.

답 ×

☐ 우발상황 발생 시 근접경호원은 적 공격의 반대 방향이나, 비상구 쪽으로 대피하여야 한다. 기출 06

우발상황 발생 시 근접경호원의 조치사항으로 옳다.

답 ○

☐ 방호 시 경호원은 몸을 은폐하여 위해기도자로부터 표적이 작아지도록 한다. 기출 16

경호원은 자기희생의 원칙에 따라 체위를 확장하여 경호대상자의 노출을 최소화하고 최대의 방호벽을 형성해야 한다.

답 ×

☐ 경호행사 시 돌발사태 조치방법으로 근접경호요원은 자기희생의 원칙에 따라 경호대상자 주변에 방벽을 형성하여야 한다. 기출 06 · 04

우발상황 발생 시 대응조치 중 '방호'에 관한 설명이다.

답 ○

☐ 대피 시에는 경호대상자의 품위를 고려하여 조심스럽게 머리를 아래로 향하게 한 상태에서 이동한다. 기출 16

신속한 대피를 위하여 다소 예의를 무시하더라도 과감하게 행동하여야 한다.

답 ×

☐ 우발상황 발생 시 경호대상자의 방호보다 위해가해자의 제압을 최우선으로 하여 경호대상자의 안전을 확보한다. 기출 23

우발상황 발생 시 경호원의 최우선적인 대응방법은 위해가해자에 대한 공격 및 제압이 아닌 육성경고와 동시에 비상조치계획에 따라 경호대상자를 신속히 방호·대피시킴으로써 피해를 최소화하는 것이다.

답 ×

☐ 방호는 위협상황 인식과 동시에 경호원의 신체로 범인을 제압하는 것을 우선으로 한다. 기출 16

범인을 제압하는 것보다 방호 및 대피가 우선되어야 한다.

답 ×

☐ 위해기도자의 위치파악과 대응 및 제압으로 사태가 안정된 후 경호대상자를 대피시킨다. 기출 15

우발상황 발생 시 경호요원은 경호대상자를 대피시킬 때는 시간이 지체되어서는 안 되고, 신속하게 위험지역에서 대피시켜야 한다.

답 ×

☐ 우발상황이 발생했을 경우, 신속한 대적행위가 방호 및 대피보다 우선되어야 경호대상자를 효과적으로 보호할 수 있다. 기출 10

우발상황 시 경호대상자를 효과적으로 보호하기 위해서는 대적행위보다 신속한 방호 및 대피가 우선시되어야 한다.

답 ×

☐ 경호대상자를 위해기도자로부터 보호하기 위해 우선적으로 위해기도자와 대적하여 제압한 후 방어와 대피시키도록 한다. 기출 08

위해기도자로부터 경호대상자를 효율적으로 보호하기 위해서는 위해기도자에 대한 대적행위보다는 신속한 방어와 대피가 우선시되어야 한다.

답 ×

☐ 우발상황 발생 시 근접경호원은 대적 및 제압보다는 경호대상자를 방호, 대피시키는 것을 우선으로 한다. 기출 07

우발상황 발생 시 근접경호원은 경호대상자를 방호, 대피시키는 것을 최우선으로 하여야 한다.

답 ○

☐ 위해상황 시 근접경호원은 제2공격을 방지하기 위해 범인 제압보다 방어 및 대피를 우선한다. 기출 05

위해상황 시 근접경호원은 제2공격을 방지하기 위해 범인 제압보다 방어 및 대피를 우선시해야 한다.

답 ○

☐ 경호행사 시 돌발사태 조치방법으로 근접경호요원은 최단시간 내에 가용한 무기를 동원하여 우선적으로 적을 제압하여 사태를 진정시켜야 한다. 기출 06 · 04

우발상황 발생 시 근접경호요원은 경호대상자를 효과적으로 보호하기 위해서는 우선적으로 적과 대적하여 적을 제압하는 것보다는 신속한 방호 및 대피가 우선시되어야 한다.

답 ×

☐ 근접경호원은 경호대상자의 활동범위 보장을 위해 항상 원거리에서 이동해야 한다. 기출 07

근접경호원은 경호대상자 주위에서 경호활동 공간을 확보하여야 하고, 항상 근거리에서 이동해야 한다.

답 ×

☐ 출입문을 통과할 때는 경호대상자의 안전을 위하여 근접경호원보다 우선하여 통과시킨다. 기출 07

출입문을 통과할 경우에는 항상 경호원이 먼저 통과하여 안전을 확인한 후 경호대상자를 통과시켜야 한다.

답 ×

☐ 문을 통과할 때는 안전을 위하여 피경호인이 경호원보다 먼저 통과하도록 한다. 기출 05

문을 통과할 때는 안전을 위하여 피경호인(경호대상자)보다 항상 경호원이 먼저 문을 통과하여 안전을 확인한 후 피경호인(경호대상자)을 통과시켜야 한다.

답 ×

☐ 경고, 방호, 공격, 대피 중 경호활동 시 위해기도나 행사 방해책동과 관련하여 발생 시기나 발생 여부 및 피해 정도를 모르는 우발적 상황에서의 즉각적 행동원칙이 아닌 것은 공격이다. 기출 13

즉각적 행동원칙은 경고 – 방호 – 대피의 순서로 전개된다.

답 ○

핵심만 콕 **즉각조치의 개념 및 단계**

즉각조치는 경호활동 중 위해기도나 행사 방해책동과 관련하여 발생 시기나 발생 여부 및 피해 정도를 모르는 우발적 상황에서의 즉각적 행동원칙을 말한다.

- 즉각조치의 과정은 경고와 방호 및 대피, 대적이 포함되며, 이는 순차적인 개념이라기보다 우선순위 없이 동시에 이루어지는 일체적 개념이다.
- **경고**(Sound off)는 위해상황을 가장 먼저 인지한 사람이 주변 근무자에게 상황을 간단명료하게 전파하는 것으로, 상황 발생을 인지한 경호원이 가장 먼저 취해야 할 조치이다.
- **방호**(Cover)는 위협상황을 알리는 경고를 인지하는 즉시, 경호대상자 주변 근무자가 자신의 신체로 방벽을 형성하여 경호대상자의 노출을 최소화함으로써 직접적인 위해를 방지하는 행위를 말한다.
- **대피**(Evacuate)는 우발상황 발생 시 위해자의 표적이 되는 경호대상자를 안전지역으로 이동시키는 행위를 말한다. 대피는 방호와 동시에 공격자의 반대 방향으로 신속히 이동하여야 하며, 방호대형을 형성하여 비상대피소나 비상대기차량이 있는 안전지역으로 이동한다.
- 즉각조치의 과정은 일단 경고 – 방호 – 대피의 순으로 전개된다. 대적 여부는 촉수거리의 원칙에 따라 판단한다. 대적의 목적은 위해자의 공격선을 차단하여 경호대상자를 보호하는 것이다. 대적 시에는 우선 경호대상자를 등지고 위험발생지역으로 향한 다음, 몸을 최대한 크게 벌려 방호범위를 확대하고, 경호대상자와 위해기도자 사이의 일직선상에 위치하여 위해자의 공격을 차단한다.

〈출처〉 이두석, 「경호학개론」, 진영사, 2018, P. 350~354

☐ 우발상황 시 위험을 가장 먼저 인지한 경호원은 동료들에게 신속히 전파하여 공조체제를 유지하도록 한다. 기출 20

우발상황의 최초 목격자가 육성 또는 무전으로 그 상황을 전파하고, 간단명료한 지향성 용어를 사용하며, 가능하면 방향이나 위치를 제시하는 등 공격의 내용을 전파한다. 답 ○

☐ 우발상황 시 가장 먼저 공격을 인지한 경호원이 경고를 함으로써 주변 경호원으로 하여금 신속하게 상황대처를 하도록 하여야 한다. 기출 12

즉각조치의 과정 중 경고에 관한 설명에 해당한다. 답 ○

☐ 우발상황 발생 시 대응은 '경고 – 방호 – 대피'가 거의 동시에 이루어져야 한다. 기출 17 · 16 · 14

우발상황이 발생하였을 경우 대응(즉각조치)은 경호대상자를 위험으로부터 보호하기 위한 일련의 순간적인 경호조치를 말한다. 경고 – 방호 – 대피 순으로 전개되나 거의 동시에 실시된다. 답 ○

☐ 우발상황 대응은 공격의 인지 – 경고 – 방호 – 대피 – 대적의 순으로 이루어진다. 기출 12

우발상황(돌발상황) 시 대응은 공격의 인지 → 경고 → 방벽 형성 → 방호 및 대피 → 대적 및 제압의 순서로 이루어진다. 답 ○

☐ 우발상황의 대응순서는 인지 → 경고 → 방벽 형성 → 방호 및 대피 → 대적 및 제압 순이다. 기출 09 · 06

우발상황(돌발상황) 시 대응순서이다. 답 ○

☐ 경호임무 수행 중 우발상황 발생 시 대응절차는 공격인지 → 경고 → 방어 → 대피 → 범인제압 순으로 이루어진다. 기출 07

우발상황 발생 시 대응절차이다. 답 ○

☐ 돌발상황 시 대응방법으로 불필요한 출입자의 통제가 용이한 장소를 사전에 확보해 두는 것이 좋다. 기출 06 · 04

경호업무 수행 중 돌발상황 시 대응방법에 관한 설명이다. 답 ○

☐ 우발상황 발생 시 경호원은 경호대상자를 신속하게 안전지대로 대피시키기 위해 경호대상자에게 신체적 무리가 있더라도 과감하게 행동하여야 한다. 기출 22 · 17

경호원은 우발상황 시 경호대상자를 신속하게 안전지대로 대피시키기 위해 경호대상자에게 신체적 무리가 뒤따르고 다소 예의를 무시하더라도 과감하게 행동하여야 한다. 답 ○

☐ 우발상황으로 인한 대피 시에는 경호대상자를 신속하게 안전지대로 대피시키기 위해 다소 예의를 무시하더라도 과감하게 행동을 하여야 한다. 기출 08 · 07

우발상황 시 근접경호원의 대응방법이다. 답 ○

☐ 다음 중 우발상황 시 근접경호원의 대응으로 옳지 않은 경호원은 C경호원이다. 기출 23

- A경호원 : 위해가해자와 가장 가까이에 있는 경호원은 경고와 동시에 경호대상자를 등지고 위험발생 방향으로 체위를 확장해 제2의 공격선을 차단한다.
- B경호원 : 총으로 공격하는 위해가해자를 제압할 경우, 위해가해자의 총구 방향을 고려하여 가능한 한 경호대상자로부터 멀리 유지하도록 신속히 제압한다.
- C경호원 : 수류탄과 같은 폭발성 화기에 의한 공격에는 주변 경호원들과 함께 원형 대형을 유지하여 경호대상자의 안전을 유지한다.

- C경호원 (×) : 수류탄과 같은 폭발성 화기에 의한 공격을 받았을 때에는 함몰형 대형을 형성해야 한다. 답 ○

☐ 다음 중 우발상황에 적절하게 대응하지 못한 경호원은 C경호원과 D경호원이다. 기출 18

- A경호원 – 체위를 확장하여 경호대상자에 대한 방벽효과를 극대화한다.
- B경호원 – 간단명료하고 신속하게 경고한다.
- C경호원 – 폭발성 화기에 의한 공격 시에는 방어적 원형 대형을 형성한다.
- D경호원 – 경호대상자의 방호보다는 위해기도자의 제압을 우선으로 한다.

- C경호원 (×) : 수류탄 또는 폭발물과 같은 폭발성 화기에 의한 공격을 받았을 때 사용되는 방호대형은 함몰형 대형으로, 경호대상자를 지면에 완전히 밀착시키고 그 위에 근접경호원들이 밀착하며 포개어 경호대상자의 신체가 외부에 노출되지 않도록 해야 한다. 방어적 원형 대형은 위해의 징후가 현저하거나 직접적인 위해가 가해졌을 때 형성하는 방어 대형이다.
- D경호원 (×) : 우발상황이 발생했을 경우 신속한 대적행위보다 방호 및 대피가 우선되어야 하므로, D경호원이 경호대상자의 방호보다 위해기도자의 제압을 우선으로 한 행위는 부적절하다.

답 ○

☐ 우발상황 시 경호원은 인적 방벽의 효과를 극대화하기 위하여 군중이 밀집한 지역으로 경호대상자를 대피시킨다. 기출 16

우발(위기)상황이 발생되면 경호원들은 상황의 종류나 여건에 따라 대피대형을 이루고 경호대상자를 신속하게 현장을 벗어나 안전한 곳으로 대피시키는 임무를 최우선으로 하여야 한다. 이때, 다수의 군중은 그 자체가 위협적인 환경이 될 뿐만 아니라 경호원이 안전을 확보하는 데 많은 문제점을 노출시킬 수 있기 때문에 가급적 군중이 밀집한 지역을 피하는 것이 올바른 대응방법이라 할 수 있다.

답 ×

☐ 대적 시에는 경고와 동시에 위해자와 가장 가까이에 있는 경호원이 과감히 몸을 던져 공격선을 차단한다. 기출 14

우발상황 시 즉각조치 중 대적에 관한 설명이다. 참고로 대적 여부는 촉수거리의 원칙에 따라 판단한다.

답 ○

☐ 즉각조치 시 대적하는 경호원은 경호대상자를 등지고 위험발생지역으로 향한다. 기출 14

대적 시 우선 경호대상자를 등지고 위험발생지역으로 향한 다음, 몸을 최대한 벌려 방호범위를 확대하고, 경호대상자와 위해기도자 사이에 일직선상에 위치하여 위해자의 공격을 차단한다. 답 ○

☐ 공격이 있을 경우 근접경호원은 공격자와 경호대상자의 일직선상의 중간에 위치하도록 한다. 기출 05

공격이 있을 경우 근접경호원은 위해기도자(공격자)와 경호대상자의 일직선상의 중간에 위치하여 체위를 확장하고, 위해자의 공격을 차단하여야 한다. 답 ○

☐ 즉각조치 시 총으로 공격하는 위해자를 제압할 경우, 위해자의 총을 위로 편향시키고 제압한다. 기출 14

총으로 공격하는 위해자를 제압할 경우, 무기와 팔을 제압하기 쉽게 위해자의 총을 아래로 눌러서 제압한다. 답 ×

☐ 수류탄 혹은 폭발물과 같은 폭발성 화기에 의한 공격에는 방어적 원형 대형을 유지한다. 기출 22 · 20

수류탄 또는 폭발물과 같은 폭발성 화기에 의한 공격을 받았을 때 사용하는 방호 대형은 함몰형 대형이다. 방어적 원형 대형은 경호행사 시 최소안전구역의 확보에 실패하여 경호대상자가 군중 속에 갇혀 있는 상황에서 현장이탈을 시도할 때 사용하는 대형이다. 답 ×

☐ 수류탄 또는 폭발물과 같은 폭발성 화기에 의해 공격받았을 때 사용되는 방호 대형은 강화된 사각 대형이다. 기출 17

함몰형 방호 대형에 관한 설명이다. 답 ×

☐ 수류탄에 의한 공격을 받았을 때에는 방어적 원형 대형으로 경호대상자를 에워싸는 형태를 유지한다. 기출 12

수류탄에 의한 공격을 받았을 때에는 경호대상자를 에워싸 공격수단으로부터 경호대상자의 신체를 우선적으로 보호하고자 하는 함몰형 대형을 취한다. 답 ×

☐ 함몰형 대형은 위해의 징후가 현저할 경우 형성하는 대형이고, 방어적 원형 대형은 폭발성 화기에 의한 공격을 받았을 때 사용하는 대형이다. 기출 10

함몰형 대형은 폭발성 화기에 의한 공격을 받았을 때 사용하는 대형이고, 방어적 원형 대형은 위해의 징후가 현저할 때 형성하는 대형이다. 답 ×

☐ 함몰형 대형은 위해의 징후가 현저하거나 직접적인 위해가 가해졌을 때 형성하는 것이 좋다. 기출 07

방어적 원형 대형에 관한 설명이다. 답 ×

☐ 방어적 원형 대형은 위해의 징후가 현저할 때 형성하는 방어 대형이다. 기출 05

방어적 원형 대형은 위해의 징후가 현저하거나 직접적인 위해가 가해졌을 때 형성하는 방어 대형이다. 답 ○

☐ 방어적 원형 대형은 수류탄, 폭발물 등에 의한 공격을 받았을 때 사용되는 방호 대형이다. 기출 07

함몰형 대형에 관한 설명이다. 답 ×

☐ 함몰형 대형은 폭발성 화기에 의한 공격을 받았을 때 사용되는 방호 대형이다. 기출 05

함몰형 대형은 수류탄 또는 폭발물과 같은 폭발성 화기에 의해 공격받았을 때 사용되는 방호 대형이다. 답 ○

☐ 비상대피계획은 위험상황 발생 시 원인을 제거하기 위한 계획이다. 기출 19

비상상황 발생 시 가장 이상적인 즉각조치의 방법은 경호대상자를 안전지대로 얼마나 신속하게 대피시키느냐에 달려 있다 할 것이다. 답 ×

☐ 범행현장에서 가스 누출 발생 시 즉시 선풍기나 배기팬을 작동시켜 환기시킨다. 기출 19

가스 누출 발생 시 환기를 위해 즉시 선풍기나 배기팬을 작동시켜서는 안 된다. 누설된 가스는 작은 전기스파크도 발열원이 되어 불이 붙어 폭발할 수 있기 때문이다. 답 ×

☐ 범행현장에서 현행범으로 판단될 경우 경찰뿐 아니라 민간경호원 등 누구나 영장 없이 체포할 수 있다. 기출 19

형사소송법 제212조에 의하면 현행범인은 누구든지 영장 없이 체포할 수 있다. 답 ○

☐ 범죄현장의 범위를 최초에는 광범위한 지역으로 설정한 후 점차 축소해 간다. 기출 19

범죄현장의 범위를 최초에는 광범위한 지역으로 설정한 후 점차 축소해 가는 것이 범죄발생에 따른 초동조치와 현장보존방법으로 효율적이다. 답 ○

☐ 범죄발생 건물 소유자 등 관리권을 가진 자라도 범죄현장에 대해 경찰관의 출입통제에 따라야 한다. 기출 19

비록 범죄발생 건물의 소유자 등 관리권을 가진 자라도 범죄현장에 대한 초동조치와 현장보존을 위한 경찰관의 출입통제에 따라야 한다. 답 ○

☐ 우발상황 발생에 따른 방호 및 대피대형 형성 시 우선적으로 고려할 내용으로 적절하지 않은 'ㄱ'이다. 기출 11

ㄱ. 범인제압을 위한 무기의 종류와 수량
ㄴ. 경호대상자와 경호원 및 위해기도자와의 거리
ㄷ. 주위상황과 군중의 성격 · 수
ㄹ. 공격의 종류와 성격

범인제압을 위한 무기의 종류와 수량은 방호 및 대피대형 형성 시 우선적으로 고려할 사항에 해당하지 않는다. 답 ○

☐ 다음 중 경호임무 수행 중 위해자의 공격에 따른 상황대처 시 우선적으로 고려해야 할 내용으로 거리가 먼 것은 'ㄷ'이다. 기출 06

ㄱ. 공격의 종류와 성격
ㄴ. 주위상황과 군중의 성격과 수
ㄷ. 범인 대적 및 체포의 방안 검토
ㄹ. 경호대상자와 범인과의 거리

범인 대적 및 체포의 방안 검토는 방호 및 대피대형 형성 시 우선적으로 고려할 사항에 해당하지 않는다. 답 ○

☐ 다음 중 차량기동 간 경호 시 고려사항이 아닌 것은 'ㄷ'이다. 기출 07

ㄱ. 주・예비코스 선정
ㄴ. 행・환차로 선택
ㄷ. 경호대상자 동선 및 출입통로 확인
ㄹ. 비상대피소 및 최기병원 선정

경호대상자 동선 및 출입통로 확인은 주행사장 내부 담당자의 업무에 해당한다. 답 ○

핵심만 콕 방호 및 대피대형 형성 시 우선적 고려사항과 차량기동 간 경호 시 우선적 고려사항

방호 및 대피대형 형성 시 우선적 고려사항	차량기동 간 경호 시 우선적 고려사항
• 경호대상자와 경호원 및 위해기도자와의 거리 • 주위상황과 군중의 성격과 군중의 수 • 공격의 종류와 성격 • 대응소요시간에 대한 판단 • 방어 및 대피대형을 형성할 수 있는 경호원의 수 등	• 차량・차종 선택 • 행・환차로 선택 • 주・예비코스 선정 • 비상대피소 및 최기병원 선정 • 차량대형의 결정 등

〈출처〉 이상철, 「경호현장운용론」, 진영사, 2008, P. 205, P. 261

☐ 다음 중 경호업무 수행 중 우발상황 대응 시 고려해야 할 사항으로 옳지 않은 것은 'ㄹ'이다. 기출 09

ㄱ. 경호원과 위험발생 지점과의 거리
ㄴ. 우발상황의 종류와 성격
ㄷ. 행사장 참석 인원의 수 및 대응소요시간
ㄹ. 제2공격 대비를 위한 위해기도자 색출

제2공격 대비를 위한 위해기도자를 색출하는 것보다, 경호대상자를 신속하게 위험지역으로부터 대피시키는 것이 중요한 고려사항이다. 답 ○

☐ 대피 시 경호대상자의 대피도 중요하지만, 부상당한 동료의 처리와 도주범인 추적 및 체포로 제2범행을 방지한다. 기출 07

부상당한 동료의 처리와 도주범인 추적 및 체포는 우발상황 발생 시 근접경호요원 외의 다른 경호요원의 임무로서, 가급적 빠른 시간 내에 경호대상자를 안전지역으로 이동시켜야 하는 방호 및 대피에 관한 내용에 해당하지 않는다. 답 ×

☐ 우발상황 시 대피하는 경우 측방경호원은 대피로를 결정하고, 진로를 개척해야 한다. 기출 05

우발상황 시 대피로를 결정하고, 진로를 개척하는 것은 전방경호원의 임무이다. 답 ×

CHAPTER

04 경호복장과 장비

01 경호원의 복장과 장비

1 경호복장의 종류 및 착용 요령

☐ 경호원은 주변의 시선을 끌 수 있는 복제를 착용한다. 기출 23

주위의 시선을 끌 만한 색상이나 디자인은 지양한다.

답 ×

☐ 경호원은 행사의 성격에 따라 주변 환경과 어울리는 복장을 착용한다. 기출 22・21・18

일반적으로 경호원은 행사의 성격에 따라 주변 환경과 조화되도록 복장을 착용해야 한다.

답 ○

☐ 경호원의 복장은 경호 행사의 성격, 장소, 시간 등에 따라 주위와 잘 어울리는 복장으로 한다. 기출 05

경호원의 복장은 경호 행사의 성격, 장소, 시간 등에 따라 주변 환경과 조화되도록 착용하여 신분이 노출되지 않도록 하여야 한다.

답 ○

☐ 근접경호원은 보호색원리에 의한 경호현장의 주변 환경과 조화되는 복장을 착용한다. 기출 11

근접경호원은 보호색의 원리에 의한 비노출적 근무를 해야 하므로 경호현장의 주변 환경과 조화되는 복장을 착용하여야 한다.

답 ○

☐ 경호원으로서의 신분이 노출되지 않도록 화려한 복장을 착용한다. 기출 21・18

주위의 시선을 끌 만한 색상이나 디자인은 지양하며, 보수적인 색상과 스타일의 복장이 적합하다.

답 ×

☐ 경호대상자 보호를 위해 경호대상자보다 튀는 복장을 선택하여 주위의 시선을 빼앗는다. 기출 20 유사 18

경호원은 경호대상자보다 튀지 않아야 한다. 특히 주위의 시선을 끌 만한 색상이나 디자인은 지양한다. 답 ×

☐ 잠재적 위해기도자의 범행동기를 사전에 제거하기 위해 장신구를 착용한다. 기출 21

장신구의 착용과 잠재적 위해기도자의 범행동기의 사전 제거와는 인과성이 없다. 답 ×

☐ 행사의 성격에 관계없이 경호대상자의 권위유지를 위한 복장을 선택한다. 기출 22

<u>경호원은 행사의 성격과 장소에 어울리는 복장을 착용하여야 하며</u>, 경호대상자의 권위(품위)유지를 위한 복장(어두운 색상)을 선택하여야 한다. 답 ×

☐ 행사의 성격과 관계없이 경호대상자 품위를 높이기 위해 검정색 계통의 정장을 착용한다. 기출 21 · 16 · 11

행사의 성격과 장소에 어울리는 복장을 착용하여야 하며, 어두운 색상일수록 위엄과 권위가 있다. 답 ×

☐ 근접경호원은 경호대상자와 경호환경에 어울리지 않는 복장을 착용하여야 한다. 기출 20

근접경호원은 경호대상자 및 경호환경과 조화되는 복장을 착용하여 신분이 노출되지 않도록 하여야 한다. 답 ×

☐ 경호활동 시 필요한 장비 착용이 가능한 복장을 선택한다. 기출 22

경호복장은 기능적이고 튼튼한 것이어야 한다. 답 ○

☐ 경호복장은 기능적이고 튼튼한 것이어야 한다. 기출 20

경호복장 선택 시 고려사항이다. 답 ○

☐ 경호원은 공식일정, 비공식일정 등 경호상황에 맞는 복장을 착용한다. 기출 23

경호복장은 행사의 성격과 장소에 어울리는 복장을 착용하여야 한다. 답 ○

☐ 경호복장은 행사의 성격과 장소와 무관하게 기능적이고 튼튼해야 한다. 기출 19

경호요원은 행사의 성격에 따라 보호색원리에 의한 경호현장의 주변 환경과 조화되는 복장을 착용하여 신분이 노출되지 않도록 한다. 답 ×

☐ 위해기도자에게 주도면밀함과 자신감을 과시하기 위해 장신구의 착용을 지향한다. 기출 20

장신구의 착용은 지양한다. 단, 여자 경호원의 경우 평범하고 단순한 것으로 선택하여 착용할 수 있다. 답 ×

☐ 경호원은 경호대상자와 구분되는 복장을 착용한다. 기출 23

경호원의 복장은 <u>경호대상자의 복장에 맞추어</u> 정장이나 캐주얼 복장을 상황에 따라 착용하여야 한다. 답 ×

☐ 경호원은 경호대상자와 구분되는 색상이나 스타일의 복장을 착용한다. 기출 18 · 11

경호원의 복장은 경호대상자의 복장에 맞추어 정장이나 캐주얼 복장을 상황에 따라 착용하도록 한다. 답 ×

☐ 경호원의 복장은 개개인의 취향을 살려 각자에게 잘 어울리는 복장을 선택하는 것이 바람직하다. 기출 05

경호원의 복장은 행사 성격에 따라 주변 환경과 조화되도록 착용하여야 하며, 화려한 색상이나 새로운 패션의 스타일은 눈에 띄기 쉬우므로 보수적인 색상과 스타일의 복장이 적합하다. 답 ×

☐ 근접경호원은 위해기도자에게 강한 인상을 줄 수 있는 색상과 장비착용에 편한 기능성 복장을 착용한다. 기출 11

경호원의 복장은 경호대상자의 복장에 맞추어 정장이나 캐주얼 복장을 상황에 따라 착용하도록 하는 것이지, 위해기도자에게 강한 인상을 줄 수 있는 색상이나 장비착용이 편한 기능성 복장을 착용하여야 하는 것은 아니다. 답 ×

☐ 경호업무를 위해 특별히 제작된 옷은 없지만, 대개는 정장 차림을 하는 것이 좋다. 기출 05

경호원은 단정한 복장을 착용하여 경호원으로서 품위를 유지하여야 하므로, 대개 정장 차림을 하는 것이 좋으나 상황에 따라 경호대상자의 복장에 맞추어 캐주얼 복장을 착용할 수도 있다. 답 ○

☐ 여자 경호원의 경우 신발 뒷굽의 높이와 편의성을 고려하여 하이힐은 피하는 것이 좋다. 기출 05

신발은 장시간 서 있는 근무상황을 고려하여 편하고 잘 벗겨지지 않는 것을 선택한다. 답 ○

핵심만 콕 **경호복장 선택 시 고려사항**

- 경호복장은 기능적이고 튼튼한 것이어야 한다.
- 행사의 성격과 장소에 어울리는 복장을 착용한다.
- 경호대상자보다 튀지 않아야 한다.
- 어두운 색상일수록 위엄과 권위가 있어 보인다. 주위의 시선을 끌 만한 색상이나 디자인은 지양한다.
- 셔츠는 흰색 계통이 무난하며, 면소재의 제품이 활동하기에 편하다.
- 양말은 어두운 색으로, 발목 위로 올라오는 것을 착용한다.
- 장신구의 착용은 지양한다. 여자 경호원의 경우 장신구를 착용한다면 평범하고 단순한 것으로 선택한다.
- 신발은 장시간 서 있는 근무상황을 고려하여 편하고 잘 벗겨지지 않는 것을 선택한다.

〈출처〉 이두석, 「경호학개론」, 진영사, 2018, P. 247

☐ 대통령비서실장은 필요하다고 인정하는 경우 경호처 직원에게 제복을 지급할 수 있다. 기출 12

현행 법령상 경호처장은 필요하다고 인정하는 경우 직원에게 제복을 지급할 수 있다(대통령 등의 경호에 관한 법률 시행령 제34조 제1항). 답 ×

☐ 대통령실장이 필요하다고 인정하는 경우 경호처 직원에게 제복을 지급할 수 있다. 기출 09

출제 당시에는 옳은 내용이었으나, 대통령실장은 대통령경호실장으로, 대통령경호실장은 다시 대통령경호처장으로 변경되었다. 답 ×

☐ 대통령경호처에서 근무하는 경찰공무원의 복제에 관하여 필요한 사항은 경찰청장이 정한다. 기출 22 · 20 · 09

대통령경호처에서 근무하는 경찰공무원의 복식(복제)에 관하여 필요한 사항은 경호처장이 정한다(경찰복제에 관한 규칙 제11조, 대통령 등의 경호에 관한 법률 시행령 제34조 제2항). 답 ×

☐ 대통령실 경호처 경호원의 경우 복제에 관한 필요한 사항은 경호처장이 정한다. 기출 08

대통령경호처 직원(특정직 경호공무원, 일반직 국가공무원, 별정직 국가공무원)의 복제에 관하여 필요한 사항은 경호처장이 정한다(대통령 등의 경호에 관한 법률 제2조 제3호·제6조 제1항, 동법 시행령 제34조 제2항). 출제 당시에는 경호처가 대통령실장 소속으로 설치되어 직원의 복제에 관하여 필요한 사항은 실장이 정하였다. 답 ×

☐ 경호처 직원의 복제에 관하여 필요한 사항은 경호처장이 정한다. 기출 12

대통령 등의 경호에 관한 법률 시행령 제34조 제2항 답 ○

☐ 대통령경호처에 파견된 경찰공무원의 복제는 경찰청장이 정한다. 기출 23

대통령경호처에 파견근무하는 경찰공무원의 복제에 관하여는 경호처장이 정한다(경찰복제에 관한 규칙 제11조, 대통령 등의 경호에 관한 법률 시행령 제34조 제2항). 답 ×

☐ 경호처에 파견된 경호경찰의 복제는 대통령비서실장이 정한다. 기출 12

대통령경호처에서 (파견)근무하는 경찰공무원의 복식(복제)에 관하여는 경호처장이 정한다(경찰복제에 관한 규칙 제11조, 대통령 등의 경호에 관한 법률 시행령 제34조 제2항). 답 ×

☐ 대통령경호처에 파견근무하는 경찰공무원의 복식에 관하여는 행정안전부장관이 정하도록 되어 있다. 기출수정 08

대통령경호처에 파견근무하는 경찰공무원의 복식에 관하여는 경호처장이 정한다(경찰복제에 관한 규칙 제11조, 대통령 등의 경호에 관한 법률 시행령 제34조 제2항). 답 ×

☐ 경비업자는 경찰공무원 또는 군인의 제복과 색상 및 디자인 등이 명확히 구별되는 소속 경비원의 복장을 정하고 이를 확인할 수 있는 사진을 첨부하여 주사무소 경찰서장에게 신고하여야 한다. 기출 12

경비업자는 경찰공무원 또는 군인의 제복과 색상 및 디자인 등이 명확히 구별되는 소속 경비원의 복장을 정하고 이를 확인할 수 있는 사진을 첨부하여 주된 사무소를 관할하는 시·도 경찰청장에게 행정안전부령으로 정하는 바에 따라 신고하여야 한다(경비업법 제16조 제1항). 답 ×

☐ 민간경비원의 복제는 경찰공무원 또는 군인의 복제와 색상 및 표지장이 명확히 구별되어야 한다. 기출 08

2014.6.5. 전면 개정 시 삭제된 경비업법 시행규칙 제19조 제1항의 내용이다. 다만, 현행법 해석상으로도 여전히 옳은 내용이다(경비업법 제16조 제1항, 동법 시행규칙 별지 제13호의2 서식 참고).

답 ○

☐ 경비업자는 경비원으로 하여금 근무지역 및 내용에 따라 사복을 착용하게 할 수 있다. 기출수정 08 · 07

2014.6.5. 전면 개정 시 삭제된 경비업법 시행규칙 제19조 제5항의 내용이다.

답 ×

☐ 경비업자는 제복 외의 복장을 착용하는 경비원을 동일한 장소에 2인 이상을 배치할 경우 동일한 복장을 착용하게 하여야 한다. 기출수정 09

2006.2.2. 경비업법 시행규칙 제19조 제6항에 신설된 조문이나, 2014.6.5. 전면 개정 시 삭제되었다.

답 ×

☐ 경비업자가 경비원의 제복을 정한 때에는 주된 사무소를 관할하는 경찰서장에게 그 형식 및 색상을 확인할 수 있는 사진을 제출하여야 한다. 기출 09

경비업자가 경비원의 제복을 정한 때에는 그 형식 및 색상을 확인할 수 있는 사진을 첨부하여 주된 사무소를 관할하는 시 · 도 경찰청장에게 행정안전부령으로 정하는 바에 따라 신고하여야 한다(경비업법 제16조 제1항).

답 ×

☐ 청원경찰은 통일된 제복을 착용하되 필요시 시 · 도 경찰청장의 승인을 얻어 특수복장을 착용할 수 있다. 기출수정 07

청원경찰이 그 배치지의 특수성 등으로 특수복장을 착용할 필요가 있을 때에는 청원주는 시 · 도 경찰청장의 승인을 받아 특수복장을 착용하게 할 수 있다(청원경찰법 시행령 제14조 제3항).

답 ○

☐ 대통령경호공무원은 제복을 지급받을 수 없다. 기출 07

처장은 필요하다고 인정하는 경우 직원(특정직 경호공무원, 일반직 국가공무원, 별정직 국가공무원)에게 제복을 지급할 수 있다(대통령 등의 경호에 관한 법률 제6조 제1항, 동법 시행령 제34조 제1항).

답 ×

2 경호장비

☐ 「대통령 등의 경호에 관한 법률」에서 호신장비와 관련하여 무기에 대한 규정을 두고 있다. 기출 22

대통령 등의 경호에 관한 법률 제19조(무기의 휴대 및 사용) 답 ○

☐ 대통령경호처장은 직무를 수행하기 위하여 필요하다고 인정할 때에는 소속 공무원에게 무기를 휴대하게 할 수 있다. 기출 23・20

대통령 등의 경호에 관한 법률 제19조 제1항 답 ○

☐ 다음은 대통령 등의 경호에 관한 법률상 무기의 휴대 및 사용에 관한 설명이다. (   ) 안에 들어갈 내용은 순서대로 경호처장, 소속 공무원이다. 기출 12

> (   )은 직무를 수행하기 위하여 필요하다고 인정할 때에는 (   )에게 무기를 휴대하게 할 수 있다.

대통령 등의 경호에 관한 법률 제19조 제1항 답 ○

☐ 경호처장이나 차장은 직무를 수행하기 위하여 필요하다고 인정할 때에는 소속 공무원에게 무기를 휴대시킬 수 있다. 기출 08

처장은 직무를 수행하기 위하여 필요하다고 인정할 때에는 소속 공무원에게 무기를 휴대하게 할 수 있다(대통령 등의 경호에 관한 법률 제19조 제1항). 답 ×

☐ 경호공무원이 형법상 정당행위를 해당하여 무기를 사용할 때에는 사람에게 위해를 끼쳐서는 안 된다. 기출 11

대통령 등의 경호에 관한 법률 제19조 제2항 제1호는 경호공무원이 무기를 사용하여 위해를 끼칠 수 있는 형법상 위법성조각사유로 정당방위와 긴급피난만을 규정하고 있다. 따라서 정당행위(피해자 승낙, 자구행위 포함)는 무기를 사용하여 위해를 끼칠 수 있는 경우에 해당하지 않는다. 답 ○

☐ 형법에 규정된 정당방위와 긴급피난에 해당하는 때에는 경호공무원은 경우에 따라서 무기를 사용하여 위해를 끼칠 수 있다. 기출수정 08

경호공무원은 그 직무를 수행할 때 필요하다고 인정하는 상당한 이유가 있을 경우 그 사태에 대응하여 부득이하다고 판단되는 한도 내에서 무기를 사용할 수 있으며, 형법에 규정된 정당방위와 긴급피난에 해당할 때에는 위해를 끼칠 수 있다(대통령 등의 경호에 관한 법률 제19조 제2항 단서 제1호 반대해석). 답 ○

□ 무기를 휴대하는 사람(경호공무원)은 그 직무를 수행함에 있어서 필요하다고 인정하는 상당한 이유가 있을 경우 그 사태에 응하여 부득이하다고 판단되는 한도 내에서 무기를 사용할 수 있다. 기출 08

대통령 등의 경호에 관한 법률 제19조 제2항 본문

답 ○

□ 경호대상에 대한 경호업무 수행 중 인지한 그 소관에 속하는 범죄로 사형・무기 또는 장기 3년 이상의 징역 또는 금고에 해당하는 죄를 범하거나 범하였다고 의심할 만한 충분한 이유가 있는 사람이 소속 공무원의 직무집행에 대하여 항거하거나 도피하려고 할 때에는 경우에 따라서 무기를 사용하여 위해를 끼칠 수 있다. 기출수정 08

대통령 등의 경호에 관한 법률 제19조 제2항 단서 제2호 반대해석

답 ○

무기의 휴대 및 사용(대통령 등의 경호에 관한 법률 제19조)

① 처장은 직무를 수행하기 위하여 필요하다고 인정할 때에는 소속 공무원에게 무기를 휴대하게 할 수 있다.

② 제1항에 따라 무기를 휴대하는 사람은 그 직무를 수행할 때 필요하다고 인정하는 상당한 이유가 있을 경우 그 사태에 대응하여 부득이하다고 판단되는 한도 내에서 무기를 사용할 수 있다. 다만, 다음 각호의 어느 하나에 해당할 때를 제외하고는 사람에게 위해를 끼쳐서는 아니 된다.

1. 「형법」 제21조 및 제22조에 따른 정당방위와 긴급피난에 해당할 때
2. 제4조 제1항 각호의 경호대상에 대한 경호업무 수행 중 인지한 그 소관에 속하는 범죄로 사형, 무기 또는 장기 3년 이상의 징역 또는 금고에 해당하는 죄를 범하거나 범하였다고 의심할 만한 충분한 이유가 있는 사람이 소속 공무원의 직무집행에 대하여 항거하거나 도피하려고 할 때 또는 제3자가 그를 도피시키려고 소속 공무원에게 항거할 때에 이를 방지하거나 체포하기 위하여 무기를 사용하지 아니하고는 다른 수단이 없다고 인정되는 상당한 이유가 있을 때
3. 야간이나 집단을 이루거나 흉기나 그 밖의 위험한 물건을 휴대하여 경호업무를 방해하기 위하여 소속 공무원에게 항거할 경우에 이를 방지하거나 체포하기 위하여 무기를 사용하지 아니하고는 다른 수단이 없다고 인정되는 상당한 이유가 있을 때

□ 경비업법상 경비원이 휴대할 수 있는 장비의 종류는 경적・단봉・분사기 등으로, 근무 중에만 이를 휴대할 수 있다. 기출 20

경비업법 제16조의2 제1항

답 ○

☐ 입국하는 국빈, 장관급 이상의 관료 등에 대한 경호를 목적으로 총포를 소지하고 입국하려는 사람이 총포의 일시 반출입 및 일시 소지 허가를 신청할 경우 다음 중 경찰청장에게 신고하여야 할 내용이 아닌 것은 'ㄹ'이다. 기출 21

ㄱ. 입국자의 국적 및 여권번호
ㄴ. 입국이나 출국의 일시, 이용 항공 등 교통편명
ㄷ. 총포의 종류, 제품명, 일련번호
ㄹ. 총포의 이력추적관리 내역

총포의 이력추적관리 내역은 위와 같은 경우 경찰청장에게 신고하여야 할 내용에 해당하지 않는다(총포·도검·화약류 등의 안전관리에 관한 법률 시행령 제14조의3 제1항 참고). 답 ○

경호 목적 총포의 일시 반출입 등(총포·도검·화약류 등의 안전관리에 관한 법률 시행령 제14조의3)

① 법 제14조 제3항에 따라 국내에 입국하는 국빈, 장관급 이상의 관료 및 이에 준하는 외국요인(要人)·외교관 등에 대한 경호를 목적으로 총포를 소지하고 입국하려는 사람은 다음 각호의 사항을 기재하여 미리 경찰청장에게 총포의 일시 반출입 및 일시 소지 허가를 신청하여야 한다.
1. 입국자의 성명, 생년월일, 국적 및 여권번호
2. 총포의 종류, 제품명, 일련번호, 수량 및 실탄 수량
3. 입국이나 출국의 일시, 이용 항공 등 교통편명, 출발지 및 도착지

② 경찰청장은 법 제14조 제3항에 따른 경호용 총포 반출입 및 일시 소지 허가를 하기 전에 대통령경호처장과 미리 협의하여야 한다.

③ 제1항에 따라 총포의 일시 반출입 및 일시 소지 허가를 받은 사람은 국내에 입국하거나 출국하는 경우 해당 총기의 반출입 사항을 경찰청장에게 통보하여야 한다.

☐ 무기를 대여받은 시설주 또는 관리책임자는 특수경비원에게 무기를 출납하고자 하는 때에는 탄약의 출납은 소총은 1정당 7발 이내, 권총은 1정당 15발 이내로 한다. 기출 19

무기를 대여받은 시설주 또는 관리책임자는 특수경비원에게 무기를 출납하고자 하는 때에는 탄약의 출납은 소총에 있어서는 1정당 15발 이내, 권총에 있어서는 1정당 7발 이내로 하되, 생산된 후 오래된 탄약을 우선적으로 출납하여야 한다(경비업법 시행규칙 제18조 제3항 제2호). 답 ×

☐ 무기를 대여받은 시설주 또는 관리책임자는 무기 관리실태를 매월 파악하여 다음 달 3일까지 관할 경찰관서장에게 통보하여야 한다. 기출 19

경비업법 시행규칙 제18조 제1항 제5호 답 ○

☐ 무기를 대여받은 시설주 또는 관리책임자는 무기고 및 탄약고는 단층으로 설치하고 환기, 방습, 방화 등의 시설을 한다. 기출 19

무기를 대여받은 시설주 또는 관리책임자는 무기고 및 탄약고는 단층에 설치하고 환기·방습·방화 및 총받침대 등의 시설을 해야 한다(경비업법 시행규칙 제18조 제1항 제2호). 답 ○

☐ 무기를 대여받은 시설주 또는 관리책임자는 무기를 지급받은 특수경비원으로 하여금 매주 1회 이상 손질하게 하여야 한다. 기출 19

경비업법 시행규칙 제18조 제3항 제3호 답 ○

☐ 다음 중 민간경비원별 휴대 가능한 무기(장비)의 연결이 옳지 않은 것은 'ㄱ'이다. 기출 19

ㄱ. 호송경비원 – 권총, 경적, 단봉, 분사기
ㄴ. 특수경비원 – 권총, 소총, 경적, 단봉, 분사기
ㄷ. 기계경비원 – 경적, 단봉, 출동차량, 분사기
ㄹ. 시설경비원 – 경적, 단봉, 분사기

호송경비원은 권총을 휴대할 수 없다. 반면, 경비업법 시행령 제20조 제5항에 의하면 특수경비원이 휴대할 수 있는 무기종류는 권총 및 소총이다. 답 ○

☐ 관할 경찰관서장은 시설주 및 특수경비원의 무기관리상황을 매월 1회 이상 점검해야 한다. 기출수정 07

경비업법 시행령 제21조 답 ○

☐ 시설주는 특수경비원에게 무기휴대를 하게 하는 경우 관할 경찰관서장의 사전승인을 얻어야 한다. 기출수정 07

경비업법 시행령 제20조 제2항 답 ○

☐ 특수경비원이 휴대할 수 있는 무기종류는 권총 및 소총이다. 기출 07

경비업법 시행령 제20조 제5항 답 ○

☐ 어떠한 경우라도 14세 미만의 자나 임산부에 대해서는 무기를 사용할 수 없다. 기출 07

특수경비원은 총기 또는 폭발물을 가지고 대항하는 경우를 제외하고는 14세 미만의 자 또는 임산부에 대하여는 권총 또는 소총을 발사하여서는 아니 된다(경비업법 제15조 제4항 제3호). 답 ×

☐ 다음 중 경호업무 수행 시 경비원이 휴대 가능한 무기, 장비 등으로 적절하지 않은 것은 'ㄹ'이다. 기출수정 07

ㄱ. 특수경비원 – 권총, 소총, 경적, 단봉, 분사기
ㄴ. 일반경비원 – 경적, 단봉, 분사기
ㄷ. 기계경비원 – 경적, 단봉, 출동차량, 분사기
ㄹ. 호송경비원 – 현금호송백, 권총, 경적, 단봉, 분사기

권총은 호송경비원이 휴대 가능한 무기에 해당하지 않는다. 참고로 권총 및 소총을 휴대할 수 있는 민간경비(사경비)는 특수경비원, 청원경찰이다. 답 ○

경비업의 시설 등의 기준(경비업법 시행령 [별표 1]) 〈개정 2023.5.15.〉

시설 등 기준 / 업무별	경비인력	자본금	시 설	장비 등
1. 시설경비 업무	• 일반경비원 10명 이상 • 경비지도사 1명 이상	1억원 이상	기준 경비인력 수 이상을 동시에 교육할 수 있는 교육장	기준 경비인력 수 이상의 경비원 복장 및 경적, 단봉, 분사기
2. 호송경비 업무	• 무술유단자인 일반경비원 5명 이상 • 경비지도사 1명 이상	1억원 이상	기준 경비인력 수 이상을 동시에 교육할 수 있는 교육장	• 호송용 차량 1대 이상 • 현금호송백 1개 이상 • 기준 경비인력 수 이상의 경비원 복장 및 경적, 단봉, 분사기
3. 신변보호 업무	• 무술유단자인 일반경비원 5명 이상 • 경비지도사 1명 이상	1억원 이상	기준 경비인력 수 이상을 동시에 교육할 수 있는 교육장	• 기준 경비인력 수 이상의 무전기 등 통신장비 • 기준 경비인력 수 이상의 경적, 단봉, 분사기

4. 기계경비 업무	• 전자·통신 분야 기술자격증소지자 5명을 포함한 일반경비원 10명 이상 • 경비지도사 1명 이상	1억원 이상	• 기준 경비인력 수 이상을 동시에 교육할 수 있는 교육장 • 관제시설	• 감지장치·송신장치 및 수신장치 • 출장소별로 출동차량 2대 이상 • 기준 경비인력 수 이상의 경비원 복장 및 경적, 단봉, 분사기
5. 특수경비 업무	• 특수경비원 20명 이상 • 경비지도사 1명 이상	3억원 이상	기준 경비인력 수 이상을 동시에 교육할 수 있는 교육장	기준 경비인력 수 이상의 경비원 복장 및 경적, 단봉, 분사기

☐ 다음 중 경호 관련 장비의 휴대 및 사용에 관한 사항을 규정한 법률의 연결로 옳은 것은 'ㄷ'이다. 기출 14

ㄱ. 신변보호업무를 수행하는 경비원의 분사기 – 위험물안전관리법
ㄴ. 청원경찰의 권총 – 경찰관직무집행법
ㄷ. 특수경비원의 소총 – 경비업법
ㄹ. 경찰관의 권총 – 총포·도검·화약류 등의 안전관리에 관한 법률

ㄱ은 경비업법, ㄴ은 청원경찰법, ㄹ은 경찰관직무집행법과 연결된다. 답 ○

☐ 다음 중 무기에 관련된 법규의 설명으로 바르게 된 것은 'ㄴ'이다. 기출 07

ㄱ. 청원경찰 – 소총 1정당 20발 이내, 권총 1정당 7발 이내
ㄴ. 특수경비원 – 소총 1정당 15발 이내, 권총 1정당 7발 이내
ㄷ. 경찰 – 무기종류는 권총, 소총으로 제한
ㄹ. 대통령경호공무원 – 무기종류는 권총, 소총으로 제한

청원경찰의 경우 소총 1정당 15발 이내의 탄알이 출납되며, 경찰과 대통령경호공무원의 경우 휴대 및 사용할 수 있는 무기의 종류는 권총, 소총으로 제한되지 않는다. 답 ○

☐ 청원경찰, 호송경비원, 경호공무원, 특수경비원 중 업무수행 중 총기를 휴대할 수 없는 자는 호송경비원이다. 기출 13

호송경비원은 일반경비원으로 업무수행 중 총기휴대가 불가능하다. 반면 청원경찰은 청원경찰법 제8조, 경호공무원은 대통령 등의 경호에 관한 법률 제19조, 특수경비원은 경비업법 제14조에 근거하여 업무수행 중 총기를 휴대할 수 있다. 답 ○

☐ 우리나라 경비원은 특수경비원을 제외하고는 호신용 총이나 칼을 소지할 수 없다. 기출 09

경비업법령상 경비원은 특수경비원을 제외하고는 권총 및 소총을 소지할 수 없다(경비업법 시행령 제20조 제5항 참조). 그리고 호신용 칼의 소지 여부에 대해서는 명시적으로 규정하고 있지 않으나 동법 시행규칙 제20조 제1항의 '그 밖에 경비업무 수행에 필요한 것으로서 공격적인 용도로 제작되지 아니하는 장비를 휴대할 수 있으며'라는 부분의 해석상 '칼'의 경우에도 호신용으로 제작된 경우에는 소지할 수 있다는 해석이 가능하나, 확정 답안은 호신용 칼의 경우에도 특수경비원을 제외하고는 소지할 수 없다고 보았다.

답 ○

☐ 청원경찰이 경봉이나 가스분사기, 가스봉 이외의 곤봉 등을 휴대하는 것은 위법으로 허용되지 않는다. 기출 09

청원경찰이 경봉이나 분사기, 가스봉 이외의 야구방망이나 곤봉 등을 휴대하는 것은 위법으로 허용되지 않는다. 〈출처〉 警察考試編輯部, 「請願警察敎本」, 政文出版社, 1992, P. 51

답 ○

☐ 경비업자가 경비원으로 하여금 분사기를 휴대하여 직무를 수행하게 하는 경우에는 총포・도검・화약류 등 단속법에 의하여 미리 분사기의 소지허가를 받아야 한다. 기출 09・07

경비업법 제16조의2 제2항. 참고로 2015년 1월 6일 개정된 「총포・도검・화약류 등의 안전관리에 관한 법률」 부칙 제6조(이 법 시행 당시 다른 법률에서 종전의 「총포・도검・화약류 등 단속법」 또는 그 규정을 인용한 경우 이 법 또는 이 법의 해당 규정을 각각 인용한 것으로 본다)에 근거하여 비록 경비업법 제16조의2 제2항에 「총포・도검・화약류 등 단속법」이 규정되어 있더라도 이를 총포・도검・화약류 등의 안전관리에 관한 법률로 보아야 한다.

답 ○

☐ 가스총이나 가스봉은 총기에 준하지 않으므로 생산, 소지, 관리에 있어서 총기보다는 안전관리의 정도가 약하다. 기출 09

가스총이나 가스봉은 무기는 아니나 범인 등이 소지하게 되면 사회안전상 중대한 위해발생의 우려가 있으므로, 생산・소지・관리 등에서 총기에 준하여 안전하게 취급토록 해야 한다.

〈출처〉 김두현, 「경호학개론」, 엑스퍼트, 2020, P. 450

답 ×

☐ 특수경비원은 업무특성상 가스분사기, 전기충격기 사용 시 총포・도검・화약류 등 단속법상의 허가를 득할 필요가 없다. 기출 08

특수경비원이 업무특성상 가스분사기, 전기충격기를 사용할 경우에는 총포・도검・화약류 등 단속법(총포・도검・화약류 등의 안전관리에 관한 법률)상의 허가를 받아야 한다(경비업법 제16조의2 제2항, 총포・도검・화약류 등의 안전관리에 관한 법률 제10조).

답 ×

☐ 다음 중 경찰기관의 장이 무기를 휴대한 자 중에서 즉시 대여한 무기·탄약을 회수하여야 하는 자는 'ㄱ'이다. 기출수정 10

> ㄱ. 사의를 표명한 자
> ㄴ. 주벽이 심한 자
> ㄷ. 변태성벽이 있는 자
> ㄹ. 평소에 불평이 심하고 염세비관하는 자

경찰장비관리규칙 제120조 제1항 제2호 답 ○

무기·탄약의 회수 및 보관(경찰장비관리규칙 제120조)

① 경찰기관의 장은 무기를 휴대한 자 중에서 다음 각호에 해당하는 자가 발생한 때에는 즉시 대여한 무기·탄약을 회수해야 한다. 다만, 대상자가 이의신청을 하거나 소속 부서장이 무기 소지 적격 여부에 대해 심의를 요청하는 경우에는 무기 소지 적격 심의위원회(이하 '심의위원회'라 한다)의 심의를 거쳐 대여한 무기·탄약의 회수여부를 결정한다.
1. 직무상의 비위 등으로 인하여 중징계 의결 요구된 자
2. 사의를 표명한 자

☐ 경비업법령상 무기를 지급받은 특수경비원은 매주 1회 이상 무기를 손질해야 한다. 기출 09

경비업법 시행규칙 제18조 제3항 제3호 해석상 답 ○

☐ 경비업법령상 무기 즉시회수 대상에는 형사사건으로 인하여 조사를 받고 있는 사람, 사직의사를 표명한 사람, 정신질환자 등이 있다. 기출수정 09

경비업법 시행규칙 제18조 제5항 답 ○

☐ 경비업법령상 탄약의 출납은 소총 1정당 15발 이내, 권총 1정당 7발 이내로 하되, 오래된 탄약을 우선 출납한다. 기출 09

경비업법 시행규칙 제18조 제3항 제2호 답 ○

☐ 경비업법령상 대여받은 무기를 빼앗기거나 대여받은 무기가 분실·도난 또는 훼손된 때에는 시·도 경찰청장이 정하는 바에 의하여 그 전액을 배상해야 한다. 기출수정 09

대여받은 무기를 빼앗기거나 대여받은 무기가 분실·도난 또는 훼손된 때에는 경찰청장이 정하는 바에 의하여 그 전액을 배상할 것. 다만, 전시·사변, 천재·지변 그 밖의 불가항력의 사유가 있다고 시·도 경찰청장이 인정한 때에는 그러하지 아니하다(경비업법 시행규칙 제18조 제1항 제7호). 답 ×

02 경호장비의 유형별 관리

1 호신장비

□ 호신장비는 자신의 생명과 신체가 위험한 상태에 놓였을 때 스스로 보호하는 데 사용하는 도구이다. 기출 21·20

호신장비는 자신의 생명이나 신체가 위험상태에 놓였을 때 스스로를 보호하는 데 사용하는 장비로서, 총기, 경봉, 가스분사기, 전자충격기 등이 이에 해당한다. 답 ○

□ 경호업무에 있어서 인력부족으로 인한 경호취약점을 보완하는 수단으로써 침입행위를 사전에 알아내는 역할을 하는 장비를 호신장비라고 한다. 기출 08

경호업무에 있어서 인력부족으로 인한 경호 취약점을 보완하는 수단으로써 위해기도자의 침입이나 범죄행위를 사전에 감시하기 위한 장비(전자파, 초음파, 적외선 등을 이용한 기계장비)는 감시장비이다. 답 ×

□ 총기, 가스분사기는 호신장비에 해당한다. 기출 18

호신장비는 자신의 생명이나 신체가 위험상태에 놓였을 때 스스로를 보호하는 데 사용하는 장비로서, 총기, 가스분사기는 호신장비에 해당한다. 답 ○

□ 경비원이 사용하는 단봉, 분사기는 호신장비에 포함된다. 기출 22

일반적으로 호신장비는 자신의 생명·신체가 위험상태에 놓였을 때 스스로를 보호하는 데 사용하는 장비를 말하므로, 경비원이 사용하는 단봉, 분사기는 호신장비에 포함된다. 답 ○

□ 호신장비에는 단봉, 분사기, 쌍안경 등이 있다. 기출 14

쌍안경은 호신장비가 아닌 감시장비에 해당된다. 답 ×

□ 전자충격기, 가스분사기, 금속탐지기, 경봉 중 경호대상자를 보호하는 데 필요한 호신장비가 아닌 것은 금속탐지기이다. 기출 13

호신장비는 경호대상자 및 경호원 자신의 생명과 신체가 위험에 처했을 때 사용하는 장비로서, 총기, 경봉, 가스분사기, 전자충격기 등이 이에 해당한다. 금속탐지기는 검측장비에 해당한다. 답 ○

☐ 휴대용 가스분사기(SS2형) 사용상 유효사거리는 2~3m이다. 기출 05

휴대용 가스분사기의 유효사거리는 2~3m이다.

답 ○

☐ 휴대용 가스분사기(SS2형)는 공권력 행사나 정당방위, 화재 초기진화 등에만 사용할 수 있다. 기출 05

휴대용 가스분사기는 총기에 준하여 관리하여야 하고, 공권력 행사나 정당방위, 화재 초기진화 등에만 사용할 수 있으며, 자구행위·개인감정·시비 등의 목적에는 사용할 수 없다.

답 ○

☐ 취급자는 휴대용 가스분사기(SS2형)에 대한 안전수칙, 취급요령 등에 대한 지식을 습득하여야 한다. 기출 05

휴대용 가스분사기 취급자는 분사기에 대한 제원, 취급요령, 안전수칙 등에 대한 지식을 철저히 습득하여야 한다.

답 ○

☐ 휴대용 가스분사기 구입 시에는 분사기 구입신청서를 복사하여 관할 시·군·구에 신고하여야 한다. 기출 05

휴대용 가스분사기 구입 시에는 분사기 구입신청서를 복사하여 관할 지구대·파출소에 신고해야 한다.

〈출처〉 南承吉, 前揭書, P. 83~84(김두현, 「경호학개론」, 엑스퍼트, 2020. P. 450에서 재인용)

답 ×

2 방호장비

☐ 경호현장에서 설치되는 바리케이드나 차량 스파이크 트랩은 인적 방호장비이다. 기출 22

경호현장에서 설치되는 바리케이드나 차량 스파이크 트랩은 인적 방호장비가 아닌 물적, 즉 차량용 방호장비라 평가할 수 있다. 구체적으로는 물리적 방벽 중 시설방벽으로 분류할 수 있다.

답 ×

☐ 방호장비는 경호대상자가 사용하는 시설물을 보호하기 위한 장치를 말한다. 기출 21

방호장비는 경호대상자나 경호대상자가 사용하는 시설물을 보호하기 위한 장치를 말한다.

답 ○

☐ 방폭담요, 방폭가방은 방호장비에 해당한다. 기출 18

방폭담요, 방폭가방은 폭발물로부터 경호대상자를 보호하거나 폭발물 파편의 비산을 방지하여 폭발로 인한 피해를 감소시키고, 다중 이용시설 등에서 폭발물 여부가 의심스러운 물체를 덮거나 둘러놓아 폭발물처리팀이 도착할 때까지 안전을 확보하는 데 효과적인 방호장비이다.

〈출처〉 이두석, 「경호학개론」, 진영사, 2018, P. 240

답 ○

☐ 방호장비란 경호원이 자신의 생명・신체가 위험상태에 놓였을 때 스스로를 보호하는 장비로 가스분사기, 전자충격기 등이 있다. 기출 17

호신장비에 관한 설명이다. 방호장비란 적의 침입 예상경로를 차단하기 위하여 방벽을 설치・이용하는 것으로 경호방법 중 최후의 예방경호 방법이라 할 수 있다. 방호장비는 크게 자연적 방벽과 물리적 방벽으로 나뉜다.

답 ×

☐ 경호원이 자신의 생명・신체가 위험상태에 놓였을 때 스스로를 보호하는 장비를 방호장비라고 한다. 기출 08

호신장비에 관한 설명이다.

답 ×

3 기동장비

☐ 기동장비는 경호대상자의 경호를 위하여 사용하는 기동수단을 말한다. 기출 21

기동장비는 경호대상자의 경호를 위하여 운용하는 차량・항공기・선박・열차 등의 이동수단을 말한다.

답 ○

☐ 차량, 항공기, 선박은 기동장비에 해당한다. 기출 18・14

차량, 항공기, 선박은 경호대상자의 경호를 위하여 운용하는 기동장비에 해당한다.

답 ○

☐ 기동장비란 도보, 차량, 항공기, 선박 등을 말한다. 기출 12

기동장비란 경호대상자의 경호를 위하여 운용하는 차량・항공기・선박・열차 등의 이동수단을 말하므로 도보는 기동장비라고 할 수 없다.

답 ×

4 검색장비

☐ 하부검색경으로 행사장 이동차량의 안전상태를 확인한다. 기출 23

하부검색경은 검측장비를 세분하는 경우 탐지장비에 해당하며, 반사경을 이용하여 사각지역이나 차량 하부 등의 이상 유무를 확인하는 장비이다.

답 ○

☐ 경호대상자에게 보내온 발신불명의 우편물을 X-RAY를 통해 안전하게 관리한다. 기출 23

발신불명의 우편물을 X-RAY를 통해 안전하게 관리하는 것은 위해물질의 존재 여부를 검사하는 검측(검색)장비에 관한 설명이다.

답 ○

☐ 사람이 직접 확인할 수 없는 공간의 확인, 유해물질 존재 여부 등은 방호장비로 점검한다. 기출 23

사람이 직접 확인할 수 없는 공간의 확인, 유해물질 존재 여부 등은 검측장비로 점검한다.

답 ×

☐ X-ray 검색기, 전자충격기, 금속탐지기, 폭발물 탐지기 중 검측장비에 해당하지 않는 것은 전자충격기이다. 기출 21

전자충격기는 자신의 생명이나 신체가 위험상태에 놓였을 때 스스로를 보호하는 데 사용하는 호신장비에 해당한다.

답 ○

☐ 검측장비는 위해기도자의 침입이나 범죄행위를 감시하고, 거동수상자의 동태를 추적하는 장비를 말한다. 기출 21

경호장비 중 감시장비에 관한 설명이다.

답 ×

☐ 검측장비는 가스분사기, 전기방벽, 금속탐지기, CCTV 등이다. 기출 20

금속탐지기만 검측장비에 해당한다. 가스분사기는 호신장비, 전기방벽은 방호장비, CCTV는 감시장비이다.

답 ×

□ 다음에서 설명하는 경호장비는 검측장비이다. 기출 22

- 유해물질 존재 여부의 검사
- 시설물의 안전점검
- 사람이 직접 확인할 수 없는 밀폐공간의 확인

제시문이 설명하는 경호장비는 검측장비이다. 답 ○

□ 검측장비란 위해물질의 존재 여부를 검사하거나 시설물의 안전점검에 사용되는 도구를 말하며, 이에는 금속탐지기, 폭발물 탐지기 등이 있다. 기출 16

검측장비에 관한 설명으로 옳다. 답 ○

□ 검색장비의 운용 시 입장객을 통과시킬 때에는 개인 간 간격을 최소 1m 이내로 밀착시켜 빠른 걸음으로 통과시켜야 행사가 원만하게 진행될 수 있다. 기출 11

검색장비의 운용 시 입장객을 통과시킬 때에는 개인 간 간격이 최소 1.5m 정도 떨어져 보통걸음으로 통과하도록 한다. 답 ×

□ 금속탐지기를 2대 이상 운용 시 최소 10m 이상 간격을 확보해야 한다. 기출 05

금속탐지기를 2대 이상 운용할 때에는 최소 3m 이상의 간격을 확보해야 한다. 답 ×

□ 검색장비 설치 시 에어컨 등 전압변동이 심한 곳을 피하여 설치하여야 한다. 기출 05

검색장비는 에어컨이나 콘솔박스 등 전압의 변화가 심한 장소나 고압전류가 흐르는 주변은 피해서 설치해야 한다. 답 ○

□ 검색장비는 조립식 제품으로 무리한 힘을 가하거나 충격을 주지 않아야 한다. 기출 05

검색장비는 정밀한 전자장비이므로 취급 시 무리한 힘을 가하거나 충격을 주지 않도록 주의하여야 한다. 답 ○

□ 검색장비는 사용 전 반드시 전원을 확인하여야 한다. 기출 05

검색장비는 설치 후 사용 전 반드시 전원을 확인하고 콘솔 내부를 110V 또는 220V로 조정해야 한다. 답 ○

핵심만 콕 **검색장비의 운용방법**

- 검색장비의 운용 시 입장객을 통과시킬 때에는 개인 간 간격이 최소 1.5m 정도 떨어져 보통걸음으로 통과하도록 한다.
- 전자파, 초음파, 적외선 등의 광학을 이용한 기계장비는 인력부족으로 인한 경호 취약점을 보완하는 수단으로 활용된다.
- X-Ray 검색기는 경호행사장 입구에 설치하여 입장자의 휴대품 속에 숨겨져 있는 무기류를 확인하는 장비이다.
- 금속탐지기를 2대 이상 운용할 때에는 최소 3m 이상의 간격을 확보해야 한다.
- 무전기와 같은 통신장비는 탐지기로부터 3m 이상 거리를 유지하여야 한다.
- 에어컨이나 콘솔박스 등 전압의 변화가 심한 장소나 고압전류가 흐르는 주변은 피해야 한다.

〈출처〉 김계원, 「경호학」, 백산출판사, 2008, P. 337

☐ 검색장비란 위해도구나 위해물질을 찾아내는 데 사용하는 장비로 금속탐지기, X-Ray 수화물 검색기 등이 있다. 기출 17

검색장비란 위해요소(위해도구나 위해물질)를 사전에 찾아내는 데 사용하는 장비로서 금속탐지기, X-Ray 수화물 검색기, 차량하부 검색거울, 가스탐지기, 폭발물 탐지기 등이 있다. 답 ○

☐ 검색장비에는 금속탐지기, 가스탐지기 등이 있다. 기출 14 · 12

금속탐지기, 가스탐지기는 검색장비에 해당한다. 답 ○

☐ 경호위해요소에 대한 분석과 판단으로 적절한 조치를 강구하여 위해요소를 사전에 제거하는 데 활용되는 장비를 검색장비라고 한다. 기출 08

검색장비에 관한 설명이다. 답 ○

☐ 검색장비는 설치 시 무리한 힘을 가하거나 충격을 주어도 무방하며, 고압전류가 고르게 흐르는 곳에 설치를 해야 효과적이다. 기출 07

검색장비 설치 시에는 무리한 힘을 가하거나 충격을 주지 않아야 하며 고압전류가 흐르는 곳 및 전압변동이 심한 곳은 설치를 피해야 한다. 답 ×

☐ 금속탐지기는 통과 입장객이 최소 1.5m 거리의 개인 간격을 유지하도록 하여야 한다. 기출 07

금속탐지기는 입장객 통과 시 최소 1.5m 거리의 개인 간격을 유지하도록 하여야 한다. 답 ○

☐ 현행 법령상 금속탐지기, 물포(Water Cannon), 폭발물 분쇄기, X-RAY 촬영기 중 폭발물 처리장비가 아닌 것은 금속탐지기이다. 기출수정 19

명시적으로 폭발물 처리장비의 종류를 규정하고 있는 「공항에서의 폭발물 등에 관한 처리기준」 제8조 제1항에 의하면 금속탐지기는 폭발물 탐지장비로, 폭발물 분쇄기는 폭발물 분쇄장비로, X-RAY 촬영기는 폭발물 확인장비로 각각 분류할 수 있다. 반면 물포(Water Cannon)에 대해서는 동 규정에서 규정하고 있지 않으나, 「경찰장비관리규칙」 제123조 제1항 제6호 가목에 의하면 물발사 분쇄기의 경우에는 특별한 경우를 제외하고는 폭발물처리 목적에만 사용하여야 한다고 규정하고 있어 물포(Water Cannon)가 물발사분쇄기와 동일한 의미라면 폭발물 분쇄장비로 볼 수 있다는 해석이 가능하다.

답 ×

☐ 주로 공항·항만, 중요 국가시설 등에서 사용되며, 문틀 형태로 출입자를 검색하는 탐지장비는 금속탐지기이다. 기출 10

문형 금속탐지기에 관한 설명이다.

답 ○

☐ 문형 금속탐지기(Metal Detector)는 짧은 시간 내 인원에 제한받지 않고 검색할 수 있다는 장점이 있다. 기출 04

문형 금속탐지기(MD)는 짧은 시간 내 많은 인원을 검색할 수 없다는 단점이 있다.

답 ×

☐ 문형 금속탐지기(Metal Detector)는 소형 총기류 소지자에 대한 탐지가 가능하다. 기출 04

문형 금속탐지기(MD)는 철금속 또는 비철금속으로 된 무기류를 비롯한 흉기 및 물체의 탐지가 가능하다.

답 ○

☐ 문형 금속탐지기(Metal Detector)는 금속류 소지자 파악이 가능하며, 검색강도에 따라 탐지 가능 정도가 다르다. 기출 04

문형 금속탐지기(MD)의 특성이다.

답 ○

☐ 문형 금속탐지기(Metal Detector)는 C4를 비롯한 일부 폭발물에 대한 탐지가 어려운 것이 단점이다. 기출 04

문형 금속탐지기(MD)는 C4(군용 플라스틱 폭탄), TNT, 다이너마이트, 황동, 텅스텐 등은 탐지가 되지 않음에 유의하여야 한다.

답 ○

핵심만 콕 **문형 금속탐지기의 특징**

- 금속의 종류나 크기의 선별능력이 우수하며 감도조절이 가능하여 원하는 검색 수치로 맞출 수 있다.
- 철금속 또는 비철금속으로 된 무기류를 비롯한 흉기 및 물체를 탐지한다.
- 공항, 공공관서, 주요기관 등 보안의 목적이나 생산현장에서 물품의 도난을 방지하기 위한 목적으로 사용이 가능하다.
- 전자 펄스신호를 이용한 마이크로프로세서가 탑재되어 성능이 매우 우수하다. 특히 고장 시 수리가 편리하다.
- 통과되는 금속의 크기를 알려 주는 Bar-graph가 장착되어 어느 정도 크기의 금속물체가 통과되는지 확인할 수 있다.
- 장비의 정상동작 여부를 나타내는 적외선 센서가 부착되었으며, 주 PCB에 자기진단장치가 내장되어 있다.
- 비밀번호 또는 키로써 운용자 외에 타인에 의한 장비의 조작을 방지할 수 있다.
- 일부 폭약물(C4, TNT, 다이너마이트 등)에 대한 탐지가 어렵고, 짧은 시간 내 많은 인원을 검색할 수 없다는 단점이 있다.

☐ 서치탭(Search Tap), 청진기, 검색경, 물포(Water Cannon)는 검측장비 중 탐지장비에 속한다. 기출 17

물포(Water Cannon)를 검측장비 중 처리장비로 보는 견해가 있으나, 탐지장비로 분류하지는 않는다.

답 ×

핵심만 콕 **검측장비의 세분**

검측장비의 구분	내 용
탐지장비	금속탐지기(문형, 봉형, 휴대용), X-RAY(X-RAY 검색기, 전신 검색기), 폭약탐지기, 액체폭발물 탐지기, 방사능탐지기, 독가스탐지기, 독극물탐지기, 청진기, 화이버스코프, 서치탭, 검색경, 폭발물탐지견, 소방점검장비 등
처리장비	폭발물처리키트, 물포(Water Cannon), X-RAY 촬영기 등
검측공구	탐침, 손전등, 거울, 개방공구, 다용도칼 등

〈출처〉 이두석, 「경호학개론」, 진영사, 2018, P. 241~243

5 감시장비

☐ 경호업무에서 사용되는 드론은 감시장비에 포함된다. 기출 22

감시장비는 경호임무에 있어 인력부족으로 인한 경호 취약점을 보완하는 수단으로 위해기도자의 침입이나 범죄행위를 사전에 감시하기 위한 장비를 말하며, 감시장비에는 드론, CCTV 등이 포함된다.

답 ○

☐ 금속탐지기, X-Ray 수화물 검색기는 감시장비에 해당한다. 기출 18

금속탐지기, X-Ray 수화물 검색기는 검측장비이다.

답 ×

☐ 감시장비란 경호 취약점을 보완하는 수단으로 침입 또는 범죄행위를 사전에 알아내는 역할을 하는 장비로 쌍안경, 열선감지기 등이 있다. 기출 17

감시장비란 위해기도자의 침입이나 범죄행위를 사전에 감시하기 위한 장비(전자파, 초음파, 적외선 등을 이용한 기계장비)를 말한다. 인력부족으로 인한 경호 취약점을 보완하는 수단으로서 감시장비에는 CCTV, 열선감지기, 쌍안경, 망원경 등이 있다.

답 ○

☐ 감시장비에는 CCTV, 쌍안경, 망원경 등이 있다. 기출 12

CCTV, 쌍안경, 망원경은 열선감지기 등과 더불어 대표적인 감시장비에 해당한다.

답 ○

☐ 방벽을 설치하여 침입하려는 적의 심리상태를 불안・좌절시키는 효과를 가진 장비를 감시장비라고 한다. 기출 08

방호장비에 관한 설명이다.

답 ×

6 통신장비

☐ 통신장비란 경호임무 수행에 있어 필요한 보고 또는 연락을 위한 장비로 차량용무전기, 휴대용무전기 등이 있다. 기출 17

통신장비는 경호업무를 수행하는 데 필요한 보고 또는 연락을 위한 무선 또는 유선장비로서 차량용무전기, 휴대용무전기는 무선통신장비에 해당한다. 답 ○

☐ 통신장비에서 경호통신은 신뢰성, 정확성, 안전성이 고려되어야 한다. 기출 12

경호통신은 신뢰성, 신속성, 정확성, 안전성이 고려되어야 한다. 답 ○

핵심만 콕 **경호장비의 기능에 따른 분류**

구분	내용
호신장비	일반적으로 자신의 생명이나 신체가 위험상태에 놓였을 때 스스로를 보호하는 데 사용하는 장비를 말한다. 여기에는 총기, 경봉, 가스분사기, 전자충격기 등이 있다.
방호장비	경호대상자나 경호대상자가 사용하는 시설물을 보호하기 위한 장치를 말한다. 적의 침입 예상경로를 차단하기 위하여 방벽을 설치·이용하는 것으로 경호방법 중 최후의 예방경호방법이라 할 수 있다. 방호장비는 크게 자연적 방벽과 물리적 방벽으로 나뉜다(단순히 방폭담요, 방폭가방 등을 방호장비로 분류하는 견해도 있다).
기동장비	경호대상자의 경호를 위하여 운용하는 차량·항공기·선박·열차 등의 이동수단을 말한다.
검색·검측장비	검색장비는 위해도구나 위해물질을 찾아내는 데 사용하는 장비를 말하고, 검측장비는 위해물질의 존재 여부를 검사하거나 시설물의 안전점검에 사용하는 도구를 말한다. 일반적으로 검측장비로 통칭하며, 검측장비는 탐지장비, 처리장비, 검측공구로 구분하여 사용한다.
감시장비	위해기도자의 침입이나 범죄행위를 사전에 감시하기 위한 장비(전자파, 초음파, 적외선 등을 이용한 기계장비)를 말한다. 경호임무에 있어 인력부족으로 인한 경호 취약점을 보완하는 수단으로, 감시장비에는 드론, CCTV, 열선감지기, 쌍안경, 망원경, 포대경(M65), TOD(영상감시장비) 등이 있다.
통신장비	경호업무를 수행하는 데 필요한 보고 또는 연락을 위한 통신장비(유선·무선)를 말한다. 경호통신은 신뢰성, 신속성, 정확성, 안전성이 고려되어야 한다. 유선통신장비에는 전화기, 교환기, FAX망, 컴퓨터통신, CCTV 등의 장비가 있으며, 무선통신장비에는 휴대용 무전기(FM-1), 페이징, 차량용 무전기(MR-40V, KSM-2510A, FM-5), 무선전화기, 인공위성 등이 있다.

☐ 무전기와 같은 통신장비 등은 탐지기로부터 최소한 1m 이상 거리를 유지해야 한다. 기출 07

무전기와 같은 통신장비 등은 탐지기로부터 최소한 3m 이상 거리를 유지해야 한다. 답 ×

7 경호화기

☐ 총기는 권위를 표출하는 수단으로 범죄예방차원에서 잘 보이게 휴대한다. 기출 04

총기는 보이지 않게 휴대하여야 하며, 사용하지 않을 때는 절대로 노출되어서는 안 된다. 답 ×

8 경찰장비관리규칙상 장비 규정

CHAPTER

05 경호의전과 구급법

01 경호원의 자격과 윤리

1 경호원의 개념과 정의

2 경호원의 자격과 윤리

☐ 경호원은 자율적 규제보다 타율적 규제가 우선시되어야 한다. 기출 22

직업윤리 측면에서 경호원은 법률 등에 의한 타율적 규제보다 자율적 규제가 보다 활성화되어야 한다.

답 ×

☐ 경호원 간 상하 지휘체계 확립을 위하여 권위주의적, 상호보완적 동료의식을 강조한다. 기출 21

경호원 간 상하 지휘체계 확립을 위해서는 책임과 업무의 분담, 명령과 복종의 지위・역할체계의 통일 등이 이루어져야 한다.

답 ×

☐ 경호원은 경호대상자의 생명과 재산을 지키기 위한 올바른 가치관을 함양하여야 한다. 기출 20

경호원은 경호대상자(피경호자)의 생명과 재산을 지키기 위한 올바른 가치관 함양이 필요하다.

답 ○

☐ 경호원은 경호환경 조성 및 탄력적 경호 운영을 위한 정치적 활동을 지향하여야 한다. 기출 20

정치적 논리에 따라 경호의 경중을 따질 것이 아니라 경호의 환경(경호취약성, 행사 성격 및 규모 등)에 따라 경호력 배치를 탄력적으로 고려하여야 한다.

답 ×

☐ 경호대상자와의 신뢰를 통한 정치적 활동 지향은 경호원 직원윤리 정립을 위한 내용으로 옳지 않다. 기출 16

경호원은 정치적으로 반대 입장에 있는 요인(要人)을 경호해야 하는 상황이 있을 수 있으므로 정치적으로 중립을 유지하여야 하며, 정치적 활동 역시 지양하여야 한다. 답 ○

☐ 경호원의 권위주의 강화를 위한 일방적 주입식 교육의 확립이 필요하다. 기출 20

경호원의 권위주의 강화를 위한 일방적 주입식 교육은 지양되어야 한다. 답 ×

☐ 경호원의 직업윤리 강화를 위한 성희롱 예방교육은 배제되어야 한다. 기출 20

성희롱 유발요인에 대한 분석을 철저히 하고 그 예방교육을 강화하여야 한다. 답 ×

핵심만 콕 **경호 · 경비원의 직원윤리 정립**

경호윤리에 대한 문제점을 해결하기 위해서 다음과 같은 경호 · 경비원 및 경비지도사의 직업윤리 방안이 정립되어야 한다.

- 성희롱 유발요인 분석 철저 및 예방교육 강화
- 총기안전관리 및 정신교육 강화
- 정치적 논리지양 등 경호환경 조성 및 탄력적 경호력 운영
- 사전예방경호활동을 위한 경호위해 인지능력 배양
- 경호 교육기관 및 경호 관련 학과의 '경호윤리' 과목 개설 운영
- 경호지휘단일성의 원칙에 의한 경호임무 수행과 위기관리대응력 구비
- 집단지성 네트워크 사이버폴리스 자원봉사시스템 구축
  ※ 사이버 및 경호위해 범죄에 실시간 대응할 수 있도록 각 사회분야의 집단지성이 자발적으로 참여할 수 있는 사회적 시스템을 구축하여 사이버공간에서의 범죄를 예방하고 사회적 공감대를 형성할 수 있는 대책방안이 강구되어야 한다.
- 경호원 채용 시 인성평가 방법 강화 및 자원봉사 활성화

〈참고〉 김두현, 「경호학개론」, 엑스퍼트, 2020, P. 430~442

02 경호원의 의전과 예절

1 의전의 개념과 주요 내용

☐ '상대에 대한 존중과 배려'는 의전의 중요한 원칙 중 하나이다. 기출 22

'상대에 대한 존중(Respect)과 배려(Consideration)'는 '문화의 반영(Reflecting Culture) 등 가변성(Variability)', '상호주의(Reciprocity)', '서열(Rank)' 및 '오른쪽(Right) 상석'의 원칙과 더불어 의전의 중요한 원칙 중 하나이다. 〈출처〉 행정안전부, 2021 「정부의전편람」, P. 5~6

답 ○

☐ 공식서열은 신분별 지위에 따라 인정된 서열로서, 국제적으로 동일하게 적용된다. 기출 09

공식서열이라 함은 왕국의 귀족, 공무원, 군인 등 신분별 지위에 따라 공식적으로 인정된 서열인바, 국가에 따라 제도가 상이하다. 〈출처〉 김두현, 「경호학개론」, 엑스퍼트, 2020, P. 318

답 ×

☐ 지위가 비슷한 경우 연소자보다 연장자가, 내국인보다 외국인이 상위서열이다. 기출 09

지위가 비슷한 경우 남자보다 여자가, 연소자보다 연장자가, 내국인보다는 외국인이 상위서열이다.
〈참고〉 김두현, 「경호학개론」, 엑스퍼트, 2020, P. 319

답 ○

☐ 좌석 서열 배치는 지위가 비슷한 경우 여자를 남자보다 우선한다. 기출 07

지위가 비슷한 경우 남자보다 여자가 상위서열이다.

답 ○

☐ 기혼 부인 간의 서열은 남편의 지위에 따른다. 기출 09

여자들 간의 서열은 기혼 부인, 미망인, 이혼 부인 및 미혼자의 순위로 하며, 기혼 부인 간의 서열은 남편의 지위에 따른다. 〈출처〉 김두현, 「경호학개론」, 엑스퍼트, 2020, P. 319

답 ○

☐ 공식적인 의전서열을 가지지 않은 사람의 좌석은 당사자의 개인적·사회적 지위 및 연령 등을 고려한다. 기출 22

공식적인 서열을 가지지 않은 사람이 공식행사 또는 연회에 참석할 경우의 좌석은 동인의 개인적, 사회적 지위, 연령 등을 고려하며, 원만하고 조화된 좌석배치를 위하여서는 서열 결정상의 원칙은 다소 조정될 수도 있다. 〈출처〉 김두현, 「경호학개론」, 엑스퍼트, 2020, P. 318~319

답 O

☐ 비공식서열의 경우 원만하고 조화된 좌석배치를 위해서 서열 결정상의 원칙은 다소 조정될 수도 있다. 기출 09

비공식서열은 공식적인 지위를 가지고 있지 않은 일반인에게 사회생활에서의 의례적으로 정하여지는 서열을 말하며, 공식적인 서열을 가지지 않은 사람이 공식행사 또는 연회에 참석할 경우의 좌석은 동인의 개인적, 사회적 지위, 연령 등을 고려하며, 원만하고 조화된 좌석배치를 위하여서는 서열 결정상의 원칙은 다소 조정될 수도 있다.

〈출처〉 김두현, 「경호학개론」, 엑스퍼트, 2020, P. 318~319

답 O

☐ 정부 의전행사에서 적용하고 있는 주요 참석인사에 대한 예우기준에 따라 공적 직위가 없는 인사 서열의 경우 직급, 기관장, 전직, 연령을 기준으로 한다. 기출 18

직급, 기관장 순위는 직위에 의한 예우기준이다. 답 ×

☐ 우리나라 정부 의전행사 시 적용하고 있는 주요 참석인사에 대한 예우에서 공적 지위가 있는 경우 직급(계급) 순위, 전직 순위, 헌법 및 정부조직법상의 기관순위, 기관장 선순위를 서열기준으로 한다. 기출 16

전직 순위는 공적 지위가 없는 인사의 예우기준이다. 답 ×

핵심만 콕 정부 의전 시 일반적 예우 기준

현재 정부 의전행사에서 적용하고 있는 주요 참석인사에 대한 예우 기준은 다음과 같이 하고 있으나, 실제 공식행사의 적용에 있어서는 그 행사의 성격, 경과보고, 기념사 등 참석인사의 행사의 역할과 당해 행사와의 관련성 등을 감안하여 결정하여야 한다.

직위에 의한 예우 기준	공적 직위가 없는 인사의 예우 기준
• 직급(계급) 순위 • 헌법 및 정부조직법상의 기관순위 • 상급기관 • 국가기관	• 전 직 • 연 령 • 행사 관련성 • 정부 산하단체, 공익단체 협회장, 관련민간단체장

〈출처〉 행정안전부, 2021 「정부의전편람」, P. 68

☐ 정부행사 시 의전서열상 국회의장은 국무총리에 우선한다. 기출 23

외교부 의전실무편람 등에 의하면 국회의장의 의전서열(2순위)은 국무총리(5순위)에 우선한다.

답 ○

☐ 공식적 국가 의전서열에서 헌법재판소장은 대법원장에 우선한다. 기출 23

대한민국은 국가 의전서열을 직접적으로 공식화하지는 않았다. 다만, 정부수립 이후부터 시행해 온 주요 국가행사를 통해 확립된 선례와 관행을 기준으로 한 공직자의 관례상의 서열은 있다. 외교부 의전실무편람상 의전서열은 '대통령 ⇨ 국회의장 ⇨ 대법원장 ⇨ 헌법재판소장 ⇨ 국무총리 ⇨ 중앙선거관리위원장' 순이다.

답 ×

☐ 3부(府)의 초청인사 집단별 좌석배치 순서는 관행상 행정・입법・사법의 순이다. 기출 18

3부(府)의 초청인사 집단별 좌석배치 순서와 관련하여 청와대 의전서열은 대통령 – 국회의장 – 대법원장 – 헌법재판소장 등의 순서이므로 관행상 행정부・입법부・사법부 순이라고 할 수 있다.

답 ○

☐ 우리나라의 공식적 국가 의전서열은 대통령 – 국무총리 – 국회의장 – 대법원장 – 헌법재판소장 순이다. 기출 22

우리나라의 비공식적 국가 의전서열은 대통령 – 국회의장 – 대법원장 – 헌법재판소장 – 국무총리 순이다.

〈출처〉 김두현, 「경호학개론」, 엑스퍼트, 2020, P. 320

답 ×

☐ 정부행사 시 서열 관행상 좌석배치 순서는 대통령 – 국회의장 – 대법원장 – 국무총리 순이다. 기출 11

정부행사 시 좌석배치 순서는 관행상 행정부・입법부・사법부 순이며, 국무총리는 사법부(대법원장 – 헌법재판소장) 다음 순번이다. 구체적으로 국무총리와 헌법재판소장의 의전서열과 관련하여 논란이 있었으나, 정부행사 시 의전서열(비공식)상으로는 헌법재판소장이 국무총리보다 상위 서열이다.

답 ○

핵심만 콕 정부행사 시 의전서열(비공식)

1. 대통령
2. 국회의장
3. 대법원장
4. 헌법재판소장
5. 국무총리
6. 국회부의장
7. 감사원장
8. 국가정보원장
9. 방송통신위원회위원장
10. 국무위원
11. 청 장
12. 국회 상임위원장
13. 대법관
14. 3부 장관급
15. 국회의원
16. 검찰총장
17. 합참의장
18. 3군 참모총장
19. 차 관
20. 차관급

〈출처〉 김두현, 「경호학개론」, 엑스퍼트, 2020, P. 320

☐ 주한외교단은 신임장을 제정한 일자 순으로 배치한다. 기출 18

주한외교단은 의전 시 신임장을 제정한 일자 순으로 자리를 배치한다. 답 ○

☐ 공관장인 대사 및 공사 상호 간의 서열은 신임장 제정 순서에 따른다. 기출 11

공관장은 그 직책에 따라 서열이 정해지는데, 공관장인 대사 및 공사 상호 간의 서열은 신임장 제정 순서에 따른다. 답 ○

☐ 대사대리 상호 간의 서열은 계급에 관계없이 지명통고가 접수된 순서에 따른다. 기출 11

대사대리 상호 간의 서열에 관한 설명으로 옳다. 답 ○

☐ 공관장 이외의 외교관 서열도 외교관 계급에 따르고, 동일 계급 간에는 나이 순서에 따른다. 기출 11

공관장 이외의 외교관 서열도 외교관 계급에 따르고, 동일 계급 간에는 착임(着任, 취임) 순서에 따른다. 답 ×

☐ 같은 계급에 있어서 외교관은 무관보다 앞선다. 기출 11

같은 계급에 있어서 외교관은 무관보다 앞서고, 무관은 타 주재관보다 앞선다. 답 ○

핵심만 콕 외교관 및 영사의 서열

- 공관장은 그 직책에 따라 교황청 대사(천주교 국가), 특명전권대사, 특명공사, 대리대사, 대사대리 등의 서열이 정해진다.
- 공관장인 대사 및 공사 상호 간의 서열은 신임장 제정 순서에 따른다. 경우에 따라서는 신임장 사본 제출 순위에 따르는 나라도 있다.
- 대사대리 상호 간의 서열은 그 계급에 관계없이 지명통고가 접수된 순서에 따른다.
- 공관장 이외의 외교관 서열도 외교관 계급에 따르고, 동일 계급 간에는 착임(着任, 취임) 순서에 따르며, 각국은 재외 공관에 근무하는 직원(외교직, 무관, 일반직) 상호 간의 서열에 관한 별도규정을 가지고 있는 것이 관례이다.
- 같은 계급에 있어서는 외교관은 무관보다 앞서고, 무관은 타 주재관보다 앞선다.
- 공관장인 영사는 그의 계급과 관계없이 외국 영사관원에 우선하며, 직업영사는 같은 계급의 명예영사에 우선하고, 공관장인 명예총영사는 공관장인 직업총영사보다 하위에 온다.
- 공관장인 직업영사는 계급에 따라 서열이 정해지며, 같은 계급인 경우에는 영사 인가장 발급 일자에 따라, 인가장 발급일자가 같은 경우 영사 위임장이 주재관에 제출된 일자를 기준으로 한다.
- 임시 영사 인가장 발급은 정식 영사 인가장 발급과 같은 효력을 가지는 것으로 간주되고, 공관장 대리인 영사는 공관장인 영사 다음에 온다.
- 외교관으로서 영사직을 겸하는 자 간의 서열은 외교관 간의 서열에 따르면 되나, 영사직 근무만을 하는 자와 외교관 간의 서열은 일정하지 않다.

〈출처〉 김두현, 「경호학」, 엑스퍼트, 2020, P. 319~320

☐ 우리나라 정부인사가 외국정부의 같은 급의 인사를 초청한 경우에는 외빈인사를 상위의 좌석에 배치하는 것이 일반적인 관례이다. 기출 18

우리나라 정부인사가 외국정부의 같은 급의 인사를 초청한 경우 좌석배치는 외빈인사를 상위의 좌석에 배치하는 것이 일반적인 관례이다.

답 ○

☐ 외국 방문 시 의전관행은 항상 방문하는 나라보다 자국의 관행이 우선한다. 기출 07

외국 방문 시의 의전관행은 항상 자국 관행보다 방문국 관행을 우선한다.

답 ×

☐ 국가원수급 외빈의 공식방문 환영 행사 시 예포는 21발을 발사한다. 기출 07

국가원수급 외빈(국빈)의 공식방문 시 예포의 발사 수(數)는 21발이다. 구체적으로 국제적 관행에 따라 「군예식령」에 의거, 대통령 및 외국 국가원수에 대하여는 21발, 3부요인 및 국무위원급에게는 19발을 발사하고 있다. 〈출처〉 행정안전부, 2021 「정부의전편람」, P. 183

답 ○

☐ 국빈 방문 시는 환영행사, 국가원수내외분 예방, 국가원수내외 주최 리셉션 및 만찬, 환송행사 순에 의한다. 기출 07

국빈방문 시 행사 절차는 환영행사, 국가원수내외분 예방, 국가원수내외 주최 리셉션 및 만찬, 환송행사 순이다.

답 ○

☐ 정부행사에서 공식적으로는 헌법, 정부조직법, 국회법, 법원조직법 등 법령에서 정한 직위 순서를 기준으로 한다. 기출 18

정부행사에서 공식적인 예우 기준은 헌법 등 법령에서 정한 직위 순서를 기준으로 한다.

〈출처〉 행정안전부, 2021 「정부의전편람」, P. 6

답 ○

☐ 정부행사에서 의전행사 서열은 관례적으로는 정부수립 이후부터 시행해 온 정부 의전행사를 통하여 확립된 선례와 관행을 기준으로 한다. 기출 18

정부행사에서 관례적인 의전행사 서열은 정부수립 이후부터 시행해 온 정부 의전행사를 통하여 확립된 선례와 관행을 기준으로 한다. 〈출처〉 행정안전부, 2021 「정부의전편람」, P. 6

답 ○

☐ 의전과 관련하여 행사 주최자의 경우 손님에게 상석인 왼쪽을 양보한다. 기출 18

우리나라에서는 일반적으로 오른편을 상위석으로 하는 것이 관례이며, 이 관례는 많은 나라에서 통용되고 있다. 따라서 행사 주최자의 경우 손님에게 상석인 오른쪽을 양보하여야 한다.

〈출처〉 김두현, 「경호학개론」, 엑스퍼트, 2020, P. 321

답 ×

☐ 외빈 방문 시 같은 나라 주재 자국대사가 귀국하였을 때는 주재 외국대사 다음으로 할 수 있다. 기출 05

경호의전작용 중 서열기준의 조정에 관한 설명으로 옳다.

답 ○

☐ 국가원수를 대행하여 참석하는 정부 각료는 외국대사 다음으로 할 수 있다. 기출 05

국가원수를 대행하여 참석하는 정부 각료는 외국대사보다 우선한다.

답 ×

☐ 우리나라가 주최하는 연회에서는 자국 측 빈객은 동급의 외국 측 빈객보다 하위에 둔다. 기출 22

의전의 중요한 원칙 중 하나인 '상대에 대한 존중과 배려'가 적용된 경우이다. 답 ○

☐ 우리가 주최하는 연회에서는 자국 측 빈객은 동급의 외국 측 빈객보다 상위에 둔다. 기출 05

우리가 주최하는 연회에서는 자국 측 빈객은 동급의 외국 측 빈객보다 하위에 둔다. 답 ×

☐ 대사가 여자일 경우 그의 남편은 최상위의 공사보다 우선한다. 기출 05

대사가 여자일 경우 대사의 남편은 공식행사 등에서는 예외에 속한다. 답 ×

☐ 다음 중 국가원수의 외국 방문 시 준비업무에 대한 각 주관부처의 업무분장 내용으로 옳지 않은 것은 'ㄷ'이다. 기출 12

ㄱ. 항공기 결정 – 외교부
ㄴ. 연실문, 성명서 작성 – 청와대
ㄷ. 국내 공항 행사 – 국토교통부
ㄹ. 예산 조치 – 외교부

국내 공항 행사는 행정안전부 담당 업무이다. 답 ○

핵심만 콕 **국가원수의 외국 방문 시 각 주관부처의 업무분장**

- 일정 확정 : 청와대, 외교부
- 항공기 결정 : 청와대, 외교부
- 공보활동 계획 : 문화체육관광부
- 연설문, 성명서 작성 : 청와대, 외교부
- 방문국에 대한 의전 설명 : 외교부
- 예산 편성 : 외교부
- 선물, 기념품 준비 : 청와대, 외교부
- 회담 및 교섭 자료 작성 : 외교부, 관계 부처
- 훈장 준비, 교환 : 외교부, 행정안전부
- 국내 공항 행사 : 행정안전부
- 기념우표 : 과학기술정보통신부

〈출처〉 김두현, 「경호학개론」, 엑스퍼트, 2020, P. 306

2 국기게양(대한민국국기법)

☐ 차량에 태극기를 게양하는 경우 차량 운전석에서 보았을 때 오른쪽에 게양하며, 외국기와 동시에 게양해야 할 경우에도 동일하다. 기출 23

차량에 태극기를 게양하는 경우 차량 운전석에서 볼 때 오른쪽에 게양하며, 외국기와 동시에 게양하여 총 2개의 국기를 게양할 경우에도 태극기를 오른쪽에 게양한다. 답 ○

☐ 국기의 게양 위치는 옥외 게양 시 단독주택의 경우 집 밖에서 보아 대문의 오른쪽에 게양한다. 기출 20

단독주택의 대문과 공동주택의 각 세대 난간에 국기를 게양하려는 경우 밖에서 바라보아 중앙이나 왼쪽에 국기를 게양하는 것을 원칙으로 하되, 부득이한 경우에는 그 위치를 달리할 수 있다(국기의 게양・관리 및 선양에 관한 규정 제10조 제1항). 답 ×

☐ 차량용 국기 게양 시 차량의 본네트 앞에 서서 차량을 정면으로 바라볼 때 본네트의 왼쪽이나 왼쪽 유리창문에 단다. 기출 20・10

대한민국국기법 시행령 제18조 제1항 제4호 참고 답 ○

☐ 차량용 국기 게양은 차량의 본네트(보닛) 앞에 서서 차량을 정면으로 바라볼 때 본네트(보닛)의 오른쪽이나 오른쪽 유리창문에 단다. 기출 14

본네트(보닛)의 오른쪽이 아닌 왼쪽이나 왼쪽 유리창문에 단다(대한민국국기법 시행령 제18조 제1항 제4호 참고). 답 ×

☐ 차량에 태극기를 게양하는 경우 차량 운전석에서 볼 때 왼쪽에 게양하며, 외국기와 동시에 게양하여 총 2개의 국기를 게양할 경우에도 태극기를 왼쪽에 게양한다. 기출 12

차량에 태극기를 게양하는 경우 차량 운전석에서 볼 때 오른쪽에 게양하며, 외국기와 동시에 게양하여 총 2개의 국기를 게양할 경우에도 태극기를 오른쪽에 게양한다(대한민국국기법 시행령 제18조 제1항 제4호 참고). 답 ×

☐ 차량에 우리나라 국기만 부착할 경우 운전자 중심으로 우측(조수석 방향)에 한다. 기출 04

차량에 우리나라 국기만 부착할 경우 차량 전면을 앞에서 바라볼 때에는 차량 왼쪽에 부착하고, 운전자 중심으로는 우측(조수석 방향)에 부착한다(대한민국국기법 시행령 제18조 제1항 제4호 참고). 답 ○

☐ 차량에 양 국기를 부착할 경우 우리나라 국기를 운전자 중심으로 좌측(운전석 방향)에 부착한다. 기출 04

차량에 양 국기를 부착할 경우에도 우리나라 국기는 운전자 중심으로 우측(조수석 방향)에 부착하고, 외국기는 좌측(운전석 방향)에 부착한다(대한민국국기법 시행령 제18조 제1항 제4호 참고).

답 ×

☐ 차량에 외국 국기만 부착할 경우 운전자 중심으로 우측(조수석 방향)에 부착한다. 기출 04

대한민국국기법 시행령 제18조 제1항 제4호 유추해석

답 ○

☐ 조의를 표하는 날은 현충일 및 국가장법 제6조에 따른 국가장 기간이다. 기출 18

대한민국국기법 제9조 제1항 제2호

답 ○

☐ 태극기 게양일 중 제헌절, 현충일, 국군의 날에는 조기(弔旗)를 게양해야 한다. 기출 17

법령상 조기 게양 지정일은 현충일(6월 6일)과 국가장기간(국장기간 · 국민장일) 등 조의를 표하는 날이다(대한민국국기법 제9조 제1항 제2호).

답 ×

☐ 현충일은 조기를 게양한다. 기출 15

현충일에는 깃봉과 깃면의 사이를 깃면의 너비만큼 떼어 조기(弔旗)를 게양하여야 한다(대한민국국기법 제9조 제1항 제2호).

답 ○

☐ 국경일은 3 · 1절, 제헌절, 광복절, 개천절 및 국군의 날이다. 기출 18

국군의 날은 기념일이다(대한민국국기법 제8조 제1항 제1호 · 제2호).

답 ×

☐ 국기를 전국적으로 게양해야 하는 날은 국경일 및 기념일, 조의를 표하는 날이며, 국기는 일출부터 일몰까지만 게양해야 한다. 기출 18

태극기 게양일은 3월 1일, 6월 6일(기념일 : 조기를 게양한다), 7월 17일, 8월 15일, 10월 1일(기념일), 10월 3일, 10월 9일이며, <u>국기는 매일 · 24시간 게양할 수 있다</u>(대한민국국기법 제8조 제2항).

답 ×

☐ 국군의 날은 태극기를 전국적으로 게양하여야 하는 날이다. 기출 15

국군의 날은 태극기(국기)를 전국적으로 게양하여야 한다.

답 ○

☐ 국가, 지방자치단체 및 공공기관의 청사 등에는 목적을 고려하여 국기를 낮에만 게양할 수 있다. 기출 18

국가, 지방자치단체 및 공공기관의 청사 등에는 국기를 연중 게양하여야 한다(대한민국국기법 제8조 제3항 전문 전단).

답 ×

☐ 공항·호텔 등 국제적인 교류장소는 태극기를 가능한 한 연중 게양하여야 한다. 기출 15·12

대한민국국기법 제8조 제3항 제1호

답 ○

☐ 태극기 게양일은 3월 1일, 7월 17일, 8월 15일, 10월 1일, 10월 3일, 10월 9일이며, 6월 6일은 조기를 게양한다. 기출 12

국기의 게양일은 국경일(3월 1일, 7월 17일, 8월 15일, 10월 3일, 10월 9일), 기념일 중 현충일(6월 6일) 및 국군의 날(10월 1일), 국가장기간, 정부가 따로 지정한 날, 지방자치단체가 조례 또는 지방의회의 의결로 정하는 날이다(대한민국국기법 제8조 제1항).

답 ○

국경일의 종류(국경일에 관한 법률 제2조)

국경일은 다음 각호와 같다.

1. 3·1절 : 3월 1일
2. 제헌절 : 7월 17일
3. 광복절 : 8월 15일
4. 개천절 : 10월 3일
5. 한글날 : 10월 9일

국기의 게양일 등(대한민국국기법 제8조)

① 국기를 게양하여야 하는 날은 다음 각호와 같다.

1. 「국경일에 관한 법률」 제2조의 규정에 따른 국경일
2. 「각종 기념일 등에 관한 규정」 제2조의 규정에 따른 기념일 중 현충일 및 국군의 날
3. 「국가장법」 제6조에 따른 국가장기간
4. 정부가 따로 지정한 날
5. 지방자치단체가 조례 또는 지방의회의 의결로 정하는 날

② 제1항의 규정에 불구하고 국기는 매일·24시간 게양할 수 있다.

③ 국가, 지방자치단체 및 공공기관의 청사 등에는 국기를 연중 게양하여야 하며, 다음 각호의 장소에는 가능한 한 연중 국기를 게양하여야 한다. 이 경우 야간에는 적절한 조명을 하여야 한다.
1. 공항 · 호텔 등 국제적인 교류장소
2. 대형건물 · 공원 · 경기장 등 많은 사람이 출입하는 장소
3. 주요 정부청사의 울타리
4. 많은 깃대가 함께 설치된 장소
5. 그 밖에 대통령령이 정하는 장소

④ 각급 학교 및 군부대의 주된 게양대에는 국기를 매일 낮에만 게양한다.

⑤ 국기가 심한 눈 · 비와 바람 등으로 그 훼손이 우려되는 경우에는 이를 게양하지 아니한다.

⑥ 국기의 게양 및 강하 시각, 시각의 변경 등에 관하여 필요한 사항은 대통령령으로 정한다.

국기의 게양방법 등(대한민국국기법 제9조)

① 국기는 다음 각호의 방법으로 게양하여야 한다.
1. 경축일 또는 평일 : 깃봉과 깃면의 사이를 떼지 아니하고 게양함
2. 현충일 · 국가장기간 등 조의를 표하는 날 : 깃봉과 깃면의 사이를 깃면의 너비만큼 떼어 조기(弔旗)를 게양함

② 국기의 게양 및 강하 방법, 국기와 다른 기의 게양 및 강하 방법, 국기의 게양위치, 게양식 · 강하식 등 그 밖에 필요한 사항은 대통령령으로 정한다.

☐ 국제행사가 치러지는 건물 밖에 여러 개의 국기를 동시에 게양 시, 총 국기의 수가 짝수이고 게양대의 높이가 동일할 경우 건물 밖에서 바라볼 때를 기준으로 태극기를 가장 오른쪽에 게양한다. 기출 15

국제행사가 치러지는 건물 밖에 여러 개의 국기를 동시에 게양 시 총 국기의 수가 짝수이고 게양대의 높이가 동일할 경우 건물 밖에서 바라볼 때를 기준으로 태극기를 가장 오른쪽이 아닌 왼쪽에 게양한다(대한민국국기법 시행령 제15조 제1항 단서).

답 ×

☐ 국제행사가 치러지는 건물 밖에 여러 개의 국기를 동시에 게양 시, 총 국기의 수가 짝수이고 게양대의 높이가 동일할 경우 건물 밖에서 바라볼 때를 기준으로 태극기를 가장 왼쪽에 게양한다. 기출 12

대한민국국기법 시행령 제15조 제1항 단서, 동 시행령 [별표 5의2]

답 ○

☐ 국기와 함께 외국기를 게양할 때 앞에서 게양대를 바라보아 게양할 기의 총수가 짝수인 경우 국기의 바로 왼쪽이 차순위가 되도록 한다. 기출 10

국기와 함께 외국기를 게양할 때 앞에서 게양대를 바라보아 게양할 기의 총수가 짝수인 경우 국기의 바로 오른쪽이 차순위가 되도록 한다(대한민국국기법 시행령 제16조 제2항, 동 시행령 [별표 6]).

답 ×

☐ 옥내 회의장이나 강당 등에 국기를 깃대에 달아서 세워 놓을 때에는 단상 등 전면 왼쪽에 위치하도록 한다. 기출 14

국기의 게양·관리 및 선양에 관한 규정 제11조 제5항 제1호 나목 답 ○

☐ 옥내 게양 시 깃대에 의한 게양을 원칙으로 하되, 실내 여건 등을 감안하여 필요한 경우 깃면만을 게시할 수 있다. 기출 10

국기의 게양·관리 및 선양에 관한 규정 제11조 제1항, 제12조 제1항 제2호 전단 참고 답 ○

☐ 옥내 회의장이나 강당 등에 국기의 깃면만을 게시할 경우에는 전면 중앙에 위치하도록 한다. 기출 14

국기의 게양·관리 및 선양에 관한 규정 제12조 제1항 제2호 전단 참고 답 ○

☐ 옥외 정부행사장의 경우 이미 설치되어 있는 주게양대에 대형 태극기를 게양하는 것을 원칙으로 한다. 기출 14·10

국기의 게양·관리 및 선양에 관한 규정 제12조 제1항 제1호 본문 답 ○

주택 및 건물에서의 국기 게양(국기의 게양·관리 및 선양에 관한 규정 제10조)

① 단독주택의 대문과 공동주택의 각 세대 난간에는 밖에서 바라보아 중앙이나 왼쪽에 국기를 게양하는 것을 원칙으로 하되, 부득이한 경우에는 그 위치를 달리할 수 있다.
② 건물 또는 건물 주변에 국기를 게양할 경우에는 건물 앞쪽에서 건물을 바라보아 건물의 중앙이나 왼쪽 지상, 건물 옥상의 중앙이나 왼쪽 또는 차양시설 위의 중앙에 수직으로 게양하거나 주된 출입구의 위쪽 벽면 중앙에 하늘을 향해 경사지게 게양할 수 있다.
③ 주택 및 건물에서의 국기 게양 방법은 [별표 3]과 같다.

실내에서의 국기 게양(국기의 게양 · 관리 및 선양에 관한 규정 제11조)

① 실내에서의 국기 게양은 깃대형을 원칙으로 하되, 실내여건에 따라 게시형이나 탁상형으로도 할 수 있다.

② 생략

③ 실내에서의 국기 게양 장소는 [별표 5]에 따르되, 시 · 군 · 자치구 이상의 기관의 기관장실에는 가급적 깃대형을 설치하도록 한다.

④ 깃대형에 국기를 게양할 때에는 태극문양의 빨간색이 오른쪽에 오도록 하여 늘어뜨려 단다.

⑤ 국기의 게양 유형별 게양 위치는 다음 각호와 같다.

1. 깃대형의 경우
   가. 기관장실, 부서장실 등의 개인집무공간인 경우에는 앞에서 집무탁상을 바라보아 집무탁상 뒤 왼쪽에 위치하도록 한다.
   나. 회의실 또는 강당의 경우에는 앞에서 단상을 바라보아 단상 왼쪽에 위치하도록 한다.
2. 게시형의 경우
   가. 주출입문 맞은편 벽면에 게시하는 것을 원칙으로 하되, 사무실의 구조 및 기타 게시물과의 간격을 적절하게 조정하여 전체적으로 조화를 이루도록 한다.
   나. 국기를 다른 게시물과 함께 게시하는 경우에는 다른 게시물보다 낮게 게시해서는 안 되며 [별표 6]과 같이 게시한다.
3. 탁상형의 경우 : 앞에서 탁상을 바라보아 탁상 위 왼쪽 전면에 위치하도록 한다.

행사장에서의 국기 게양(국기의 게양 · 관리 및 선양에 관한 규정 제12조)

① 행사장별 국기 게양 방법은 다음 각호와 같다.

1. 옥외행사의 경우 : 이미 설치된 옥외의 주된 게양대에 대형의 국기를 게양하는 것을 원칙으로 한다. 다만, 단상에 참석한 사람들이 옥외 게양대의 국기를 볼 수 없거나 멀리 떨어져 있을 때에는 앞에서 단상을 바라보아 단상 왼쪽에 임시 국기게양대를 설치한다.
2. 옥내행사의 경우 : 실내체육관 등 중 · 대형 행사장은 대형 깃면을 단상 뒤쪽 중앙 벽면에 설치하는 것을 원칙으로 하되, 원형 실내체육관 등은 깃면이 잘 보이는 위치에 설치하도록 한다.
3. 회의실 등 소규모 행사장의 경우 : 탁상형 국기를 게양하되, 앞에서 단상을 바라보아 단상 왼쪽에 게양하도록 한다.

② 실내 · 외 행사를 막론하고 행사장에 국기를 게양할 때에는 실물 국기를 게양하여야 한다. 다만, 보조적으로 발광화면이나 스크린 등을 활용하여 국기를 볼 수 있도록 하는 것은 가능하되 실물 국기를 게양하지 않은 채 발광화면이나 스크린 등을 통해 영상만으로 국기를 보여주어서는 아니 된다.

3 의전예절

☐ 비행기를 타고 내릴 때에는 상급자가 최우선하여 타고 내린다. 기출 21

비행기를 타고 내릴 때에는 상급자가 나중에 타고 먼저 내린다.

답 ×

☐ 비행기를 타고 내릴 때에는 상급자가 먼저 타고 먼저 내리는 것이 올바른 순서이다. 기출 17 · 13

비행기 승하차 시 의전 예절은 상급자가 나중에 타고 먼저 내리는 것이 올바른 순서이다.

답 ×

☐ 비행기를 타고 내릴 때는 상급자가 마지막에 타고 먼저 내린다. 기출 15 · 11 · 09 · 08

비행기 승하차 시 예절로 옳다.

답 ○

☐ 비행기 탑승 시 객석 창문 쪽이 상석이고, 통로 쪽이 차석, 상석과 차석의 사이가 하석이다. 기출 19 · 13 · 12

비행기 탑승 시 객석 창문 쪽 좌석이 상석이고, 통로 쪽 좌석이 차석, 상석과 차석 사이의 좌석이 하석(말석)이다.

답 ○

☐ 기차에서 두 사람이 나란히 앉는 좌석에서는 창가 쪽이 상석이다. 기출 21 · 15 · 11

기차에서 두 사람이 나란히 앉는 좌석에서는 창가 쪽이 상석이고 통로 쪽이 말석이다.

답 ○

☐ 기차의 경우 두 사람이 나란히 앉는 좌석에서는 창가 쪽이 상석이고, 통로 쪽이 말석이다. 기출 09 · 08

기차에서의 탑승예절에 관한 설명이다.

답 ○

☐ 기차 탑승 시 네 사람이 마주 앉을 경우 가장 상석은 진행 방향의 창가 좌석, 다음이 맞은편 좌석, 다음은 가장 상석의 옆좌석, 그리고 그 앞좌석이 말석이 된다. 기출 19

기차 탑승 시 네 사람이 마주 앉을 경우 가장 상석은 기차 진행 방향의 창가 좌석이고, 다음은 그 맞은편, 상석의 옆좌석, 그 앞좌석 순이다.

답 ○

☐ 열차의 경우 마주 앉는 좌석에서는 진행 방향의 통로가 상석이고 맞은편이 차석, 상석의 옆이 3석, 그 앞좌석이 말석이 된다. 기출 10

열차 탑승 시 네 사람이 마주 앉을 경우 열차 진행 방향의 창가 좌석이 가장 상석이고, 그 맞은편이 차석, 상석의 옆좌석이 3석, 그 앞좌석이 말석이 된다. 답 ×

☐ 여성과 남성이 승용차에 동승할 때에는 여성이 먼저 탄다. 기출 21

일반적으로 여성이 남성보다 상급자로 취급되므로, 승용차에 동승할 때에는 여성이 먼저 타고, 나중에 내린다. 답 ○

☐ 여성과 남성이 승용차에 동승할 때에는 여성이 먼저 타고, 하차 시에는 남성이 먼저 내려 차 문을 열어 준다. 기출 15

일반적으로 여성이 남성보다 상급자로 취급되므로, 차량 탑승 시에는 여성이 먼저 타고, 하차 시에는 남성이 먼저 내려 차 문을 열어 주는 것이 관례이다. 답 ○

☐ 승용차 탑승 시 운전기사가 있을 경우 좌석의 가장 상석은 조수석 뒷좌석, 다음이 운전석 뒷좌석, 마지막이 뒷좌석의 가운데이다. 기출 19

승용차 탑승 시 운전기사가 있을 경우 자동차 좌석의 서열은 일반적으로 조수석 뒷좌석, 운전석 뒷좌석, 조수석, 뒷좌석의 가운데 순이다(단, 뒷좌석 가운데와 조수석의 서열은 바뀔 수 있다). 답 ○

☐ 승용차 탑승 시 운전기사가 있을 경우 자동차 좌석의 서열은 뒷좌석 왼쪽이 상석이며 그 다음이 오른쪽, 앞자리, 가운데 순이다. 기출 13

승용차 탑승 시 운전기사가 있을 경우 자동차 좌석의 서열은 뒷좌석 오른쪽이 상석이며 그 다음이 왼쪽, 앞자리, 가운데 순이다[뒷좌석 가운데와 앞자리(조수석)의 서열은 바뀔 수 있다]. 답 ×

☐ 자가운전 차량을 탑승할 경우 진행 방향을 기준으로 뒷자리 오른편이 상석이며, 왼쪽, 가운데 순서로, 운전석 옆자리가 가장 하석이 된다. 기출 12

자가운전 차량을 탑승할 경우 자진해서 운전석 옆자리에 앉는 것이 통례이며 그곳이 상석이 된다. 그리고 진행 방향을 기준으로 뒷좌석의 오른편이 제2상석, 맨 왼쪽이 제3석, 중앙이 말석이 된다. 답 ×

☐ 승용차 좌석의 서열은 자가운전자의 차인 경우 운전석 옆자리가 상석이고 조수석의 뒷좌석이 차석, 운전석의 뒷좌석이 3석, 중앙이 말석이 된다. 기출 10

자가운전 차량에 탑승할 경우 운전석 옆자리가 가장 상석이고, 운전석 옆자리(조수석)의 뒷좌석이 차석, 운전석의 뒷좌석이 3석, 중앙이 말석이 된다. 답 ○

☐ 상급자와 하급자가 승용차에 동승할 때에는 상급자가 먼저 타고, 하차 시에도 상급자가 먼저 내린다. 기출 11

상급자와 하급자가 승용차에 동승할 때에는 상급자가 먼저 타고, 하차 시에는 하급자가 먼저 내린다. 답 ×

☐ 여성과 남성이 승용차에 동승할 때에는 남성이 먼저 타고, 하차 시에도 남성이 먼저 내려 차 문을 열어준다. 기출 11

여성과 남성이 승용차에 동승할 때는 여성이 먼저 타고, 하차 시에는 남성이 먼저 내려 차 문을 열어준다. 답 ×

☐ 선박 탑승 시 일반 선박일 경우 상급자가 먼저 타고, 하선할 때는 나중에 내리며, 함정일 경우는 상급자가 나중에 타고 먼저 내린다. 기출 19

선박 탑승 시 일반 선박의 경우 보통 상급자가 나중에 타고 먼저 내린다. 그러나 함정의 경우에는 상급자가 먼저 타고 먼저 내린다. 답 ×

☐ 일반 선박의 경우 상급자가 나중에 타고 하선할 때는 먼저 내리나, 함정의 경우에는 상급자가 먼저 타고 먼저 내린다. 기출 17

일반 선박의 경우 승선 시 상급자가 나중에 타고 하선 시 먼저 내리나, 함정의 경우에는 승선 시 상급자가 먼저 타고 하선 시에도 먼저 내린다. 답 ○

☐ 선박의 경우, 객실등급이 정해져 있지 않을 경우 선체의 오른쪽이 상석이 된다. 기출 15

선박의 경우 객실등급이 정해져 있지 않을 경우 선체의 오른쪽이 아닌 중심부가 상석이 된다. 답 ×

☐ 선박의 경우 객실등급이 정해져 있지 않을 경우 선체의 중심부가 상석이 되며, 일반 선박은 상급자가 먼저 타고 나중에 내린다. 기출 12

선박의 경우 객실등급이 정해져 있지 않을 경우 선체의 중심부가 상석이 되며, 일반 선박은 상급자가 나중에 타고 먼저 내린다.

답 ×

☐ 함정의 경우에는 상급자가 먼저 타고 먼저 내린다. 기출 10 · 08

상급자가 나중에 타고 먼저 내리는 일반 선박과 달리 함정의 경우에는 상급자가 먼저 타고 먼저 내린다.

답 ○

☐ 안내원이 없는 승강기를 탈 때에는 상급자가 나중에, 안내원이 있는 승강기를 탈 때에는 상급자가 먼저 탄다. 기출 23

안내원이 없는 승강기[엘리베이터(註)]를 탈 때에는 하급자가 먼저 타서 승강기를 조작하고 그 후에 상급자가 타게 되나, 안내원이 있는 승강기를 탈 때에는 상급자가 먼저 탄다.

답 ○

☐ 승강기를 타고 내릴 때에는 상급자가 나중에 타고, 먼저 내린다. 기출 21

승강기는 엘리베이터, 에스컬레이터, 휠체어리프트로 구분되는데(승강기 안전관리법 시행령 제3조 제1항), 상급자가 나중에 타고, 먼저 내린다는 표현은 일반적으로 엘리베이터 탑승 시 안내하는 사람이 없을 때의 경호예절에 해당한다. 다른 지문과 비교해서 상대적으로 더 옳은 내용으로 보았으나, 논란의 여지는 있다.

답 ○

☐ 에스컬레이터 탑승 시 올라갈 때는 남성이 먼저 올라가고, 내려올 때는 여성이 먼저 내려온다. 기출 17

에스컬레이터 탑승 시 올라갈 때는 여성이 먼저 올라가고, 내려올 때는 남성이 먼저 내려온다.

답 ×

☐ 에스컬레이터는 올라갈 때는 하급자가 먼저 올라가고 내려올 때는 상급자가 먼저 내려온다. 기출 13 · 09

에스컬레이터 탑승 시 올라갈 때는 상급자가 먼저 올라가고, 내려올 때는 하급자가 먼저 내려온다.

답 ×

☐ 에스컬레이터의 경우 올라갈 때는 상급자가 먼저 올라가고, 내려올 때는 하급자가 먼저 내려온다. 기출 10

에스컬레이터 탑승 시 올라갈 때는 상급자(여성)가 먼저 올라가고, 내려올 때는 하급자(남성)가 먼저 내려온다.

답 ○

☐ 에스컬레이터 이용이 계단이나 엘리베이터로 이동하는 것보다는 상대적으로 안전하다. 기출 14

에스컬레이터는 사방이 노출되어 있으므로 가급적이면 계단이나 엘리베이터로 이동하는 것이 상대적으로 더 안전하다.

답 ×

☐ 에스컬레이터 이용 시 이동속도가 느리기 때문에 우발상황 시 신속하게 대피하기가 어려운 면이 있다. 기출 14

에스컬레이터 이용 시 단점에 해당한다. 이에 될 수 있는 한 걸음을 멈추지 않고 이동하는 것이 바람직하다.

답 ○

☐ 근접경호원은 복도, 계단, 보도를 이동할 때에는 경호대상자를 공간의 가장자리로 유도하여 위해 발생 시 여유공간을 확보해야 한다. 기출 22

근접경호원은 복도, 계단, 보도를 이동할 때에는 경호대상자를 공간의 중간으로 유도하여 위해 발생 시 여유공간을 확보해야 한다.

답 ×

☐ 계단 이동 시 경호대상자는 계단의 중앙부에 위치하도록 한다. 기출 12

복도, 도로, 계단 등을 이동 시 우발상황에 대비한 여유 공간 확보를 위해 통로의 중간을 이용한다. 일반 도보대형과 동일한 대형을 취하되 경호대상자는 항상 계단의 중앙부에 위치하도록 한다.

답 ○

☐ 복도, 도로, 계단 등을 이동 시 우발상황에 대비한 여유 공간 확보를 위해 통로의 중간을 이용한다. 기출 09 · 07

근접도보경호기법에 관한 설명이다.

답 ○

☐ 복도, 도로, 계단 등을 이동할 때는 위해 시 방어와 대피를 위한 여유 공간 확보를 위해 통로의 측면으로 이동한다. 기출 05

복도, 도로, 계단 등을 이동 시 우발상황에 대비한 여유 공간 확보를 위해 통로의 중간을 이용해야 한다.

답 ×

☐ 에스컬레이터 이동 시 경호대상자의 안전을 위하여 디딤판이 끝나는 지점까지 경호원은 걸음을 멈추고 주위경계를 실시한다. 기출 12

에스컬레이터는 사방이 노출되어 있으므로 가능하면 사용하지 않고 계단이나 엘리베이터를 이용하는 것이 안전하다. 다만, 부득이하게 에스컬레이터를 사용해야 하는 경우에는 걸음을 멈추지 않고 최대한 짧은 시간에 에스컬레이터를 벗어나도록 하는 것이 바람직하다. 답 ×

☐ 엘리베이터의 경우 안내자가 있을 때는 상급자가 나중에 타고 먼저 내린다. 기출 12

엘리베이터의 경우 안내자가 있을 때는 상급자가 먼저 타고 먼저 내린다. 안내자가 없을 때는 상급자가 나중에 타고 먼저 내린다. 답 ×

☐ 엘리베이터의 경우 안내하는 사람이 있을 때는 상급자가 먼저 타고, 먼저 내린다. 기출 09 · 08

안내하는 사람이 있는 경우 엘리베이터 승하차 시 탑승예절이다. 답 ○

핵심만 콕 **탑승 시 경호예절**

항공기	• 상급자가 나중에 타고 먼저 내린다. • 창문가 좌석이 상석, 통로 쪽 좌석이 차석, 상석과 차석 사이가 말석이다.
선 박	• 객실의 등급이 정해져 있을 때는 지정된 좌석에 앉고, 지정된 좌석이 없는 경우 선체의 중심부가 상석이 된다. • 일반적 선박의 경우 승선 시 상급자가 나중에 타고 하선 시에는 먼저 내린다. • 함정의 경우 승선 시 상급자가 먼저 타고 하선 시에도 먼저 내린다.
기 차	• 두 사람이 나란히 앉는 좌석에서는 창가 쪽이 상석이고 통로 쪽이 말석이다. • 네 사람이 마주 앉는 자리에서는 기차 진행 방향의 창가 좌석이 가장 상석이고 그 맞은편, 상석의 옆좌석, 그 앞좌석 순이다. • 침대차에서는 아래쪽 침대가 상석이고 위쪽 침대가 말석이다.
승용차	• 운전기사가 있을 경우 자동차 좌석의 서열은 뒷좌석 오른편이 상석이고 왼쪽과 앞자리, 가운데 순이다(뒷좌석 가운데와 앞자리의 서열은 바뀔 수 있다). • 자가운전자의 경우 자진해서 운전석 옆자리에 앉는 것이 통례이며 그곳이 상석이다. 그리고 뒷좌석 오른편, 왼쪽, 가운데 순이다.
엘리베이터	• 안내하는 사람이 있을 때에는 상급자가 먼저 타고 먼저 내린다. • 안내하는 사람이 없을 때에는 하급자가 먼저 타서 엘리베이터를 조작하고 내릴 때에는 상급자가 먼저 내린다.
에스컬레이터	• 올라갈 때는 상급자가 먼저 올라가고 내려올 때는 하급자가 먼저 내려온다. • 남녀가 올라갈 때는 여성이 먼저 올라가고, 내려올 때는 남성이 먼저 내려온다.

03 응급처치 및 구급법

1 응급처치의 정의 · 목적 · 범위

☐ 응급처치의 기본요소는 상처보호, 지혈, 기도확보, 전문치료이다. 기출 23

응급처치는 전문적인 치료를 받기 전까지의 임시적인 처치이므로, 전문치료는 응급처치의 기본요소에 해당하지 않는다. 응급처치의 구명 3요소는 지혈, 기도유지, 쇼크방지 및 치료이며, 응급처치의 구명 4요소는 여기에 상처보호가 포함된다. 답 ×

☐ 기도확보, 지혈, 상처보호, 전문치료 중 응급처치의 기본 요소에 해당하지 않는 것은 전문치료이다. 기출 20

응급처치는 전문의료진의 조치가 불가능한 상황에서 경호원이 시행하는 일시적인 구급행위를 말한다. 답 ○

☐ 응급처치의 4대 요소는 전문 의료기관 연락, 지혈, 기도유지, 쇼크방지 및 치료이다. 기출 05

응급처치의 구명 3요소로는 지혈, 기도유지, 쇼크방지 및 치료를, 4요소로는 상처보호를 추가로 든다. 답 ×

☐ 응급처치는 전문적인 치료를 받기 전까지의 임시적인 처치임을 숙지한다. 기출 14 · 08

응급처치는 전문의료진의 조치가 불가능한 상황에서 전문적인 치료를 받기 전까지 경호원이 시행하는 임시적인 처치이다. 답 ○

☐ 응급처치를 실시하는 경비원은 전문의료인이 도착하기 전까지의 응급처치만 하도록 한다. 기출 07

응급처치는 전문의료진의 조치가 불가능한 상황에서 전문의료진이 도착하기 전까지 경비원이 시행하는 임시적인 처치이다. 답 ○

☐ 빠른 시간 내에 전문 응급의료진에게 인계할 수 있도록 한다. 기출 14

응급상황 발생 시 경호원의 역할은 어디까지나 응급처치에 그치는 것이므로, 빠른 시간 내에 전문 응급의료진에게 인계할 수 있도록 한다. 답 ○

☐ 경호원은 원칙적으로 경호대상자(환자나 부상자)에 대한 생사판정은 하지 않는다. 기출 18 · 14 · 09 · 08 · 07 · 06

응급처치원은 환자나 부상자에 대한 생사의 판정은 하지 않는 것이 원칙이므로, 경호원도 환자의 생사판정을 하지 않아야 한다.

답 ○

☐ 경호현장에서 응급상황 발생 시 최초반응자로서 경호원은 교육받은 행위 외에 의료진과 같이 치료를 할 수 있어야 한다. 기출 16

응급상황 발생 시 경호원의 역할은 어디까지나 응급처치에 그치고, 그 다음은 전문 의료요원의 처치에 맡겨야 한다.

답 ×

☐ 응급처치 시 경호원은 의약품을 사용하여 처치하는 것이 원칙이다. 기출 23 · 14

원칙적으로 의약품을 사용하지 않고 되도록 손이나 물건을 상처에 대지 않아야 한다.

답 ×

☐ 응급처치원은 원칙적으로 의약품을 사용하지 않는다. 기출 08

응급처치원은 의약품을 사용하지 않는 것이 원칙이다.

답 ○

☐ 응급처치원은 환자나 부상자에 대한 안전을 자신보다 우선 확보한다. 기출 08

응급처치원은 응급처치 시 우선적으로 자신의 안전을 확보하여야 한다. 따라서 환자나 부상자에 대한 안전을 자신보다 우선 확보하여야 한다는 표현은 옳지 않다.

답 ×

☐ 응급처치를 실시하는 경비원 자신의 안전을 확보하도록 한다. 기출 07

응급처치 시 경비원은 우선적으로 자신의 안전을 확보하여야 한다.

답 ○

☐ 응급처치 시 동원 가능한 의약품을 최대한 사용하여 신속히 처치한다. 기출 09 · 07 · 06

응급상황 발생 시 경호원의 역할은 어디까지나 응급처치에 그치고, 원칙적으로 의약품을 사용하지 않고 되도록 손이나 물건을 상처에 대지 않아야 한다.

답 ×

☐ 응급처치 시 부상자의 상태를 확인하고 편안한 자세를 유지하도록 한다. 기출 09

응급처치원은 응급처치 시 환자나 부상자의 상태를 확인하고 편안한 자세를 유지하도록 한다.

답 ○

☐ 응급처치 시 환자나 부상자의 상태조사 및 편안한 자세를 유지하도록 힘쓴다. 기출 06

응급처치원이 지켜야 할 사항이다. 답 ○

☐ 응급환자 발생 시 병원에 이송되기 전까지 부상자의 2차 쇼크를 방지하고 생명을 유지하도록 한다. 기출 09 · 06

응급처치원이 지켜야 할 사항이다. 답 ○

☐ 경호현장에서 응급상황 발생 시 경호원은 심폐소생술 및 기본 외상처치술을 시행할 수 있어야 한다. 기출 16

응급상황 발생 시 경호원의 역할이다. 답 ○

2 출혈 및 쇼크(Shock)

☐ 출혈성 쇼크와 패혈성 쇼크는 감염증에 의한 쇼크에 해당된다. 기출수정 19 · 09

출혈성 쇼크는 대량출혈이나 혈장손실로 인하여 체액량이 감소할 경우에 발생하고, 패혈성 쇼크는 감염증에 의한 패혈증으로 발생하는 쇼크이다. 답 ×

핵심만 콕 **쇼크와 관계된 증상 및 징후**

- 불안감
- 약하고 빠른 맥박
- 차고 축축한 피부
- 발 한
- 창백한 얼굴
- 빠르고 깊이가 얕으며 힘들어 보이는 호흡
- 초점 없는 눈과 확장된 동공
- 심한 갈증
- 오심 또는 구토
- 점차적인 혈압하강
- 졸 도
- 말초혈관 재충혈 시간의 지연 등

〈출처〉 김두현, 「경호학개론」, 엑스퍼트, 2020, P. 299

☐ 사고현장의 응급처치로 쇼크에 대한 조치는 기도유지, 척추고정, 지혈, 적정자세 유지가 중요하다. 기출 11

쇼크 처치는 기도를 유지하고(척추고정, 적정자세 유지) 산소를 충분히 투여하며, 출혈에 대한 조치(지혈)를 취하는 것이 중요하다. 답 ○

핵심만 콕 **쇼크의 의의**

쇼크는 세포조직 내로 산소를 충분히 공급하지 못하는 순환장애, 즉 세포조직 내에 관류가 정상적으로 이루어지지 못하는 상태를 말한다.

쇼크의 종류

종 류	발생원인
심장성 쇼크	심장이 충분한 혈액을 박출하지 못할 경우 발생
출혈성 쇼크	대량출혈이나 혈장손실로 인하여 체액량이 감소할 경우 발생
신경성 쇼크	혈관의 이완으로 인하여 심장으로 유입되는 혈액량이 적은 경우 발생
저체액성 쇼크	체액이 부족하여 혈압이 저하되는 경우 발생
호흡성 쇼크	호흡장애에 의하여 혈액 내에 산소공급이 원활치 못할 경우 발생
정신성 쇼크	정신적 충격으로 발생
패혈성 쇼크	감염증에 의한 패혈증으로 발생
과민성 쇼크	알레르기 반응으로 발생

〈출처〉 김두현, 「경호학개론」, 엑스퍼트, 2020, P. 299

3 유형별 응급환자에 대한 조치사항

☐ 두부외상 환자의 경우 두부에 박힌 이물질을 제거하고 보온 조치하여 체온을 유지한다. 기출 07

두부외상 환자의 경우 두부에 박힌 이물질을 함부로 제거해서는 안 되며, 움직이지 않도록 잘 고정한다. 또한 뇌 손상 시 체온이 상승하는 경향이 있으므로, 보온 조치를 하지 않아야 한다. 답 ×

☐ 두부 손상의 응급조치는 기도를 확보하여 산소를 공급한 후 뇌 손상으로 인해 체온이 떨어지기 때문에 보온을 유지한다. 기출 06

뇌 손상 시 체온이 상승하는 경향이 있으므로, 보온 조치를 하지 않아야 한다. 답 ×

☐ 두부손상 환자에 대한 일반적인 응급처치 방법으로는 경추 · 척추 고정과 들것에 눕힌 상태에서 (상체를) 30° 정도 올려주는 것 등이 있다. 기출수정 05

두부손상 환자에 대한 일반적인 응급처치는 기도확보, 경추 · 척추고정, 산소공급, 기타 외상처치 등이 있다. 답 ○

☐ 두부외상 환자일 경우 기도를 확보하고 뇌 부분을 따뜻하게 해준다. 기출수정 05

두부외상 환자일 경우 체온이 상승하는 경향이 있으므로, 보온 조치를 하지 않아야 한다. 답 ×

☐ 두피 손상의 경우 손상 입은 피부를 본래의 위치로 되돌려 놓고 거즈를 덮어 직접 압박으로 지혈하고 붕대로 고정한다. 기출 07

두피 손상 시 응급처치는 출혈 시 상처 위에 거즈를 대고 손으로 압박하는 것이며, 손상 입은 피부는 본래의 위치로 되돌려 놓고 거즈를 덮어 직접 압박으로 지혈하고 붕대로 고정한다. 답 ○

☐ 두개골 골절의 경우 귀나 코에서 흐르는 액체는 막지 않고 이송한다. 기출 07

두개골 골절 시 응급처치는 골절부위에 드레싱 처치를 하고 즉시 이송해야 하며, 귀나 코에서 흐르는 액체는 막지 않고 이송하되, 박힌 이물질은 제거하지 말고 움직이지 않도록 고정하여야 한다. 답 ○

☐ 부상자가 의식이 없고 척추손상 상태라면 부상자를 반듯하게 눕히고 머리부위를 당기며, 기도를 개방시킨다. 기출 07 · 05

경추 · 척추손상 환자의 경우 응급처치는 부상자를 반듯하게 눕히고, 기도를 유지하는 것이 중요하다. 단, 목을 뒤로 젖히는 것은 생명에 위협을 줄 수 있으므로 절대로 금지하여야 한다. 답 ○

☐ 경 · 척추가 손상되었을 경우 환자를 함부로 다루게 되면 오히려 손상을 가져오기 때문에 의료진이 도착할 때까지 그대로 두는 것이 낫다. 기출 06

경추나 척추손상 환자를 함부로 다루는 것은 오히려 더 큰 손상을 가져올 수 있으므로, 생명에 지장이 없는 환자의 경우에는 119구급대나 전문의료인이 올 때까지 그대로 두는 것이 낫다. 답 ○

☐ 일반적으로 두부가 손상되었다고 확인되면, 기도확보, 경추・척추고정, 산소공급 기타 외상처치를 실시한다. 기출 07

두부손상 환자에 대한 일반적인 응급처치는 기도확보, 경추・척추고정, 산소공급, 기타 외상처치 순이다.

답 ○

☐ 부상자가 호흡하지 않아 기도를 개방하고 인공호흡을 실시하였다면 경동맥을 짚어 맥박이 있는지 확인한다. 기출 07・05

자력으로 호흡을 할 수 없는 환자에게 산소공급을 도와 스스로 호흡을 할 수 있도록 구조호흡을 실시한 후 호흡이 없으면 인공호흡을, 맥박이 없으면 심폐소생술을 실시한다.

답 ○

☐ 얼굴이 붉은 인사불성 환자의 경우 머리와 어깨를 낮게 하여 안정시킨다. 기출 19・11

얼굴이 붉은 인사불성 환자의 경우 머리와 어깨를 약간 높여 안정시킨다.

답 ×

☐ 원인불명의 인사불성 환자의 얼굴이 붉은 경우 주요 증상은 맥박이 약한 것이고, 구토를 할 경우 조치는 얼굴을 옆으로 돌려주는 것이다. 기출 11

원인불명의 인사불성 환자의 얼굴이 붉은 경우 주요 증상은 맥박이 강하다는 점이다. 맥박이 약한 것은 얼굴이 창백하거나 푸른 인사불성 환자의 경우이다. 구토를 할 경우 얼굴을 옆으로 돌려주는 내용은 응급처치로서 맞는 설명이다.

답 ×

☐ 피경호인이 만찬 중 구토와 함께 졸도하였을 때 경호원의 최초 행동은 입안의 오물을 제거하는 것이다. 기출 06・04

피경호인이 만찬 중 구토와 함께 졸도한 경우 경호원은 입안의 오물을 제거하기 위하여 얼굴을 옆으로 돌려주어야 한다.

답 ○

☐ 머리에 찬 물수건을 대어 열을 식혀 주어야 하는 것은 원인불명의 인사불성 환자의 얼굴이 붉은 경우의 응급처치에 해당한다. 기출 11

머리에 찬 물수건을 대어 열을 식혀 주어야 하는 것은 얼굴이 붉은 인사불성 환자에 대한 응급처치 방법이다.

답 ○

☐ 얼굴이 창백한 인사불성 환자는 머리를 수평 되게 혹은 다리를 높여 안정되게 눕히고 보온조치를 한다. 기출 10

얼굴이 창백한 인사불성 환자에 대한 응급처치 방법이다. 답 ○

☐ 졸도 환자는 머리와 몸을 수평으로 눕히고 다리를 높여 준다. 기출 10

졸도 환자의 증상으로는 안면이 창백하고, 호흡이 약하며, 맥박은 약하며 느리다는 점 등이다. 처치 방법으로는 ① 환자의 머리와 몸을 수평으로 눕히고 다리를 높여 준다. ② 옷을 느슨하게 하여 뇌로 피가 잘 흐르도록 한다. 답 ○

☐ 뇌일혈 환자는 머리와 어깨를 높여 주고, 목의 옷을 느슨하게 하고 찬 물수건이나 얼음주머니를 머리에 대어 준다. 기출 10 · 09

뇌일혈은 흔히 중풍이라고 일컬으며 반신불수나 언어장애로 부자연스런 생활을 하게 되는 등 매우 위험한 질환이다. 처치 방법으로는 ① 환자의 머리와 어깨를 높이고, ② 목의 옷을 느슨하게 하고 찬 물수건이나 얼음주머니를 머리에 대어 주며, ③ 무엇보다도 뇌혈관에 열상으로 인해 두개 내 혈종을 유발하여 외과적인 수술 등이 필요하므로 신속히 병원에 후송하는 것이 중요하다.
답 ○

☐ 두부손상 환자는 귀나 코를 통해 혈액과 함께 흘러나오는 액체를 막지 말고 그냥 흐르게 한다. 기출 19

두부손상 환자의 응급처치 방법이다. 답 ○

☐ 두부외상 환자는 보온조치를 하여 체온을 상승시켜 유지시키도록 한다. 기출 10

두부외상 환자는 뇌 손상 시 체온상승 경향이 있으므로 보온조치를 해서는 안 된다. 답 ×

☐ 두부손상이 의심되면 상체를 높이고, 구토 등 이물질이 있는 경우 옆으로 눕힌다. 기출 09

두부손상이 의심되면 상체(머리 쪽을 30° 정도)를 높이고, 구토 등 이물질이 있는 경우에는 옆으로 눕힌다. 답 ○

핵심만 콕 원인불명의 인사불성 환자에 대한 응급처치

- **얼굴이 붉은 인사불성 환자**
  - 주요 증상은 얼굴이 붉고 맥박이 강한 것이다.
  - 환자를 바로 눕히고 머리와 어깨를 약간 높여 안정시킨다.
  - 목의 옷깃을 늦추어(풀어) 주고 머리에 찬 물수건을 대어 열을 식혀 주어야 한다.
  - 환자를 옮길 필요가 있으면 눕힌 상태로 주의해서 운반한다.
  - 운반 중 환자가 구토를 하면 얼굴을 옆으로 돌려준다.
- **얼굴이 창백한 인사불성 환자**
  - 주요 증상은 얼굴이 창백하고 맥박이 약한 것이다.
  - 충격에 대한 응급처치를 한다.
  - 환자는 머리를 수평이 되게 하거나 다리를 높여 안정되게 하고 보온조치를 한다.
  - 환자를 옮길 필요가 있으면 눕힌 상태로 주의해서 조용히 운반한다.
- **얼굴이 푸른 인사불성 환자**
  - 얼굴이 창백한 인사불성 환자의 증상 외에 호흡이 부전되어 얼굴색이 파래진 것이다.
  - 인공호흡(구조호흡)과 충격에 대한 처치를 실시한다.

〈출처〉 이상철, 「경호현장운용론」, 진영사, 2008, P. 598 /
김계원, 「경호학」, 백산출판사, 2008, P. 401

☐ 화상 환자는 화상부위를 심장보다 높게 올리도록 한다. 기출 19

화상 환자는 화상부위를 심장보다 높게 올려 화상부위에 다량의 혈액이 공급되지 않도록 한다.

답 ○

☐ 피부가 붉어지고 수포가 생기며, 심한 통증이 나타나는 정도의 화상은 2도 화상이다. 기출 10

2도 화상에 관한 설명이다.

답 ○

☐ 화상 깊이에 따른 분류 중 피부와 진피 일부의 화상, 수포 형성, 통증이 심한 것은 2도 화상이다. 기출 05

화상 깊이에 따른 분류 중 2도 화상에 관한 설명이다.

답 ○

☐ 약품화상의 경우 물로 상처를 씻어 내고 감염을 예방하도록 한다. 기출 09

약품화상의 경우 즉시 그리고 계속적으로 많은 물로 피부에 묻은 약품을 씻어 내고 감염을 예방하도록 한다.

답 ○

핵심만 콕 **화상 깊이에 따른 분류**

1도 화상	열에 의하여 피부가 붉어진 정도의 화상으로 표피에만 손상이 있는 경우를 말한다(표피의 손상).
2도 화상	피부 발적뿐만 아니라 수포(물집)가 생기고, 심한 통증이 나타나는 경우를 말한다(표피+진피의 손상).
3도 화상	화상의 정도가 매우 심하여 조직의 파괴까지 동반된 경우를 말한다(표피+진피+조직의 손상).
4도 화상	최근에 사용되는 개념으로 근육, 힘줄, 신경 또는 골조직까지 손상받은 경우를 말한다.

화상의 정도에 따른 치료 방법

구 분	치료 방법
1도 화상	시원한 물수건 등으로 화상을 입은 부위를 식혀 준다.
2도 화상	화상을 입은 면적이 크지 않으면 물수건 등으로 부위를 덮어주도록 한다.
3도 화상	쇼크나 생명의 위험이 있을 수 있으므로 가능한 한 빨리 병원으로 이송하도록 하며 소독약 등을 사용할 경우 병원에서 상처를 진단하는 데 시간이 걸리는 경우가 있으므로 사용하지 않도록 한다.
4도 화상	직접적인 피부이식 수술이 필요하므로 감염에 주의하면서 가능한 한 많은 조직을 살려 후유증을 줄이도록 한다.

☐ 질식된 듯한 모습을 보이며 화상을 동반하며 쇼크증상을 보일 수 있는 것은 감전이다. 기출 04

감전의 증상은 질식된 듯한 모습, 잿빛의 얼굴색(갑자기 심장이 멈추어 호흡을 못한 경우)이며, 화상을 동반하고 쇼크증상을 보인다. 답 ○

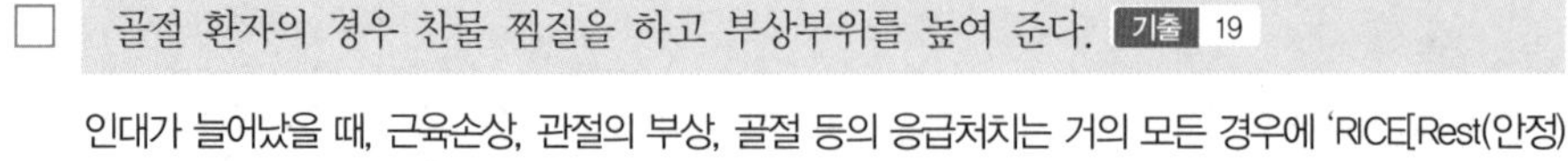

☐ 골절 환자의 경우 찬물 찜질을 하고 부상부위를 높여 준다. 기출 19

인대가 늘어났을 때, 근육손상, 관절의 부상, 골절 등의 응급처치는 거의 모든 경우에 'RICE[Rest(안정) – Ice(얼음찜질) – Compression(압박) – Elevation(올리기)]' 처치가 필요하다. 답 ○

☐ 손상 환자 발견 시 경비원의 응급처치 순서는 안정 → 냉찜질 → 압박 → 상처올림 순이다. 기출 06

손상 환자 발견 시 응급처치로 'RICE' 처치가 필요하다. 즉, 우선 안정(휴식)을 취하게 하고(Rest), 냉찜질을 하며(Ice), 상처를 압박(Compression)하여 부종을 감소시키고, 환자를 눕히고 심장보다 높게 상처를 들어올려(Elevation) 피하출혈과 부종을 감소시키는 순서로 대응한다. 답 ○

☐ 골절 환자의 골절된 뼈가 돌출되면 1차적으로 뼈를 맞춘다. 기출 06

골절 환자의 골절된 뼈가 돌출된 경우 의사나 구급대원이 현장에 도착할 때까지 뼈를 맞추려고 해서는 안 된다. 이는 부러진 뼈끝이 신경, 혈관 또는 근육을 손상시키거나 피부를 뚫어 복합골절이 되는 것을 방지하기 위함이다. Q넷 정답표에는 ○로 표기되어 있으나 ×가 맞다. 답 ×

☐ 골절 부위에 출혈이 있는 경우 직접 압박지혈법을 행한다. 기출 06

골절 부위에 출혈이 있는 경우 직접 압박법으로 출혈을 방지하고, 부목을 대기 전에 드레싱을 먼저 시행해야 한다. Q넷 정답표에는 ×로 표기되어 있으나 ○이 맞다. 답 ○

☐ 골절 부위를 조사하여 골절 부위 상・하단에 부목을 대고 고정시킨다. 기출 06

부러진 뼈는 맞추려고 하지 말고, 골절 부위를 조사하여 골절 부위가 움직이지 않도록 골절 부위 상・하단에 부목을 대고 고정시켜야 한다. 답 ○

☐ 탈구된 환자는 관절의 모양이 변하기 때문에 즉시 바로잡아 주면서 따뜻한 물수건으로 찜질해 준다. 기출 06

탈구는 관절이 어긋나 뼈가 제자리에서 벗어난 상태를 말하며, 탈구된 환자의 응급처치는 의사 외에는 함부로 바로잡으면 안 되고, 부상부위를 편하게 한 후 찬 물수건으로 냉찜질을 해야 한다. 답 ×

☐ 경호임무 수행 중 타박상을 입었을 때에는 상처부위에 탄력붕대를 감아주어 출혈과 부종을 막고, 8~10시간 동안 얼음찜질을 해준다. 기출 04

얼음찜질은 부기가 있을 때 하는 조치이다. 답 ○

☐ 타박상의 출혈이 멈추고 부기가 가라앉으면 더운물 치료나 온찜질을 해준다. 기출 04

온찜질은 부기가 빠진 후 하는 조치이다. 답 ○

☐ 경호임무수행 중 타박상을 입었을 때에는 상처부위를 심장보다 낮게 해서 혈액순환이 잘 되게 한다. 기출 04

상처부위를 심장보다 높게 해서 출혈을 예방하여야 한다. 답 ×

☐ 환자가 의식이 없을 때, 매스껍거나 토할 때, 배에 상처나 복통, 수술 전, 쇼크 상태에서는 마실 것을 주어서는 안 된다. 기출 23

환자가 의식불명인 경우, 수술을 요하는 경우, 쇼크 상태인 경우, 매스껍거나 토하는 경우, 배에 상처나 복통이 있는 경우 음료를 주어서는 안 된다. 답 ○

☐ 경호원은 경호대상자가 가슴 및 복부 손상 시 지혈과 동시에 음료를 마시게 한다. 기출 18

출혈이 멎기 전에는 음료를 주지 않는다. 답 ×

☐ 사고현장의 응급처치 시 출혈부위는 심장보다 높게 하며, 물을 충분하게 주어 갈증을 해소시켜야 한다. 기출 11

사고현장의 응급처치 시 출혈부위는 심장보다 높게 하여야 하며, 출혈이 멎기 전에는 음료를 주어서는 안 된다. 단, 갈증이 심한 경우 젖은 거즈 등으로 입술을 적셔준다. 답 ×

☐ 경호원은 경호대상자가 가슴 및 복부 손상 시 지혈을 하고 물을 마시게 한다. 기출 17

머리 · 배(복부) · 가슴의 손상 환자에게는 우선적으로 지혈을 하고, 절대로 음료를 주지 않도록 하며, 젖은 거즈 등으로 입술을 적셔준다. 답 ×

☐ 발작이 일어났을 경우 즉시 환자를 잡아 근육의 경련을 막고 의식이 회복될 수 있도록 음료를 투여한다. 기출 06

발작이 발생한 경우 환자가 움직이지 못하게 손발을 꽉 잡거나 주물러 주는 것은 오히려 해로울 수 있다. 다만, 혀를 깨물거나 질식이 안 되도록 고개를 돌려 주는 것이 좋다. 특히 발작 중에는 절대로 환자의 입안에 음료 등을 투여해서는 안 된다. 답 ×

☐ 경비업무 수행 중 출혈이 심한 경우 즉시 지혈하여야 한다. 기출 13

출혈이 심한 경우 즉시 지혈(가장 흔한 응급처치 방법이다)을 하고, 출혈 부위를 심장부위보다 높게 하여야 한다. 답 ○

☐ 심한 출혈 시 출혈 부위를 심장부위보다 낮게 하고 출혈부위에 더러운 것이 묻어 있을 때에는 물로 씻어낸다. 기출 23

심한 출혈 시 출혈 부위는 심장부위보다 높게 하여야 하고, 출혈부위에 더러운 것이 묻어 있을 때에 물로 씻어내는 것은 심하지 않은 출혈 시 처치이다. 답 ×

☐ 경호원은 경호대상의 심한 출혈 시 출혈 부위를 심장보다 높게 하여 안정상태를 유지한다. 기출 18

경호원은 출혈이 심한 경우 즉시 지혈을 하고, 출혈 부위를 심장 부위보다 높게 하여 안정상태를 유지하여야 한다. 답 ○

☐ 경비업무 수행 중 출혈이 심한 경우의 응급처치와 관련하여 지혈방법은 직접 압박, 지압점 압박, 지혈대 사용 등의 방법이 있다. 기출 13

출혈이 심한 경우의 지혈방법으로 직접 압박법(출혈 부위를 깨끗한 천이나 붕대, 거즈 등으로 직접 누르고 붕대로 단단히 감아서 출혈을 막는 방법), 지혈점(지압점) 압박법(간접 압박법, 직접 압박법으로 출혈이 멎지 않을 경우에만 사용하는 방법으로, 동맥을 압박하여 혈액 공급을 차단함으로써 출혈을 감소시키는 방법), 국소거양법(상처 부위를 심장보다 높게 하는 방법으로 주로 직접 압박법이나 간접 압박법과 병행하여 사용), 지혈대 사용법(상처 부위보다 심장에 가까운 쪽을 천이나 끈 등으로 묶고 막대기 등을 끼어 돌려 죄는 지혈법으로 장시간 사용 시 조직 괴사 위험이 있으므로 일정 시간마다 지혈대를 풀어주어야 한다) 등이 있다. 답 ○

☐ 심한 출혈 시 소독된 거즈나 헝겊으로 세게 직접 압박한다. 기출 12

심한 출혈 시 지혈방법인 직접 압박법에 관한 내용이다. 답 ○

☐ 심한 출혈 시 감염에 주의하면서 출혈 부위의 이물질을 물로 씻어낸다. 기출 12

출혈이 심하지 않은 경우의 응급처치 요령에 해당한다. 답 ×

☐ 심한 출혈 시 출혈 부위를 심장 부위보다 높게 하고 압박점을 강하게 압박한다. 기출 12

심한 출혈 시 응급처치 요령으로는 출혈 부위를 심장 부위보다 높게 하고(국소거양법), 직접 압박법이나 간접 압박법 등의 지혈방법을 사용하는 것이다. 답 ○

☐ 심한 출혈 시 환자를 편안하게 눕히고 보온한다. 기출 12

심한 출혈 시 지혈조치 후 환자를 편안하게 눕히고 보온하는 것은 환자의 안정을 도모하고 상태 악화를 방지하기 위한 조치로 적합하다. 답 ○

☐ 출혈이 심한 환자에 대한 응급처치를 위해서는 상처에 대한 지압점을 압박하고, 상처의 드레싱을 해야 한다. 기출수정 08

상처의 드레싱은 출혈이 심하지 않은 경우의 응급처치 방법이다. 드레싱(Dressing)은 상처의 치유속도를 빠르게 하고 상처 난 부위에 더 위해를 가하지 못하게 하기 위해 상처에 붙이는 멸균 거즈나 압박대이다. 답 ×

☐ 출혈부위에 대한 직접압박과 지혈대의 사용은 출혈이 심한 환자에 대한 응급처치 방법이다. 기출수정 08

출혈이 심할 경우 즉시 지혈을 해야 한다. 답 ○

핵심만 콕 **출혈 시 응급처치 요령**

구분	내용
출혈이 심한 경우	• 출혈이 심하면 즉시 지혈을 하고 출혈 부위를 심장 부위보다 높게 하여 안정되게 눕힌다. • 출혈이 멎기 전에는 음료를 주지 않는다. • 지혈방법은 직접 압박, 지압점 압박, 지혈대 사용 등의 방법이 있다. • 소독된 거즈나 헝겊으로 세게 직접 압박한다. • 환자를 편안하게 눕히고 보온한다.
출혈이 심하지 않은 경우	• 출혈이 심하지 않은 상처에 대한 처치는 병균의 침입을 막아 감염을 예방하는 것이다. • 상처를 손이나 깨끗하지 않은 헝겊으로 건드리지 말고, 엉키어 뭉친 핏덩어리를 떼어내지 말아야 한다. • 더러운 것이 묻었을 때는 깨끗한 물로 상처를 씻어 준다. • 소독한 거즈를 상처에 대고 드레싱을 한다. • 의사의 치료를 받게 한다.

☐ 독사교상의 경우 상처 부위의 위쪽은 묶고, 상처 부위를 심장보다 높게 하여 이송한다. 기출 09

독사교상의 경우 독이 퍼져 올라가는 것을 방지하기 위하여 상처 부위의 위쪽을 묶고, 상처 부위를 심장보다 낮게 하여 독이 심장 쪽으로 퍼지는 것을 지연시킨다. 답 ×

4 심폐소생술(CPR)

☐ 심정지 환자는 골든타임 내에 신속하게 심폐소생술을 실시한다. 기출 22

심정지 환자의 경우 기본 인명구조술이 심정지 후 4분 이내 시작되고, 전문 인명구조술이 8분 이내에 시작되어야 높은 소생률을 기대할 수 있다.

답 ○

☐ 심폐소생술의 흉부(가슴)압박은 분당 100~120회 속도로 실시한다. 기출 22

심폐소생술의 흉부(가슴)압박은 분당 100~120회 속도로, 5~6cm 깊이로 시행하여야 한다.

답 ○

☐ 인공호흡에 자신이 없는 경우 흉부(가슴)압박을 실시한다. 기출 22

심폐소생술 교육을 받은 적이 없거나, 받았더라도 자신이 없는 경우, 혹은 인공호흡에 대해 거부감을 가진 경우에는 심폐소생술을 시도조차 하지 않는 경우가 많다. 그러나 인공호흡을 하지 않고 가슴압박만 하더라도 아무것도 하지 않을 때보다 심장정지 환자의 생존율을 높일 수 있으므로 2011년 가이드라인부터 '가슴압박소생술(Compression-Only CPR)'을 권장하였다.

〈출처〉 2020년 한국심폐소생술 가이드라인, 질병관리청 · 대한심폐소생협회, P. 67

답 ○

☐ 맥박과 호흡이 없을 경우 빠른 시간에 보조호흡을 실시한다. 기출 21

맥박과 호흡이 없을 경우 빠른 시간에 심폐소생술(CPR)을 실시하여야 한다.

답 ×

☐ 경호원은 경호대상이 의식과 호흡이 없을 경우 빠른 시간에 심폐소생술을 실시하여야 한다. 기출 18

심폐소생술이란 의식장애나 호흡, 순환기능이 정지되거나 현저히 저하된 상태로 인하여 사망의 위험이 있는 자에 대하여 즉시 기도를 개방하고 인공호흡과 심장압박을 실시해서 즉각적으로 생명유지를 도모하는 처치 방법이다.

답 ○

☐ 응급구조란 의식장애나 호흡, 순환기능이 정지되거나 현저히 저하된 상태로 인하여 사망의 위험이 있는 자에 대하여 즉시 기도를 개방하고 인공호흡과 심장압박을 실시해서 즉각적으로 생명유지를 도모하는 처치 방법이다. 기출 15

심폐소생술(CPR)에 대한 설명이다.

답 ×

☐ 심폐소생술 실시 중 자발적인 호흡으로 회복되어도 계속 흉부(가슴)압박을 실시한다. 기출 22

<u>심폐소생술 실시 중 환자의 맥박과 호흡이 회복된 경우에는 심폐소생술을 종료한다</u>. 답 ×

☐ 구조자(경호원)가 육체적으로 탈진하여 지친 경우나 다른 의료인과 교대한 경우에는 심폐소생술을 종료할 수 있다. 기출 08

구조자(경호원)가 육체적으로 탈진하여 더 이상 할 수 없는 경우나 다른 구조자(응급구조요원)와 교대한 경우에는 심폐소생술을 종료할 수 있다. 답 ○

☐ 환자의 맥박과 호흡이 회복된 경우이거나 15분간 심폐소생술에 반응이 없는 경우에는 심폐소생술을 종료할 수 있다. 기출 08

심폐소생술의 실시 여부와 관계없이 30분 이상 심정지상태가 계속될 때에는 심폐소생술을 종료할 수 있다는 것이 일반적인 이론이다. 답 ×

☐ 심폐소생술을 실시하는 가운데 출혈이 심하다면 심폐소생술 실시자 이외의 다른 보호자가 지혈을 실시한다. 기출 07 · 05

심폐소생술은 일정한 경우를 제외하고는 종료될 수 없으므로, 심폐소생술을 실시하는 가운데 심한 출혈이 발생한 경우 다른 보호자가 지혈을 실시하여야 한다. 답 ○

☐ 심폐소생술을 실시 중이거나 과도한 열기에 노출되어 발생한 상해가 아닐 경우에는 쇼크를 방지하기 위해 부상자를 차갑게 보호해 주어야 한다. 기출 07

쇼크를 방지하기 위해서는 부상자의 체온을 유지하기 위해 보온조치를 하여야 한다. 답 ×

☐ 긴박한 상황에서 정확한 심장충격을 위해 환자를 붙잡은 상태에서 제세동을 실시한다. 기출 22

제세동 버튼(쇼크 버튼)을 누르기 전에는 반드시 다른 사람이 환자에게서 떨어져 있는지 확인하여야 하므로, <u>환자를 붙잡은 상태에서 제세동을 실시해서는 안 된다</u>. 답 ×

CHAPTER

06 경호의 환경

01 경호의 환경요인

1 일반적 경호 환경요인

☐ 국민의식과 생활양식의 변화로 경호에 비협조적 경향이 나타나는 것은 특수적 환경요인이다. 기출 22

국민의식과 생활양식의 변화로 경호에 비협조적 경향이 나타나는 것은 일반적 환경요인이다.

답 ×

☐ 사이버범죄 증가에 따라 경호방법 다변화의 일환으로 「개인정보보호법」은 적용하지 않는다. 기출 21

현재 사이버범죄와 관련된 우리나라의 법률체계는 「정보통신망 이용촉진 및 정보보호 등에 관한 법률(약칭 : 정보통신망법)」이 사이버범죄의 기본법적인 역할을 하고 있으나, 이외에도 「정보통신기반 보호법」, 「전기통신사업법」, 「위치정보의 보호 및 이용 등에 관한 법률(약칭 : 위치정보법)」, 「개인정보보호법」 등 다양한 법률이 적용되고 있다.

답 ×

☐ 개인주의 보편화로 경호작용의 협조적 경향이 증가하고 있다. 기출 16

경호환경과 관련하여 생활양식 및 국민의식의 변화는 이기주의에 빠져 경호작용의 비협조적 경향이 나타날 우려가 있다.

답 ×

☐ 현대사회의 범죄현상으로 범죄수법의 양상이 획일화되어 가고 있다는 점을 들 수 있다. 기출 13

현대사회의 범죄현상은 범죄수법의 다양화와 범죄의 증가를 들 수 있다.

답 ×

☐ 경호의 일반적 환경요인으로는 경제발전과 과학기술의 발전, 사회구조와 국민의식구조의 변화, 정보의 팽창과 범죄의 다양화, 우리나라에 대한 북한 테러 위협 증가가 있다. 기출 17

우리나라에 대한 북한 테러 위협 증가는 특수적 경호 환경요인이다. 답 ×

☐ 경호의 환경을 일반적 환경과 특수적 환경으로 구분할 경우, 범죄의 다양화와 증가, 해외에서 우리 국민의 테러 위협 증가, 생활양식 및 국민의식의 변화는 일반적 환경에 해당한다. 기출 10

해외에서 우리 국민의 테러 위협 증가는 경호의 특수적 환경에 해당한다. 답 ×

핵심만 콕 경호의 환경(일반적 환경과 특수적 환경)

일반적 환경	특수적 환경
• 국제화 및 개방화 • 경제발전 및 과학기술의 발전 • 정보화 및 범죄의 광역화 • 생활양식과 국민의식의 변화 • 범죄의 다양화와 증가	• 경제전쟁 • 한국의 국제적 지위 향상 등 • 북한의 위협 • 증오범죄의 등장

2 특수적 경호 환경요인

☐ 생활양식 및 국민의식이 자유주의적이고 개인적으로 변하여 경호작용에서 비협조적 경향이 나타날 우려가 있다는 것은 경호의 특수적 환경에 해당한다. 기출 14

생활양식 및 국민의식의 변화는 경호의 일반적 환경에 해당된다. 답 ×

02 암 살

1 암살의 개념 및 동기

□ 다음 중 암살에 관한 설명으로 옳지 않은 것은 'ㄷ'이다. 기출 23

ㄱ. 정치적, 사상적 입장의 차이에서도 비롯된다.
ㄴ. 정신분열증, 편집증, 조울증 등은 암살의 심리적 동기에 해당된다.
ㄷ. 암살자가 극히 중요하다고 생각하는 사상을 암살대상자들이 위태롭게 하고 있다고 생각하는 것은 적대적 동기에 해당된다.
ㄹ. 혁명적 목적 달성을 위해 암살을 하는 경우도 있다.

ㄷ. (×) 암살의 이념적 동기에 관한 설명이다. 적대적 동기는 전쟁 중이거나 적대관계에 있는 지도자를 제거하여 승전을 유도하거나 사회혼란을 조성하기 위해 암살이 이루어진다. 답 ○

□ 암살범의 적개심과 과대망상적 사고는 개인적 동기에 해당된다. 기출 22

암살범의 적개심과 과대망상적 사고는 암살범의 심리적 특징 중 하나인데, 암살범의 적개심과 과대망상적 사고가 암살의 동기와 관련하여 개인적 동기에 해당하는지 여부와 과대망상적 사고가 심리적 동기에도 해당하는지 여부가 조현병(정신분열증), 편집병, 조울증 등의 정신병력 문제와 관련하여 문제된다. 일반적으로 암살은 복수, 증오, 분노 또는 지극히 개인적인 동기 등에 의하여 이루어지며, 그 동기는 실제적이거나 또는 상상적일 수 있다. 이에 따라 적개심과 과대망상적 사고를 개인적 동기에 해당한다고 할 수 있다. 그리고 과대망상적 사고는 조현병(정신분열증) 등의 정신병력 문제와 일정한 관계가 있다고 평가할 수 있다. 즉, 조현병의 대표적인 증상은 환각과 망상이며, 망상의 내용은 피해망상, 과대망상부터 신체적 망상에 이르기까지 다양하다. 그러므로 과대망상적 사고를 심리적 동기로 볼 수 있는 측면이 존재한다. 정리하면, 암살범의 '적개심'은 개인적 동기로 볼 수 있으나, '과대망상적 사고'는 개인적 동기 또는 심리적 동기에 해당한다고 볼 수 있으므로 용어 표현이 비록 정확한 표현인 것은 아니지만, 옳지 않다고 볼 수는 없다.

〈참고〉 김두현, 「경호학개론」, 엑스퍼트, 2020, P. 464~471

답 ○

☐ 암살은 뉴테러리즘의 일종으로 불특정 다수를 대상으로 한다. 기출 22

암살은 일반적으로 근대적 테러리즘의 전형이라 할 수 있으며, 특정한 지위에 있는 사람을 대상으로 한다. 학자에 따라 암살의 개념이 다양하지만, "정치적·종교적, 기타 각종 동기에 의해 법에 구애됨이 없이 공적인 지위에 있는 사람을 죽이는 것"이라고 하거나 "정치적·사상적 입장의 상이, 대립에 유래되는 동기에서 일정한 정치적 지위에 있는 사람을 살해하는 일"이라고 정의하기도 한다.

〈참고〉 김두현, 「경호학개론」, 엑스퍼트, 2020, P. 464

답 ×

☐ 암살의 동기 중 전쟁 중인 적국의 지도자를 제거함으로써 승전으로 이끌 수 있다고 판단하는 경우는 이념적 동기이다. 기출 15

적대적(전략적) 동기이다. 이념적 동기는 암살대상자가 자신들이 깊이 신봉하는 사상을 위태롭게 하고 있다고 판단하는 경우 발생한다.

답 ×

☐ 암살의 동기 중 정신분열증, 편집병, 조울증, 노인성 치매 등의 요소들 중 한 가지 또는 그 이상의 요소들이 복합적으로 작용하는 경우는 심리적 동기이다. 기출 15

심리적 동기에 관한 설명이다.

답 ○

☐ 암살자들이 자신들이 극히 중요하다고 생각하는 사상을 위태롭게 하고 있다고 생각하는 자를 암살하는 경우의 동기는 '심리적 동기'이다. 기출 14

자신들이 믿는 사상과 이념에 반하는 자를 척살하려는 것은 '이념적 동기'에 관한 설명이다.

답 ×

☐ 다음 중 암살의 동기와 그 유발원인의 연결이 옳은 것은 'ㄱ'이다. 기출 10

ㄱ. 심리적 동기 : 정신병력 문제
ㄴ. 정치적 동기 : 경제적 불황 타개
ㄷ. 적대적 동기 : 원한, 증오와 관련된 갈등
ㄹ. 이념적 동기 : 정권교체 등과 관련된 갈등

경제적 불황 타개는 경제적 동기, 원한·증오와 관련된 갈등은 개인적 동기, 정권교체 등과 관련된 갈등은 정치적 동기와 연결된다.

답 ○

핵심만 콕 **암살의 동기**

구분	내용
개인적 동기	분노, 복수, 원한, 증오 등 극히 개인적 동기에 의해 암살이 이루어진다.
경제적 동기	금전적 보상 혹은 경제적 어려움을 해소하기 위하여 피암살자의 희생이 필요하다는 신념에 의해 암살이 이루어진다.
적대적(전략적) 동기	전쟁 중이거나 적대관계에 있는 지도자를 제거하여 승전을 유도하거나 사회혼란을 조성하기 위해 암살이 이루어진다.
정치적 동기	정권을 바꾸거나 교체하려는 욕망으로 암살이 이루어진다.
심리적 동기	정신분열증, 조울증, 편집증, 노인성 치매 등 정신병력 증세를 갖고 있는 사람들에 의해 암살이 이루어진다.
이념적 동기	어떠한 개인 혹은 집단이 주장·신봉하는 이념이나 사상을 탄압하거나 방해한다고 여겨지는 때 그 대상을 제거하기 위한 목표로 암살이 이루어진다.

〈출처〉 김두현, 「경호학개론」, 엑스퍼트, 2020, P. 464~466

2 암살범의 특징

☐ 암살범은 자신을 학대하고 무능력을 비판하는 심리적 특징을 보이는 경우도 있다. 기출 22

암살범의 심리적 특징 중 하나는 자기 자신을 학대하고 대개가 무능력자로서 자신의 무능력을 비판한다는 점이다.

답 ○

☐ 암살범은 암살에 대한 동기가 확연해지면 빠른 수행방법을 모색하는 경향이 있다. 기출 22

암살에 대한 동기가 확연해지면 암살기도자는 암살을 가장 쉽고, 빠르게 수행할 수 있는 방법을 모색하는 경향이 있다. 〈참고〉 김두현, 「경호학개론」, 엑스퍼트, 2020, P. 471

답 ○

☐ 암살범의 일반적인 심리적 특성으로 암살범은 외모에 의해 식별하기 곤란할 정도로 단정하다는 점을 들 수 있다. 기출 11

신체적 특성에 관한 설명이다.

답 ×

핵심만 콕 암살범의 심리적 및 신체적 특징

- **심리적 특징**
  - 자기 자신을 학대하고 대개가 무능력자임
  - 대개 인내심이 부족함
  - 허황적인 사고와 행동에 빠지기 쉬움
  - 적개심과 과대망상적인 사고를 소유한 자들이 많음
- **신체적 특징**(일반적인 특징은 없으나, 이하는 암살범 및 암살 기도자들을 대상으로 한 연구결과를 토대로 한 특징이다.)
  - 대략 30세 미만의 미혼으로 불안정하며, 고정된 이성친구가 없는 경우가 많음
  - 범행 시점에는 정상적인 생활습관에서 벗어난 정신적 무질서 상태임
  - 자기 자신을 정치적 또는 종교적 운동과 동일시하며, 암살목적은 인물보다는 직위를 목표로 함이 다수임
  - 외모에 의해 식별하기 곤란할 정도로 단정함. 외모에 의해 순간적인 식별은 곤란하나, 심리적 측면에서의 불안감과 동요로 인한 행동의 불안정은 반드시 외부로 표출됨

〈참고〉 김두현, 「경호학개론」, 엑스퍼트, 2020, P. 469~471

3 암살계획수립의 순서

☐ 위해기도자의 암살계획수립 내용에는 경호정보 수집, 무기 및 장비의 획득, 공모자들의 임무분배, 인명 및 재산손실에 대한 분석이 있다. 기출 13

위해기도자의 암살계획수립은 경호정보의 수집 → 무기 및 장비 획득 → 공모자들의 임무할당 → 범행의 실행 순으로 진행된다.

답 ×

☐ 암살의 실행단계의 순서는 경호정보 수집 → 무기 및 장비 획득 → 임무의 분배 → 실행 순이다. 기출 10

암살은 경호정보의 수집 → 무기 및 장비 획득 → 공모자들의 임무할당(분배) → 범행의 실행 순으로 진행된다.

답 ○

03 테 러

1 개 관

☐ 다음 중 뉴테러리즘에 관한 설명으로 옳지 않은 것은 'ㄹ'이다. 기출 23

ㄱ. 불특정 다수인을 상대로 한다.
ㄴ. 테러조직의 다원화로 무력화가 어렵다.
ㄷ. 증거인멸이 쉬운 대량살상 무기가 사용될 가능성이 많다.
ㄹ. 전통적 테러에 비해 피해 규모가 작다.

ㄹ. (×) 전통적 테러에 비해 피해 규모가 큰 양상을 띤다.

답 ○

☐ 뉴테러리즘은 공격대상이 특정화되어 있고, 언론매체의 활용으로 공포확산이 빠르다는 점이 특징이다. 기출 21

뉴테러리즘은 불특정 다수에 대한 공격을 특징으로 한다.

답 ×

☐ 뉴테러리즘은 요구 조건이나 공격 주체가 구체적이고 분명하다. 기출 15

뉴테러리즘(New Terrorism)은 일반대중들의 공포를 목적으로 적이 누구인지 모르고, 전선이나 전쟁 규칙도 없다. 대량살상무기나 사이버무기, 생물학무기, 생화학무기 등을 사용하며, 결국 사회나 국가 전체의 혼란 및 무력화를 추구하는 새로운 테러리즘을 지칭하는 말이다. 기존의 테러리즘과는 달리 요구 조건이나 공격 주체가 불분명하다는 특징을 지닌다.

답 ×

핵심만 콕 뉴테러리즘

구분	내용
정 의	미국의 뉴욕 세계무역센터 테러사건처럼 공격 주체와 목적이 없으며, 테러의 대상이 무차별적인 새로운 개념의 테러리즘을 가리키는 용어이다.
주요 특징	• 불특정 다수를 공격대상으로 한다. • 동시다발적 공격이 가능하다. • 주체가 없고('얼굴 없는 테러') 요구조건과 공격조건이 없다. • 경제적·물질적 피해 규모가 천문학적인 수준이다. • 과학화·정보화의 특성을 반영하여 조직이 고도로 네트워크화되어 있다. 이에 따라 조직 중심이 다원화되어 조직의 무력화가 어렵다. • 테러행위에 소요되는 시간이 짧아 예방대책 수립이 어렵다. • 언론매체를 이용하여 공포가 쉽게 확산된다. • 사회적으로 지식층과 엘리트층이 테러리스트로 활동하여 테러가 보다 지능화되고 성공률이 높아지고 있다. • 증거인멸이 쉬운 대량살상 무기가 사용될 가능성이 많다.

☐ 문자메시지(SMS)와 피싱(Phishing)의 합성어로, 인터넷 접속이 가능한 스마트폰의 문자메시지를 이용한 해킹 범죄는 '메신저피싱'이다. 기출 19

문자메시지(SMS)와 피싱(Phishing)의 합성어로, '무료쿠폰 제공, 모바일 청첩장, 돌잔치 초대장' 등을 내용으로 하는 문자메시지를 발송하고, 그 문자메시지 내 인터넷 주소를 클릭하면 스마트폰에 악성코드가 설치되어 소액결제 피해를 발생시키거나(소액결제 방식으로 돈을 편취하거나) 개인의 금융정보를 탈취하는 수법을 말한다. 답 ×

핵심만 콕 **신종금융범죄**

신종금융범죄란 기망행위(전기통신수단을 이용한 비대면거래)로써 타인의 재산을 편취하는 특수사기범죄로, 주로 금융 분야에서 발생한다.

피싱 (Phishing)	개인정보(Private Data)와 낚시(Fishing)의 합성어로, 금융기관으로 가장하여 이메일 등을 발송하고, 그 이메일 등에서 안내하는 인터넷주소를 클릭하면 가짜 사이트로 접속을 유도하여 은행계좌정보나 개인신상정보를 불법적으로 알아내 이를 이용하는 수법을 말한다.
스미싱 (Smishing)	문자메시지(SMS)와 피싱(Phishing)의 합성어로, '무료쿠폰 제공, 모바일 청첩장, 돌잔치 초대장' 등을 내용으로 하는 문자메시지를 발송하고, 그 문자메시지 내 인터넷 주소를 클릭하면 스마트폰에 악성코드가 설치되어 소액결제 피해를 발생시키거나(소액결제 방식으로 돈을 편취하거나) 개인의 금융정보를 탈취하는 수법을 말한다.
파밍 (Pharming)	PC가 악성코드에 감염되어 정상 사이트에 접속해도 가짜 사이트로 유도되고, 이를 통해 금융정보를 빼돌리는 수법을 말한다.
메모리 해킹 (Memory Hacking)	PC의 메모리에 상주한 악성코드로 인해 정상 은행사이트에서 보안카드번호 앞뒤 2자리만 입력해도 부당인출되는 수법을 말한다.

☐ 다음에서 설명하고 있는 사이버테러 기법은 슈퍼재핑이다. 기출 12

> 은행시스템에서 이자 계산 시 떼어버리는 단수를 1개의 계좌에 자동적으로 입금되도록 프로그램을 조작하는 방법으로서 어떤 일을 정상으로 실행하면서 관심 밖에 있는 조그마한 이익을 긁어모으는 수법

제시문이 설명하는 사이버테러 기법은 살라미 기법이다. 답 ×

핵심만 콕 **컴퓨터 범죄수법**

살라미 기법 (부분잠식수법)	금융기관의 컴퓨터 시스템에서 이자 계산 시나 배당금 분배 시 단수 이하로 떨어지는 적은 수를 주워 모아 어느 특정 계좌에 모이게 하는 수법으로 **어떤 일을 정상적으로 수행하면서 관심 밖에 있는 조그마한 이익을 긁어모으는 수법**을 말한다.
슈퍼재핑 (운영자 가장수법)	**컴퓨터의 고장을 수리하는 것처럼 하면서 그 안에 수록되어 있는 자료를 슈퍼잽**(컴퓨터가 고장으로 인해 가동이 불가능할 때 비상용으로 사용되는 프로그램)**을 통하여 부정조작하거나 입수하는 컴퓨터 범죄수법**을 말한다.
스캐빈징 (쓰레기 주워 모으기)	**컴퓨터 작업 수행 후 주변에서 정보를 획득하는 방법**으로, 쓰레기통이나 주위에 버려진 명세서 또는 복사물을 찾아 습득하는 등 '쓰레기 주워 모으기'라고 불리는 컴퓨터 범죄수법을 말한다.
트랩도어 (함정문수법)	OS나 대형 응용프로그램을 개발하면서 전체 시험 실행을 할 때 발견되는 오류를 쉽게 수정하거나 처음부터 중간에 내용을 볼 수 있는 부정루틴을 삽입해 **컴퓨터의 정비나 유지보수를 핑계 삼아 컴퓨터 내부의 자료를 뽑아가는 행위**를 말한다.

☐ 다음에서 설명하고 있는 사이버테러 기법은 트랩도어이다. 기출 11

> 공격대상이 되는 서버에 과도한 트래픽을 유발시키거나 정상적이지 못한 접속 등을 시도하여 해당 서버의 네트워크를 독점하거나 시스템 리소스의 낭비를 유발시켜 서버가 정상적으로 작동하지 못하게 만드는 기법

서비스 거부(Denial of Service)는 공격대상이 되는 서버에 과도한 트래픽을 유발하는 등의 방법으로 공격대상인 서버를 다운시키는 사이버테러 기법으로 디도스공격(DDoS)으로 많이 알려져 있다.

답 ×

☐ 테러공격의 수행단계는 정보수집 및 관찰 → 공격계획수립 → 공격조 편성 → 공격준비 → 공격실시 순이다. 기출 11

테러공격의 수행단계는 정보수집단계(정보수집 및 관찰) → 계획수립단계(공격계획수립) → 조직화단계(공격조 편성) → 공격준비단계(공격준비) → 실행단계(공격실시) 순이다.

답 ○

핵심만 콕 **테러공격의 수행단계**

- **제1단계(정보수집단계)** : 위해대상자의 습관적 행동이나 행차에 대한 첩보 및 정보를 수집하기 위한 관찰활동을 실시
- **제2단계(계획수립단계)** : 공격계획수립 및 공격방법 선택
- **제3단계(조직화단계)** : 공격조를 편성
- **제4단계(공격준비단계)** : 은거지를 확보하고 공격을 준비
- **제5단계(실행단계)** : 계획된 공격방법에 의거, 공격을 실시하고 현장을 이탈하는 단계

☐ 다음 중 테러조직의 유형 중 수동적 지원조직에 관한 내용인 것은 'ㄱ'이다. 기출 12

ㄱ. 정치적 전위집단, 후원자
ㄴ. 목표에 대한 정보제공, 의료지원
ㄷ. 선전효과 증대, 자금획득
ㄹ. 폭발물 설치, 무기탄약 지원

정치적 전위집단 · 후원자는 테러조직의 구조적 형태(유형) 중 수동적 지원조직의 내용에 해당한다. 의료지원은 전문적 지원조직, 선전효과 증대 · 자금획득은 적극적 지원조직, 폭발물 설치는 행동조직, 목표에 대한 정보제공 · 무기탄약 지원은 직접적 지원조직에 대한 내용이다. 답 ○

☐ 다음 중 테러조직의 유형 중 지도자 조직의 임무는 'ㄱ'이다. 기출 11

ㄱ. 지휘부의 정책수립
ㄴ. 테러리스트의 비호 · 기만
ㄷ. 자금획득
ㄹ. 무기 · 탄약 지원

'지휘부의 정책수립'이 지도자 조직의 임무에 해당한다. 테러리스트의 비호 · 기만은 전문적 지원조직, 자금획득은 적극적 지원조직, 무기 · 탄약 지원은 직접적 지원조직의 임무에 각각 해당한다.

답 ○

☐ 테러조직의 유형별 역할에 관한 내용으로 옳지 않은 것은 'ㄷ'이다. 기출 10

ㄱ. 적극적 지원조직 : 선전효과 증대, 자금획득, 조직확대 등에 기여
ㄴ. 직접적 지원조직 : 공격용 차량 준비, 핵심요원 훈련, 무기 · 탄약 지원
ㄷ. 지도자 조직 : 반정부 시위나 집단행동에서 다수의 위력 구성을 지원
ㄹ. 전문적 지원조직 : 체포된 테러리스트 은닉 및 법적 비호, 의료지원 제공

'반정부 시위나 집단행동에서 다수의 위력 구성을 지원'하는 것은 수동적 지원조직의 역할에 해당한다.

답 ○

핵심만 콕 **테러조직의 구조적 형태**

구 분	역 할
지도자 조직	지휘부의 정책수립, 계획, 통제 및 집행 임무 수행, 테러조직의 정치적 또는 전술적 두뇌를 제공
행동 조직	공격현장에서 **직접 테러행위를 실시, 폭발물 설치**, 실제적으로 테러행위에 있어 가장 중요한 요소
직접적 지원조직	대피소, 차고, **공격용 차량 준비, 테러대상(테러목표)에 대한 정보제공, 전술 및 작전지원**
전문적 지원조직	체포된 테러리스트 **은닉, 법적 비호, 의료지원 제공, 유리한 알리바이 제공**
수동적 지원조직	테러집단의 생존기반, **정치적 전위집단, 후원자**, 반정부 시위나 집단행동에서 다수의 위력 구성을 지원
적극적 지원조직	**선전효과 증대, 자금획득, 조직의 확대에 기여**함으로써 테러활동에 주요한 역할

〈출처〉 김두현, 「경호학개론」, 엑스퍼트, 2020, P. 484~485

☐ 테러리즘의 '동일시 이론'과 관련하여 스톡홀름 증후군이란 인질이 인질사건 과정에서 테러범을 이해하는 마음이 생겨 동화되는 것을 말한다. 기출 23

인질사건에서 인질이 인질범에게 정신적으로 동화되어 자신을 인질범과 동일시하는 현상을 말한다.

답 ○

☐ 테러리즘의 '동일시 이론'과 관련하여 런던 증후군이란 인질사건의 협상단계에서 통역사나 협상자가 테러범 사이에서 생존 동일시 현상이 일어난 것에서 유래되었다. 기출 23

인질사건의 협상단계에서 통역이나 협상자와 인질범 사이에 생존 동일시 현상이 일어나는 것을 말한다.

답 ○

☐ 테러리즘의 발생 이론 중 동일시 이론은 열망적 · 점감적 · 점진적 박탈감 등을 테러의 원인으로 설명하고 있다. 기출 11

박탈감 이론에 관한 설명이다. 동일시 이론이란 사회 · 심리적 동일시 현상이 테러의 원인이 되는 것을 말한다.

답 ×

핵심만 콕 **테러리즘의 발생 원인론**

- **박탈감 이론** : 열망적 · 점감적 · 점진적 박탈감 등이 테러의 원인
- **동일시 이론** : 사회 · 심리적 동일시 현상이 테러의 원인
- **국제정치체제 이론** : 일부 국가에 의해 테러리즘이 정치적 목적달성의 전략적 도구로 사용
- **현대사회구조 이론** : 도시집중화 등 현대사회의 생태학적 환경이 테러의 원인

☐ 인질사건에서 인질이 인질범에게 정신적으로 동화되어 자신을 인질범과 동일시하는 현상은 스톡홀름 증후군(Stockholm Syndrome)이다. 기출 10

인질범이 자신을 인질과 동일시하여 공격적인 태도가 완화되는 현상인 리마 증후군과 달리 스톡홀름 증후군은 인질이 인질범에게 동화되어 자신을 인질범과 동일시하는 현상이다. 답 ○

핵심만 콕 **테러리즘의 증후군**

스톡홀름 증후군 (Stockholm Syndrome)	**인질이 인질범에게 정신적으로 동화되어 자신을 인질범과 동일시하는 현상**
리마 증후군 (Lima Syndrome)	인질사건에서 **인질범이** 인질의 문화에 익숙해지고 정신적으로 동화되면서 **자신을 인질과 동일시하고 결과적으로 공격적인 태도가 완화되는 현상**으로, 1996년 12월 페루 리마(Lima)에서 발생한 일본대사관저 점거 인질사건에서 유래
런던 증후군 (London Syndrome)	인질사건의 협상단계에서 통역이나 협상자와 인질범 사이에 생존 동일시 현상이 일어나는 것
항공교통기피 증후군	9·11 테러 이후 사람들이 항공기의 이용을 기피하는 사회적 현상

〈출처〉 김두현, 「현대테러리즘론」, 백산출판사, 2004

☐ 다음 중 주요 국가별 대테러 특수부대로 옳지 않은 것은 'ㄷ'이다. 기출 23

ㄱ. 영국 : SAS
ㄴ. 이스라엘 : 샤이렛 매트칼
ㄷ. 프랑스 : 델타포스와 SWAT
ㄹ. 독일 : GSG-9

ㄷ. (×) 델타포스는 미국 육군 소속의 대테러 특수부대이며, SWAT는 대테러 임무를 수행하는 미국의 경찰 특수기동대이다. 프랑스의 대테러 특수부대로는 국가 헌병대 소속의 GIGN과 국가경찰 소속의 지방도시를 관할하는 GIPN이 있었으나 GIPN은 2019.3.1. 국가경찰 소속의 전국을 관할하는 RAID[Recherche(수색), Assistance(지원), Intervention(개입), Dissuasion(억제)](프랑스 경찰특공대)로 통합되어 해산되었다. 답 ○

핵심만 콕 **주요 국가별 대테러 특수부대**

한 국	KNP-868의 뜻은 "Korea National Police 86/88"로 86 아시안게임과 88 서울올림픽을 위해 1983년 10월에 창설된 국립경찰 대테러부대이다.
미 국	델타포스는 미국 합동특수작전사령부 소속의 육군 티어1 대테러부대이자 특수임무부대이며, SWAT(Special Weapons Assault Team)는 대테러 임무를 수행하는 미국의 경찰 특수기동대이다.
영 국	SAS(Special Air Service)는 영국 육군 소속의 대테러 특수부대이며 유괴, 폭파, 암살 등의 테러업무를 전담한다.
독 일	GSG-9은 독일 연방경찰 소속의 특수부대이다.
프랑스	국가 헌병대 소속의 GIGN과 국가경찰 소속의 지방도시를 관할하는 GIPN이 있었으나 GIPN은 2019.3.1. 국가경찰 소속의 전국을 관할하는 RAID[Recherche(수색), Assistance(지원), Intervention(개입), Dissuasion(억제)](프랑스 경찰특공대)로 통합되어 해산되었다.
이스라엘	샤이렛 매트칼(Sayeret Mat'kal)은 이스라엘 육군의 특수부대로, 해군의 특수부대인 샤이렛(Sayeret)13과 더불어 이스라엘의 대테러 특수부대이다.

☐ 독일의 대테러부대에는 GIGN, GSG-9이 있다. 기출 12

독일의 대테러부대는 GSG-9이고, GIGN은 프랑스의 대테러부대이다. 답 ×

☐ SAS는 영국의 대테러부대로 유괴, 납치, 암살 등 테러에 대응한다. 기출 12 · 10

SAS(Special Air Service)는 영국 육군 소속 대테러 특수부대이며, 유괴, 폭파, 암살 등의 테러업무를 전담한다. 답 ○

☐ 미국의 대테러부대에는 SWAT, 델타포스가 있다. 기출 12 · 10

SWAT(Special Weapons Assault Team)는 미국의 경찰 특수기동대로서 대테러 임무를 수행하며, 델타포스는 미국 합동특수작전사령부 소속의 육군 티어1 대테러부대이자 특수임무부대이다. 답 ○

☐ 한국의 대테러부대는 KNP-868이다. 기출 12 · 10

KNP-868의 뜻은 "Korea National Police 86/88"로 86 아시아게임과 88 서울올림픽을 위해 1983년 10월에 창설된 국립경찰 대테러부대이다. 답 ○

☐ 프랑스의 대테러부대는 GSG-9이다. 기출 10

프랑스의 대테러부대는 GIGN이고, GSG-9은 독일의 대테러부대이다. 답 ×

2 우리나라의 대테러 방지대책(테러방지법 등)

☐ 국민보호와 공공안전을 위한 테러방지법상 목적에 관한 내용이다. ( )에 들어갈 용어는 순서대로 ㄱ : 예방, ㄴ : 대응, ㄷ : 피해보전이다. 기출 20

> 테러의 (ㄱ) 및 (ㄴ) 활동 등에 관하여 필요한 사항과 테러로 인한 (ㄷ) 등을 규정함으로써 테러로부터 국민의 생명과 재산을 보호하고 국가 및 공공의 안전을 확보하는 것을 목적으로 한다.

( )에 들어갈 내용은 순서대로 ㄱ : 예방, ㄴ : 대응, ㄷ : 피해보전이다(국민보호와 공공안전을 위한 테러방지법 제1조).

답 ○

☐ 국민보호와 공공안전을 위한 테러방지법상 테러는 국가·지방자치단체 또는 외국 정부의 권한행사를 방해하거나 의무 없는 일을 하게 할 목적 또는 공중을 협박할 목적으로 하는 행위를 말한다. 기출 12

국민보호와 공공안전을 위한 테러방지법 제2조 제1호

답 ○

☐ 국민보호와 공공안전을 위한 테러방지법상 테러단체란 국가정보원이 지정한 테러단체를 말한다. 기출 16

테러단체란 국제연합(UN)이 지정한 테러단체를 말한다(국민보호와 공공안전을 위한 테러방지법 제2조 제2호).

답 ×

☐ 테러방지법상 테러단체는 국제연합(UN)이 지정한 테러단체를 말한다. 기출 22·11

국민보호와 공공안전을 위한 테러방지법 제2조 제2호

답 ○

☐ 국민보호와 공공안전을 위한 테러방지법상 테러위험인물은 테러단체의 조직원이거나 테러단체 선전, 테러자금 모금·기부, 그 밖에 테러 예비·음모·선전·선동을 하였거나 하였다고 의심할 상당한 이유가 있는 사람을 말한다. 기출 22

국민보호와 공공안전을 위한 테러방지법 제2조 제3호

답 ○

☐ 국민보호와 공공안전을 위한 테러방지법상 외국인테러전투원은 테러를 실행·계획·준비하거나 테러에 참가할 목적으로 국적국인 국가의 테러단체에 가입하기 위하여 이동을 시도하는 외국인을 말한다. 기출 22

외국인테러전투원이란 테러를 실행·계획·준비하거나 테러에 참가할 목적으로 국적국이 아닌 국가의 테러단체에 가입하거나 가입하기 위하여 이동 또는 이동을 시도하는 내국인·외국인을 말한다(국민보호와 공공안전을 위한 테러방지법 제2조 제4호).

답 ×

☐ 국민보호와 공공안전을 위한 테러방지법상 테러위험인물이란 테러를 실행·계획·준비하거나 테러에 참가할 목적으로 국적국이 아닌 국가의 테러단체에 가입하거나 가입하기 위하여 이동 또는 이동을 시도하는 내국인·외국인을 말한다. 기출 17

외국인테러전투원에 대한 정의이다(국민보호와 공공안전을 위한 테러방지법 제2조 제4호).

답 ×

☐ 국민보호와 공공안전을 위한 테러방지법상 테러자금은 「공중 등 협박목적 및 대량살상무기확산을 위한 자금조달행위의 금지에 관한 법률」에 따른 공중 등 협박목적을 위한 자금을 말한다. 기출 12

국민보호와 공공안전을 위한 테러방지법 제2조 제5호

답 ○

☐ 다음의 내용은 모두 국민보호와 공공안전을 위한 테러방지법상 대테러활동에 해당한다. 기출 20

- 테러위험인물의 관리
- 인원·시설·장비의 보호
- 국제행사의 안전확보
- 테러위협에의 대응 및 무력진압

제시된 내용은 모두 국민보호와 공공안전을 위한 테러방지법 제2조 제6호의 대테러활동에 해당한다.

답 ○

☐ 국민보호와 공공안전을 위한 테러방지법상 대테러조사는 대테러활동에 필요한 정보나 자료를 수집하기 위하여 현장조사·문서열람·시료채취 등을 하거나 조사대상자에게 자료제출 및 진술을 요구하는 활동을 말한다. 기출 22

국민보호와 공공안전을 위한 테러방지법 제2조 제8호

답 ○

☐ 국민보호와 공공안전을 위한 테러방지법상 테러수사란 대테러활동에 필요한 정보나 자료를 수집하기 위하여 현장조사・문서열람・시료채취 등을 하거나 조사대상자에게 자료제출 및 진술을 요구하는 활동을 말한다. 기출 17

대테러조사에 대한 정의이다(국민보호와 공공안전을 위한 테러방지법 제2조 제8호). 답 ×

정의(국민보호와 공공안전을 위한 테러방지법 제2조)

이 법에서 사용하는 용어의 뜻은 다음과 같다.

1. "테러"란 국가・지방자치단체 또는 외국 정부(외국 지방자치단체와 조약 또는 그 밖의 국제적인 협약에 따라 설립된 국제기구를 포함한다)의 권한행사를 방해하거나 의무 없는 일을 하게 할 목적 또는 공중을 협박할 목적으로 하는 다음 각목의 행위를 말한다. [각목 생략]
2. "테러단체"란 국제연합(UN)이 지정한 테러단체를 말한다.
3. "테러위험인물"이란 테러단체의 조직원이거나 테러단체 선전, 테러자금 모금・기부, 그 밖에 테러 예비・음모・선전・선동을 하였거나 하였다고 의심할 상당한 이유가 있는 사람을 말한다.
4. "외국인테러전투원"이란 테러를 실행・계획・준비하거나 테러에 참가할 목적으로 국적국이 아닌 국가의 테러단체에 가입하거나 가입하기 위하여 이동 또는 이동을 시도하는 내국인・외국인을 말한다.
5. "테러자금"이란 「공중 등 협박목적 및 대량살상무기확산을 위한 자금조달행위의 금지에 관한 법률」 제2조 제1호에 따른 공중 등 협박목적을 위한 자금을 말한다.
6. "대테러활동"이란 제1호의 테러 관련 정보의 수집, 테러위험인물의 관리, 테러에 이용될 수 있는 위험물질 등 테러수단의 안전관리, 인원・시설・장비의 보호, 국제행사의 안전확보, 테러위협에의 대응 및 무력진압 등 테러 예방과 대응에 관한 제반 활동을 말한다.
7. "관계기관"이란 대테러활동을 수행하는 국가기관, 지방자치단체, 그 밖에 대통령령으로 정하는 기관을 말한다.
8. "대테러조사"란 대테러활동에 필요한 정보나 자료를 수집하기 위하여 현장조사・문서열람・시료채취 등을 하거나 조사대상자에게 자료제출 및 진술을 요구하는 활동을 말한다.

☐ 국민보호와 공공안전을 위한 테러방지법은 대테러활동에 관한 다른 법률에 우선하여 적용한다. 기출 16

국민보호와 공공안전을 위한 테러방지법 제4조 답 ○

☐ 국민보호와 공공안전을 위한 테러방지법상 다음 (　　)에 들어갈 내용은 국가정보원장이다. 기출 14

> 대테러활동에 관한 정책의 중요사항을 심의·의결하기 위하여 국가테러대책위원회를 두고, 대책위원회는 국무총리 및 관계기관의 장 중 대통령령으로 정하는 사람으로 구성하고 위원장은 (　　)로 한다.

위원장은 국무총리로 한다(국민보호와 공공안전을 위한 테러방지법 제5조 제1항 및 제2항).

답 ×

☐ 국민보호와 공공안전을 위한 테러방지법상 국가테러대책위원회는 국무총리 및 관계기관의 장 중 대통령령으로 정하는 사람으로 구성하고 위원장은 국무총리로 한다. 기출 16

국민보호와 공공안전을 위한 테러방지법 제5조 제2항

답 ○

☐ 다음 중 국민보호와 공공안전을 위한 테러방지법령상 국가테러대책위원회의 위원이 아닌 자는 'ㄷ'이다. 기출수정 15

> ㄱ. 행정안전부장관　　ㄴ. 국무조정실장
> ㄷ. 경찰청 경비국장　　ㄹ. 국가정보원장

경찰청 경비국장이 아닌 경찰청장이 국가테러대책위원회 위원에 해당한다.

답 ○

국가테러대책위원회(국민보호와 공공안전을 위한 테러방지법 제5조)

② 대책위원회는 국무총리 및 관계기관의 장 중 대통령령으로 정하는 사람으로 구성하고 위원장은 국무총리로 한다.

> **국가테러대책위원회 구성(국민보호와 공공안전을 위한 테러방지법 시행령 제3조)**
>
> ① 법 제5조 제2항에서 "대통령령으로 정하는 사람"이란 기획재정부장관, 외교부장관, 통일부장관, 법무부장관, 국방부장관, 행정안전부장관, 산업통상자원부장관, 환경부장관, 국토교통부장관, 해양수산부장관, 국가정보원장, 국무조정실장, 금융위원회 위원장, 원자력안전위원회 위원장, 대통령경호처장, 관세청장, 경찰청장, 소방청장, 질병관리청장 및 해양경찰청장을 말한다.
>
> ② 생략
>
> ③ 대책위원회의 사무를 처리하기 위하여 간사를 두되, 간사는 법 제6조에 따른 대테러센터의 장이 된다.

☐ 관세청장은 국가테러대책위원회의 구성원이다. 기출 23

관세청장은 테러방지법령상 국가테러대책위원회의 구성원에 해당한다(국민보호와 공공안전을 위한 테러방지법 시행령 제3조 제1항).

답 ○

☐ 관세청장, 검찰총장, 대통령비서실장, 합동참모의장 중 국민보호와 공공안전을 위한 테러방지법령상 국가테러대책위원회의 구성원인 자는 관세청장이다. 기출수정 20

관세청장이 국가테러대책위원회 구성원에 해당한다(국민보호와 공공안전을 위한 테러방지법 시행령 제3조 제1항).

답 ○

☐ 국민보호와 공공안전을 위한 테러방지법상 대테러활동과 관련하여 국무총리 소속으로 관계기관 공무원으로 구성되는 대테러센터를 둔다. 기출 16

국민보호와 공공안전을 위한 테러방지법 제6조 제1항

답 ○

☐ 다음 중 국민보호와 공공안전을 위한 테러방지법상 대테러활동과 관련하여 대테러센터의 수행사항은 'ㄱ'이다. 기출 18

ㄱ. 국가 대테러활동 관련 임무분담 및 협조사항 실무 조정
ㄴ. 대테러활동에 관한 국가의 정책 수립 및 평가
ㄷ. 국가 대테러 기본계획 등 중요 중장기 대책 추진사항
ㄹ. 관계기관의 대테러활동 역할 분담・조정이 필요한 사항

국민보호와 공공안전을 위한 테러방지법 제6조 제1항 제1호

답 ○

☐ 다음 중 국민보호와 공공안전을 위한 테러방지법상 국가테러대책위원회의 심의・의결사항에 해당하지 않는 것은 'ㄱ'이다. 기출 17

ㄱ. 관계기관의 대테러활동 교육・훈련의 감독 및 평가
ㄴ. 국가 대테러 기본계획 등 중요 중장기 대책 추진사항
ㄷ. 대테러활동에 관한 국가의 정책수립 및 평가
ㄹ. 위원장이 대책위원회에서 심의・의결할 필요가 있다고 제의하는 사항

관계기관의 대테러활동 역할 분담・조정이 필요한 사항이 국가테러대책위원회의 심의・의결사항에 해당한다(국민보호와 공공안전을 위한 테러방지법 제5조 제3항 제3호).

답 ○

핵심만 콕 **국가테러대책기구의 주요 기능**

국가테러대책 위원회	대책위원회는 다음의 사항을 심의·의결한다(국민보호와 공공안전을 위한 테러방지법 제5조 제3항). • 대테러활동에 관한 국가의 정책 수립 및 평가(제1호) • 국가 대테러 기본계획 등 중요 중장기 대책 추진사항(제2호) • 관계기관의 대테러활동 역할 분담·조정이 필요한 사항(제3호) • 그 밖에 위원장 또는 위원이 대책위원회에서 심의·의결할 필요가 있다고 제의하는 사항(제4호)
대테러센터	대테러활동과 관련하여 다음 각호의 사항을 수행하기 위하여 **국무총리 소속으로** 관계기관 공무원으로 구성되는 **대테러센터를 둔다**(국민보호와 공공안전을 위한 테러방지법 제6조 제1항). • 국가 대테러활동 관련 임무분담 및 협조사항 실무 조정(제1호) • 장단기 국가대테러활동 지침 작성·배포(제2호) • 테러경보 발령(제3호) • 국가 중요행사 대테러안전대책 수립(제4호) • 대책위원회의 회의 및 운영에 필요한 사무의 처리(제5호) • 그 밖에 대책위원회에서 심의·의결한 사항(제6호)

☐ 국민보호와 공공안전을 위한 테러방지법상 관계기관의 대테러활동으로 인한 국민의 기본권 침해 방지를 위하여 대책위원회 소속으로 대테러 인권보호관 2명을 둔다. 기출 17

관계기관의 대테러활동으로 인한 국민의 기본권 침해 방지를 위하여 대책위원회 소속으로 대테러 인권보호관 1명을 둔다(국민보호와 공공안전을 위한 테러방지법 제7조 제1항). 답 ×

☐ 국민보호와 공공안전을 위한 테러방지법상 테러위험인물에 대하여 출입국·금융거래 및 통신이용 등 관련 정보를 수집할 수 있는 자는 국가정보원장이다. 기출 23·18·17

국가정보원장은 테러위험인물에 대하여 출입국·금융거래 및 통신이용 등 관련 정보를 수집할 수 있다(국민보호와 공공안전을 위한 테러방지법 제9조 제1항 전문). 답 ○

☐ 국민보호와 공공안전을 위한 테러방지법상 국가정보원장이 요청한 테러 관련 가능성이 있는 금융거래의 지급정지를 담당하는 관계기관은 금융위원회 위원장이다. 기출 13

국민보호와 공공안전을 위한 테러방지법 제9조 제2항 참고 답 ○

테러위험인물에 대한 정보 수집 등(국민보호와 공공안전을 위한 테러방지법 제9조)

① 국가정보원장은 테러위험인물에 대하여 출입국·금융거래 및 통신이용 등 관련 정보를 수집할 수 있다. 이 경우 출입국·금융거래 및 통신이용 등 관련 정보의 수집은 「출입국관리법」, 「관세법」, 「특정 금융거래정보의 보고 및 이용 등에 관한 법률」, 「통신비밀보호법」의 절차에 따른다.

② 국가정보원장은 제1항에 따른 정보 수집 및 분석의 결과 테러에 이용되었거나 이용될 가능성이 있는 금융거래에 대하여 지급정지 등의 조치를 취하도록 금융위원회 위원장에게 요청할 수 있다.

③ 국가정보원장은 테러위험인물에 대한 개인정보(「개인정보보호법」상 민감정보를 포함한다)와 위치정보를 「개인정보보호법」 제2조의 개인정보처리자와 「위치정보의 보호 및 이용 등에 관한 법률」 제5조 제7항에 따른 개인위치정보사업자 및 같은 법 제5조의2 제3항에 따른 사물위치정보사업자에게 요구할 수 있다.

④ 국가정보원장은 대테러활동에 필요한 정보나 자료를 수집하기 위하여 대테러조사 및 테러위험인물에 대한 추적을 할 수 있다. 이 경우 사전 또는 사후에 대책위원회 위원장에게 보고하여야 한다.

□ 국민보호와 공공안전을 위한 테러방지법상 외국인테러전투원 관련 의심자에 대하여 일시 출국금지 등의 조치를 담당하는 관계기관은 법무부장관이다. 기출 13

국민보호와 공공안전을 위한 테러방지법 제13조 제1항

답 ○

□ 국민보호와 공공안전을 위한 테러방지법상 외국인테러전투원에 대한 규제에 관한 내용이다. (　　)에 들어갈 숫자는 90이다. 기출 20

> ① 관계기관의 장은 외국인테러전투원으로 출국하려 한다고 의심할 만한 상당한 이유가 있는 내국인·외국인에 대하여 일시 출국금지를 법무부장관에게 요청할 수 있다.
> ② 제1항에 따른 일시 출국금지 기간은 (　　)일로 한다. 다만, 출국금지를 계속할 필요가 있다고 판단할 상당한 이유가 있는 경우에 관계기관의 장은 그 사유를 명시하여 연장을 요청할 수 있다.

(　　)에 들어갈 숫자는 90이다(국민보호와 공공안전을 위한 테러방지법 제13조 제1항 및 제2항).

답 ○

외국인테러전투원에 대한 규제(국민보호와 공공안전을 위한 테러방지법 제13조)

① 관계기관의 장은 외국인테러전투원으로 출국하려 한다고 의심할 만한 상당한 이유가 있는 내국인·외국인에 대하여 일시출국금지를 법무부장관에게 요청할 수 있다.

② 제1항에 따른 일시 출국금지 기간은 90일로 한다. 다만, 출국금지를 계속할 필요가 있다고 판단할 상당한 이유가 있는 경우에 관계기관의 장은 그 사유를 명시하여 연장을 요청할 수 있다.

③ 관계기관의 장은 외국인테러전투원으로 가담한 사람에 대하여 「여권법」 제13조에 따른 여권의 효력정지 및 같은 법 제12조의2에 따른 재발급 제한을 외교부장관에게 요청할 수 있다. 〈개정 2023.8.8.〉

☐ 국민보호와 공공안전을 위한 테러방지법상 테러로 인하여 신체 또는 재산의 피해를 입은 국민은 관계기관에 즉시 신고하여야 한다. 기출 22

국민보호와 공공안전을 위한 테러방지법 제15조 제1항 본문 답 ○

☐ 국민보호와 공공안전을 위한 테러방지법상 국가 또는 지방자치단체는 테러의 피해를 입은 사람에 대하여 치료 및 복구에 필요한 비용의 전부 또는 일부를 지원할 수 있다. 기출 22

국민보호와 공공안전을 위한 테러방지법 제15조 제2항 본문 답 ○

☐ 국민보호와 공공안전을 위한 테러방지법상 외교부장관의 허가를 받지 아니하고 방문 및 체류가 금지된 국가 또는 지역을 방문·체류한 사람의 테러 피해의 치료 및 복구에 필요한 비용도 예외 없이 지원하도록 하고 있다. 기출 22

「여권법」 제17조 제1항 단서에 따른 외교부장관의 허가를 받지 아니하고 방문 및 체류가 금지된 국가 또는 지역을 방문·체류한 사람에 대해서는 치료 및 복구에 필요한 비용의 전부 또는 일부를 지원하지 아니할 수 있다(국민보호와 공공안전을 위한 테러방지법 제15조 제2항 단서). 답 ×

☐ 국민보호와 공공안전을 위한 테러방지법상 테러로 인하여 생명의 피해를 입은 사람의 유족에 대해서는 그 피해의 정도에 따라 등급을 정하여 특별위로금을 지급할 수 있다. 기출 22

국민보호와 공공안전을 위한 테러방지법 제16조 제1항 본문 답 ○

☐ 국민보호와 공공안전을 위한 테러방지법상 테러단체를 구성하거나 구성원으로 가입한 사람이 수괴인 경우 사형·무기 또는 7년 이상의 징역에 처한다. 기출 18

수괴의 법정형은 사형·무기 또는 10년 이상의 징역이다(국민보호와 공공안전을 위한 테러방지법 제17조 제1항 제1호).

답 ×

테러단체 구성죄 등(국민보호와 공공안전을 위한 테러방지법 제17조)

① 테러단체를 구성하거나 구성원으로 가입한 사람은 다음 각호의 구분에 따라 처벌한다.

1. 수괴(首魁)는 사형·무기 또는 10년 이상의 징역
2. 테러를 기획 또는 지휘하는 등 중요한 역할을 맡은 사람은 무기 또는 7년 이상의 징역
3. 타국의 외국인테러전투원으로 가입한 사람은 5년 이상의 징역
4. 그 밖의 사람은 3년 이상의 징역

☐ 국민보호와 공공안전을 위한 테러방지법상 테러단체를 구성하거나 구성원으로 가입한 사람이 테러를 기획 또는 지휘하는 등 중요한 역할을 맡은 경우 무기 또는 5년 이상의 징역에 처한다. 기출 18

국민보호와 공공안전을 위한 테러방지법상 테러단체를 구성하거나 구성원으로 가입한 사람이 테러를 기획 또는 지휘하는 등 중요한 역할을 맡은 경우 무기 또는 7년 이상의 징역에 처한다(국민보호와 공공안전을 위한 테러방지법 제17조 제1항 제2호).

답 ×

☐ 타국의 외국인테러전투원으로 가입한 사람은 5년 이상의 징역에 처한다. 기출 23

국민보호와 공공안전을 위한 테러방지법 제17조 제1항 제3호

답 ○

☐ 국민보호와 공공안전을 위한 테러방지법상 테러단체를 구성하거나 구성원으로 가입한 사람이 타국의 외국인테러전투원으로 가입한 경우 5년 이상의 징역에 처한다. 기출 18

국민보호와 공공안전을 위한 테러방지법 제17조 제1항 제3호

답 ○

☐ 국민보호와 공공안전을 위한 테러방지법상 국가테러대책위원회는 재적위원 과반수의 출석으로 개의한다. 기출 11

국민보호와 공공안전을 위한 테러방지법 시행령 제4조 제2항

답 ○

☐ 국민보호와 공공안전을 위한 테러방지법상 국가테러대책위원회 회의는 비공개가 원칙이나, 필요한 경우 위원장의 결정으로 공개할 수 있다. 기출 11

국가테러대책위원회 회의는 비공개가 원칙이나, 필요한 경우 대책위원회의 의결로 공개할 수 있다(국민보호와 공공안전을 위한 테러방지법 시행령 제4조 제3항). 답 ×

대책위원회의 운영(국민보호와 공공안전을 위한 테러방지법 시행령 제4조)

① 대책위원회 회의는 위원장이 필요하다고 인정하거나 대책위원회 위원(이하 "위원"이라고 한다) 과반수의 요청이 있는 경우에 위원장이 소집한다.
② 대책위원회는 재적위원 과반수의 출석으로 개의(開議)하고, 출석위원 과반수의 찬성으로 의결한다.
③ 대책위원회의 회의는 공개하지 아니한다. 다만, 공개가 필요한 경우 대책위원회의 의결로 공개할 수 있다.
④ 제1항부터 제3항까지에서 규정한 사항 외에 대책위원회 운영에 관한 사항은 대책위원회의 의결을 거쳐 위원장이 정한다.

☐ 국민보호와 공공안전을 위한 테러방지법상 국가테러대책위원회를 효율적으로 운영하기 위하여 테러대책 실무위원회를 둔다. 기출 11

국민보호와 공공안전을 위한 테러방지법 시행령 제5조 제1항 답 ○

☐ 국민보호와 공공안전을 위한 테러방지법상 국가테러대책위원회 위원 중 부득이한 사유가 있는 경우 해당 위원이 지명한 자를 대리출석하게 할 수 있다. 기출 11

국가테러대책위원회 및 테러대책실무위원회 운영규정 제5조 제1항 답 ○

위원의 대리출석 등(국가테러대책위원회 및 테러대책실무위원회 운영규정 제5조)

① 대책위원회 위원 중 부득이한 사유가 있는 때에는 해당 위원이 지명한 자를 대리출석하게 할 수 있으며, 이 경우 대리출석한 공무원은 의결권을 가진다.
② 정당한 사유 없이 회의에 참석하지 아니하였거나 회의 중에 퇴장한 대책위원회 위원은 위원회의 의결사항에 대하여 이의를 제기할 수 없다.

☐ 국민보호와 공공안전을 위한 테러방지법령상 테러가 발생하거나 발생할 우려가 현저한 경우에는 테러사건대책본부를 설치·운영하여야 한다. 다음 중 "항공테러사건대책본부"의 설치·운영권자는 'ㄷ'이다. 기출 12

ㄱ. 외교부장관
ㄴ. 국방부장관
ㄷ. 국토교통부장관
ㄹ. 경찰청장

국토교통부장관이 항공테러사건대책본부를 설치·운영한다(국민보호와 공공안전을 위한 테러방지법 시행령 제14조 제1항 제3호).

답 ○

☐ 국민보호와 공공안전을 위한 테러방지법령상 테러사건대책본부의 장은 테러사건에 대한 대응을 위하여 필요한 경우 현장지휘본부를 설치하여 사건대응활동을 지휘·통제한다. 기출 12

국민보호와 공공안전을 위한 테러방지법 시행령 제14조 제3항

답 ○

테러사건대책본부(국민보호와 공공안전을 위한 테러방지법 시행령 제14조)

① 외교부장관, 국방부장관, 국토교통부장관, 경찰청장 및 해양경찰청장은 테러가 발생하거나 발생할 우려가 현저한 경우(국외테러의 경우는 대한민국 국민에게 중대한 피해가 발생하거나 발생할 우려가 있어 긴급한 조치가 필요한 경우에 한한다)에는 다음 각호의 구분에 따라 테러사건대책본부(이하 "대책본부"라 한다)를 설치·운영하여야 한다. 〈개정 2017.7.26.〉
1. 외교부장관 : 국외테러사건대책본부
2. 국방부장관 : 군사시설테러사건대책본부
3. 국토교통부장관 : 항공테러사건대책본부
4. 삭제 〈2017.7.26.〉
5. 경찰청장 : 국내일반 테러사건대책본부
6. 해양경찰청장 : 해양테러사건대책본부

② 제1항에 따라 대책본부를 설치한 관계기관의 장은 그 사실을 즉시 위원장에게 보고하여야 하며, 같은 사건에 2개 이상의 대책본부가 관련되는 경우에는 위원장이 테러사건의 성질·중요성 등을 고려하여 대책본부를 설치할 기관을 지정할 수 있다.

③ 대책본부의 장은 대책본부를 설치하는 관계기관의 장(군사시설테러사건대책본부의 경우에는 합동참모의장을 말한다. 이하 같다)이 되며, 제15조에 따른 현장지휘본부의 사건대응활동을 지휘·통제한다.

④ 대책본부의 편성·운영에 관한 세부사항은 대책본부의 장이 정한다.

☐ 국민보호와 공공안전을 위한 테러방지법령상 화생방테러사건 발생 시 화학테러 대응 분야의 화생방테러대응지원본부 설치를 담당하는 관계기관은 환경부장관이다. 기출 13

국민보호와 공공안전을 위한 테러방지법 시행령 제16조 제1항 제1호

답 ○

☐ 국민보호와 공공안전을 위한 테러방지법령상 화생방테러사건 발생 시 생물테러 대응 분야의 화생방테러대응지원본부 설치를 담당하는 관계기관은 원자력안전위원회 위원장이다.

기출 13

생물테러 대응 분야의 화생방테러대응지원본부의 설치·운영은 질병관리청장이 담당한다. 원자력안전위원회 위원장은 화생방테러사건 발생 시 방사능테러 대응 분야의 화생방테러대응지원본부를 설치·운영한다(국민보호와 공공안전을 위한 테러방지법 시행령 제16조 제1항 제2호·제3호).

답 ×

화생방테러대응지원본부 등(국민보호와 공공안전을 위한 테러방지법 시행령 제16조)

① 환경부장관, 원자력안전위원회 위원장 및 질병관리청장은 화생방테러사건 발생 시 대책본부를 지원하기 위하여 다음 각호의 구분에 따른 분야별로 화생방테러대응지원본부를 설치·운영한다. 〈개정 2020.12.22.〉
   1. 환경부장관 : 화학테러 대응 분야
   2. 원자력안전위원회 위원장 : 방사능테러 대응 분야
   3. 질병관리청장 : 생물테러 대응 분야

② 화생방테러대응지원본부는 다음 각호의 임무를 수행한다. 〈개정 2021.1.5.〉
   1. 화생방테러사건 발생 시 오염 확산 방지 및 독성제거(除毒) 방안 마련
   2. 화생방 전문 인력 및 자원의 동원·배치
   3. 그 밖에 화생방테러 대응 지원에 필요한 사항의 시행

③ 국방부장관은 관계기관의 화생방테러 대응을 지원하기 위하여 대책위원회의 심의·의결을 거쳐 오염 확산 방지 및 독성제거 임무 등을 수행하는 대화생방테러 특수임무대를 설치하거나 지정할 수 있다. 〈개정 2021.1.5.〉

④ 화생방테러대응지원본부 및 대화생방테러 특수임무대의 설치·운영 등에 필요한 사항은 해당 관계기관의 장이 정한다.

☐ 국민보호와 공공안전을 위한 테러방지법령상 다음 (   )에 들어갈 내용은 경찰청장이다.

기출 14

> (   )은 테러사건 발생 시 구조·구급·수습·복구활동을 지원하기 위하여 테러복구지원본부를 설치·운영할 수 있다.

(   )에 들어갈 내용은 행정안전부장관이다(국민보호와 공공안전을 위한 테러방지법 시행령 제17조 제1항).

답 ×

☐ 다음 중 국민보호와 공공안전을 위한 테러방지법령상 대테러특공대를 설치・운영하지 않는 기관은 'ㄷ'이다. 기출 22

ㄱ. 국방부
ㄴ. 해양경찰청
ㄷ. 국가정보원
ㄹ. 경찰청

국가정보원은 테러방지법령상 대테러특공대를 설치・운영할 수 없는 기관이나, 국방부, 경찰청 및 해양경찰청은 대테러특공대를 설치・운영하는 기관이다(테러방지법 시행령 제18조 제1항 해석상).

답 ○

☐ 다음 중 국민보호와 공공안전을 위한 테러방지법령상 테러사건에 신속히 대응하기 위하여 대테러특공대를 설치・운영할 수 있는 자는 'ㄱ'이다. 기출 16

ㄱ. 경찰청장 및 해양경찰청장
ㄴ. 외교부장관
ㄷ. 대통령경호처장
ㄹ. 국가정보원장

국방부장관, 경찰청장 및 해양경찰청장은 테러사건에 신속히 대응하기 위하여 대테러특공대를 설치・운영한다(국민보호와 공공안전을 위한 테러방지법 시행령 제18조 제1항).

답 ○

☐ 다음 중 국민보호와 공공안전을 위한 테러방지법 시행령상 대테러특공대의 임무를 수행한 자는 A, B, C 모두이다. 기출수정 21

A : 테러사건에 대해 무력진압작전을 수행하였다.
B : 요인경호행사 및 국가중요행사의 안전활동에 대한 지원을 하였다.
C : 테러사건과 관련한 폭발물을 탐색하고 처리하였다.

A, B, C는 모두 대테러특공대의 임무를 수행하였다(국민보호와 공공안전을 위한 테러방지법 시행령 제18조 제3항 참고).

답 ○

대테러특공대 등(국민보호와 공공안전을 위한 테러방지법 시행령 제18조)

③ 대테러특공대는 다음 각호의 임무를 수행한다.

1. 대한민국 또는 국민과 관련된 국내외 테러사건 진압
2. 테러사건과 관련된 폭발물의 탐색 및 처리
3. 주요 요인경호 및 국가중요행사의 안전한 진행 지원
4. 그 밖에 테러사건의 예방 및 저지활동

☐ 다음 중 국민보호와 공공안전을 위한 테러방지법령상 테러정보통합센터의 임무로 옳지 않은 것은 'ㄱ'이다. 기출 13

ㄱ. 테러취약요인의 사전 예방·점검 지원
ㄴ. 국내외 테러 관련 정보의 통합관리·분석 및 관계기관에의 배포
ㄷ. 24시간 테러 관련 상황 전파체계 유지
ㄹ. 테러 위험 징후 평가

테러취약요인의 사전 예방·점검 지원은 테러대응구조대의 임무이다(국민보호와 공공안전을 위한 테러방지법 시행령 제19조 제2항 제4호).

답 ○

테러대응구조대(국민보호와 공공안전을 위한 테러방지법 시행령 제19조)

① 소방청장과 시·도지사는 테러사건 발생 시 신속히 인명을 구조·구급하기 위하여 중앙 및 지방자치단체 소방본부에 테러대응구조대를 설치·운영한다.
② 테러대응구조대는 다음 각호의 임무를 수행한다. 〈개정 2021.1.5.〉
  1. 테러발생 시 초기단계에서의 조치 및 인명의 구조·구급
  2. 화생방테러 발생 시 초기단계에서의 오염 확산 방지 및 독성제거
  3. 국가 중요행사의 안전한 진행 지원
  4. 테러취약요인의 사전 예방·점검 지원

테러정보통합센터(국민보호와 공공안전을 위한 테러방지법 시행령 제20조)

① 국가정보원장은 테러 관련 정보를 통합관리하기 위하여 관계기관 공무원으로 구성되는 테러정보통합센터를 설치·운영한다.
② 테러정보통합센터는 다음 각호의 임무를 수행한다.
  1. 국내외 테러 관련 정보의 통합관리·분석 및 관계기관에의 배포
  2. 24시간 테러 관련 상황 전파체계 유지
  3. 테러 위험 징후 평가
  4. 그 밖에 테러 관련 정보의 통합관리에 필요한 사항
③ 국가정보원장은 관계기관의 장에게 소속 공무원의 파견과 테러정보의 통합관리 등 업무 수행에 필요한 협조를 요청할 수 있다.

☐ 테러경보는 테러위협의 정도에 따라 주의·경계·심각·대비의 4단계로 구분한다. 기출 23

테러경보는 테러위협의 정도에 따라 관심·주의·경계·심각의 4단계로 구분한다(국민보호와 공공안전을 위한 테러방지법 시행령 제22조 제2항).

답 ×

☐ 대비는 국민보호와 공공안전을 위한 테러방지법령상 테러위협의 정도에 따른 테러경보 4단계에 속하지 않는다. 기출 17

테러경보는 테러위협의 정도에 따라 관심 · 주의 · 경계 · 심각의 4단계로 구분하므로(국민보호와 공공안전을 위한 테러방지법 시행령 제22조 제2항), 대비는 이에 속하지 않는다. 답 ○

☐ 국민보호와 공공안전을 위한 테러방지법령상 다음 (   )에 들어갈 내용은 심각이다. 기출 14

> 테러경보는 테러의 위협 또는 위험수준에 따라 관심 · 주의 · 경계 · (   )의 4단계로 구분하여 발령하는 경보를 말한다.

국민보호와 공공안전을 위한 테러방지법 시행령 제22조 제2항 답 ○

☐ 국민보호와 공공안전을 위한 테러방지법령상 테러경보는 테러 발생 이전의 예방과 테러 발생 이후의 대응에 따라 2단계로 구분하여 발령한다. 기출 12

테러경보는 테러위협의 정도에 따라 관심 · 주의 · 경계 · 심각의 4단계로 구분한다(테러방지법 시행령 제22조 제2항). 답 ×

테러경보의 발령(국민보호와 공공안전을 위한 테러방지법 시행령 제22조)

① 대테러센터장은 테러 위험 징후를 포착한 경우 테러경보 발령의 필요성, 발령 단계, 발령 범위 및 기간 등에 관하여 실무위원회의 심의를 거쳐 테러경보를 발령한다. 다만, 긴급한 경우 또는 제2항에 따른 주의 이하의 테러경보 발령 시에는 실무위원회의 심의 절차를 생략할 수 있다.
② 테러경보는 테러위협의 정도에 따라 관심 · 주의 · 경계 · 심각의 4단계로 구분한다.
③ 대테러센터장은 테러경보를 발령하였을 때에는 즉시 위원장에게 보고하고, 관계기관에 전파하여야 한다.
④ 제1항부터 제3항까지에서 규정한 사항 외에 테러경보 발령 및 테러경보에 따른 관계기관의 조치사항에 관하여는 대책위원회 의결을 거쳐 위원장이 정한다.

☐ 테러대응 인력 · 장비 현장 배치, 테러대상시설의 잠정 폐쇄, 테러사건대책본부의 설치 등의 조치가 필요한 테러경보 발령단계는 심각단계이다. 기출 13

테러사건대책본부 등 설치, 테러대응 인력 · 장비 현장 배치, 테러대상시설 잠정 폐쇄, 테러이용수단 유통 일시중지 등은 심각단계에서의 조치사항에 해당한다. 답 ○

핵심만 콕 **테러경보의 4단계**

경보 발령 4단계: 관심 → 주의 → 경계 → 심각

등 급	발령기준	조치사항
관 심	**실제 테러발생 가능성이 낮은 상태** • 우리나라 대상 테러첩보 입수 • 국제 테러 빈발 • 동맹·우호국 대형테러 발생 • 해외 국제경기·행사 이국인 다수 참가	**테러징후 감시활동 강화** • 관계기관 비상연락체계 유지 • 테러대상시설 등 대테러 점검 • 테러위험인물 감시 강화 • 공항·항만 보안 검색률 10% 상향
주 의	**실제 테러로 발전할 수 있는 상태** • 우리나라 대상 테러첩보 구체화 • 국제테러조직·연계자 잠입기도 • 재외국민·공관 대상 테러징후 포착 • 국가중요행사 개최 D-7	**관계기관 협조체계 가동** • 관계기관별 자체 대비태세 점검 • 지역 등 테러대책협의회 개최 • 공항·항만 보안 검색률 15% 상향 • 국가중요행사 안전점검
경 계	**테러발생 가능성이 농후한 상태** • 테러조직이 우리나라 직접 지목·위협 • 국제테러조직·분자 잠입활동 포착 • 대규모 테러이용수단 적발 • 국가중요행사 개최 D-3	**대테러 실전대응 준비** • 관계기관별 대테러상황실 가동 • 테러이용수단의 유통 통제 • 테러사건대책본부 등 가동 준비 • 공항·항만 보안 검색률 20% 상향
심 각	**테러사건 발생이 확실시되는 상태** • 우리나라 대상 명백한 테러첩보 입수 • 테러이용수단 도난·강탈 사건 발생 • 국내에서 테러기도 및 사건 발생 • 국가중요행사 대상 테러첩보 입수	**테러상황에 총력 대응** • 테러사건대책본부 등 설치 • 테러대응 인력·장비 현장 배치 • 테러대상시설 잠정 폐쇄 • 테러이용수단 유통 일시중지

〈출처〉 대테러센터 홈페이지(www.nctc.go.kr), 2024

☐ 다음 중 국민보호와 공공안전을 위한 테러방지법령상 테러사건 발생 시 초동조치 사항으로 옳지 않은 것은 'ㄱ'이다. 기출수정 15

ㄱ. 사건 현장의 신속한 정리 및 복구
ㄴ. 그 밖에 사건 확산 방지를 위하여 필요한 사항
ㄷ. 긴급대피 및 구조·구급
ㄹ. 관계기관에 대한 지원 요청

사건 현장의 신속한 정리 및 복구가 아니라 사건 현장의 통제·보존 및 경비 강화가 테러사건 발생 시 초동조치 사항에 해당한다. 답 ○

상황전파 및 초동조치(국민보호와 공공안전을 위한 테러방지법 시행령 제23조)

① 관계기관의 장은 테러사건이 발생하거나 테러 위협 등 그 징후를 인지한 경우에는 관련 상황 및 조치사항을 관련기관의 장과 대테러센터장에게 즉시 통보하여야 한다.

② 관계기관의 장은 테러사건이 발생한 경우 사건의 확산 방지를 위하여 신속히 다음 각호의 초동조치를 하여야 한다.

1. 사건 현장의 통제·보존 및 경비 강화
2. 긴급대피 및 구조·구급
3. 관계기관에 대한 지원 요청
4. 그 밖에 사건 확산 방지를 위하여 필요한 사항

③ 국내 일반테러사건의 경우에는 대책본부가 설치되기 전까지 테러사건 발생 지역 관할 경찰관서의 장이 제2항에 따른 초동조치를 지휘·통제한다.

□ 국가대테러활동 세부운영 규칙상 다음은 테러경보의 경계단계의 내용이다. 기출수정 21

> 테러취약요소에 대한 경비 등 예방활동의 강화, 테러취약시설에 대한 출입통제의 강화, 대테러 담당공무원의 비상근무 등의 조치를 한다.

제시된 내용은 테러경보의 경계단계의 조치 내용에 해당한다. 답 ○

테러경보의 단계별 조치(국가대테러활동 세부운영 규칙 제27조) [발령 2017.9.12.] [해양경찰청훈령, 2017.9.12. 폐지제정]

① 해양경찰청장은 테러경보가 발령된 경우에는 다음 각호의 기준을 고려하여 단계별 조치를 취하여야 한다.

1. 관심단계 : 테러 관련 상황의 전파, 관계기관 상호 간 연락체계의 확인, 비상연락망의 점검 등
2. 주의단계 : 테러대상 시설 및 테러에 이용될 수 있는 위험물질에 대한 안전관리의 강화, 자체 대비태세의 점검 등
3. 경계단계 : 테러취약요소에 대한 경비 등 예방활동의 강화, 테러취약시설에 대한 출입통제의 강화, 대테러담당 비상근무 등
4. 심각단계 : 대테러 관계 공무원의 비상근무, 해양테러사건대책본부 등 사건대응조직의 운영준비, 필요 장비·인원의 동원태세 유지 등

무언가를 시작하는 방법은

말하는 것을 멈추고, 행동을 하는 것이다.

– 월트 디즈니 –

자신의 능력을 믿어야 한다.

그리고 끝까지 굳게 밀고 나가라.

– 로잘린 카터 –

2024 SD에듀 경비지도사 2차 경호학 핵지총 [일반경비]

개정1판1쇄 발행	2024년 06월 10일(인쇄 2024년 05월 09일)
초 판 발 행	2023년 05월 20일(인쇄 2023년 04월 27일)
발 행 인	박영일
책 임 편 집	이해욱
편 저	SD에듀 경비지도사 교수진
편 집 진 행	이재성 · 고광옥 · 백승은
표지디자인	박종우
편집디자인	김민설 · 채현주
발 행 처	(주)시대고시기획
출 판 등 록	제10-1521호
주 소	서울시 마포구 큰우물로 75 [도화동 538 성지 B/D] 9F
전 화	1600-3600
팩 스	02-701-8823
홈 페 이 지	www.sdedu.co.kr
I S B N	979-11-383-7158-2 (13350)
정 가	22,000원